de Gruyter Lehrbuch
Dinkelbach · Entscheidungsmodelle

Werner Dinkelbach

Entscheidungsmodelle

Walter de Gruyter · Berlin · New York 1982

Dr. rer. pol. Werner Dinkelbach
Professor für Betriebswirtschaftslehre, insbesondere
Unternehmensforschung (Operations Research) an der
Universität des Saarlandes,
D-6600 Saarbrücken 11

CIP-Kurztitelaufnahme der Deutschen Bibliothek

Dinkelbach, Werner:
Entscheidungsmodelle/Werner Dinkelbach. –
Berlin ; New York : de Gruyter, 1982.
(De-Gruyter-Lehrbuch)
ISBN 3-11-004206-1 kart.
ISBN 3-11-008931-9 geb.

Druck: Karl Gericke, Berlin.
Bindearbeiten: Dieter Mikolai, Berlin.

Vorwort

Die Tatsache, daß es eine der ureigensten menschlichen Fähigkeiten ist, Entscheidungen zu fällen, kann als eine der Ursachen dafür gesehen werden, daß das Phänomen Entscheidung in verschiedenen Disziplinen Gegenstand wissenschaftlicher Reflexionen war und ist. Dies gilt insbesondere auch für die Betriebswirtschaftslehre, die in neuerer Zeit zunehmend entscheidungsorientiert gesehen wird. Auf eine eigene Definition des Begriffes Entscheidung wird hier verzichtet und statt dessen auf das DUDEN-Synonymwörterbuch zurückgegriffen. Dort wird das Verb 'sich für jemanden, für etwas entscheiden' wie folgt umschrieben: "Nach längerem Prüfen oder Vergleichen, nach kurzem Besinnen den Entschluß fassen, eine bestimmte Person, Sache oder Möglichkeit aus einer Anzahl gleichartiger, unter denen man die Wahl hat, herauszugreifen, für seine Zwecke auszuersehen; betont im Unterschied zu 'wählen' mehr den Beschluß als die Handlung".

Ausgangspunkt dieser Schrift sind Situationen, in denen eine Person, eine Gruppe von Personen, ein Unternehmen, ein Staat, kurz: ein Entscheidungsträger eine Entscheidung treffen muß, d.h. vor dem Problem steht, eine zu realisierende Alternative aus einer Anzahl möglicher Alternativen auszuwählen. Ist diese Entscheidungssituation mehr oder weniger präzise beschrieben, wird vielfach auch von einem Entscheidungsproblem gesprochen.
Es ist beabsichtigt, einige Grundbegriffe zur genauen Beschreibung von Entscheidungsproblemen zu definieren, mit ihnen Entscheidungsprobleme zu systematisieren und in noch zu definierenden Entscheidungsmodellen zu erfassen, um durch diese modellartige Analyse sowohl für den Entscheidungsträger das Entscheidungsproblem selbst möglichst transparent zu gestalten als auch ihm Hinweise auf mögliche Implikationen bestimmter Verhaltensweisen geben zu können.

Eine Schrift über Entscheidungsmodelle kann kein Rezeptverzeichnis mit fertigen, von jedermann anwendbaren Rezepten für bestimmte Entscheidungsprobleme sein, um damit Entscheidungen ohne besondere Schwierigkeiten treffen zu können. Gäbe es ein derartiges Rezeptverzeichnis für alle möglichen Entscheidungsprobleme, wäre letztlich der Mensch in seiner Entscheidungsfreiheit erheblich eingeengt. Auf das persönliche Urteil des Entscheidungsträgers über bestimmte Aspekte eines Entscheidungsproblems kann so gut wie niemals verzichtet werden. Nur ganz wenige Entscheidungsprobleme lassen sich unabhängig von der Person des Entscheidungsträgers modellmäßig erfassen und lösen. Im allgemeinen fehlen bei noch so genauer Beschreibung des Entscheidungsproblems Informationen, etwa über zukünftige Umweltzustände oder über vorhandene Zielkonflikte, um eine zu realisierende Alternative modellhaft bestimmen zu können. Wenn aber eine Entscheidungstheorie - wie auch immer man sie konzipieren mag - dem Menschen keine Entscheidungen abnehmen kann, muß gefragt werden, warum man sich dann überhaupt mit ihr beschäftigt. Eine Antwort auf diese Frage kann darin gesehen werden, daß insbesondere eine systematische Analyse der Grundelemente eines Entscheidungsproblems und der damit verbundene Zwang zur exakten Formulierung zu einem besseren Verständnis eines Entscheidungsproblems führen. Die Beschäftigung mit Entscheidungsmodellen hilft dem Entscheidungsträger bei der gedanklichen Durchdringung und einer möglichen Strukturierung eines Entscheidungsproblems, weiterhin bei dem Erkennen von Zusammenhängen mit ähnlich strukturierten Entscheidungsproblemen und bei der Beurteilung des Datenbeschaffungsproblems. Bei der Analyse optimaler Lösungen eines Entscheidungsmodells gewinnt der Entscheidungsträger gegebenenfalls eine vertiefte Einsicht in sein Präferenzsystem, in seine eigenen, ihm offenstehenden Möglichkeiten und damit mehr Sicherheit, um dann rein subjektiv die zu realisierende Alternative endgültig festzulegen.

Entscheidungstheoretische Überlegungen sind immer dann von Interesse, ja haben nur dann eine Existenzberechtigung, wenn die Ergebnisse eines Entscheidungsproblems nicht von vornherein so geordnet sind, daß das Finden einer zu realisierenden Alternative für den Entscheidungsträger eine automatische, d.h. auch einem Dritten übertragbare, Angelegenheit ist. Dies ist nicht nur in Entscheidungssituationen der Fall, die durch Risiko und Unsicherheit gekennzeichnet sind, sondern auch bei Entscheidungsproblemen, die durch konkurrierende und damit zu Konflikten führende Ziele charakterisiert sind. Diese beiden großen Gruppen von Entscheidungsproblemen sind der eigentliche Gegenstand dieser Schrift; ihnen sind die beiden Hauptkapitel gewidmet.

Das erste Kapitel hat vorbereitenden Charakter. Es werden zehn Beispiele A bis J eingeführt, die in diesem und den beiden anderen Kapiteln immer wieder zu Illustrationszwecken herangezogen werden. Darüber hinaus ist das erste Kapitel durch Definition und ausführliche Diskussion der zentralen entscheidungstheoretischen Begriffe wie Alternativenmenge, Zielfunktion und Entscheidungsmodell gekennzeichnet. Betrachtungen zu Sensitivitätsanalysen schließen dieses Kapitel ab.

Thema des zweiten Kapitels sind stochastische Entscheidungsmodelle. Bei der Analyse des sogenannten Grundmodells der Entscheidungstheorie, das im Mittelpunkt zahlreicher Veröffentlichungen zur "klassischen" Entscheidungstheorie steht, werden zwar unsichere Ergebnisse, so etwa Zielfunktionen mit stochastischen Koeffizienten, berücksichtigt, jedoch ex definitione Alternativenmengen ausgeschlossen, zu deren Beschreibung stochastische Koeffizienten Verwendung finden, wie es in der stochastischen Programmierung üblich ist. In dieser Schrift werden bei der Diskussion von Verteilungsproblemen und Ersatzmodellen stochastische Zielfunktionen und stochastische Alternativenmengen in etwa gleichgewichtig behandelt, um auf diese Weise eine Synthese der "klassischen" Entscheidungstheorie und der stochastischen Programmierung anzustreben. Die Abschnitte über die Bewertung von Informationen sowie über mehrstufige Entscheidungsmodelle lehnen sich an bewährte Vorgehensweisen in der Literatur an. In dem Abschnitt über nutzentheoretische Aspekte werden stochastische Dominanzen höherer Grade mit in den Gesamtzusammenhang einbezogen.

Multikriterielle Entscheidungsmodelle, insbesondere Vektoroptimierungsmodelle, sind Thema des dritten Kapitels, dessen erster Abschnitt sich ausführlich mit der Definition und mit Eigenschaften effizienter Alternativen beschäftigt. Darauf aufbauend werden Lösungskonzepte für Vektoroptimierungsmodelle vorgestellt, zunächst Kompromißmodelle, sodann interaktive Verfahren. Im vierten Abschnitt wird gezeigt, wie sich Approximierungs-, Satisfizierungs- und Fixierungsziele in multikriteriellen Entscheidungsmodellen berücksichtigen lassen. Der letzte Abschnitt skizziert einige Zusammenhänge zwischen Vektoroptimierung und Spieltheorie.

Der Titel dieses Buches vermeidet den Begriff "Entscheidungstheorie", der möglicherweise gegenüber dem Begriff "Entscheidungsmodell" ein wenig anspruchsvoller klingt, unter dem aber, je nachdem aus welchem Blickwinkel Entscheidungstheorie betrachtet wird, sehr unterschiedliche Konzeptionen verstanden werden können. Mit dem hier gewählten Titel "Entscheidungsmodelle" soll dokumentiert werden, daß der Leser nicht die Integration aller entscheidungstheoretischen Aspekte erwarten kann, sondern daß Entscheidungsmodelle und deren Implikationen im Vordergrund stehen, wobei einerseits die Darstellung sowohl praktische Gesichtspunkte, etwa die Anwendung interaktiver Verfahren, als auch formale Aspekte, etwa die Beziehungen zwischen Spieltheorie und Vektoroptimierung, umfaßt und wobei andererseits Entscheidungen unter Risiko die gleiche Bedeutung beigemessen wird wie Entscheidungen bei mehrfacher Zielsetzung.- Weiterhin fehlt im Titel dieser Schrift der Bezug zur Betriebswirtschaftslehre. Obwohl zahlreiche Beispiele betriebswirtschaftliche Entscheidungssituationen beinhalten, richtet sich diese Schrift keineswegs nur an Studierende der Betriebswirtschaftslehre, sondern an solche aller Studienrichtungen, in denen in irgendeiner Weise Entscheidungsprobleme Gegenstand einer Diskussion sind. Entscheidungsmodelle erfassen ganz allgemein Entscheidungssituationen, so daß die hier vorgelegten Analysen von konkret zugrundelegbaren Entscheidungsproblemen unabhängig sind. Sie gelten eben für alle Entscheidungssituationen, die eine entsprechende Stuktur haben.

In dieser Schrift werden keine Verfahren (Algorithmen) behandelt; sie gehören in das Gebiet des Operations Research. Alle Beispiele sind elementar, vielfach zeichnerisch lösbar. Lediglich bei mehrstufigen Entscheidungsmodellen in 2.5 und bei interaktiven Verfahren in 3.3 müssen einige wenige Bemerkungen zu Verfahren gemacht werden, weil sonst der betrachtete Gegenstand nicht hinreichend erklärt werden kann. Ebensowenig wird auf Optimalitätskriterien eingegangen, wie beispielsweise auf die KUHN/TUCKER-Bedingungen, mit denen die Optimalität einer bestimmten Alternative in bezug auf eine unterstellte Zielsetzung überprüft werden kann.

Zum Verständnis dieser Schrift sind betriebswirtschaftliche oder mathematische Kenntnisse zwar nicht zwingend erforderlich, weil sich eventuelle Unklarheiten im allgemeinen aus dem Zusammenhang aufklären lassen, sie sind jedoch zum vollen Verständnis sehr nützlich. Die Kenntnis des Stoffes, der im Rahmen eines wirtschaftswissenschaftlichen Grundstudiums in Betriebswirtschaftslehre, Mathematik und Statistik vermittelt wird, vermag die Lektüre erheblich zu erleichtern. So wird davon ausgegangen, daß der Leser u.a. weiß, was eine Investition, ein Kapitalwert oder ein Deckungsbeitrag ist. Weiter wird vorausgesetzt, daß der Leser u.a. mit mengentheoretischen Schreibweisen und dem Abbildungs- bzw. Funktionsbegriff vertraut ist, daß er die Matrizenmultiplikation beherrscht und lineare Programme mit zwei

Variablen graphisch lösen kann bzw. einige Kenntnisse der Wahrscheinlichkeitsrechnung (Verteilungsfunktionen, Erwartungswerte, Varianzen) besitzt.

Wesentliche Teile dieser Schrift sind aus Lehrveranstaltungen hervorgegangen, die ich unter wechselnden Schwerpunkten an der Universität Regensburg, am Institut für Höhere Studien in Wien und an der Universität des Saarlandes gehalten habe. Für die zahlreichen kritischen Fragen und herausfordernden Anmerkungen bin ich sowohl meinen Hörern als auch meinen früheren und jetzigen Mitarbeitern sehr zu Dank verbunden. Darüber hinaus gilt mein ganz besonderer Dank Frau Elisabeth Schlemmer, die in mühevollen Stunden die hier vorgelegte Reinschrift des Manuskripts anfertigte.

Saarbrücken, den 24. Oktober 1981

Werner Dinkelbach

Inhaltsverzeichnis

1. Grundlagen der Entscheidungstheorie

1.1 Vorbemerkungen

Ein Entscheidungsproblem gleich welcher Art ist immer dann gegeben, wenn eine Person oder eine Gruppe von Personen, im folgenden Entscheidungsträger genannt, eine Entscheidung bezüglich der Veränderung eines gegenwärtigen Zustandes oder auch einer absehbaren Entwicklung treffen will oder muß. Es wird davon ausgegangen, daß mehrere, sich gegenseitig ausschließende Möglichkeiten, im folgenden Alternativen genannt, gegeben sind, einen Zustand zu ändern. Aufgabe eines Entscheidungsträgers ist es, unter den gegebenen Alternativen diejenige zu bestimmen, die zu realisieren ist.

Ein Entscheidungsproblem kann nur dann als eine sinnvolle Problemstellung analysiert werden, wenn bei der Entscheidung die Möglichkeit einer Wahl zwischen mindestens zwei realisierbaren Alternativen gegeben ist. Häufig scheint bei einem Entscheidungsproblem nur eine realisierbare Alternative vorzuliegen. Tatsächlich gibt es in derartigen Fällen im allgemeinen jedoch eine weitere Alternative, die in der Aufrechterhaltung eines Zustandes zu sehen ist und als Unterlassensalternative bezeichnet werden kann. Eine präzise Beschreibung der Alternativen eines Entscheidungsproblems steht in dieser Schrift am Anfang der Oberlegungen, die zur Bestimmung einer zu realisierenden Alternative anzustellen sind. Die Alternativen, die bei einem bestimmten Entscheidungsproblem realisierbar sind, werden zur Alternativenmenge zusammengefaßt. In 1.3 kommen unterschiedliche Charakterisierungen von Alternativenmengen zur Sprache.

Zunächst soll noch geklärt werden, warum hier gerade die Alternativenmenge Ausgangspunkt der Analyse eines Entscheidungsproblems ist. Eine Entscheidung wird im folgenden stets zukunftsgerichtet verstanden im Gegensatz zu einer Entscheidung, bei der Ereignisse aus der Vergangenheit beurteilt werden. Daraus folgt einerseits, daß jede Entscheidung nur zu einem bestimmten Zeitpunkt getroffen werden kann und möglicherweise durch diesen Zeitpunkt bedingt ist, und andererseits, daß durch Realisierung der Entscheidung Teile der Zukunft von diesem Zeitpunkt an festgelegt sind. Wenn demnach zu einem bestimmten Zeitpunkt eine Entscheidung getroffen werden muß, dann kann nur auf die in diesem Zeitpunkt vorliegende Alternativenmenge zurückgegriffen werden. Sie ist daher von vorrangiger Bedeutung. Auch dann, wenn im Rahmen eines Entscheidungsproblems eine Folge von Entscheidungen zu verschiedenen Zeitpunkten jeweils nach Erreichung eines bestimmten Zustandes zu fällen ist, betreffen diese Entscheidungen stets bestimmte Zeitpunkte mit zugehörigen Alternativenmengen.

Während eine Entscheidung für eine von mehreren Alternativen mehr oder weniger irrational vorgenommen werden kann, wird hier unter Entscheidung stets eine rationale Wahl verstanden, d.h., die Entscheidung erfolgt unter Verwendung irgendeines sinnvollen Kriteriums, mit dessen Hilfe Alternativen beurteilt werden können. Sinnvoll ist ein Kriterium immer dann, wenn ihm die Verfolgung eines bestimmten Ziels zugrunde liegt, wobei unter einem Ziel vorläufig ein erstrebenswerter Zustand oder eine gewünschte Richtung verstanden wird. Der Zusammenhang zwischen einem Ziel und einer Alternativenmenge kann durch eine Funktion (Zielfunktion) oder auch eine Korrespondenz wiedergegeben werden. Ziele und Zielfunktionen werden in 1.4 näher charakterisiert.

Mit den nachfolgenden Beispielen werden zehn Entscheidungsprobleme formuliert, auf die wiederholt zurückgegriffen wird, wobei entscheidungstheoretische Grundbegriffe, deren Präzision in späteren Abschnitten dieses Kapitels nachgeholt wird, mehr oder weniger deutlich umschrieben werden.

1.2 Zehn beispielhafte Entscheidungsprobleme

1.2.1 Beispiel A: Optimale Nutzungsdauer eines Investitionsobjekts

Für ein Investitionsobjekt mit einem Anschaffungspreis von $A_o = 6.000$ GE, der im Falle der Realisierung dieses Objekts zu Beginn der ersten Periode zu zahlen ist, wird geschätzt, daß jeweils am Ende der t-ten Periode ein Einzahlungsüberschuß von E_t GE und bei Verkauf des Objekts ein Liquidationserlös von L_t GE zu erzielen ist. Die numerischen Werte von E_t und L_t sind in Tab. 1.2.1 zusammengefaßt. Das Entscheidungsproblem besteht darin, anhand der gegebenen Daten eine optimale Nutzungsdauer zu bestimmen, d.h. eine Nutzungsdauer, bei der der Kapitalwert der gegebenen Ein- und Auszahlungen einen maximalen Wert annimmt, wobei davon ausgegangen wird, daß das In-

t	1	2	3	4	...	12	13	14
E_t	1.400	1.300	1.200	1.100	...	300	200	100
L_t	5.100	4.800	4.500	4.200	...	1.800	1.500	1.200

Tab. 1.2.1

vestitionsobjekt 14 Perioden technisch nutzbar ist und nach Ablauf der Nutzungsdauer nicht ersetzt wird. Der Kalkulationszinssatz beträgt $r = 0{,}08$.

Das Problem der optimalen Nutzungsdauer spielt in der Investitionsrechnung eine wichtige Rolle. Es ist nicht als isoliertes Entscheidungsproblem zu sehen - warum sollte man jetzt darüber entscheiden, was erst in einigen Perioden relevant wird -, sondern im Zusammenhang mit weiteren realisierbaren Investitions- und Finanzierungsobjekten, bei deren Bewertungen die Nutzungsdauern als Daten zu berücksichtigen sind (vgl. u.a. SCHNEIDER [1974], S. 276-282; SWOBODA [1977], S. 87-110; KRUSCHWITZ [1978], S. 110-115). Wenn über die Nutzungsdauer eines Investitionsobjekts entschieden ist und dieses oder gegebenenfalls andere Investitionsobjekte realisiert sind, dann sind sowohl im Hinblick auf dieses als auch auf andere Investitionsobjekte für künftige Perioden nicht mehr revidierbare Tatbestände geschaffen.

1.2.2 Beispiel B: Ablaufplanung bei einem Engpaß

Es sind drei Aufträge A_1, A_2 und A_3 hintereinander auf einer Maschine zu bearbeiten. Unter einem Auftrag wird irgendein Gegenstand verstanden, der in einem zeitbeanspruchenden Verfahren auf irgendeinem Potentialfaktor, z.B. einer Maschine, zu bearbeiten ist. Die Zeitspanne, in der Auftrag A_n auf der Maschine bearbeitet wird, heißt Bearbeitungsdauer und wird mit p_n ($n = 1,2,3$) abgekürzt. Es sei $p_1 = 4$, $p_2 = 2$ und $p_3 = 3$ ZE. Mit d_n ($n = 1,2,3$) werden die Termine bezeichnet, zu denen die Bearbeitungen der drei Aufträge spätestens abgeschlossen sein sollen. Es sei $d_1 = 3$, $d_2 = 6$ und $d_3 = 2$ ZE nach Beginn des Planungszeitraums. Offensichtlich können nicht alle Aufträge zusammen termingerecht fertiggestellt werden, so daß das Entscheidungsproblem darin besteht, für die gegebenen Aufträge eine (Bearbeitungs-)Reihenfolge festzulegen, die den Zielvorstellungen des Entscheidungsträgers bezüglich in Kauf zu nehmender Verzögerungen entspricht. Die in diesem Zusammenhang naheliegenden Ziele sind auf eine Minimierung der durchschnittlichen oder maximalen Verzögerung ausgerichtet. Auch eine Minimierung der Anzahl der nicht termingerecht fertiggestellten Aufträge sollte in Erwägung gezogen werden (vgl. u.a. BAKER [1974], Chap. 2,3 und 4; SEELBACH [1974]; BOURIER [1978], S. 16 ff.).

1.2.3 Beispiel C: Multikriterielle Entscheidungen bei endlicher Alternativenmenge (Hotelauswahl)

Ein Reisender muß sich am späten Abend für eines von vier Hotels entscheiden, in denen noch freie Betten angeboten werden. Die Entscheidung fällt ihm außerordentlich schwer, da er vier unterschiedliche Ziele verfolgt: Der Reisende möchte möglichst ruhig schlafen, er freut sich auf ein köstliches Frühstück, wünscht sich ein gemütliches Bad und schätzt einen halbwegs sicheren Stellplatz für sein Fahrzeug. Keines der vier Hotels ist in der Lage, seine Wünsche jeweils voll zufrieden zu stellen.

Da der Reisende häufig mit derartigen Entscheidungsproblemen konfrontiert wird, hat er sich für seine vier Ziele eine Bewertungsskala, gemessen in verschiedenartigen Nutzeneinheiten NE_1, NE_2, NE_3 und NE_4 jeweils von 0 bis 20, erarbeitet. So erhält beispielsweise das erste Hotel folgende Beurteilung:

Ruhe:	$g_{11} = 16\ NE_1$,	Bad:	$g_{13} = 3\ NE_3$,
Frühstück:	$g_{12} = 17\ NE_2$,	Stellplatz:	$g_{14} = 9\ NE_4$.

Die vier Hotels werden mit a_1, a_2, a_3 und a_4 und die vier Zielvariablen mit g_1, g_2, g_3 und g_4 bezeichnet. Ferner sei $X_C := \{a_1,a_2,a_3,a_4\}$. Die Tabelle 1.2.2 enthält sämtliche Beurteilungen, wobei ein Element g_{nk} die Bewertung des n-ten Hotels bezüglich des k-ten Ziels angibt ($n = 1,\dots,N = 4$; $k = 1,\dots,K = 4$). Für welches Hotel soll sich der Reisende entscheiden? Muß er möglicherweise seine Zielvorstellungen weiter präzisieren?

Multikriterielle Entscheidungen mit endlicher Alternativenmenge sind in vielen Bereichen sehr verbreitet. Dies wird deutlich, wenn man die Hotels

X_C	g_1	g_2	g_3	g_4
a_1	16	17	3	9
a_2	6	10	18	14
a_3	11	11	12	13
a_4	10	16	12	10

Tab. 1.2.2

durch verschiedene Investitionsprogramme, durch verschiedene EDV-Systeme, durch verschiedene Bausparkassen, durch verschiedene Urlaubsorte o.ä. ersetzt, die jeweils durch unterschiedliche Zielvariablen gekennzeichnet sein können. Auch im öffentlichen Bereich spielen multikriterielle Entscheidungen eine besondere Rolle, etwa bei einer Entscheidung über eine "optimale" Industrieansiedlung (vgl. u.a. DELFT/NIJKAMP [1977], S. 71 ff.). Vielfach werden sie unter der Bezeichnung Nutzwertanalyse diskutiert.

1.2.4 Beispiel D: Das »Grundmodell der Entscheidungstheorie«

Beim "Grundmodell der Entscheidungstheorie" (vgl. u.a. SCHNEEWEISS [1966]; NIEVERGELT [1971], S. 107; ZIMMERMANN [1973], S. 292; BITZ [1977], S. 66; MAG [1977], S. 10; ZIEGELSCHMIDT [1977], S. 19; DRUKARCZYK/MÜLLER-HAGEDORN [1978], S. 19; HADI [1979], S. 48) sind endlich viele, häufig nicht näher spezifizierte Alternativen $a_1,\ldots,a_N$ gegeben, die hier zur Menge X_D zusammengefaßt werden. Die Ergebnisse bei Durchführung der Alternative a_n $(n = 1,\ldots,N)$ hängen von ungewissen unterschiedlichen, sich gegenseitig ausschließenden Umweltzuständen (Zuständen der Welt, Zuständen der Natur) ab. Es seien L Umweltzustände $\gamma_1,\ldots,\gamma_L$ möglich; es sei $\Gamma_D := \{\gamma_1,\ldots,\gamma_L\}$. Entweder kennt der Entscheidungsträger nur Art und Anzahl der Umweltzustände oder zusätzlich (objektive oder subjektive) Wahrscheinlichkeiten, mit denen die Umweltzustände eintreten. Die Ergebnisse für alle Alternativen und alle möglichen Umweltzustände werden üblicherweise in einer Tabelle, auch Ergebnismatrix genannt, zusammengefaßt. Zahlreiche entscheidungstheoretische Abhandlungen gehen zunächst von einer Ergebnismatrix aus, die nicht zwingend reelle Zahlen, sondern eben mehr oder weniger konkrete "Ergebnisse" enthält, und leiten dann mit Hilfe präferenz- oder nutzentheoretischer Überlegungen aus der Ergebnismatrix eine Entscheidungs- oder Nutzenmatrix her, deren Elemente reelle Zahlen sind (vgl. u.a. SCHNEEWEISS [1967], S. 12 f.; SZYPERSKI/WINAND [1974], S. 43 und 48; SIEBEN/SCHILDBACH [1975], S. 16 und 24). Hier wird zunächst nur von einer Matrix reeller Zahlen (Ergebnismatrix = Entscheidungsmatrix = Zielfunktionswertematrix) ausgegangen (vgl. Tab. 1.2.3). Hierbei wird mit p_ℓ die Wahrscheinlichkeit bezeichnet, daß die Zufallsvariable γ den Wert γ_ℓ annimmt ($\ell = 1,\ldots,L$). Einige nutzentheoretische

p_ℓ	p_1	$\cdots$	p_ℓ	$\cdots$	p_L
X_D \ Γ_D	γ_1	$\cdots$	γ_ℓ	$\cdots$	γ_L
a_1	z_{11}	$\cdots$	$z_{1\ell}$	$\cdots$	z_{1L}
$\vdots$	$\vdots$		$\vdots$		$\vdots$
a_n	z_{n1}	$\cdots$	$z_{n\ell}$	$\cdots$	z_{nL}
$\vdots$	$\vdots$		$\vdots$		$\vdots$
a_N	z_{N1}	$\cdots$	$z_{N\ell}$	$\cdots$	z_{NL}

Tab. 1.2.3

Aspekte, die in dieser Schrift nur eine untergeordnete Rolle spielen, werden in Abschnitt 2.6 nachgeholt. Tab. 1.2.4 enthält ein Zahlenbeispiel mit zu maximierenden Zielfunktionswerten einschließlich gegebener Wahrscheinlichkeiten. Was heißt in diesem Fall "optimale" Entscheidung? Was wäre unter einer "optimalen" Entscheidung zu verstehen, wenn die angegebenen Wahrscheinlichkeiten nicht bekannt wären?

Der Entscheidungsträger muß sich zum Entscheidungszeitpunkt ohne Kenntnis des "wahren" Umweltzustandes für eine der N Alternativen entscheiden. Erst danach wird sich einer der L Umweltzustände realisieren und damit der "wahre" Umweltzustand bekannt sein. Die Frage nach der unter diesen Be-

p_ℓ	1/6	2/6	1/6	2/6
X_D \ Γ_D	γ_1	γ_2	γ_3	γ_4
a_1	6	7	-7	-1
a_2	-4	0	8	4
a_3	1	1	2	3
a_4	0	6	2	0

Tab. 1.2.4

dingungen als optimal zu definierenden Alternative hat die Entscheidungstheorie seit ihren Anfängen beschäftigt (vgl. u.a. MILNOR [1954], LUCE/RAIFFA [1957], Chap. 13; SCHNEEWEISS [1967], Erstes Kapitel; MENGES [1974], 3. Kapitel; FERSCHL [1975], § 2; BAMBERG/COENENBERG [1977], 2. Kapitel).

Zur Veranschaulichung seien zwei denkbare Interpretationen des Grundmodells genannt.

1. Die Alternativenmenge besteht aus folgenden N = 4 Alternativen beim morgendlichen Verlassen der Wohnung: ohne Schirm und ohne Mantel, mit Schirm und ohne Mantel, ohne Schirm und mit Mantel sowie mit Schirm und mit Mantel; L = 3 Umweltzustände könnten etwa sein: kein Regen, etwas Regen sowie starker Regen.
2. Sind die N ins Auge gefaßten Alternativen unterschiedliche Beträge für die Werbeausgaben des kommenden Monats, dann könnten die L Umweltzustände etwa unterschiedliches Verhalten der Kunden widerspiegeln.

1.2.5 Beispiel E: Produktion und Lagerhaltung bei stochastischer Nachfrage

"Die Maschinenfabrik N & G stellt unter anderem kleinere Dreschmaschinen her. Der Absatz fällt im wesentlichen in die Zeit der Getreideernte. Das Unternehmen weiß nicht genau, wieviel Maschinen es in einem Sommer absetzen kann. Aus den bisherigen Verkaufsstatistiken geht hervor, daß das Unternehmen im Durchschnitt 100 Maschinen pro Sommer verkauft. Für den weiteren Verkauf sei unterstellt, daß sich die Häufigkeiten der verkauften Maschinen durch eine Normalverteilung (Mittelwert 100, Streuung 25) hinreichend genau wiedergeben lassen. Die Frage lautet: Wieviel Stück soll das Unternehmen bis zum Sommer herstellen? Dabei sei folgendes zu beachten: Wenn eine Dreschmaschine in dem betreffenden Jahr nicht verkauft wird, entstehen Lagerkosten bis zum nächsten Jahr in Höhe von 345 DM je Stück; wenn mehr Maschinen nachgefragt werden als fertiggestellt wurden, dann geht ein Gewinn in Höhe von 655 DM je Stück verloren" (GUTENBERG [1962], S. 170-171).- Bei diesem Beispiel handelt es sich um ein typisches Entscheidungsproblem aus dem Gebiet der stochastischen Lagerhaltung (vgl. u.a. NADDOR [1971], Teil 3).

1.2.6 Beispiel F: Produktionsprogrammplanung mit linearer Zielfunktion

Ein Unternehmen stellt Konserven in 1-kg- und 2-kg-Dosen her. Es wird davon ausgegangen, daß nur in ME zu je 100 1-kg-Dosen bzw. zu je 100 2-kg-Dosen produziert und verkauft werden kann.- Auf einer Produktionsanlage, auf der gekaufte Bleche zu verkaufsfertigen Dosen verarbeitet werden und die pro Woche 70 Stunden in Betrieb sein kann, dauert die Fertigstellung einer ME gleich welcher Größe 1 Stunde.- Von dem Erzeugnis, welches ohne Abfälle in die Dosen gefüllt wird, können bis zu 10.000 kg pro Woche bereitgestellt werden.- Die Verkaufsabteilung kann pro Woche höchstens 60 ME 1-kg-Dosen und höchstens 40 ME 2-kg-Dosen absetzen.- Der Deckungsbeitrag beträgt bei der 1-kg-Dose 2 GE und bei der 2-kg-Dose 3 GE. Der Gesamtdeckungsbeitrag ist zu maximieren.

Diesem Beispiel liegt der "Standardansatz zur Bestimmung gewinnmaximaler Produktionspläne" (KILGER [1973], S. 95) zugrunde, der für betriebswirtschaftliche Fragestellungen in Theorie und Praxis von besonderer Bedeutung ist. Das Zahlenbeispiel ist aus DINKELBACH ([1969], S. 53) entnommen.

1.2.7 Beispiel G: Produktionsprogrammplanung mit linearer und nichtlinearer Zielfunktion

Ein Monopolunternehmen plant für die kommende Periode die Produktionsmengen x_1 und x_2 zweier Erzeugnisarten I und II, die auf zwei Anlagen A und B in beliebiger Reihenfolge bearbeitet werden. Von Zwischen- und Fertiglägern wird abgesehen, so daß zwischen Produktions- und Absatzmengen nicht unterschieden zu werden braucht. Die Beanspruchung der Anlagen geht aus Tab. 1.2.5 hervor:

	Beanspruchung in KE/ME		Verfügbare Kapazität in KE
	Erzeugnisart I	Erzeugnisart II	
Anlage A	2	5	60
Anlage B	4	2	60

Tab. 1.2.5

Geht man davon aus, daß beide Erzeugnisarten in derselben Dimension ME gemessen werden, dann läßt sich auch die Tatsache, daß von beiden Erzeugnisarten in der Planungsperiode zusammen maximal 18 ME absetzbar sind, berücksichtigen. Das Unternehmen verfolgt zwei Ziele:

1. Maximierung des Gesamterlöses durch Verkauf von Erzeugnisart I und II zu Preisen p_1 und p_2,
2. Minimierung der Summe der Stillstandszeiten beider Anlagen.

Es wird von folgenden Preisabsatzfunktionen ausgegangen:

$$x_1(p_1,p_2) = 12 - 0{,}5p_1 + 0{,}25p_2,$$

$$x_2(p_1,p_2) = 12 + 0{,}25p_1 - 0{,}375p_2.$$

Mit diesem Beispiel wird einerseits Bezug genommen auf die betriebswirtschaftliche Preistheorie, speziell auf die Theorie eines Mehrproduktmonopolunternehmens mit linearen Preisabsatzfunktionen (vgl. GUTENBERG [1976], S. 209-214), andererseits werden Fragen mehrfacher Zielsetzung aufgeworfen, die Thema des 3. Kapitels sind.

1.2.8 Beispiel H: Ein stochastisches Produktionsplanungsproblem

Es wird von einem Betrieb ausgegangen, der zwei nicht lagerfähige Erzeugnisarten I und II produziert und vertreibt.- Der Produktionsbereich ist durch eine Kapazitätsbeschränkung gekennzeichnet. Die Erzeugnisart I benötigt pro ME 3, die Erzeugnisart II hingegen 2 KE. Insgesamt stehen für die Planungsperiode 36 KE zur Verfügung.- Eine weitere Einschränkung ergibt sich dadurch, daß das Unternehmen die Produktion wegen der Nichtlagerfähigkeit der Erzeugnisse so einrichten möchte, daß keine Restbestände übrig bleiben. Die Nachfragemengen nach beiden Erzeugnisarten sind nicht bekannt. Aus Vereinfachungsgründen wird unmittelbar die Gesamtnachfrage betrachtet und unterstellt, daß die maximale Aufnahmefähigkeit α des Marktes eine normal-verteilte Zufallsvariable mit dem Mittelwert $\mu = 20$ und der Varianz $\sigma^2 = 100$ ist. Man sagt, α sei N(20;100)-verteilt.- Bezüglich der Einnahmen besteht ebenfalls keine vollkommene Information. Es wird davon ausgegangen, daß der Stückerlös der Erzeugnisart I zwischen 3 GE und 7 GE gleich-verteilt ist, der Stückerlös für II hingegen konstant 4 GE beträgt. Als Zielsetzung wird Erlösmaximierung unterstellt. Wie lauten in diesem Beispiel die "optimalen" Produktionsmengen der Erzeugnisarten I und II? Wie hoch ist der "maximale Gesamterlös"?

Bei der Beantwortung der zwei aufgeworfenen Fragen ist zunächst zu klären, wie die Eigenschaft "optimal" zu interpretieren ist, wenn weder bezüglich der Erlöse noch bezüglich der Gesamtnachfrage vollkommene Informationen vorliegen. Weiter ist zu fragen, wie die Angaben über die Verteilung der Zufallsvariablen möglichst nutzbringend verwertet werden können. Sämtliche Fragen führen zu den zentralen Problemstellungen der stochastischen Entscheidungstheorie, die im 2. Kapitel analysiert werden.

1.2.9 Beispiel I: Mehrperiodige Produktions- und Lagerplanung

Die Produktionskapazität eines Maschinenbauunternehmens für eine Maschine eines bestimmten Typs beträgt 3 ME (z.B. Stück) pro Periode (z.B. Monat). Für die kommenden 6 Perioden liegen feste Aufträge in Höhe von 3,2,2,5,2 bzw. 1 ME vor. Eine fertige Maschine kann auf Lager genommen werden, wobei Lagerhaltungskosten in Höhe von 2 GE (z.B. 1.000 DM) pro ME und Periode zu berechnen sind. Die Lagerhaltungskosten für eine Maschine fallen in der Periode an, in der diese Maschine fertiggestellt und dann auf Lager genommen wird. Aus räumlichen Gründen können höchstens 2 ME gelagert werden. Eine zur Lieferung fertige Maschine steht jetzt, d.h. zu Beginn der ersten Periode, auf Lager zur Lieferung bereit. Die Produktionsstückkosten betragen 2 GE pro ME. Ferner entstehen in den Perioden, in denen wenigstens eine Maschine hergestellt wird, Fixkosten in Höhe von 6 GE. Am Ende der letzten Periode soll keine lieferfertige Maschine auf Lager genommen werden. Die Frage ist damit, wieviel ME das Unternehmen in den einzelnen Perioden herstellen soll, damit die Nachfrage bei minimalen Kosten der Produktion und Lagerhaltung befriedigt werden kann.

Das Neue gegenüber den bisherigen Beispielen ist darin zu sehen, daß im Beispiel I mehrere voneinander nicht unabhängige Entscheidungen zu mehreren Zeitpunkten zu treffen sind. Auf die damit verbundenen Fragen wird insbesondere im Abschnitt 2.5 eingegangen.

1.2.10 Beispiel J: Ein Duopol

Der Artikel JOTA wird ausschließlich von zwei Unternehmen EINS und ZWEI auf einem gemeinsamen Markt angeboten, wobei die Nachfrager die von den zwei Unternehmen angebotenen Einheiten als identisch betrachten. Es bestehen keine sonstigen Präferenzen bezüglich der zwei Anbieter. Die zugrundeliegende Marktform heißt auch homogenes Mengenduopol. Bei der Analyse dieses Marktes wird von den auf COURNOT zurückgehenden Annahmen ausgegangen (vgl. u.a. RICHTER [1963], S. 176 ff.; SCHUMANN [1971], S. 256 ff.; GUTENBERG [1976], S. 277 ff.). Da u.a. unterstellt wird, daß alle Nachfrager die jeweiligen Angebotspreise der Unternehmen kennen, bildet sich zwangsweise ein einheitlicher Marktpreis, so daß sich die Anbieter mengenmäßig anzupassen suchen. Mit x_1 bzw. x_2 wird die Angebotsmenge des EINS bzw. ZWEI bezeichnet. Unter den genannten Voraussetzungen ist von einer Preisabsatzfunktion $p(x_1,x_2)$ auszugehen, bei der der Marktpreis von der Summe der angebotenen Mengen abhängt. Weiterhin werden zwei - im allgemeinen unterschiedliche - Kostenfunktionen $K_1(x_1)$ und $K_2(x_2)$ der Anbieter EINS und ZWEI unterstellt.

Im einzelnen werden hier der Analyse folgende Funktionen zugrunde gelegt:

$$p(x_1,x_2) := 45 - (x_1+x_2) \qquad (0 \leqq x_1 + x_2 \leqq 45),$$

$$K_1(x_1) := 9x_1 + 10 \qquad (0 \leqq x_1 \leqq 45),$$

$$K_2(x_2) := 3x_2 + 96 \qquad (0 \leqq x_2 \leqq 45).$$

Der Gewinn eines Anbieters ist definiert als "Erlös - Kosten", wobei der Erlös gleich dem Produkt "Menge × Preis" ist. Jeder Anbieter ist bestrebt, seinen Gewinn zu maximieren. Wie lauten die "optimalen" Angebotsmengen?- MAYBERRY/NASH/SHUBIK [1953] untersuchen ein ähnliches Beispiel mit nichtlinearen Kostenfunktionen.

1.3 Alternativenmengen

1.3.1 Charakterisierungen – Beispiele A, B, E, F, G, H, I und J

Die bereits in 1.1 begonnene Diskussion über die Alternativenmenge wird hier fortgeführt und durch Beispiele erläutert. Zunächst wird die schon angedeutete Definition präzisiert: Eine Alternativenmenge eines Entscheidungsproblems ist die Menge der zum Entscheidungszeitpunkt dem Entscheidungsträger zur Auswahl stehenden, sich gegenseitig ausschließenden Alternativen; sie wird im folgenden mit X bezeichnet.

Synonym mit Alternative (vgl. z.B. GÄFGEN [1968], S. 98; HAMEL [1974], S. 50; LAAGER [1974], S. 17; SZYPERSKI/WINAND [1974], S. 3) sind u.a. folgende Begriffe gebräuchlich: Aktion (z.B. BAMBERG/COENENBERG [1977], S. 14), Handlungsalternative (z.B. MENGES [1974], S. 185) sowie Handlungsmöglichkeit (z.B. MAG [1977], S. 10). Spricht man bei der Beschreibung eines Entscheidungsproblems von Entscheidungsvariablen, dann entsprechen die möglichen (zulässigen) Werte dieser Entscheidungsvariablen den Alternativen des Entscheidungsproblems. Eine Alternativenmenge wird u.a. auch Alternativenraum (z.B. SZYPERSKI/WINAND [1974], S. 3), Aktionenraum (z.B. BAMBERG/COENENBERG [1977], S. 14), Aktionsraum (z.B. SIEBEN/SCHILDBACH [1975], S. 12) sowie Entscheidungsraum (z.B. SCHNEEWEISS [1966], S. 9) genannt. Im allgemeinen Sprachgebrauch versteht man unter Alternative einschränkend vielfach nur die Entscheidung zwischen zwei Handlungsmöglichkeiten unter dem

Aspekt des Entweder-Oder. Diese Einschränkung ist für die hier diskutierten Fragen unerheblich. Im Rahmen der linearen und nichtlinearen wie auch der stochastischen Programmierung spricht man von zulässigen Lösungen (Punkten, Vektoren) sowie vom Bereich (von der Menge) zulässiger Lösungen bzw. vom Zulässigkeitsbereich.

Die Alternativenmenge eines Entscheidungsproblems kann durch explizite Auflistung ihrer Elemente, d.h. durch vollständige Enumeration, beschrieben werden. Dies ist zumindest theoretisch immer dann möglich, wenn die Alternativenmenge nur endlich viele Elemente hat. So ist etwa die Anzahl der möglichen Reihenfolgen im Beispiel B endlich; sie können einzeln aufgelistet werden. Der Reisende im Beispiel C muß sich für ein Hotel entscheiden; seine Alternativenmenge ist die (endliche) Liste von in Frage kommenden Hotels. Eine Alternativenmenge kann aber auch in einer Art Umschreibung ihrer Elemente durch Angabe von Grenzen beschrieben werden. So sind etwa die Nutzungsdauern im Beispiel A nach oben durch die technische Nutzungsdauer und nach unten durch die Nichtnegativitätsbedingung begrenzt.

In diesem Zusammenhang ist es unerheblich, ob eine Alternativenmenge endlich viele oder unendlich viele Elemente enthält. In Hinblick auf mögliche Anwendungen existieren häufig nur endlich viele Alternativen. So wird die zu planende Rohstahlerzeugung eines Stahlwerks sinnvollerweise in (ganzen) Tonnen angegeben, eine Messung in Bruchteilen einer Tonne oder gar eines Kilogramms ist im allgemeinen uninteressant und ab einer bestimmten Grenze in noch kleineren Einheiten meßtechnisch nicht mehr möglich. Ein Investitionsbudget wird in 1.000 DM oder in DM jeweils ohne Dezimalbruch angegeben, eine Angabe in Dpf oder in Bruchteilen davon ist gleichermaßen ohne Interesse. Da weder die Anzahl Tonnen Rohstahl noch ein Investitionsbudget über alle Grenzen wachsen können, ist die Anzahl der Alternativen in diesen Fällen endlich. Dennoch wird hier wie an vielen anderen Stellen der Wirtschaftswissenschaft zugelassen, daß ökonomische Größen beliebig teilbar sind, so daß eine Alternativenmenge auch unendlich viele Elemente enthalten kann; dies gilt insbesondere für die Dimensionen Gewicht und Geld.- Weiterhin ist es unerheblich, ob die Elemente der Alternativenmenge konkrete Gegenstände (z.B. verschiedene im Schaufenster stehende Schreibmaschinen), gedankliche Vorstellungen (z.B. künftige Ausbringungsmengen einer Schokoladenfabrik pro Tag) oder rein abstrakte Dinge (z.B. Geld) sind.

Im folgenden wird davon ausgegangen, daß sich die Elemente einer Alternativenmenge stets durch reelle Zahlen oder Zahlentupel bzw. - speziell - durch ganze Zahlen oder Zahlentupel kennzeichnen lassen. Statt von einem Zahlentupel wird nachfolgend überwiegend von Vektoren gesprochen. Besteht eine Alternativenmenge aus N verschiedenen Elementen, dann lassen sich diese stets eineindeutig (bijektiv) auf die ganzen Zahlen 1 bis N abbilden (vgl. nachfolgende Beispiele A, B und I). Ist eine Entscheidung über eine Produktionsmenge zu treffen, dann besteht die Alternativenmenge aus einem Intervall der reellen Zahlen von einer (nichtnegativen) Mindest- bis zu einer Höchstmenge (vgl. nachfolgende Beispiele E und J). Steht ein Produktions- oder Finanzierungsprogramm zur Diskussion, dann bestehen die Alternativen aus Vektoren des Raumes $\mathbb{R}^N$ (vgl. nachfolgende Beispiele F, G und H). In allen genannten Fällen ist demnach die Alternativenmenge eine Teilmenge des Raumes $\mathbb{R}^N$ ($N \geqq 1$). Insofern ist es sinnvoll, $\mathbb{R}^N$ - und nicht X - als Entscheidungsraum zu bezeichnen. Alle Vektoren $x \in \mathbb{R}^N$ mit $x \in X$ heißen bezüglich X zulässig, alle übrigen sind bezüglich X unzulässig. Alternative und zulässiger Vektor werden somit synonym verwendet.

Die Bedingungen - häufig spricht man auch von Nebenbedingungen -, die angeben, ob ein ins Auge gefaßter Vektor ein Element der Alternativenmenge ist oder nicht, können aus Zielvorstellungen des Entscheidungsträgers oder aus von diesen Zielvorstellungen unabhängigen Gegebenheiten resultieren (vgl. 1.4.2). Weiterhin können neben den bisher betrachteten - deterministischen - Nebenbedingungen auch stochastische, d.h. vom Zufall abhängige, Nebenbedingungen eine Entscheidungssituation beschreiben (vgl. 1.5.2). Mit X^Q wird im folgenden, sofern dies zweckmäßig erscheint, die Menge derjenigen Alternativen bezeichnet, die sowohl von den Zielvorstellungen des Entscheidungsträgers als auch vom Zufall unabhängig sind.

Hat der Entscheidungsträger zum Entscheidungszeitpunkt noch nicht Kenntnis von allen Alternativen, so wie es in obiger Definition der Alternativenmenge unterstellt wird, muß er zunächst bezüglich seiner Zielvorstellungen geeignete Alternativen suchen. Das Entscheidungsproblem wird damit zweistufig, eventuell auch mehrstufig. In einer ersten Stufe sind aus einer gegebenen Menge von Suchaktivitäten (Alternativenmenge der ersten Stufe) eine oder einige Aktivitäten auszuwählen und durchzuführen, um dann in einer zweiten Stufe, und zwar zu einem späteren Zeitpunkt, in einer neuen Entscheidungssituation aus den durch die Aktivitäten der ersten Stufe gefundenen Alternativen (Alternativenmenge der zweiten Stufe) eine geeignete auszuwählen.

Stellt sich erst im Verlauf der Lösungsfindung heraus, daß eine gegebene Alternativenmenge das zu analysierende Entscheidungsproblem nur unzureichend beschreibt, ist gegebenenfalls eine nachträgliche Modifikation in Erwägung zu ziehen. Bei interaktiven Verfahren wird die Möglichkeit einer Modifikation der Alternativenmenge explizit berücksichtigt (vgl. Flußdiagramm in Abb. 3.3.2 in 3.3.1).

Beispiel A:

Die Alternativen des Beispiels A sind die realisierbaren (ganzzahligen) Nutzungsdauern x von x = 0 (keine Investition) bis x = 14 (technische Nutzungsdauer). Die Alternativenmenge X_A kann daher wie folgt definiert werden:

$$\begin{aligned} X_A &:= \{x \in \mathbb{R} \mid 0 \leqq x \leqq 14;\ x \text{ ganzzahlig}\} \\ &= \{x \in \mathbb{N}_0 \mid x \leqq 14\} \\ &= \{0,1,\ldots,14\}. \end{aligned}$$

Beispiel B:

Im Beispiel B besteht die Alternativenmenge X_B aus den 3! = 6 möglichen Reihenfolgen, in der die gegebenen Aufträge bearbeitet werden können. Eine Reihenfolge der drei Aufträge kann durch ein Tripel (i,j,k) repräsentiert werden, welches besagt, daß an erster Stelle Auftrag i, an zweiter Stelle Auftrag j und an letzter Stelle Auftrag k zu bearbeiten ist. Die Alternativenmenge X_B besteht demnach aus allen Permutationen der Zahlen 1, 2 und 3. Es ist also

$$\begin{aligned} X_B &:= \{a_n \in \mathbb{N}^3 \mid a_n \text{ ist Permutation der Zahlen 1, 2 und 3}\} \\ &= \{(i,j,k) \mid (i,j,k) \text{ ist Permutation der Zahlen 1, 2 und 3}\} \\ &= \{(1,2,3),\ (1,3,2),\ (2,1,3),\ (2,3,1),\ (3,1,2),\ (3,2,1)\}. \end{aligned}$$

Beispiel E:

Wenn man von der Ganzzahligkeitsbedingung für die Anzahl der Dreschmaschinen absieht, kann bis zu einer Kapazitätsgrenze x" jede nichtnegative Zahl von Dreschmaschinen hergestellt werden; es gilt demnach

$$X_E := \{x \in \mathbb{R} \mid 0 \leqq x \leqq x''\}.$$

Auf die Angaben von Kapazitätsgrenzen wird bei Entscheidungsproblemen dieser Art im allgemeinen verzichtet. Die bei Überproduktion ins Gewicht fallenden Lagerhaltungskosten verhindern ein übermäßiges Anwachsen der Produktionsmenge.

Beispiel F:

Die Alternativen dieses Entscheidungsproblems sind die möglichen Produktionsmengen von 1-kg-Dosen und 2-kg-Dosen. Zur Beschreibung der Alternativenmenge X_F werden Variablen x_1 und x_2 mit folgender Interpretation definiert:

x_1 := Anzahl der herzustellenden 1-kg-Dosen in ME,

x_2 := Anzahl der herzustellenden 2-kg-Dosen in ME

(1 ME = 100 Dosen). Mit diesen Variablen (Entscheidungsvariablen) lassen sich die in der Beschreibung des Entscheidungsproblems enthaltenen Beschränkungen in Form von linearen Ungleichungen erfassen. Die Produktionskapazität einer Woche beträgt 70 Stunden, so daß bis zu 70 ME Dosen gleich welcher Art in einer Woche fertiggestellt werden können. Eine erste Nebenbedingung lautet demnach:

$$x_1 + x_2 \leqq 70.$$

Da pro Woche nur 10.000 kg des in die Dosen zu füllenden Erzeugnisses bereitgestellt werden können und da für eine ME 1-kg-Dosen je 100 kg und für eine ME 2-kg-Dosen je 200 kg dieses Erzeugnisses verbraucht werden, ergibt sich folgende zweite Ungleichung:

$$100x_1 + 200x_2 \leqq 10.000 \quad \text{oder} \quad x_1 + 2x_2 \leqq 100.$$

Die den beschränkten Absatz beschreibenden Ungleichungen können unmittelbar angegeben werden:

$$x_1 \leqq 60 \quad \text{und} \quad x_2 \leqq 40.$$

Diese Ungleichungen definieren zusammen mit der Nichtnegativitätsbedingung für beide Variablen die Alternativenmenge X_F. Es ist

$$X_F := \left\{ \begin{pmatrix} x_1 \\ x_2 \end{pmatrix} \in \mathbb{R}^2 \;\middle|\; \begin{array}{l} x_1 + x_2 \leqq 70 \\ x_1 + 2x_2 \leqq 100 \\ x_1 \leqq 60; \\ x_2 \leqq 40 \end{array} \quad x_1, x_2 \geqq 0 \right\}$$

$$= \left\{ \begin{pmatrix} x_1 \\ x_2 \end{pmatrix} \in \mathbb{R}_+^2 \;\middle|\; \begin{array}{l} x_1 + x_2 \leqq 70 \\ x_1 + 2x_2 \leqq 100 \\ x_1 \leqq 60 \\ x_2 \leqq 40 \end{array} \right\}.$$

Die Ungleichungen der Alternativenmenge X_F bilden ein simultanes Ungleichungssystem, d.h., ein Element der Alternativenmenge muß gleichzeitig alle Ungleichungen erfüllen. Jede der Ungleichungen definiert einzeln im $\mathbb{R}^2$ eine Halbebene, alle simultan definieren den Zulässigkeitsbereich X_F (= Inhalt und Rand des Sechsecks (ABCDEF), so wie er in Abb. 1.3.1 wiedergegeben ist.

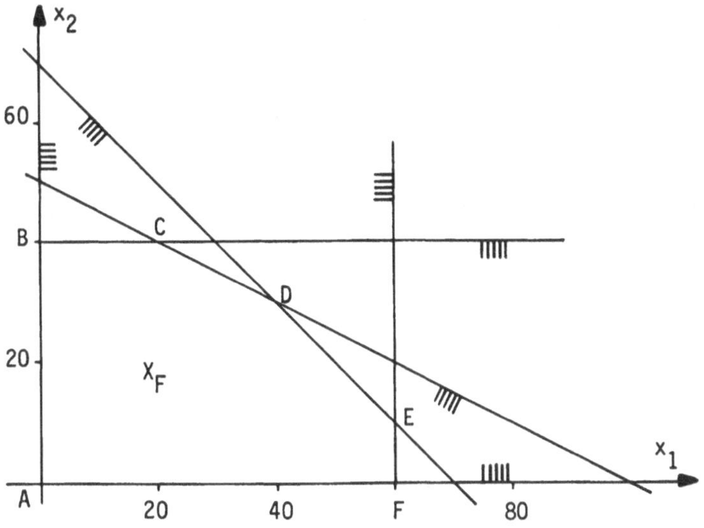

Abb. 1.3.1

Beispiel G:

Die Alternativenmenge X_G wird in gleicher Weise wie im Beispiel F durch lineare Ungleichungen definiert. Es ist

$$X_G := \left\{ \begin{pmatrix} x_1 \\ x_2 \end{pmatrix} \in \mathbb{R}_+^2 \;\middle|\; \begin{matrix} 2x_1 + 5x_2 \leqq 60 \\ 4x_1 + 2x_2 \leqq 60 \\ x_1 + x_2 \leqq 18 \end{matrix} \right\},$$

wobei mit x_1 bzw. x_2 die herzustellenden Produktionsmengen der Erzeugnisarten I bzw. II bezeichnet werden.

Beispiel H:

Aus dem Text des Beispiels H ergibt sich, daß lediglich die zuerst erwähnte Kapazitätsbeschränkung zusammen mit den Nichtnegativitätsbedingungen für die zu produzierenden Mengen x_1 und x_2 der Erzeugnisarten I und II im Rahmen dieses Beispiels eine unabdingbare, d.h. objektiv gegebene und vom Entscheidungsträger im Rahmen dieses Entscheidungsproblems nicht veränderbare Einschränkung der Entscheidungsmöglichkeiten darstellt. Die diesen Beschränkungen genügenden Alternativen werden zur Menge X_H^Q zusammengefaßt, wobei gilt

$$X_H^Q := \{(x_1,x_2)^T \in \mathbb{R}_+^2 \mid 3x_1 + 2x_2 \leqq 36\}.$$

Wie die Forderung, daß die Produktion die noch unbekannte Nachfrage nicht übersteigt, in einer Nebenbedingung erfaßt werden kann, wird erst in 2.1.1 gezeigt.

Beispiel I:

Da im Rahmen des Beispiels I für 6 Perioden eine Entscheidung über die Höhe der Produktion in jeder dieser Perioden getroffen werden muß, ist es naheliegend, 6 Alternativenmengen $X_{I,t}$ (t = 1,...,6) anzugeben. In jeder Periode können 0, 1, 2 oder 3 ME hergestellt werden, so daß gilt:

$$X_{I,t} := \{0,1,2,3\} \qquad (t = 1,\dots,6).$$

Diese Mengen werden gegebenenfalls zusätzlich begrenzt, und zwar durch Untergrenzen, damit die gegebenen Aufträge erfüllt werden können, und durch Obergrenzen, die aus den beschränkten Lagermöglichkeiten resultieren.

<u>Beispiel J:</u>

Beide Unternehmen verfügen über die gleichen Alternativenmengen

$$X_{J,k} := \{x_k \in \mathbb{R} \mid 0 \leqq x_k \leqq 45\} \quad (k = 1,2).$$

1.3.2 Verallgemeinerungen

Vom mathematischen Standpunkt aus stellt es eine erhebliche Einschränkung dar, für die Alternativenmenge nur Punktmengen zuzulassen. Betrachtet man beispielsweise die Planung eines Lagers, bei dem der Lagerbestand für jeden Zeitpunkt einer Periode von $t = 0$ bis $t = T$ (> 0) zu bestimmen ist, dann können mögliche Lagerbestandsverläufe nicht mehr durch Teilmengen des $\mathbb{R}^N$ beschrieben werden. Geht man etwa davon aus, daß mögliche Lagerbestandsverläufe nur durch stetige Funktionen beschrieben werden können, und setzt man sowohl den Lageranfangs- als auch den Lagerendbestand gleich Null voraus, dann lautet die Alternativenmenge

$$X = \{f \in C[0,T] \mid f(0) = f(T) = 0\},$$

wobei $C[0,T]$ die Menge der stetigen reellwertigen Funktionen auf $[0,T]$ bezeichnet. $C[0,T]$ ist ein Beispiel für einen linearen Raum oder Vektorraum; seine Elemente sind Funktionen (vgl. u.a. TAKAYAMA [1974], S. 6). Die angegebene Alternativenmenge X kann durch konstante Untergrenzen, etwa $f(t) \geqq 0$ für $t \in [0,T]$, als auch durch Funktionen als Kapazitätsgrenzen weiter eingeschränkt werden. Alternativenmengen als Teilmengen von linearen Räumen spielen in der modernen Wachstumstheorie eine wichtige Rolle, in der es darum geht, einen Wachstumspfad, der das Wachstum einer Volkswirtschaft beschreibt, zu bestimmen (vgl. u.a. TAKAYAMA [1974], Chap. 5 bis 8). Optimierungsprobleme mit Alternativenmengen der geschilderten Art werden in der Kontrolltheorie behandelt; sie werden hier nicht weiter verfolgt (vgl. hierzu u.a. STEPAN [1977]; KRABS [1978]).

Eine andere Verallgemeinerung geht auf das von ZADEH vorgeschlagene Konzept unscharfer Mengen (fuzzy sets) zurück (vgl. u.a. ZADEH [1965]; BELLMANN/ZADEH [1970/71]). Hier geht es darum, die scharfen Grenzen des Entweder-Oder bei der Definition einer Menge aufzulockern. Zu einer Menge X wird eine unscharfe Menge Y auf X wie folgt definiert:

$$Y := \{(x, \mu_Y(x)) \mid x \in X\},$$

wobei $\mu_Y(x)$ Werte aus [0,1] annimmt und den Grad der Zugehörigkeit von x in Y anzeigt. Jedes Element $x \in X$ wird demnach zusätzlich durch eine Zahl $\mu_Y(x)$ gekennzeichnet, die angibt, "wie sehr" x Element von Y ist. Speziell bedeutet $\mu_Y(x) = 0$ bzw. 1, daß $x \notin Y$ bzw. $x \in Y$ ist. Mit diesem Konzept können in der Tat "unscharfe" Aussagen unterschiedlicher Art "besser" als durch die gewöhnliche Mengendefinition erfaßt werden; dies gilt insbesondere bei der Analyse von Entscheidungsproblemen, wie zahlreiche Veröffentlichungen zeigen (vgl. u.a. ZIMMERMANN [1975]; RÖDDER/ZIMMERMANN [1977]; WIEDEY/ZIMMERMANN [1978]; THOLE/ZIMMERMANN/ZYSNO [1979]). Im folgenden wird auf unscharfe Mengen nicht weiter eingegangen.

1.4 Ziele, Zielvariablen und Zielfunktionen

1.4.1 Ziele und Zielfunktionen – Beispiele A, F und I

Es wird davon ausgegangen, daß einer rationalen Entscheidung - nur solche werden hier analysiert - stets die Verfolgung eines bestimmten Ziels zugrunde liegt, wobei das Vorhandensein mindestens eines sinnvollen Kriteriums notwendig ist, welches als Prüfstein zur Beurteilung einer einzelnen Alternative bzw. als Maßstab zum Vergleich mehrerer Alternativen Verwendung finden kann. Unter einem Ziel versteht man einen zukünftigen, gegenüber dem gegenwärtigen im allgemeinen veränderten, erstrebenswerten und vom Entscheidungsträger gewollten Zustand, der auch als Endzustand bezeichnet wird (vgl. u.a. HEINEN [1966], S. 45; HAMEL [1974], S. 10; SZYPERSKI/WINAND [1974], S. 46; HAUSCHILDT [1977], S. 9). Unter einem Zustand kann auch eine bestimmte Entwicklung eines gesellschaftlichen Prozesses verstanden werden, in der der Entscheidungsträger steht und deren Richtung er positiv oder negativ beeinflussen möchte, um als Ziel bzw. Endzustand eine andere Entwicklung als die, welche durch Untätigsein eintritt, zu erreichen. Das geforderte Kriterium dient zur Beurteilung von Alternativen im Hinblick auf ein vorliegendes Ziel. Es ist demnach ein Maßstab, mit dessen Hilfe gemessen werden kann, in welchem Ausmaß Alternativen eines Entscheidungsproblems vorgegebene Ziele erfüllen. Die angesprochenen Aspekte müssen nunmehr präzisiert werden.

Der Zusammenhang zwischen einem gegebenen Ziel und den Elementen einer Alternativenmenge wird durch eine Zielfunktion, im folgenden mit z bezeichnet, wiedergegeben. Eine Zielfunktion z bildet die Elemente einer Alternativenmenge in die Menge der reellen Zahlen ab ($z: X \to \mathbb{R}$). Durch sie wird daher jedem Element $x \in X$ einer Alternativenmenge eine reelle Zahl z(x) zugeordnet. Da die Menge der reellen Zahlen vollständig geordnet ist, können je zwei Alternativen anhand ihrer Zielfunktionswerte verglichen werden. Im folgenden wird für z vielfach z(x) geschrieben, um die Abhängigkeit von x zu betonen. Die Forderung der Abbildbarkeit in die reellen Zahlen mag in manchen Lebensbereichen schwer oder nicht erfüllbar sein. Für ökonomische Fragestellungen ist sie zwar auch nicht unproblematisch, jedoch naheliegend, denn es werden wesentliche ökonomische Größen in Geld-, Mengen-, Gewichts-, Längen- oder Zeiteinheiten gemessen, also in Größen, die durch reelle Zahlen angegeben werden.

Zunächst wird nur von Zielen bzw. Endzuständen ausgegangen, die durch bestimmte Extremaleigenschaften, d.h. Maximal- oder Minimaleigenschaften, gekennzeichnet sind. Das Erstreben eines Endzustandes mit Extremaleigenschaften entspricht der Lösung eines Extremierungsproblems mit einer zu maximierenden oder zu minimierenden Zielfunktion. Ist z eine zu maximierende Zielfunktion, dann zieht der Entscheidungsträger die Alternative $x_1 \in X$ der Alternative $x_2 \in X$ genau dann nicht vor, wenn $z(x_1) \leqq z(x_2)$ ist. Falls $z(x_1) < z(x_2)$ erfüllt ist, zieht der Entscheidungsträger die Alternative $x_2 \in X$ der Alternative $x_1 \in X$ vor; gilt hingegen $z(x_1) = z(x_2)$, so ist der Entscheidungsträger zwischen den Alternativen $x_1 \in X$ und $x_2 \in X$ indifferent.

Da die Werte einer Zielfunktion auch als ein Maß für den Nutzen des Entscheidungsträgers bei Realisation bestimmter Alternativen interpretiert werden können, wird häufig von Nutzenfunktionen statt von Zielfunktionen gesprochen. Auf spezielle nutzentheoretische Fragen wird hier allerdings erst in Abschnitt 2.6 eingegangen. Steht bei einer Zielfunktion der Aspekt des Alternativenvergleichs im Vordergrund, sind auch die Bezeichnungen Präferenzfunktion und Präferenzfunktional gebräuchlich. Bei der hier unterstellten Skala handelt es sich um eine kardinale Skala oder Intervallskala, da mit Hilfe der Zielfunktion z(x) nicht nur festgestellt werden kann, ob der Entscheidungsträger die Alternative $x_2 \in X$ der Alternative $x_1 \in X$ vorzieht, sondern auch in welchem Maße dies der Fall ist (vgl. u.a. MENGES [1974], S. 39 f.; BAMBERG/COENENBERG [1977], S. 30 ff.; BITZ [1977],

S. 84 f.). Um zu betonen, daß letztlich die Zielfunktionswerte (die Höhe der Werte, der Zielerreichungsgrad) für die Beurteilung der Alternativen maßgebend sind, wird auch von "Höhenpräferenzen" bzw. "Höhenpräferenzrelationen" gesprochen (vgl. u.a. SIEBEN/SCHILDBACH [1975], S. 20; BAMBERG/COENENBERG [1977], S. 26).

Die obige Zieldefinition schließt ein, daß der erstrebenswerte Endzustand sowohl positiv wie auch negativ bestimmt sein kann (vgl. HAUSCHILDT [1978]). Ein positiv bestimmter Endzustand wird durch Begriffe wie Erfolg, Nutzen, Gewinn oder Liquidität beschrieben und soll nach Möglichkeit erreicht werden; einen negativ bestimmten Endzustand, der durch Begriffe wie Mißerfolg, Schaden, Verlust oder Illiquidität charakterisiert wird, gilt es hingegen nach Möglichkeit zu vermeiden. Im allgemeinen bieten sich im ersten Fall zu maximierende und im zweiten Fall zu minimierende Zielfunktionen an.

Ohne Beschränkung der Allgemeinheit kann davon ausgegangen werden, daß die Zielfunktion z(x) zu maximieren ist, da zu minimierende Zielfunktionen mit -1 multipliziert und damit in zu maximierende umgeformt werden können. Der überwiegenden Mehrheit der in der ökonomischen Literatur behandelten Entscheidungsprobleme liegen zu extremierende Zielfunktionen zugrunde. Die folgenden Beispiele verdeutlichen den Abbildungscharakter einer Zielfunktion.

<u>Beispiel A:</u>

Das Ziel im Beispiel A besteht darin, eine Nutzungsdauer für das zu prüfende Investitionsobjekt zu finden, bei der der Kapitalwert der gegebenen Ein- und Auszahlungen ein Maximum erreicht. Die Zielfunktion als Maßstab für die Güte einer betrachteten Nutzungsdauer ist demnach der Kapitalwert in Abhängigkeit der Nutzungsdauern. Es gilt daher

$$z_A(x) := \begin{cases} 0 & \text{für } x = 0, \\ \sum_{t=1}^{x} E_t v^t + L_x v^x - A_0 & \text{für } x = 1,\ldots,14. \end{cases}$$

Die Werte für $z_A(x)$, die sich mit den in Tab. 1.2.1 gegebenen Daten bei einem Diskontierungsfaktor von v = 1/1,08 errechnen lassen, sind in Tab. 1.4.1 zusammengefaßt. In Abb. 1.4.1 sind die Alternativenmenge und ein Ab-

x	$z_A(x)$	x	$z_A(x)$	x	$z_A(x)$
0	0	5	1.507	10	1.908
1	19	6	1.688	11	1.869
2	526	7	1.812	12	1.802
3	936	8	1.886	13	1.712
4	1.259	9	1.916	14	1.603

Tab. 1.4.1

schnitt der reellen Zahlenachse wiedergegeben; die eingezeichneten Pfeile verdeutlichen den Abbildungscharakter der Zielfunktion.

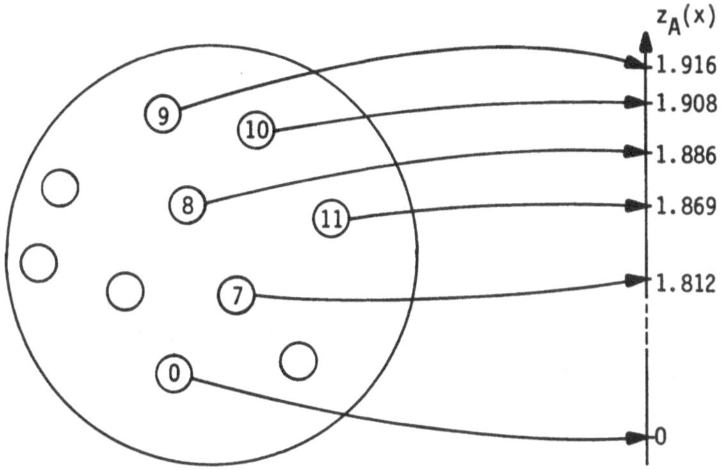

Abb. 1.4.1

Beispiel F:

Der zu maximierende Gesamtdeckungsbeitrag setzt sich aus der Summe der Deckungsbeiträge für die einzelnen Dosenarten zusammen, die jeweils aus dem Produkt aus Deckungsbeitrag pro ME und der Zahl der zu produzierenden Dosen in ME bestehen. Die Zielfunktion lautet demnach:

$$z_F(x_1,x_2) := 2x_1 + 3x_2.$$

In Abb. 1.4.2 sind ähnlich wie in Abb. 1.4.1 Alternativenmenge und reelle Zahlenachse eingezeichnet. Eine Abbildung ist definitionsgemäß eindeutig,

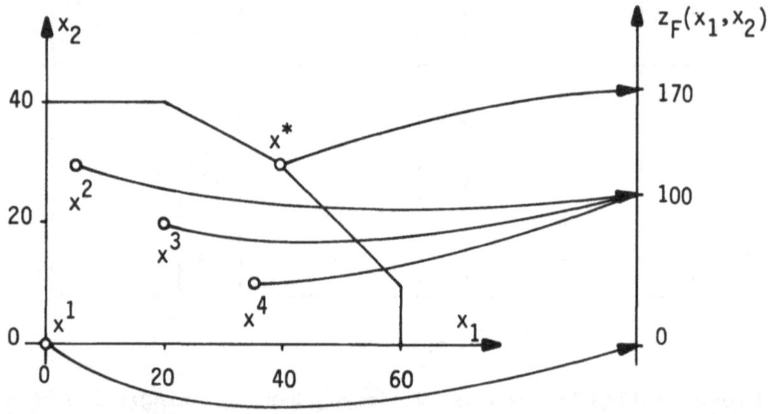

Abb. 1.4.2

aber nicht immer eineindeutig. So führen die Elemente $x^2 = (5,30)^T$, $x^3 = (20,20)^T$ und $x^4 = (35,10)^T$ zum gleichen Zielfunktionswert $z(x^2) = z(x^3) = z(x^4) = 100$ GE. $x^* = (40,30)^T$ veranschaulicht die einzige, zum maximalen Zielfunktionswert gehörende Alternative.

Beispiel I:

Im Beispiel I sind gegebene Nachfragemengen bei minimalen Kosten der Produktion und Lagerhaltung zu befriedigen. Die Entscheidungsvariable $x_t \in X_{I,t}$ gibt die Höhe der Produktion der t-ten Periode an $(t = 1,\ldots,6)$. Die Produktionskosten betragen

$$K(x_t) := \begin{cases} 0 & \text{für } x_t = 0 \\ 6 + 2x_t & \text{für } x_t > 0 \end{cases} \qquad (t = 1,\ldots,6).$$

Bezeichnet y_t den - variablen - Lageranfangsbestand und d_t die - gegebene - Nachfrage der t-ten Periode, dann beträgt der für die Lagerhaltungskosten der t-ten Periode relevante Lagerendbestand der t-ten Periode $y_t + x_t - d_t$ $(t = 1,\ldots,6)$. Die Lagerhaltungskosten der Periode t belaufen sich somit auf

$$L(x_t;y_t) := 2(y_t + x_t - d_t) \qquad (t = 1,\ldots,6).$$

Die zu minimierende Zielfunktion für eine Periode lautet damit:

$$z_{I,t}(x_t;y_t) := K(x_t) + L(x_t;y_t) \quad (t = 1,\ldots,6).$$

Durch die Variablen y_t, die auch Zustandsvariablen heißen, werden die Perioden miteinander gekoppelt. Zusammen mit dem Anfangszustand der ersten Periode y_1 bestimmt die erste Entscheidung x_1 unter Berücksichtigung der Nachfrage d_1 der ersten Periode den Anfangszustand der zweiten Periode: $y_2 = y_1 + x_1 - d_1$. Aufgrund dieses zweiten Anfangszustandes y_2 wird die Entscheidung x_2 der zweiten Periode gefällt, die zusammen mit der Nachfrage d_2 den Anfangszustand y_3 der dritten Periode bestimmt, usw. Der Lageranfangsbestand der (t+1)-ten Periode ist demnach gleich dem Lageranfangsbestand der t-ten Periode zuzüglich der Produktion der t-ten Periode abzüglich der Nachfrage der t-ten Periode, d.h., es gilt:

$$y_{t+1} = y_t + x_t - d_t \qquad (t = 1,\ldots,6),$$

wobei aufgrund des beschriebenen Entscheidungsproblems $y_1 = 1$ und $y_7 = 0$ ist. Die angegebene Gleichung heißt auch Bilanzgleichung (z.B. SCHNEEWEISS [1974], S. 18).

Wenn keine weiteren Angaben gemacht werden, z.B. über eine mögliche Diskontierung, dann kann eine (Gesamt-)Zielfunktion gleich der Summe der (Perioden-)Zielfunktionen gesetzt werden:

$$z_I(x_1,\ldots,x_6;y_1) := \sum_{t=1}^{6} K(x_t) + \sum_{t=1}^{6} L(x_t;y_t).$$

Die (Gesamt-)Zielfunktion hängt außer von den Entscheidungsvariablen $x_1,\ldots,x_6$ nur noch von der Zustandsvariablen y_1 - und nicht von den restlichen Zustandsvariablen $y_2,\ldots,y_6$ - ab, da mit Hilfe der Bilanzgleichung alle Zustandsvariablen bis auf y_1 eliminiert werden können.

1.4.2 Zielvariablen und Zielfunktionen – Beispiele A1 und F1

Es gibt Entscheidungsprobleme, bei denen die unmittelbare Einführung einer Zielfunktion auf Schwierigkeiten stößt. Dies kann mehrere Ursachen haben. Erfolgt möglicherweise in einem ersten Schritt die Messung der Ergebnisse der einzelnen Alternativen in unterschiedlichen Dimensionen, dann können in einem zweiten Schritt diese Ergebnisse mittels einer Zielfunktion in einer einheitlichen Dimension bewertet werden. So werden beispielsweise die Leistungen (Ergebnisse) eines Industrieunternehmens zunächst in - gegebenenfalls unterschiedlichen - Mengeneinheiten gemessen, erst dann erfolgt eine Bewertung in Geldeinheiten. Ein ähnlicher Fall liegt vor, wenn die Messung der Ergebnisse zwar in einheitlicher Dimension erfolgt, ein Entscheidungsträger aber diese Werte in Nutzeneinheiten mittels einer subjektiven Nutzenfunktion transformiert, bei der mit zunehmender Sättigung der Grenznutzen sinkt. In Fällen dieser Art ist die Zielfunktion mittelbar über eine Zielvariable zu formulieren, wobei unter einer Zielvariablen eine Abbildung verstanden wird, die jedem Element $x \in X$ der Alternativenmenge zunächst einen Wert $g(x)$ zuordnet, der zur Definition einer in bezug auf ein bestimmtes Ziel sinnvollen Zielfunktion geeignet ist. Es sei G die Menge aller möglichen Werte der Zielvariablen ($g: X \rightarrow G$). Eine Zielfunktion ist dann eine Abbildung, die jedem Wert der Zielvariablen eine reelle Zahl zuordnet ($z: G \rightarrow \mathbb{R}$). Es gibt eine Vielzahl von Entscheidungsproblemen, bei denen sich die Dazwischenschaltung einer Zielvariablen als überflüssig erweist; in diesen Fällen kann jeder Alternative $x \in X$ direkt ein Zielfunktionswert $z(x)$ zugeordnet werden. Es gibt aber auch eine Anzahl von Entscheidungsproblemen, bei denen auf eine Zielvariable nicht verzichtet werden kann, wie im folgenden exemplarisch gezeigt wird.

Zunächst wird der Fall betrachtet, bei dem ein Entscheidungsträger ein bestimmtes Ziel, hier den Wert $\tilde{g}$ der Zielvariablen $g(x)$, erreichen bzw. - falls $\tilde{g}$ nicht erreichbar ist - diesem möglichst nahekommen möchte. Aufgrund seiner Zielvorstellungen ist er demnach bestrebt, mögliche Abweichungen von $\tilde{g}$ zu minimieren. Als Maß für die Abweichungen kann beispielsweise die quadrierte Differenz zwischen dem Wert $\tilde{g}$ und den erreichbaren Werten der Zielvariablen genommen werden. Die zu minimierende Zielfunktion ist in diesem speziellen Fall $z(x) = (g(x)-\tilde{g})^2$. Beispiele für Zielfunktionen dieser Art finden sich etwa bei der Analyse makroökonomischer Entscheidungsprobleme (vgl. u.a. NIEDEREICHHOLZ [1967], S. 32 f.; MENGES [1974], S. 182 ff.). Das Ziel, einen ins Auge gefaßten Wert $\tilde{g}$ zu erreichen, kann somit durch eine Zielfunktion nicht unmittelbar, sondern nur mittelbar über eine Zielvariable erfaßt werden (vgl. insbesondere 3.4.1).

Verlangt der Entscheidungsträger, daß die absoluten Abweichungen seiner Zielvariablen $g(x)$ von seinem Ziel $\tilde{g}$ eine bestimmte Schranke Δ nicht überschreiten dürfen, dann wird die Alternativenmenge durch diese Forderung, die aus den Zielvorstellungen des Entscheidungsträgers resultiert, zusätzlich eingeschränkt. Diejenigen Alternativen, die unabhängig von ihrer sonstigen Realisierbarkeit den Zielvorstellungen des Entscheidungsträgers, soweit diese als Nebenbedingungen formuliert werden können, entsprechen, werden zielbedingt zulässige Alternativen genannt und zur Menge X^Z zusammengefaßt. In dem genannten Fall ist $X^Z = \{x \in \mathbb{R}^N \mid |g(x)-\tilde{g}| \leqq \Delta\}$. Die Alternativenmenge X setzt sich in diesen und ähnlichen Fällen aus dem Durchschnitt X^Q, der Menge der unabhängig von Zielvorstellungen zulässigen Alternativen (vgl. 1.3.1), und X^Z, der Menge der zielbedingt zulässigen Alternativen, zusammen; es gilt demnach $X = X^Q \cap X^Z$.

Das Erfordernis einer Zielvariablen ist etwa auch dann gegeben, wenn das dem Entscheidungsproblem zugrunde liegende Ziel keine Extremaleigenschaft aufweist. Liegt bei einem Entscheidungsproblem beispielsweise ein Ziel vor, bei dem ein vorgegebener Wert $\tilde{g}$ (oder auch $\tilde{z}$) mindestens erreicht werden soll, so wird ein solches Ziel zweckmäßigerweise durch eine Nebenbedingung in Form einer Untergrenze dargestellt. Es gilt dann

$$X^Z = \{x \in \mathbb{R}^N \mid g(x) \geqq \tilde{g}\} \qquad \text{oder} \qquad X^Z = \{x \in \mathbb{R}^N \mid z(x) \geqq \tilde{z}\}.$$

$\tilde{g}$ bzw. $\tilde{z}$ heißt in diesem Zusammenhang Anspruchsniveau (Zufriedenheitsniveau); die Elemente $x \in X^Q \cap X^Z$ heißen zufriedenstellende Alternativen. Existiert mindestens eine zufriedenstellende Alternative, betrachtet der Entscheidungsträger sein Ziel als erfüllbar. Über die endgültige Wahl einer zu realisierenden Alternative kann dann nichts gesagt werden, wenn $X = X^Q \cap X^Z$ mehr als ein Element enthält. In diesem Zusammenhang drängen sich zwei Fragen auf. Warum sollte ein Entscheidungsträger, wenn er mehrere zufriedenstellende Alternativen zur Auswahl hat, nicht eine solche realisieren, die sein Anspruchsniveau maximal übersteigt? Warum sollte ein Entscheidungsträger für den Fall, daß keine zufriedenstellenden Alternativen existieren, nicht davon ausgehen, eine Alternative als zielbedingt zulässig zu definieren, die das Anspruchsniveau am wenigsten unterschreitet? Fragen dieser Art werden in 3.4.2 erneut aufgeworfen und analysiert.

<u>Beispiel A1:</u>

Bei diesem Beispiel handelt es sich um eine (erste) Variante des Beispiels A mit geänderter Zielsetzung. Statt eines maximalen Kapitalwertes strebe der Entscheidungsträger nunmehr einen Kapitalwert von möglichst $\tilde{g}_{A1}$ = 1.820 GE an. Die Tab. 1.4.1 zeigt, daß kein $x \in X_A$ mit $g_{A1}(x) = z_A(x) = 1.820$ existiert. Damit lautet etwa die zu minimierende Zielfunktion dieser Variante

$$z_{A1}(x) = (g_{A1}(x) - 1.820)^2,$$

die ihr Minimum bei $x^* = 7$ mit $g_{A1}(7) = z_A(7) = 1.812$ GE und $z^*_{A1}(7) = 64$ annimmt. In Abb. 1.4.3 wird die Rolle der Zielvariablen mit den Daten des Beispiels A1 veranschaulicht.

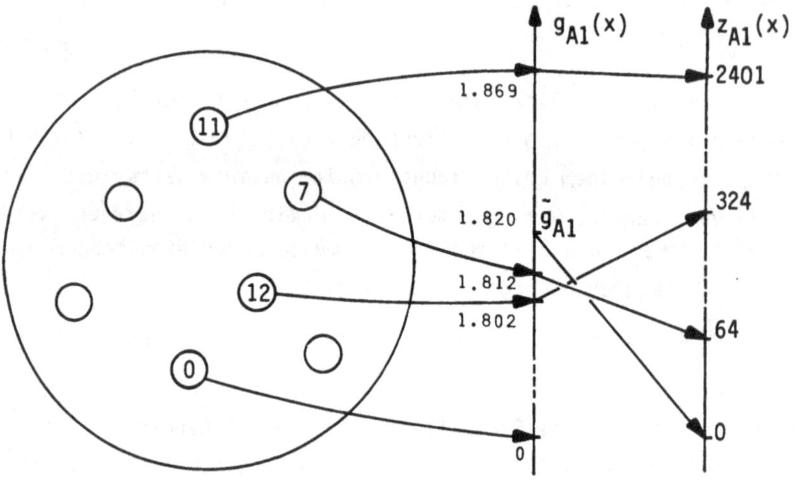

Abb. 1.4.3

Würde der Entscheidungsträger zusätzlich die absolute Abweichung auf $\Delta = 5$ beschränken, gäbe es keine zielbedingt zulässige Alternative, denn es ist

$$X_{A1} := X^Q_{A1} \cap X^Z_{A1} = \emptyset$$

mit $X^Q_{A1} := X_A$

und $X^Z_{A1} := \{x \in \mathbb{N}_0 \mid |g_{A1}(x) - 1.820| \leq 5\}$.

Beispiel F1:

Bei dem Entscheidungsproblem des Beispiels F bestand das Ziel in der Erreichung eines Endzustandes mit maximalem Gesamtdeckungsbeitrag. In der nunmehr betrachteten Variante F1 sei das Ziel des Entscheidungsträgers, einen Endzustand mit einem Gesamtdeckungsbeitrag von mindestens $z_F(x_1,x_2) = \tilde{z}_F$ mit

$\tilde{z}_F = 140$, 170 bzw. 195 GE zu erreichen. Die zielbedingt zulässigen Alternativen sind dann in der Menge

$$X^Z_{F1} := \{(x_1,x_2)^T \in \mathbb{R}^2_+ \mid 2x_1 + 3x_2 \geqq \tilde{z}_F\}$$

enthalten. Die zielunabhängig realisierbaren Alternativen stimmen in den Beispielen F und F1 überein; es ist $X^Q_F = X^Q_{F1} = X_F$. Die Menge der zulässigen Alternativen des Beispiels F1 ist

$$X_{F1} = X^Q_{F1} \cap X^Z_{F1}$$
$$= X_F \cap \{(x_1,x_2)^T \in \mathbb{R}^2_+ \mid 2x_1 + 3x_2 \geqq \tilde{z}_F\}.$$

Sie besteht für $\tilde{z}_F = 140$ aus den Punkten des Fünfecks $\overline{CDEHG}$ der Abb. 1.4.4 sowie für $\tilde{z}_F = 170$ ausschließlich aus dem Punkt $D = (40,30)^T$; für $\tilde{z}_F = 195$ ist X_{F1} leer (vgl. Abb. 1.4.4).

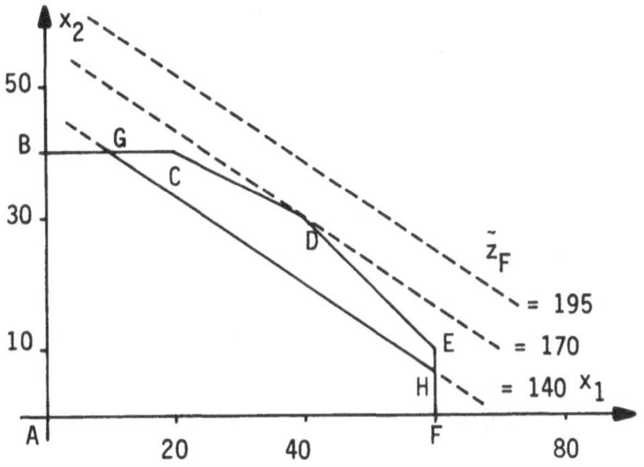

Abb. 1.4.4

1.5 Entscheidungsmodelle

1.5.1 Definition eines Basismodells – Beispiele A, F und I

Mit den Begriffen Alternativenmenge und Zielfunktion wurden zwei grundlegende Elemente zur Definition eines Entscheidungsmodells eingeführt. Ein Entscheidungsmodell ist eine formale Darstellung eines Entscheidungsproblems, die wenigstens eine Alternativenmenge X und wenigstens eine auf dieser definierte Zielfunktion z enthält.[1]

Warum "wenigstens" eine Alternativenmenge? Die Ausführungen in den ersten Abschnitten dieses Kapitels haben deutlich gemacht, daß ein konstitutives Element eines Entscheidungsproblems das Vorliegen einer Alternativenmenge mit zwei oder mehr Elementen ist. Den Beispielen A bis G liegt genau eine Alternativenmenge zugrunde; im Beispiel I waren mehrere Alternativenmengen gegeben, die sich allerdings zu einer einzigen Alternativenmenge zusammenfassen lassen, wie im folgenden gezeigt wird; die zwei Alternativenmengen des Beispiels J haben unmittelbar keine Beziehungen zueinander. M.a.W.: Ein Entscheidungsproblem ist u.a. durch eine oder mehrere Alternativenmengen gekennzeichnet.

Warum "wenigstens" eine Zielfunktion? Bei den Überlegungen in den vorhergehenden Abschnitten wurde das Vorliegen eines erstrebenswerten Ziels als konstitutives Element eines Entscheidungsproblems hervorgehoben. Darüber hinaus wurde gezeigt, daß sich das Erstreben eines Ziels (Endzustandes) durch zu extremierende Zielfunktionen erfassen läßt. In den Beispielen A und F sowie ihren Varianten A1 und F1 wird jeweils von einer Zielfunktion ausgegangen. Den Beispielen B und G liegen offensichtlich mehrere Ziele zugrunde, die möglicherweise miteinander konkurrieren. Eine ähnliche Situation ist beim Beispiel J gegeben. Beim Beispiel I handelt es sich um das Ziel Kostenminimierung, zu dessen Erreichung zweckmäßigerweise mehrere, verschiedene Perioden betreffende Zielfunktionen eingeführt werden. M.a.W.: Ein Entscheidungsproblem ist u.a. durch eine oder mehrere

---

[1] Ähnlich heißt es bei ZSCHOCKE: "Zielfunktion und Beschränkungen bilden ein zu einem Entscheidungsproblem gehöriges (Entscheidungs-)Modell" ([1964], S. 102; vgl. auch HAMMANN [1969]; TIETZ [1969], S. 685 ff.; MARETTEK [1970]; EGGESIECKER [(1971)], S. 61 ff.; MENGES [1974], S. 5; SCHWEITZER/KÜPPER [1974], S. 29).
Auf die mit dem Begriff Modell verbundene Problematik wird hier nicht eingegangen (vgl. u.a. GROCHLA [1969]; MÜLLER-MERBACH [1971], S. 14 ff.; EICHHORN [1972]; JAEGER [1972]; DINKELBACH [1973]; ADAM/WITTE [1975]; KÖHLER [1975]; ROSENBERG [1975], S. 7 ff.; ZENTES [1976], S. 20 ff.; BITZ [1977], S. 51 ff.; HIERONIMUS [1979], S. 17 ff.).
Zur Beurteilung von Entscheidungsmodellen vgl. u.a. MÜLLER/KRÖNCKE [1974], S. 67 ff.; BRETZKE [1980], S. 194 ff.).

Zielfunktionen gekennzeichnet.

Warum eine "formale" Darstellung? 1. Weil eine formale Darstellung, die sich überwiegend einiger Grundbegriffe der elementaren Mengenlehre bedient, die Möglichkeit schafft, die Abbildung eines Entscheidungsproblems durch ein Entscheidungsmodell möglichst präzise vorzunehmen. Durch eine mengentheoretische Definition der Alternativenmenge wird der Entscheidungsträger in erhöhtem Maße gezwungen, seine Alternativen exakt zu erfassen. Für eine im Laufe des Prozesses der Entscheidungsvorbereitung neu entdeckte Alternative muß erkennbar sein, ob sie zulässig ist oder nicht. In ähnlicher Weise wird der Entscheidungsträger durch die Forderung nach einer Zielfunktion im Sinne einer Abbildung zu einer möglichst großen Präzision im Rahmen der Bewertung von Alternativen aufgefordert. 2. Weil durch eine formale Darstellung in einem Entscheidungsmodell die dem Entscheidungsproblem zugrundeliegenden Strukturen klarer herausgearbeitet werden können, als dies bei einer rein verbalen Darstellung möglich ist. Dies ist etwa von besonderer Bedeutung, wenn die Beschreibung von Alternativenmenge oder Zielfunktion durch Koeffizienten (Parameter) erfolgt, die noch vom Entscheidungsträger in gewissen Grenzen variiert werden können (vgl. 1.6) oder die vom Zufall abhängen (vgl. 1.5.2). 3. Weil eine formale Darstellung für eine numerische Behandlung eines Entscheidungsproblems fast unabdingbare Voraussetzung ist. Dies gilt erst recht bei einer numerischen Analyse eines Entscheidungsproblems auf einer elektronischen Datenverarbeitungsanlage (EDV).

Werden alle Koeffizienten (Daten, Konstanten, Parameter), die bei der Definition von X und z(x) Verwendung finden, als bekannt unterstellt, spricht man von einem deterministischen Entscheidungsproblem. Besteht dieses darin, einen Endzustand mit Maximaleigenschaften zu erreichen, dann läßt sich ein deterministisches Entscheidungsproblem formal stets auf das deterministische Entscheidungsmodell (DEM) zurückführen, das hier als Basismodell bezeichnet

(DEM)	$\max \{z(x) \mid x \in X\}$
Deterministisches Entscheidungsmodell	

wird; auf ihm bauen sämtliche weiteren Überlegungen auf. Verbal ausgedrückt, bedeutet (DEM): Man maximiere die Zielfunktion z(x) über der Alternativenmenge X. Oder: Man ermittle diejenigen Elemente $x \in X$, die die Zielfunktion $z(x)$ über X maximieren. Oder: Man bestimme das maximale Element der (Ziel-) Menge $Z := \{z(x) \mid x \in X\}$. Es ist mithin zu entscheiden, ob und, wenn ja, welche Alternative bzw. Alternativen $x \in X$ zu einem maximalen Wert der Zielfunktion $z(x)$ führt bzw. führen. Sofern Alternativen mit dieser Eigenschaft existieren, werden diese zur Menge $X^* \subset X$ zusammengefaßt; es ist demnach

$$X^* := \{x^* \in X \mid z^* := z(x^*) = \max \{z(x) \mid x \in X\}\}.$$

Die Elemente $x^* \in X^*$ sind die optimalen Alternativen des Entscheidungsmodells. Unter optimaler Lösung eines Entscheidungsmodells versteht man die optimalen Alternativen (optimalen Werte der Entscheidungsvariablen), eventuell zusammen mit dem maximalen (oder optimalen) Wert der Zielfunktion. Ist X^* einelementig, so ist die optimale Lösung eindeutig, anderenfalls mehrdeutig; man spricht in diesen Fällen von Doppel- bzw. Mehrfachlösungen. Wie bereits erwähnt wurde, läßt sich (DEM) in völlig analoger Weise auch als Minimierungsaufgabe formulieren. Bei Ausdrücken wie optimale Alternative bzw. optimale Zielfunktionswerte ist es zweckmäßig, den Bezug zu der zugehörigen Zielsetzung und der entsprechenden Alternativenmenge bzw. zu dem in Frage stehenden Entscheidungsmodell hinzuzufügen, wenn dies nicht zweifelsfrei aus dem Zusammenhang hervorgeht. Es ist eine Frage der Kompliziertheit eines Entscheidungsmodells bzw. des Vorhandenseins von geeigneten Rechentechniken, ob eine Aufgabe, wie sie durch (DEM) beschrieben wird, numerisch gelöst werden kann.

Es ist nicht immer von vornherein evident, ob der Entscheidungsträger an der Menge X^* oder an dem Wert z^* oder an beiden interessiert ist. Der Leiter einer Produktionsabteilung könnte in erster Linie an der Menge X^* interessiert sein; er muß wissen, welche Produktionsmengen konkret zu erstellen sind. Er legt auch Wert auf die Bekanntgabe von eventuellen Mehrfachlösungen, da diese ihm einen gewissen Spielraum geben, um etwa weitere, bisher im Entscheidungsmodell nicht erfaßte Zielvorstellungen berücksichtigen zu können. Der Anteilseigner dürfte sein Interesse primär auf das Ergebnis, also auf z^*, richten; Einzelheiten der Produktionsgestaltung sind für ihn von untergeordneter Bedeutung.

Das Entscheidungsmodell (DEM) wird vielfach auch als Optimierungsmodell (-aufgabe, -problem) bezeichnet; dies ist meistens dann der Fall, wenn algorithmische Aspekte zur Bestimmung optimaler Lösungen von besonderem

Interesse sind. Da hier andere, mehr entscheidungsorientierte Gesichtspunkte zur Diskussion stehen, wird die Bezeichnung Entscheidungsmodell bevorzugt. Aus denselben Gründen werden hier die Kosten, die bei der Aufstellung und der numerischen Analyse von Entscheidungsmodellen sowie der praktischen Realisierung ihrer Ergebnisse anfallen, nicht berücksichtigt.

Bislang wurden bezüglich der Alternativenmenge X und der Zielfunktion z(x) keine speziellen mathematischen Voraussetzungen gestellt, so daß die Existenz der zu bestimmenden Maxima bzw. Minima nicht gesichert ist. Daher wäre es angebracht, "max" bzw. "min" durch "sup" bzw. "inf" zu ersetzen. Das Beispiel (1.1) verdeutlicht zwei der in Frage kommenden "kritischen" Fälle. Unter "ext" wird sowohl "max" als auch "min" verstanden. Für (1.1)

(1.1)	$\text{ext}\ \{z(x) \mid x \in X\}$
mit	$X := \{x \in \mathbb{R} \mid 1 \leqq x < 4\}$ $z(x) := \begin{cases} 2 & \text{für } x = 1 \\ (2x+1)/3 & \text{für } 1 < x < 4 \end{cases}$

gilt im einzelnen (vgl. Abb. 1.5.1):

1. $\max\ \{z(x) \mid x \in X\}$ existiert nicht, da X nicht abgeschlossen ist;
2. $\sup\ \{z(x) \mid x \in X\} = 3$;
3. $\min\ \{z(x) \mid x \in X\}$ existiert nicht, da z(x) in x = 1 nicht stetig ist;
4. $\inf\ \{z(x) \mid x \in X\} = 1$.

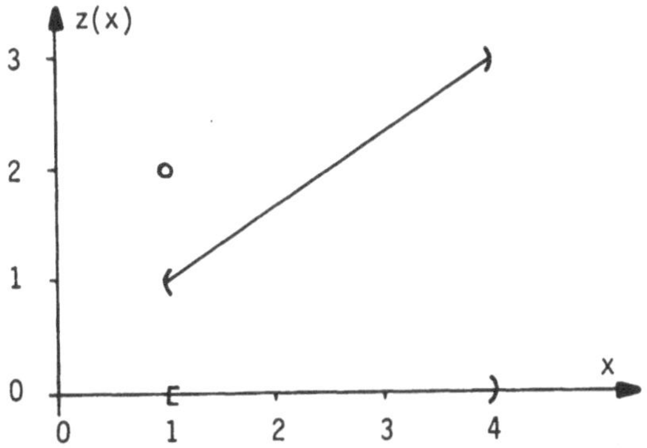

Abb. 1.5.1

Für den Fall, daß $z(x)$ über X nicht nach oben beschränkt ist, existiert weder ein Maximum noch ein Supremum, also keine optimale Lösung. Im folgenden wird bis auf die Beispiele 3.1 und 3.2 in 3.1.5 stets vorausgesetzt, daß die jeweils in Frage stehenden Extrema existieren, was im übrigen immer dann der Fall ist, wenn $X \neq \emptyset$ und kompakt sowie $z(x)$ auf X stetig ist.

Beispiel A:

Das zu dem Entscheidungsproblem des Beispiels A gehörende Entscheidungsmodell ist in (A) dargestellt. Die optimale Lösung von (A) lautet : $x^* = 9$ Perioden mit $z_A^* = 1.916$ GE.

(A)	$\max \{z_A(x) \mid x \in X_A\}$
mit	$X_A := \{x \in \mathbb{N}_0 \mid x \leqq 14\}$ $z_A(x) := ((\text{Tab. } 1.4.1))$

Beispiel F:

Das Entscheidungsmodell (F) für das Entscheidungsproblem des Beispiels F heißt auch lineares Programm; es ist eine lineare Funktion unter Beachtung von linearen Nebenbedingungen zu maximieren. Zur numerischen Bestimmung von

(F)	$\max \{z_F(x_1,x_2) \mid (x_1,x_2)^T \in X_F\}$
mit	$X_F := \left\{ \begin{pmatrix} x_1 \\ x_2 \end{pmatrix} \in \mathbb{R}_+^2 \;\middle|\; \begin{array}{rcrcr} x_1 & + & x_2 & \leqq & 70 \\ x_1 & + & 2x_2 & \leqq & 100 \\ x_1 & & & \leqq & 60 \\ & & x_2 & \leqq & 40 \end{array} \right\}$ $z_F(x_1,x_2) := 2x_1 + 3x_2$

optimalen Lösungen linearer Programme wurden im Rahmen der linearen Programmierung einige Verfahren entwickelt, die hier nicht von Interesse sind (vgl. u.a. HADLEY [1962]; COLLATZ/WETTERLING [1971]). Bei nur zwei Entscheidungsvariablen läßt sich eine optimale Lösung durch Parallelverschiebung der Geraden $2x_1 + 3x_2 = \tilde{z}_F$ finden (vgl. Abb. 1.4.4 in 1.4.2). Die bezüglich (F) optimale Lösung lautet: $x_1^* = 40$ ME, $x_2^* = 30$ ME und $z_F^* = 170$ GE.- Modifikationen und Ergänzungen des Beispiels F werden im folgenden so elementar gehalten, daß die jeweilige Problematik stets anhand einer Zeichnung erklärt werden kann, ohne spezielle Kenntnisse aus der Theorie der linearen Programmierung vorauszusetzen.

Beispiel I:

Die Überlegungen zum Beispiel I aus 1.3.1 und 1.4.1 werden nunmehr mit der Formulierung eines Entscheidungsmodells in der Art des Basismodells (DEM) zusammenfassend zum Abschluß gebracht. Da die Entscheidungen der einzelnen Perioden voneinander nicht unabhängig sind und alle 6 Entscheidungen zu Beginn der ersten Periode getroffen sein müssen, ist es naheliegend, die Alternativen des Entscheidungsproblems als einen Vektor mit 6 Komponenten aufzufassen und eine Alternativenmenge als kartesisches Produkt der 6 auf die Perioden bezogenen Alternativenmengen zu definieren. Es sei also

$$x := (x_1,\dots,x_6)^T \quad \text{und} \quad X_I := X_{I,1} \times\dots\times X_{I,6} \subset \mathbb{N}_0^6.$$

In jeder Periode muß einerseits mindestens soviel fertiggestellt werden, wie die Nachfrage d_t abzüglich des Lageranfangsbestandes y_t ausmacht, d.h., es muß gelten

$$x_t \geqq d_t - y_t \quad \text{oder} \quad y_t + x_t - d_t \geqq 0 \quad (t = 1,\dots,6).$$

Andererseits wird die Produktion nicht nur durch die Produktionskapazität, sondern auch durch die Lagerkapazität nach oben beschränkt; nach Befriedigung der Nachfrage aus Produktion und Lageranfangsbestand dürfen höchstens 2 ME übrig bleiben, d.h., es muß gelten

$$x_t \leqq 2 + d_t - y_t \quad \text{oder} \quad y_t + x_t - d_t \leqq 2 \quad (t = 1,\dots,6).$$

Damit kann das Entscheidungsmodell (I) vollständig formuliert werden. (I) heißt auch dynamisches Programm.

Zur numerischen Bestimmung einer optimalen Lösung von (I) wurden im Rahmen der dynamischen Programmierung (vgl. u.a. SCHNEEWEISS [1974]) einige Verfahren entwickelt. Ohne auf eines dieser Verfahren zurückgreifen zu müssen,

(I)	$\min\{z_I(x;y_1) \mid x \in X_I\}$
mit	$X_I := \left\{ x = \begin{pmatrix} x_1 \\ \vdots \\ x_6 \end{pmatrix} \in \mathbb{N}_0^6 \;\middle|\; \begin{array}{l} 0 \leqq x_t \leqq 3 \quad (t = 1,...,6) \\ 0 \leqq y_t + x_t - d_t \leqq 2 \\ \qquad (t = 1,...,6) \\ y_{t+1} = y_t + x_t - d_t \\ \qquad (t = 1,...,6) \end{array} \right\}$ mit $d_1 = 3,\ d_2 = d_3 = d_5 = 2,\ d_4 = 5,\ d_6 = 1;$ $y_1 = 1,\ y_7 = 0$ $z_I(x;y_1) := \sum_{t=1}^{6} (K(x_t) + L(x_t;y_t))$ mit $K(x_t) := \begin{cases} 0 & \text{für } x_t = 0 \\ 6 + 2x_t & \text{für } x_t > 0 \end{cases} \quad (t = 1,...,6)$ $L(x_t;y_t) := 2(y_t+x_t-d_t) \qquad (t ; 1,...,6)$

führen Plausibilitätsüberlegungen zur optimalen Lösung von (I):

$$x_1^* = 2,\ x_2^* = x_3^* = x_4^* = x_5^* = 3,\ x_6^* = 0 \text{ ME und } z_I^* = 66 \text{ GE}.$$

Wenn die Gesamtnachfragemenge $d_1 + \ldots + d_6$ abzüglich des Lageranfangsbestandes y_1 exakt herstellbar ist, können die Produktionsstückkosten bei der Bestimmung einer optimalen Lösung vernachlässigt werden.

Die hier nicht angeführten Beispiele werden in späteren Abschnitten vollständig formuliert, und zwar Beispiele B und C in 3.1.3, Beispiele D und E in 2.1.1, Beispiel G in 3.1.4, Beispiel H in 2.1.1 und Beispiel J in 3.5.1.

Exkurs: Präferenzrelationen statt Zielfunktionen

Wenn bei der Definition von (DEM) von einer sehr speziellen Art einer Zielfunktion im Sinne einer Präferenzfunktion zum Vergleich zweier Alternativen ausgegangen wird, so geschieht dies deshalb, weil es für die Zielsetzung dieser Schrift ausreicht, wie auch die bisher betrachteten Beispiele verdeutlicht haben. Dennoch wird hier kurz eine allgemeinere Darstellungsmöglichkeit von (DEM) erwähnt.

Innerhalb dieses Exkurses wird X als eine strikt geordnete (Alternativen-) Menge unterstellt, die vielfach als Menge der Ergebnisse eines Entscheidungsproblems aufgefaßt wird und damit nicht mehr Teilmenge des $\mathbb{R}^N$ sein muß. Eine Menge heißt strikt geordnet, wenn auf ihr eine binäre Relation P existiert mit folgenden Eigenschaften (vgl. Axiom 1.1 in 2.6.1):

a_1) Für beliebiges $x \in X$ gilt nicht: xPx (Irreflexivität),

a_2) für beliebige $x_1, x_2, x_3 \in X$ gilt:

aus x_1Px_2 und x_2Px_3 folgt x_1Px_3 (Transitivität).

Die Relation P ist nicht notwendig schwach zusammenhängend, d.h., es können $x_1, x_2 \in X$ existieren, für die weder x_1Px_2 noch x_2Px_1 gilt. Mögliche Interpretationen von x_1Px_2 sind "x_1 ist schlechter (unangenehmer, unverträglicher, weicher, häßlicher, eintöniger, kleiner) als x_2" oder "x_2 ist besser (angenehmer, verträglicher, härter, schöner, bunter, größer) als x_1", wobei eine Gleichheit jeweils ausgeschlossen ist. Ein Element $x^o \in X$ heißt maximal bezüglich X und P, wenn kein $x' \in X$ existiert mit x^oPx' (vgl. u.a. NEUMANN/MORGENSTERN [1961], S. 611; EGLE [1975], S. 15; FERSCHL [1975], S. 39). Es können verschiedene maximale Elemente existieren; sie zu bestimmen, entspricht der Aufgabenstellung eines deterministischen Entscheidungsmodells, das nunmehr durch das Tupel (X,P) beschrieben wird, das auch Präferenz- oder Ordnungssystem heißt (vgl. u.a. GOTTINGER [1979], S. 257).

Besteht X aus reellwertigen Vektoren und bedeutet x_1Px_2, daß alle Komponenten von x_1 nicht größer als die entsprechenden Komponenten von x_2 sind und mindestens eine Komponente von x_1 echt kleiner als die entsprechende Komponente von x_2 ist, dann heißt ein bezüglich X und P maximales Element auch effizient (vgl. 3.1.2). Existiert nur ein maximales Element, heißt dieses auch größtes Element in X oder perfekte Alternative (vgl. 3.1.2). Besteht X aus reellen Zahlen, dann entspricht P der Relation "<". Damit sind je zwei verschiedene Elemente $x_1 \in X$ und $x_2 \in X$ mittels der Relation "<" vergleichbar. Das Tupel (X,P) ist somit dem Basismodell (DEM) äquivalent. Die Menge X^* der optimalen Lösungen von (X,P) bzw. (DEM) lautet nunmehr

$$X^* = \{x^* \in X \mid \text{es existiert kein } x' \in X \text{ mit } x^* < x'\}.$$

Die hier skizzierte Darstellung eines Entscheidungsmodells läßt sich noch in unterschiedliche Richtungen verallgemeinern (vgl. u.a. EGLE [1975], S. 98 ff.; NOLTEMEIER [1976], S. 19 f.).

Ende des Exkurses.

1.5.2 Stochastische Entscheidungsmodelle

Gehen in die Beschreibung der Alternativenmenge eines Entscheidungsmodells stochastische, d.h. zufallsabhängige Koeffizienten ein, dann ist im allgemeinen die Alternativenmenge selbst stochastisch. Die in die Beschreibung der Alternativenmenge eingehenden Zufallsvariablen werden zu einem Zufallsvariablenvektor α mit bekannter Verteilung zusammengefaßt. Eine stochastische Alternativenmenge wird mit $X(\alpha)$ bezeichnet. Solange die Realisation von α nicht bekannt ist, läßt sich die Alternativenmenge nicht endgültig angeben; denn zu jeder möglichen Realisation des Zufallsvariablenvektors α existiert eine dieser Realisation (diesem "Ereignis") zuzuordnende Alternativenmenge. Die auszuwählende Alternative muß aber in jedem Falle ein Element der Vereinigung aller möglichen Alternativenmengen sein. Eine der möglichen Alternativenmengen wird sich nach der Realisation von α als die - endgültige - Alternativenmenge herausstellen. Die spezifische Problematik bei zufallsabhängigen Nebenbedingungen besteht darin, eine optimale Alternative ohne Kenntnis der endgültigen Alternativenmenge ermitteln zu müssen, wobei der Optimalitätsbezug noch einer neuen Klärung bedarf.

Häufig enthalten nicht alle Nebenbedingungen eines Entscheidungsmodells zufallsabhängige Koeffizienten, so daß es zweckmäßig erscheint, eine Alternativenmenge X als Durchschnitt zweier Mengen X^Q und $X(\alpha)$ aufzufassen. X^Q besteht dabei ausschließlich aus Nebenbedingungen ohne stochastische Koeffizienten, während $X(\alpha)$ durch Nebenbedingungen mit stochastischen Koeffizienten gegebenenfalls unter Einschluß der Nichtnegativitätsbedingungen beschrieben wird.

Enthält die Zielfunktion stochastische Koeffizienten, die zu einem Zufallsvariablenvektor γ zusammengefaßt werden, so ist der Wert der Zielfunktion, im folgenden mit $z(x;\gamma)$ bezeichnet, im allgemeinen ebenfalls eine Zufallsvariable. Es wird auch hier davon ausgegangen, daß die Verteilung von γ bekannt ist. Eine stochastische Zielfunktion ordnet nicht mehr jedem $x \in X$ eine reelle Zahl zu, sondern bildet jedes $x \in X$ auf eine Teilmenge des $\mathbb{R}^J$ ($J \geqq 1$) ab; sie ist daher eine Korrespondenz (eine Punkt-Mengen-Abbildung). Da infolge der Zufallsabhängigkeit und der daraus resultierenden Nichteindeutigkeit der Werte der Zielfunktion die gewählte Maximierungsvorschrift ihren Sinn verliert, lassen sich von Ausnahmen abgesehen ohne zusätzliche Angaben keine optimalen Alternativen bestimmen.

Da sowohl bei der Alternativenmenge als auch bei der Zielfunktion eines Entscheidungsmodells stochastische Koeffizienten vorkommen können, ist es naheliegend, das Basismodell (DEM) zu einem stochastischen Entscheidungsmodell (SEM) zu erweitern. Eine gemeinsame Eigenschaft aller stochastischen Ent-

(SEM)	$\mathit{max}\ \{z(x) \mid x \in X\}$
mit	$X := X^Q \cap X(\alpha)$ $z(x) := z(x;\gamma)$
wobei	α und γ Zufallsvariablen(-vektoren) mit bekannten Verteilungen
Stochastisches Entscheidungsmodell	

scheidungsmodelle ist die Tatsache, daß der Entscheidungsträger nicht eindeutig die Konsequenzen, die Werte der Zielfunktion, angeben kann, zu denen die einzelnen Alternativen führen. Wie aber soll dann ein Entscheidungsträger zwei Alternativen, deren endgültige Zulässigkeit möglicherweise noch in Frage steht, vergleichen, wenn diese Alternativen zu Werten der Zielfunktion führen, die ihm noch unbekannt sind? Erst nach Durchführung der gewählten Alternative und nach Realisation der Zufallsvariablen erfährt der Entscheidungsträger die tatsächlichen Werte der zufallsabhängigen Koeffizienten.
Im allgemeinen kann er jedoch mit der Entscheidung nicht warten, bis er vollständige Informationen über alle Koeffizienten hat (wait and see), sondern - und das ist das Charakteristische stochastischer Entscheidungsprobleme - er muß bereits vorher (here and now) seine Entscheidung über die

durchzuführende Alternative treffen. Aus diesem Grunde ist der Entscheidungsträger gezwungen, für ein stochastisches Entscheidungsmodell ein deterministisches Ersatzmodell zu definieren, das seine Risikopräferenzen in geeigneter Weise berücksichtigt und einer numerischen Lösung zugänglich ist. Geeignete Ersatzmodelle für stochastische Entscheidungsmodelle werden im 2. Kapitel analysiert.

Ein verbreiteter Spezialfall stochastischer Entscheidungsmodelle liegt dann vor, wenn die Alternativenmenge endlich und nicht stochastisch sowie γ diskret verteilt ist. In diesem Falle lassen sich die Werte der Zielfunktion für alle Alternativen und alle möglichen Realisationen in einer Tabelle bzw. Matrix zusammenstellen (vgl. Beispiel D). Auch im Beispiel E sind infolge der stochastischen Nachfrage die Werte der Zielfunktion stochastisch, während im Beispiel H stochastische Koeffizienten auch in die Beschreibung der Alternativenmenge eingehen. Die stochastischen Entscheidungsmodelle D, E und H werden im 2. Kapitel einer eingehenden Analyse unterzogen.

Bei dem stochastischen Entscheidungsmodell (SEM) wird bezüglich jeder Zufallsvariablen vollständige Information, d.h. die exakte Kenntnis ihrer Verteilung unterstellt. Man spricht in diesem Zusammenhang von Entscheidungen bei Risiko im Gegensatz zu Entscheidungen bei Unsicherheit oder Ungewißheit, bei denen nur bekannt ist, welche Werte die unbekannten Koeffizienten annehmen können bzw. welche Werte für die Zielfunktion möglich sind. In der Literatur wurden bisher überwiegend solche Entscheidungen bei Unsicherheit analysiert, bei denen unbekannte Koeffizienten ausschließlich in der Zielfunktion vorkommen (vgl. 2.2.5). Zwischen diesen extremen Positionen existiert noch eine Vielzahl von Entscheidungsproblemen, bei denen Informationen bezüglich unbekannter Koeffizienten zwar unvollständig sind, aber nicht völlig fehlen. So kann man etwa davon ausgehen, daß von einem zufallsabhängigen Koeffizienten zwar Erwartungswert und Varianz, nicht jedoch der zugehörige Verteilungstyp bekannt ist. In diesem Zusammenhang sind auch Entscheidungen bei linear partieller oder qualitativer Information zu erwähnen. Hier geht man davon aus, daß der Entscheidungsträger beispielsweise weiß, daß bestimmte Realisationen einer Zufallsvariablen und damit die entsprechenden Ergebnisse wahrscheinlicher sind als andere Realisationen und damit andere Ergebnisse, ohne diese Wahrscheinlichkeitsvorstellungen numerisch exakt angeben zu können. Diese für die Entwicklung der Entscheidungstheorie bedeutenden Fragen können in diesem Rahmen nicht weiter verfolgt werden (vgl. u.a. BÜHLER [1975]; KOFLER/MENGES [1976]; BÜHLER/GEHRING [1978]; COLSON/ZELENY [1980]; LÖFFEL [1980]).

1.5.3 Multikriterielle Entscheidungsmodelle

Werden bei der Formulierung eines Entscheidungsproblems mehrere Ziele, die nicht sämtlich Extremalcharakter zu haben brauchen, geäußert, spricht man von einem Entscheidungsproblem mit mehrfacher Zielsetzung. Ziele mit Extremierungscharakter werden in einem Entscheidungsmodell durch zu maximierende Zielfunktionen erfaßt, während Ziele, die etwa einen Mindestwert einer Zielvariablen ($g(x) \geqq \tilde{g}$) oder eine bestimmte Fixierung einer Zielvariablen ($g(x) = \tilde{g}$) beinhalten, durch Nebenbedingungen Berücksichtigung finden (vgl. 1.4.2). Wenn man die K zu maximierenden Zielfunktionen $z_1(x),\ldots,z_K(x)$ zu einem Vektor z(x) zusammenfaßt und wenn ferner die durch Nebenbedingungen erfaßten Ziele die Menge X^Z definieren, dann läßt sich (MEM) als ein Entscheidungsmodell bei mehrfacher Zielsetzung (... mit mehreren Zielen, ... mit mehreren Zielfunktionen) auffassen, das im folgenden multikriterielles Entscheidungsmodell (so auch HUBER [1977], S. 33) genannt wird in An-

(DEM)	$\mathit{max}\ \{z(x) \mid x \in X\}$
mit	$X := X^Q \cap X^Z$ $z(x) := (z_1(x),\ldots,z_K(x))^T$
Multikriterielles Entscheidungsmodell	

lehnung an den Ausdruck multicriteria decision making (MCDM), der sich im Englischen durchzusetzen scheint (vgl. u.a. STARR/ZELENY [1977]). Da die inhaltliche Definition der Mengen X^Q und X^Z ohne unmittelbare Auswirkungen auf die mit der Maximierung eines Vektors verbundene Problematik ist, wird die Differenzierung der Alternativenmenge in X^Q und X^Z vielfach vernachlässigt. In diesem Fall konzentriert sich das Interesse auf die zu maximierenden Zielfunktionen. Das multikriterielle Entscheidungsmodell (MEM) geht damit in das vektorielle Entscheidungsmodell (VEM) über, für das sich auch die Bezeichnung Vektormaximierungsmodell oder Vektormaximumproblem eingebürgert hat. Formal sind (MEM) und (VEM) äquivalent; inhaltlich wird in (MEM) die Möglichkeit, Zielvorstellungen in Nebenbedingungen erfassen zu können, explizit zum Ausdruck gebracht. Für K = 1 ist (VEM) mit dem Basismodell (DEM) identisch.

(VEM)	*max* $\{z(x) \mid x \in X\}$
mit	$z(x) := (z_1(x),...,z_K(x))^T$
Vektormaximierungsmodell	

Bei dem Vektormaximierungsmodell (VEM) geht man im allgemeinen davon aus, daß die K Zielfunktionen konkurrierend sind, d.h., daß die bezüglich jeder einzelnen Zielfunktion $z_k(x)$ optimalen Alternativen nicht übereinstimmen (k = 1,...,K). Daraus resultieren gewisse Konflikte zwischen den Zielfunktionen bzw. den ihr zugrunde liegenden Zielen. Die hiermit verbundenen Fragen sind Thema des 3. Kapitels, in dem auch die Beispiele B, C und G, die durch mehrere Ziele gekennzeichnet sind, im einzelnen analysiert werden.

1.6 Sensitivitätsanalysen

1.6.1 Direkte Sensitivitätsanalysen – Beispiele A2 und F2

Bei der Analyse von Entscheidungsproblemen mit Hilfe von Entscheidungsmodellen erhält man für die Beurteilung von optimalen Lösungen in vielen Fällen zusätzliche nützliche Informationen, wenn man die Zusammenhänge zwischen den Daten eines Entscheidungsproblems bzw. den Koeffizienten (Parametern,Daten) eines Entscheidungsmodells und den optimalen Werten der Entscheidungsvariablen sowie dem optimalen Wert der Zielfunktion untersucht. Diese Zusammenhänge sind besonders dann von Bedeutung, wenn Koeffizienten eines Entscheidungsmodells Veränderungen unterliegen. Hierbei ist es für die folgenden Analysen unerheblich, ob der Entscheidungsträger auf mögliche Veränderungen von Koeffizienten Einfluß nehmen kann oder nicht. Die durch Variation von Koeffizienten sich ergebenden spezifischen Aspekte von Entscheidungsmodellen sind Gegenstand von Sensitivitätsanalysen.

Die bisher dargestellten Beispiele haben die Bedeutung von Koeffizienten, die bei der Beschreibung von Alternativenmenge und Zielfunktion Verwendung finden, veranschaulicht. Erinnert sei etwa an den Kalkulationszinssatz ($r = 0{,}08$) im Beispiel A, an den Deckungsbeitrag pro ME 1-kg-Dosen (= 2) im Beispiel F, an die Grenzen der Gleichverteilung für den Stückerlös der Erzeugnisart I (= 3 und = 7) im Beispiel H oder an die Fixkosten der Produktion (= 6) im Beispiel I. In allen Fällen handelt es sich um Koeffizienten von deterministischen oder stochastischen Entscheidungsmodellen, die als konstant und bekannt oder zumindest ohne Schwierigkeiten beschaffbar unterstellt werden. Im folgenden wird von dem Basismodell (DEM) ausgegangen.

Werden die Koeffizienten der Zielfunktion zu einem Vektor $p^o = (p_1^o,\dots,p_v^o)^T \in \mathbb{R}^v$ zusammengefaßt, dann läßt sich die Abhängigkeit der Werte der Zielfunktion von diesen Koeffizienten durch die Schreibweise $z(x) = z(x;p^o) = z(x;p_1^o,\dots,p_v^o)$ kennzeichnen. Definiert man entsprechend für die Koeffizienten, die in die Beschreibung der Alternativenmenge Eingang finden, einen Vektor $q^o = (p_{v+1}^o,\dots,p_S^o)^T \in \mathbb{R}^{S-v}$, dann veranschaulicht die Schreibweise $X = X(q^o) = X(p_{v+1}^o,\dots,p_S^o)$ die Abhängigkeit der Alternativenmenge von diesen Koeffizienten. Hierdurch soll nicht nur verdeutlicht werden, daß die Werte der Zielfunktion von p^o und die Alternativenmenge von q^o abhängig sind, sondern auch, daß damit der maximale Wert der Zielfunktion sowie die optimalen Werte der Entscheidungsvariablen von den Koeffizientenvektoren p^o und q^o abhängig sind. Hierbei kann es für den Entscheidungsträger von Interesse sein, wie groß der Einfluß eines bestimmten Koeffizienten oder auch mehrerer Koeffizienten auf den maximalen Wert der Zielfunktion und die optimalen Werte der Entscheidungsvariablen, also auf die optimale Lösung, ist.

Bei einer direkten Sensitivitätsanalyse interessiert der - direkte - Zusammenhang zwischen einem Koeffizienten eines Entscheidungsmodells und der optimalen Lösung. Ziel einer solchen Analyse ist die explizite Ermittlung einer Funktion oder Korrespondenz, die diesen Zusammenhang beschreibt. Diese Aufgabenstellung wird durch (SAD) präzisiert. Als Ergebnis erhält man den maximalen Wert $z^*(p_\sigma) = z^*(p_1^o,\dots,p_{\sigma-1}^o,p_\sigma,p_{\sigma+1}^o,\dots,p_S^o)$ der

(SAD)	$\max \{z(x;p) \mid x \in X(q)\}$
mit	$p = (p_1,\dots,p_V)^T$ $q = (p_{V+1},\dots,p_S)^T$
für	$p'_\sigma \leqq p_\sigma \leqq p''_\sigma$ für $\sigma \in \{1,\dots,S\}$ $p_s = p_s^o$ für $s = 1,\dots,S$ und $s \neq \sigma$
	Direkte Sensitivitätsanalyse

Zielfunktion als Funktion von p_σ und/oder die optimalen Werte $x^*(p_\sigma) = x^*(p_1^o,\dots,p_{\sigma-1}^o,p_\sigma,p_{\sigma+1}^o,\dots,p_S^o)$ der Entscheidungsvariablen als Korrespondenz von p_σ für $p'_\sigma \leqq p_\sigma \leqq p''_\sigma$, wobei häufig nur einige Punkte aus diesem Intervall von Interesse sind.

Die Intervallgrenzen p'_σ und p''_σ können vom Entscheidungsträger vorgegeben sein, weil ihn die Analyse nur für Werte aus diesem Intervall interessiert; sie können aber auch Ergebnis der Rechnung sein, wenn durch sie spezielle Eigenschaften definiert werden.- Es ist üblich, jeweils nur einen Koeffizienten bei Konstanz der übrigen zu variieren. Die Analyse einer gleichzeitigen Variation mehrerer Koeffizienten ist grundsätzlich möglich, jedoch je nach Problemstellung nicht unproblematisch.

<u>Beispiel A2:</u>

Es wird davon ausgegangen, daß der Entscheidungsträger an der Richtigkeit des von ihm im Rahmen seines Ermessensspielraums im Beispiel A gewählten Kalkulationszinssatzes $r = p_\sigma^o = 0{,}08$ zweifelt. Nach Rücksprache mit seinen Beratern hält er zunächst einmal die Analyse des Entscheidungsmodells für Werte von r zwischen $r' = 0{,}06$ und $r'' = 0{,}16$ für angebracht. M.a.W.: Es ist eine direkte Sensitivitätsanalyse bezüglich r durchzuführen. Die übrigen Koeffizienten $(E_1,E_2,\dots;L_1,L_2,\dots;A_o)$ werden nicht einzeln aufgeführt. Die zu lösende Aufgabe ist in (A2) zusammengefaßt. In Tab. 1.6.1 sind die Ergebnisse zusammengestellt. Nunmehr muß der Entscheidungsträger, sofern er

(A2)	$\max \{z_{A2}(x;r) \mid x \in X_{A2}\}$
mit	$X_{A2} := X_A = \{0,1,\ldots,14\}$ $z_{A2}(x;r) := \begin{cases} 0 & \text{für } x = 0 \\ \sum_{t=1}^{x} E_t(1+r)^{-t} + L_x(1+r)^{-x} - A_o & \text{für } x = 1,\ldots,14 \end{cases}$
für	$r = 0{,}06;\ 0{,}07;\ldots;\ 0{,}15;\ 0{,}16$

zu einer Entscheidung bezüglich einer optimalen Nutzungsdauer gelangen will, auf der Grundlage dieser Zusatzinformationen den aus seiner Sicht geeigneten Zinssatz festlegen.

r	$x^*(r)$	$z^*(r)$
0,06	10	2.684
0,07	10	2.282
0,08	9	1.916
0,09	9	1.579
0,10	9 und 8	1.266
0,11	8	983
0,12	8	719
0,13	7	481
0,14	6	259
0,15	6	61
0,16	0	0

Tab. 1.6.1

Für r = 0,10 ergeben sich zwei optimale Nutzungsdauern, die beide zum gleichen Kapitalwert von 1.266 GE führen. Die optimale Lösung ist für r = 0,10 nicht eindeutig; es liegt eine Doppellösung vor. Die optimale Nutzungsdauer ist in Abhängigkeit von r eine Korrespondenz von r.

__Beispiel F2:__

In der folgenden Variante des Beispiels F soll geprüft werden, wie sich eine Variation der Grenze der Produktionskapazität, im folgenden mit a_{30} bezeichnet, um ± 10 und ± 20 Stunden um den Wert $a_{30}^o = p_\sigma^o = 70$ auswirkt. Es handelt sich demnach um die in (F2) angegebene direkte Sensitivitätsanalyse, deren

(F2)	$\max \{z_{F2}(x_1,x_2) \mid x \in X_{F2}(a_{30})\}$
mit	$X_{F2}(a_{30}) := \left\{ \begin{pmatrix} x_1 \\ x_2 \end{pmatrix} \in \mathbb{R}_+^2 \;\middle|\; \begin{array}{rcl} x_1 & \leq & 60 \\ x_2 & \leq & 40 \\ x_1 + x_2 & \leq & a_{30} \\ x_1 + 2x_2 & \leq & 100 \end{array} \right\}$ $z_{F2}(x_1,x_2) := z_F(x_1,x_2) = 2x_1 + 3x_2$
für	$a_{30} = 50, 60, 70, 80, 90$

Ergebnisse sich durch Parallelverschiebung der Geraden $x_1 + x_2 = a_{30}$ leicht zeichnerisch ermitteln lassen (vgl. Abb. 1.6.1). Sie sind in Tab. 1.6.2 zusammengefaßt.

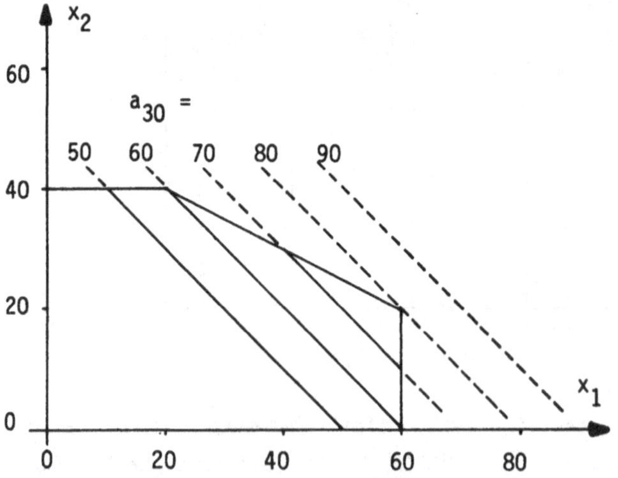

Abb. 1.6.1

a_{30}	$x_1^*(a_{30})$	$x_2^*(a_{30})$	$z_F^*(a_{30})$
50	10	40	140
60	20	40	160
70	40	30	170
80	60	20	180
90	60	20	180

Tab. 1.6.2

Zwei Aspekte des Ergebnisses sollten besondere Erwähnung finden. 1. Eine Erhöhung der Produktionskapazität über $a_{30} = 80$ Stunden hinaus ist wenig sinnvoll, denn ab $a_{30} = 80$ Stunden kann der Wert der Zielfunktion nicht mehr gesteigert werden, da die Bereitstellungsmöglichkeiten für das Erzeugnis und die Marktlage die Ausnutzung einer größeren Kapazität nicht erlauben. 2. Sinkt die Produktionskapazität unter 60 Stunden, tritt insofern eine veränderte Situation auf, als dann die maximal zur Verfügung stehende Menge des Erzeugnisses nicht mehr voll verarbeitet werden kann.

1.6.2 Parametrische Sensitivitätsanalysen – Beispiel F3

Eine Erweiterung der direkten Sensitivitätsanalyse wird dann erforderlich, wenn ein Teil oder alle Koeffizienten nicht unabhängig voneinander variieren können, sondern in Abhängigkeit von einer gemeinsamen Größe, die in diesem Zusammenhang meist Parameter genannt wird. Im einfachsten Fall wird von einer linearen Abhängigkeit ausgegangen, so daß einige Koeffizienten p_σ eines Entscheidungsmodells mit den ursprünglichen Werten p_σ^0 durch lineare Funktionen der Art

$$p_\sigma(t) = p_\sigma^0 + \pi_\sigma t$$

ersetzt werden, wobei $\pi_\sigma \in \mathbb{R}$ und t in einem Intervall $t' \leqq t \leqq t''$ variabel ist. Beispielsweise ändern sich die Koeffizienten p_σ, wenn man t als Zeitparameter interpretiert, mit fortschreitender Zeit um π_σ je Zeiteinheit ($\sigma \in \{1,\ldots,S\}$). Die Erweiterung gegenüber einer direkten Sensitivitätsanalyse besteht bei einer parametrischen Sensitivitätsanalyse, so wie sie in (SAP) zusammengefaßt ist, im wesentlichen darin, daß eine Variation von t gleichzeitig die Werte mehrerer Koeffizienten verändern kann. Ist nur ein einziger Koeffizient von einem Parameter abhängig, geht eine parametrische

(SAP)	$\max\ \{z(x;p(t)) \mid x \in X(q(t))\}$
mit	$p(t) = (p_1(t),...,p_v(t))^T$ $q(t) = (p_{v+1}(t),...,p_S(t))^T$
für	$t' \leqq t \leqq t''$
Parametrische Sensitivitätsanalyse	

Sensitivitätsanalyse in eine direkte Sensitivitätsanalyse über. Wird in (SAP) von einem Entscheidungsmodell in Form von linearen Programmen ausgegangen, spricht man von parametrischen linearen Programmen, für die im Rahmen der parametrischen linearen Programmierung numerische Lösungsmöglichkeiten angeboten werden (vgl. DINKELBACH [1969]; GAL [1979a]). Obwohl parametrische Sensitivitätsanalysen mit der parametrischen linearen Programmierung in einem engen Zusammenhang stehen, sind sie auf Entscheidungsmodelle gleich welcher spezieller Struktur anwendbar.

Das Ergebnis einer parametrischen Sensitivitätsanalyse besteht in der Angabe der maximalen Werte $z^*(t)$ der Zielfunktion als Funktion von t und/oder der optimalen Werte $x^*(t)$ der Entscheidungsvariablen als Korrespondenz von t für $t' \leqq t \leqq t''$. $z^*(t)$ heißt in diesem Zusammenhang auch optimale Lösungsfunktion, $x^*(t)$ optimale Lösungsrelation.- Für t' und t" gilt analog das für p'_σ und p''_σ Gesagte (vgl. 1.6.1). Eine Erweiterung auf H > 1 Parameter ist naheliegend; man ersetzt in (SAP) den Parameter t durch einen Parametervektor mit H Komponenten, das Intervall [t',t"] durch eine Teilmenge des $\mathbb{R}^H$ und definiert damit eine mehrparametrische Sensitivitätsanalyse, die jedoch auf rechnerische und interpretatorische Schwierigkeiten stoßen kann, auf die hier nicht weiter eingegangen wird.

Beispiel F3:
Mit dieser dritten Variante des Beispiels F wird eine parametrische Sensitivitätsanalyse illustriert. Es wird zusätzlich zu den Angaben in 1.2.6 davon ausgegangen, daß das Unternehmen infolge Preissteigerungen bei den Produktionsfaktoren mit einer periodisch gleichbleibenden Minderung des Deckungsbeitrags von 5% bei den 1-kg-Dosen und von 3 1/3% bei den 2-kg-Dosen rechnet. Pro Periode vermindern sich demnach sowohl der erste als auch der zweite Zielfunktionskoeffizient jeweils um 0,1 GE. Es ist daher zu fragen, wie lange die bisherige optimale Lösung des Beispiels F (vgl. 1.5.1) gültig bleibt und wie sich das optimale Produktionsprogramm im Laufe der Zeit entwickelt (vgl. DINKELBACH [1969], S. 100-102).

Die zur Diskussion stehende parametrische Sensitivitätsanalyse ist in (F3) dargestellt. Die Ergebnisse können wieder graphisch durch "Drehung" der

(F3)	$\max \{z_{F3}(x_1,x_2;t) \mid (x_1,x_2)^T \in X_{F3}\}$
mit	$X_{F3} := X_F$ (vgl. 1.3.1) $z_{F3}(x_1,x_2;t) := (2-0,1t)x_1 + (3-0,1t)x_2$
für	$0 \leqq t$

Zielfunktionsgeraden gefunden werden (vgl. Abb. 1.6.2). Sie sind in Tab. 1.6.3 zusammengefaßt und erlauben folgende Interpretation: Preissteigerungen

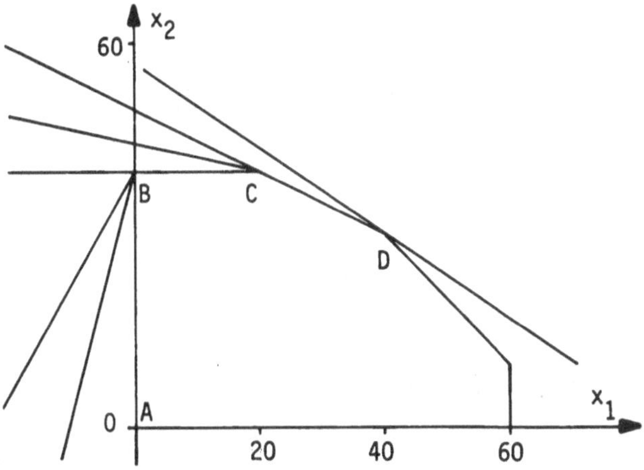

Abb. 1.6.2

in dem genannten Ausmaß können bis zu 10 Perioden ohne Änderung der bisherigen optimalen Lösung ($x_1^* = 40$, $x_2^* = 30$) aufgefangen werden. Danach ist die Produktion von 2-kg-Dosen zu Lasten der Produktion von 1-kg-Dosen zu

t	$x_1^*(t)$	$x_2^*(t)$	$z_{F3}^*(t)$
$0 \leqq t < 10$	40	30	170 - 7t
$t = 10$	20 + 20δ	40 - 10δ	100
$10 < t < 20$	20	40	160 - 6t
$t = 20$	20δ	40	40
$20 < t < 30$	0	40	120 - 4t
$t = 30$	0	40δ	0
$30 < t$	0	0	0
Durch δ ($0 \leqq \delta \leqq 1$) werden die Strecken $\overline{CD}$, $\overline{BC}$ und $\overline{AB}$ in Abb. 1.6.2 erfaßt.			

Tab. 1.6.3

erhöhen ($x_1^* = 20$, $x_2^* = 40$); dies gilt bis zur 20. Periode. Zwischen der 20. und 30. Periode sind nur noch 2-kg-Dosen herzustellen ($x_1^* = 0$, $x_2^* = 40$). Der Gesamtdeckungsbeitrag bleibt bis zur - kritischen - 30. Periode positiv; danach bleibt dem Unternehmen unter den Voraussetzungen dieses Beispiels nichts anderes übrig, als die Produktion ganz einzustellen.- Wie im Beispiel A2 (vgl. 1.6.1) liegen auch hier Mehrfachlösungen vor, und zwar für t = 10, 20 und 30.

1.6.3 Weitere Anmerkungen zu Sensitivitätsanalysen

Wie die bisherigen Ausführungen in diesem Abschnitt gezeigt haben, ist die Bedeutung von Sensitivitätsanalysen darin zu sehen, daß mit ihrer Hilfe im voraus, d.h. vor Realisierung der im Entscheidungsmodell gefundenen optimalen Lösung, Auswirkungen von Variationen verschiedener Koeffizienten auf die Ergebnisse eines Entscheidungsmodells abgeschätzt werden können. Um zu einer Beurteilung von Sensitivitätsanalysen zu kommen, ist es zweckmäßig, die Koeffizienten von Entscheidungsmodellen zu klassifizieren.

Zunächst kann man Koeffizienten betrachten, die im Rahmen eines Entscheidungsproblems als bekannt und unveränderlich anzusehen sind. Sie resultieren etwa aus rechtlichen Vorschriften bei einem Problem des Umweltschutzes oder aus Ergebnissen chemischer Analysen bei einem Mischungsproblem. Für Koeffizienten dieser Art sind Sensitivitätsanalysen ohne unmittelbares Interesse.

Koeffizienten, die im Rahmen des Entscheidungsproblems nicht als unveränderlich anzusehen sind, können in zwei Klassen eingeteilt werden. In einer ersten Klasse werden diejenigen Koeffizienten zusammengefaßt, für deren Festlegung der Entscheidungsträger innerhalb bestimmter Grenzen einen Ermessensspielraum zur Verfügung hat. Dies gilt insbesondere für Koeffizienten, die Zielvorstellungen des Entscheidungsträgers beinhalten. Hierzu gehört etwa auch der Kalkulationszinssatz im Beispiel A (vgl. Beispiel A2 in 1.6.1) wie auch die Fixierung eines Anspruchniveaus im Beispiel F1 in 1.4.2. Diesen Koeffizienten ist gemeinsam, daß der Entscheidungsträger ihre numerischen Werte so fixiert, wie sie anschließend endgültig in das Entscheidungsmodell Eingang finden und wie damit ihr Einfluß auf die zu realisierende Entscheidung letztendlich sein wird. Eine Sensitivitätsanalyse erleichtert dem Entscheidungsträger diese Aufgabe.

Bei einer zweiten Klasse handelt es sich um diejenigen unbekannten Koeffizienten, deren numerische Werte der Entscheidungsträger zumindest im Rahmen des jeweiligen Entscheidungsproblems nicht beeinflussen kann. Hierbei sind auf der einen Seite jene Koeffizienten in Augenschein zu nehmen, über die Informationen beschaffbar sind. Man denke in diesem Zusammenhang insbesondere an stochastische Koeffizienten, z.B. an Nachfragemengen (vgl. Beispiele E in 1.2.5 und H in 1.2.8), die mit Methoden der Marktforschung geschätzt werden können. Damit verbunden ist die Frage, ob es sich lohnt, einen Koeffizienten, den man zunächst nur sehr grob geschätzt hat, mit möglicherweise erheblichen Kosten genauer zu bestimmen. Eine Sensitivitätsanalyse kann hier zu dem Ergebnis führen, daß eine Verbesserung der Genauigkeit überflüssig oder eben von großer Bedeutung ist. Auf der anderen Seite handelt es sich um Koeffizienten, für die nur subjektive Schätzungen möglich sind, so z.B. um Produktionskoeffizienten, deren genaue Werte zum Planungszeitpunkt infolge unbekannter technischer Neuerung unbekannt sind. Ausgehend von dem numerischen Wert, den der Entscheidungsträger subjektiv als Ausgangsposition für einen Koeffizienten festgelegt hat, gewinnt er durch Sensitivitätsanalysen bezüglich dieses Koeffizienten gewisse Einsichten in das Ausmaß der Unvollkommenheit seiner Informationen. Da er sie aber mit bestimmten numerischen Werten (Schätzwerten o.ä.) in sein Entscheidungsmodell übernehmen muß, besteht die Gefahr, daß er sich bei der Festlegung dieser Koeffizienten möglicherweise zu sehr von etwaigen eigenen Wunschvorstellungen leiten läßt. Damit erweisen sich Sensitivitätsanalysen als eine wirksame Methode, um die möglichen Auswirkungen von Unsicherheiten bei der Planung abschätzen zu können. Sensitivitätsanalysen sind stets mit Entscheidungsmodellen, insbesondere mit den in ein Entscheidungsmodell eingehenden Informationen, verknüpft. In diesem Sinne stellen sie ein "validating link between information systems and decision systems" (RAPPAPORT [1965/66]) dar und sind als ein "Mittel zur Vergrößerung der Informationsmenge" (GAL [1979b]) zu betrachten.

Entscheidungsmodelle in der Größenordnung praktisch relevanter Probleme können nur mit Hilfe von Computern numerisch gelöst werden; dies gilt erst recht für die Durchführung von Sensitivitätsanalysen. Da der zeitliche Rechenaufwand bei mehrmaliger Ermittlung von optimalen Lösungen mit verschiedenen Werten eines Koeffizienten relativ gering sein kann, findet man diese Art des Vorgehens bei Sensitivitätsanalysen ebenso wie die vollständige Durchführung von direkten oder parametrischen Sensitivitätsanalysen, wie sie in 1.6.1 und 1.6.2 beschrieben wurden, zumal der Entscheidungsträger in einem interaktiven Verfahren (im Dialog-Betrieb) die Richtung und das Ausmaß der Änderungen eines Koeffizienten während des Ablaufs einer Sensitivitätsanalyse selbst bestimmen kann.

1.7 Übungsaufgaben

Aufgabe 1.1:

In der kommenden Planungsperiode, die T = 50 ZE umfaßt, benötigt ein Unternehmen für seine laufende Produktion S = 30 ME eines Produktionsfaktors P, dessen Verbrauch sich gleichmäßig über die 50 ZE verteilt. Die Beschaffung von P erfolgt über einen Großhändler zu einem Preis von k = 1 GE pro ME, wobei pro Bestellung bestellfixe Kosten in Höhe von a = 14 GE anfallen. Lieferzeiten können vernachlässigt werden. Für die Lagerung von P setzt das Unternehmen Lagerhaltungskosten in Höhe von e = 0,168 GE pro ME und ZE an.- Das Unternehmen ist bei den gegebenen Daten an einer optimalen Beschaffungspolitik interessiert, d.h. an der Ermittlung einer Bestellmenge x^*, die die Summe aus Beschaffungs- und Lagerhaltungskosten in der Planungsperiode minimiert.

a) Wie lauten Alternativenmenge und Zielfunktion dieses Entscheidungsproblems, das in der Betriebswirtschaftslehre als Bestellmengenproblem bekannt ist?

b) Wie hoch ist die kostenminimale Bestellmenge?

c) Welchen Einfluß hat der Preis von P auf das unter b gefundene Ergebnis?

(vgl. u.a. DIEDERICH [1974], S. 240 ff.).

Aufgabe 1.2:

Man betrachte sechs voneinander unabhängige Investitionsobjekte, die durch die folgenden Einzahlungsüberschüsse E_{nt} in den Perioden t = 0, t = 1 und t = 2 definiert sind (n=1,...,6):

t \ n	1	2	3	4	5	6
E_{n0}	-100,00	-100,00	-100,00	-100,00	-100,00	-100,00
E_{n1}	1,09	0	70,54	31,64	104,00	112,00
E_{n2}	122,00	125,44	47,20	90,00	10,17	0

Der Investor interessiert sich für ein Investitionsobjekt

a_1) mit maximalem Kapitalwert bei einem Kalkulationszinsfuß von 10 % pro Periode sowie

a_2) mit maximaler interner Verzinsung.

Wie lauten Alternativenmengen, Zielfunktionen und optimale Lösungen der entsprechenden Entscheidungsmodelle?

(vgl. u.a. SWOBODA [1977], S. 42 ff. und S. 66 ff.).

Aufgabe 1.3:

a) Ein Flugreisender kann im allgemeinen aufgrund geltender Bestimmungen nur Gepäck bis zu einem Höchstgewicht von a_o kg mitnehmen. Wiegen die N verschiedenen, als nicht teilbar angenommenen Gegenstände, die der Flugreisende mitnehmen möchte, zusammen mehr als a_o kg, dann muß er unter ihnen eine Auswahl treffen, wobei unterstellt wird, daß jeder Gegenstand höchstens einmal von ihm ausgewählt wird. Der n-te Gegenstand wiege a_n kg ($n = 1,\ldots,N$). Es wird davon ausgegangen, daß der Flugreisende jedem der N Gegenstände einen Nutzenindex c_n zuordnen kann ($n = 1,\ldots,N$). Er ist bestrebt, seine Auswahl so zu treffen, daß dabei die Summe der Nutzenindizes unter Beachtung der Gewichtshöchstgrenze möglichst groß wird.

b) Von N wünschenswerten, voneinander unabhängigen Investitionsobjekten kann ein Investor aufgrund des beschränkten Investitionsbudgets in Höhe von a_o GE nur eine Auswahl durchführen. Jedes Investitionsobjekt, das unteilbar ist und höchstens einmal durchgeführt werden kann, ist durch eine Auszahlung in Höhe von a_n GE im Investitionszeitpunkt und durch einen Kapitalwert in Höhe von c_n GE sämtlicher Einzahlungsüberschüsse gekennzeichnet. Von Interesse ist ein Investitionsprogramm, das bei den gegebenen Beschränkungen zu einem maximalen Gesamtkapitalwert führt.

Man formuliere für beide Entscheidungsprobleme Alternativenmengen und Zielfunktionen.

(vgl. u.a. SEELBACH [1978], S. 295 f.).

Aufgabe 1.4:

In einem Produktionsprozeß kann eine Maschine zur Erzeugung einer bestimmten Menge des Produktes SIGMA ohne zeitliche Beschränkungen intensitätsmäßig angepaßt werden. Die Intensität d ME/ZE kann zwischen $d_{min} = 10$ und $d_{max} = 30$ variieren. Der Verbrauch a_1 bzw. a_2 zweier Produktionsfaktoren zur Herstellung von SIGMA ist von der gewählten Intensität abhängig und wird durch folgende Verbrauchsfunktionen beschrieben:

$$a_1(d) = \frac{1}{30} d^2 - d + 10 \quad ME_1/ME \qquad \text{bzw.} \qquad a_2(d) = -\frac{1}{225} d^2 + 8 \quad ME_2/ME.$$

a) Wie lauten Alternativenmenge und Zielfunktion dieses Entscheidungsproblems, wenn der erste Produktionsfaktor 4 GE/ME_1 und der zweite 12 GE/ME_2 kostet und eine optimale (= stückkostenminimale) Intensität gesucht ist?

b) Wie hoch ist diese?

(vgl. u.a. GUTENBERG [1971], S. 326 ff. und 361 ff.; ADAM [1977], S. 86 ff. und 146 ff.).

Aufgabe 1.5:

a) Wie könnte eine Zielfunktion für das Beispiel A (vgl. 1.2.1 und 1.5.1) lauten, wenn der Entscheidungsträger mit einer Alternative zufrieden ist, die zu einem Kapitalwert von mindestens $\tilde{g}$ = 1.820 GE führt?

b) Welche Alternative(n) ist (sind) bezüglich dieser Zielsetzung optimal?

Aufgabe 1.6:

a) Wie könnte eine Zielfunktion für das Beispiel F (vgl. 1.2.6 und 1.5.1) lauten, wenn das Unternehmen einen "geplanten" Gesamtdeckungsbeitrag von $\tilde{g}$ = 140 GE möglichst exakt zu erreichen bestrebt ist?

b) Welche Alternative(n) ist (sind) bezüglich dieser Zielsetzung optimal?

Aufgabe 1.7:

Ein Unternehmen produziert und verkauft sein einziges Erzeugnis in Losen zu je 10 ME. Die Verkaufsabteilung erwartet für die zugrundeliegende Planungsperiode einen Absatz von mindestens 20 ME, während die Produktionsabteilung für diese Planungsperiode eine maximale Kapazität von 60 ME ermittelt hat. Der Gewinn des Unternehmens sei durch die Zielvariable $g(x) = 100\sqrt{x}$ in GE angenähert, wobei x die in der Planungsperiode produzierte und abgesetzte Menge bezeichnet.

Wie lauten Alternativenmenge, Zielfunktionen und optimale Lösungen dieses Entscheidungsproblems, wenn in der Planungsperiode

a) der Gewinn g(x) maximiert,
b) ein Mindestgewinn von $\tilde{g}$ = 575 GE erreicht bzw.
c) als Ziel ein Plangewinn von $\tilde{g}$ = 575 GE möglichst exakt angestrebt werden soll?

Aufgabe 1.8:

In welchen Grenzen kann im Beispiel A (vgl. 1.2.1 und 1.5.1) der Anschaffungspreis A_0 schwanken, ohne daß sich die in 1.5.1 angegebene optimale Lösung ändert?

Aufgabe 1.9:

Im Rahmen einer direkten Sensitivitätsanalyse untersuche man, wie sich im Beispiel F (vgl. 1.2.6 und 1.5.1) bei Fortfall der zwei Absatzbeschränkungen Schwankungen des Deckungsbeitrages für die 2-kg-Dosen auswirken. Ab welchem

Deckungsbeitrag a'_{02} ist auf die Produktion von 2-kg-Dosen zu verzichten, bzw. ab welchem Deckungsbeitrag a''_{02} wird die Herstellung von 1-kg-Dosen eingestellt? Man argumentiere anhand einer Zeichnung.

Aufgabe 1.10:

Für das Beispiel F (vgl. 1.2.6) haben sich die Verkaufserwartungen verschlechtert. Die Verkaufsabteilung rechnet damit, daß der Absatz bei den 1-kg-Dosen wie auch bei den 2-kg-Dosen pro Woche um 1 ME zurückgehen wird. Im Rahmen einer parametrischen Sensitivitätsanalyse betrachte man zeichnerisch die Auswirkungen der veränderten Absatzsituation. Nach wieviel Wochen wird das Unternehmen seine Produktion einstellen, wenn ein Gesamtdeckungsbeitrag von $\tilde{z}_F = 90$ GE nicht unterschritten werden darf?

2. Stochastische Entscheidungsmodelle

2.1 Allgemeine Grundlagen

2.1.1 Definition stochastischer Entscheidungsmodelle – Beispiele D, E, A3 und H

Im ersten Kapitel wurde gezeigt, daß Entscheidungsmodelle wenigstens eine Alternativenmenge und wenigstens eine Zielfunktion umfassen (vgl. 1.5.1). Um sich in diesem zweiten Kapitel auf die Analyse des Einflusses von stochastischen Koeffizienten auf die optimalen Lösungen von Entscheidungsmodellen konzentrieren zu können, bleiben Fragen, die durch mehrfache Zielsetzungen aufgeworfen werden, unberücksichtigt; für sie ist das 3. Kapitel vorgesehen.

Das für dieses Kapitel grundlegende stochastische Entscheidungsmodell (SEM) - mit einer Alternativenmenge und einer Zielfunktion - wurde bereits in 1.5.2 eingeführt. Es wird hier noch einmal wiedergegeben. Wenn im folgenden

(SEM)	$max \{z(x) \mid x \in X\}$
mit	$X := X^Q \cap X(\alpha)$ $z(x) := z(x;\gamma)$
wobei	α und γ Zufallsvariablen (-vektoren) mit bekannten Verteilungen
Stochastisches Entscheidungsmodell	

Entscheidungsmodelle mit Hilfe der Wahrscheinlichkeitsrechnung analysiert werden, müssen wahrscheinlichkeitstheoretische Aspekte notwendigerweise in den Hintergrund treten. So vernachlässigt die Formulierung (SEM) die explizite Angabe der den Zufallsvariablen zugrundeliegenden Wahrscheinlichkeitsräume. KALL hat diese Zusammenhänge in Hinblick auf die stochastische lineare Programmierung ausführlich dargestellt ([1976], S. 11 ff.).

Beim stochastischen Entscheidungsmodell (SEM) wird von bekannten Verteilungen der - in den folgenden Abschnitten überwiegend eindimensionalen - Zufallsvariablen ausgegangen. Unter Verteilung einer Zufallsvariablen versteht man im allgemeinen die kumulative Verteilung. Bei den Beispielen in diesem Kapitel werden stattdessen überwiegend die Wahrscheinlichkeitsfunktionen diskreter Zufallsvariablen oder die Wahrscheinlichkeitsdichten stetiger Zufallsvariablen angegeben, wobei folgende Schreibweisen Verwendung finden:

$$\Gamma := \begin{cases} \{\gamma_1,\ldots,\gamma_\ell,\ldots,\gamma_L\} \\ \mathbb{R} \end{cases} \qquad A := \begin{cases} \{\alpha_1,\ldots,\alpha_r,\ldots,\alpha_R\} \\ \mathbb{R} \end{cases}$$

(Stichprobenraum (Ergebnismenge, Menge der Elementarereignisse) der $\binom{\text{diskreten}}{\text{stetigen}}$ Zufallsvariablen γ bzw. α);

P{zufälliges Ereignis} := Wahrscheinlichkeit für das Eintreten von "zufälliges Ereignis";

$P\{x \in X(\alpha)\}$:= Wahrscheinlichkeit, daß die Alternative x Element der Alternativenmenge $X(\alpha)$ ist;

$P\{z(x;\gamma) \geqq z_0\}$:= Wahrscheinlichkeit, daß der zufällige Wert $z(x;\gamma)$ der Zielfunktion größer oder gleich z_0 ist ($z_0 \in \mathbb{R}$);

$F_\gamma(s) := P\{\gamma \leqq s\}$ (kumulative Verteilung (Verteilungsfunktion) der Zufallsvariablen γ ($s \in \mathbb{R}$));

$f_\gamma(t)$:= Wahrscheinlichkeitsdichte (Dichtefunktion) der stetigen Zufallsvariablen ($t \in \mathbb{R}$);

$p_\ell := P\{\gamma = \gamma_\ell\}$ (Wahrscheinlichkeitsfunktion der diskreten Zufallsvariablen γ ($\ell = 1,\ldots,L$)).

Der Entscheidungsträger muß vor der Realisation der Zufallsvariablen α und γ eine Entscheidung bezüglich einer durchzuführenden Alternative treffen. Erst nach der Realisation von α und γ können deren Auswirkungen auf die "Optimalität" der Entscheidung beobachtet und beurteilt werden. Hätte der Entscheidungsträger die Möglichkeit, die Realisation von α und γ abzuwarten, würde das stochastische Entscheidungsmodell (SEM) in das deterministische Entscheidungsmodell (DEM) übergehen, indem die Zufallsvariablen α und γ durch eine ihrer Realisationen $\bar{\alpha}$ und $\bar{\gamma}$ ersetzt würden. Die folgenden Beispiele sollen zunächst das Charakteristische stochastischer Entscheidungsmodelle verdeutlichen.

Beispiel D:

Für das Beispiel D (vgl. 1.2.4) läßt sich die (SEM) entsprechende Formulierung des zugehörigen stochastischen Entscheidungsmodells (D) unmittelbar angeben. Wählt der Entscheidungsträger beispielsweise $x = a_1$, kann er 6

(D)	$max\ \{z_D(x;\gamma) \mid x \in X_D\}$
mit	$X_D := \{a_1, a_2, a_3, a_4\}$ $((\ z_D(a_n;\gamma_\ell)\ )) := \begin{pmatrix} 6 & 7 & -7 & -1 \\ -4 & 0 & 8 & 4 \\ 1 & 1 & 2 & 3 \\ 0 & 6 & 2 & 0 \end{pmatrix}$
wobei	γ_ℓ wie folgt verteilt ist

γ_ℓ	γ_1	γ_2	γ_3	γ_4
p_ℓ	1/6	2/6	1/6	2/6

oder 7 Einheiten gewinnen, aber auch 1 oder 7 Einheiten verlieren. Wählt er hingegen etwa $x = a_3$, kann er zwar nichts verlieren, aber auch höchstens 3 Einheiten gewinnen. Wie soll er sich entscheiden, um einen maximalen Wert seiner Zielfunktion zu erreichen?

Beispiel E:

Das Beispiel E (vgl. 1.2.5) scheint von der Beschreibung des Entscheidungsproblems aus gesehen recht einfach zu sein. Produziert die Maschinenfabrik zu viele Dreschmaschinen, bleibt ein Bestand übrig, der zu Lagerhaltungskosten führt; werden zu wenige hergestellt, entgehen dem Unternehmen Gewinne, die bei Lagerhaltungsmodellen im allgemeinen als Fehlmengenkosten bezeichnet werden. Ist x die Stückzahl der herzustellenden Dreschmaschinen und γ die unbekannte Nachfrage an Dreschmaschinen, sind ferner c_ℓ die Kosten der Lagerhaltung und c_f die Fehlmengenkosten jeweils in DM pro Stück und Jahr, dann belaufen sich pro Jahr die gesamten Lagerhaltungskosten, die mit $k_\ell(x;\gamma)$ bezeichnet werden, auf

$$k_\ell(x;\gamma) := \begin{cases} c_\ell(x-\gamma) & \text{für } x-\gamma > 0 \\ 0\cdot(x-\gamma) & \text{für } x-\gamma \leqq 0 \end{cases}$$

für $x \in X_E = X_E^Q$ und $\gamma \in \Gamma$; $k_\ell(x;\gamma)$ ist eine Zufallsvariable. Entsprechend gilt für die Fehlmengenkosten $k_f(x;\gamma)$:

$$k_f(x;\gamma) := \begin{cases} 0\cdot(\gamma-x) & \text{für } x-\gamma > 0 \\ c_f(\gamma-x) & \text{für } x-\gamma \leqq 0. \end{cases}$$

Die zu minimierende Zielfunktion besteht nunmehr aus der Summe von Lagerhaltungs- und Fehlmengenkosten; sie ist ebenfalls eine Zufallsvariable. Das zum Beispiel E gehörende stochastische Entscheidungsmodell ist in (E) zusammengefaßt; es läßt sich in der angegebenen Form nicht ohne weitere

(E)	$\min \{z_E(x;\gamma) \mid x \in X_E\}$
mit	$X_E := \mathbb{R}_+$ $z_E(x;\gamma) := \begin{cases} c_\ell(x-\gamma) & \text{für } x-\gamma > 0 \\ c_f(\gamma-x) & \text{für } x-\gamma \leqq 0 \end{cases}$
wobei	γ N(100;625)-verteilt $c_\ell = 345$ und $c_f = 655$

Angaben numerisch lösen. Mit einer Wahrscheinlichkeit von $P\{\gamma < 0\} = 0{,}000032$ tritt in diesem Beispiel eine negative Nachfrage auf, die im folgenden vernachlässigt wird.

Beispiel A3:

Zu den gegebenen Daten des Beispiels A (vgl. 1.2.1) gehört die technische Nutzungsdauer von 14 Perioden. Das Beispiel A3 stimmt mit dem Beispiel A bis auf die technische Nutzungsdauer überein, die nunmehr als Zufallsvariable α unterstellt wird, wobei α diejenige Periode kennzeichnet, ab deren Ende das Investitionsobjekt technisch nicht mehr nutzbar ist. Die kumulative Verteilung von α ist in (A3), der Formulierung des zugehörigen stochastischen Entscheidungsmodells, angegeben. Das Investitionsobjekt ist

(A3)	$max\ \{z_{A3}(x) \mid x \in X_{A3}^{Q} \cap X_{A3}(\alpha)\}$
mit	$X_{A3}^{Q} := X_A = \mathbb{N}_o$ $X_{A3}(\alpha) := \{x \in \mathbb{N}_o \mid x \leqq \alpha\}$ $z_{A3}(x) := z_A(x)$ (s. Tab. 1.4.1)
wobei	α wie folgt verteilt ist $F_\alpha(s) := \begin{cases} 0 & \text{für} \quad -\infty < s < 6 \\ 0{,}1 & \text{für} \quad 6 \leqq s < 7 \\ 0{,}3 & \text{für} \quad 7 \leqq s < 8 \\ 0{,}7 & \text{für} \quad 8 \leqq s < 9 \\ 0{,}9 & \text{für} \quad 9 \leqq s < 10 \\ 1 & \text{für} \quad 10 \leqq s < \infty \end{cases}$

demnach mit Sicherheit 6 Perioden, mit Wahrscheinlichkeit 1 - 0,1 = 0,9 7 Perioden, mit Wahrscheinlichkeit 1 - 0,3 = 0,7 8 Perioden usw. technisch nutzbar. Die maximale technische Nutzungsdauer beträgt 10 Perioden. Die zugehörige Wahrscheinlichkeitsfunktion für α ist:

α_r	6	7	8	9	10
p_r	0,1	0,2	0,4	0,2	0,1

Die Wahrscheinlichkeit, daß das Investitionsobjekt am Ende der 7. Periode ausfällt, ist demnach gleich 0,2.

Beispiel H:

Im Beispiel H (vgl. 1.2.8) enthalten sowohl Zielfunktion als auch Alternativenmenge stochastische Koeffizienten. In 1.3.1 wurde bereits der nicht vom Zufall abhängige Teil der Alternativenmenge X_H^Q angegeben. Vom Zufall abhängig ist die Gesamtnachfrage α, die die Gesamtproduktion $x_1 + x_2$ nicht übersteigen soll. Es muß demnach $x_1 + x_2 \leqq \alpha$ gelten, wobei α N(20;100)-verteilt ist. Es ist also

$$X_H(\alpha) = \{(x_1,x_2)^T \in \mathbb{R}_+^2 \mid x_1 + x_2 \leqq \alpha\}.$$

Was aber heißt das? - Das Beispiel läßt eine sicherlich nicht existierende negative Nachfrage zu, deren Wahrscheinlichkeit ($P\{\alpha<0\}$) jedoch nur 0,023 beträgt, so daß sich die durch diese Ungereimtheit erkauften einfacheren Berechnungsmöglichkeiten rechtfertigen lassen.- Weiterhin ist im Beispiel H ein Koeffizient der - linearen - Zielfunktion stochastisch. Der Stückerlös für die Erzeugnisart I ist über [3,7] stetig gleich-verteilt. Das stochastische Entscheidungsmodell (H) kann nunmehr vollständig wiedergegeben werden. Betrachtet man die Zielfunktion dieses Beispiels,bei der γ über

(H)	*max* $\{z_H(x_1,x_2;\gamma) \mid (x_1,x_2)^T \in X_H^Q \cap X_H(\alpha)\}$
mit	$X_H^Q := \{(x_1,x_2)^T \in \mathbb{R}_+^2 \mid 3x_1 + 2x_2 \leqq 36\}$ $X_H(\alpha) := \{(x_1,x_2)^T \in \mathbb{R}_+^2 \mid x_1 + x_2 \leqq \alpha\}$ $z_H(x_1,x_2;\gamma) := \gamma x_1 + 4x_2$
wobei	α N(20;100)-verteilt γ über [3,7] stetig gleich-verteilt

[3,7] stetig gleich-verteilt ist, dann ist $z_H(x_1,x_2;\gamma) = \gamma x_1 + 4x_2$ über $[3x_1+4x_2,\ 7x_1+4x_2]$ stetig gleich-verteilt. M.a.W.: Für jede zulässige Alternative ist der Wert der Zielfunktion gleich-verteilt, aber stets über einem anderen, jeweils von der betrachteten Alternative abhängigen Intervall. Wie kann der Entscheidungsträger hier zu einer Entscheidung kommen?

2.1.2 Verteilungsprobleme – Beispiele D, E, H1 und H2

Mit der Definition des stochastischen Entscheidungsmodells (SEM) werden zunächst einige wahrscheinlichkeitstheoretische Fragen aufgeworfen. In 1.5.2 wurde von einer stochastischen Alternativenmenge gesprochen, ohne ihre Eigenschaften näher zu präzisieren; weiterhin wurde die Zielfunktion $z(x;\gamma)$

---

[1] Der Abschnitt 2.1.2 kann zunächst übergangen werden.

als Zufallsvariable bezeichnet, ohne zu zeigen, daß sie in der Tat eine solche ist. Darüber hinaus wird hier noch die Frage gestellt, ob, und wenn ja, unter welchen Voraussetzungen der maximale Wert der Zielfunktion eine Zufallsvariable ist und ob seine Verteilung und einige Momente, z.B. der Erwartungswert, ermittelt werden können. Die Verteilungsproblematik wird im folgenden durch Definition von drei Verteilungsproblemen umschrieben.

Unter Vernachlässigung der Maximierungsvorschrift in (SEM) kann zunächst nach der Verteilung der Werte der Zielfunktion gefragt werden, sofern diese Zufallsvariablen sind, was von Fall zu Fall geprüft werden muß. Dieses erste Verteilungsproblem ist in (V1) zusammenfassend formuliert. Das Problem (V1) ist dann relativ einfach zu lösen, wenn die Alternativenmenge deter-

(V1)	Bestimmung der Verteilungsfunktionen von $z(x;\gamma)$ für alle $x \in X(\alpha)$.

ministisch ist; häufig können in diesem Fall die gesuchten Verteilungen unmittelbar aus der Definition des Entscheidungsmodells abgelesen werden, so wie etwa beim Grundmodell der Entscheidungstheorie (vgl. das nachfolgende Beispiel D). Die Kenntnis der Verteilungen erlaubt die Berechnung von deren Momenten, die für die Formulierung und Lösung von Ersatzprogrammen (vgl. 2.1.4) von Bedeutung sein können. Kann das Problem (V1) gelöst werden, dann kennt der Entscheidungsträger zwar die Verteilung der Zielfunktionswerte, er wird sich jedoch sogleich für die Frage nach der Verteilung des maximalen Zielfunktionswertes interessieren.

Der maximale bzw. minimale Wert der Zielfunktion hängt von den Zufallsvariablen $\gamma \in \Gamma$ und $\alpha \in A$ ab. Für jede mögliche Realisation dieser Zufallsvariablen läßt sich der optimale Wert der Zielfunktion ermitteln, sofern das entsprechende, dann deterministische Entscheidungsmodell numerisch lösbar ist. Es existiert demnach gegebenenfalls für jede Realisation von $\gamma \in \Gamma$ und $\alpha \in A$ ein maximaler bzw. minimaler Zielfunktionswert, so daß es sinnvoll ist, nach dessen Verteilung zu fragen. Für eine zu maximierende Zielfunktion ist das zweite Verteilungsproblem in (V2) zusammengefaßt.

(V2)	Bestimmung der Verteilungsfunktion von $z^*(\gamma,\alpha) := \max \{z(x;\gamma) \mid x \in X^Q \cap X(\alpha)\}$

Das Problem (V2) wirft bezüglich der zu bestimmenden Verteilungsfunktion u.a. Fragen nach deren Existenz und nach deren Berechenbarkeit auf. Das Verteilungsproblem (V2) scheint in der Literatur bisher nur für stochastische lineare Programme untersucht worden zu sein. Die Frage nach der Existenz ist im Rahmen der stochastischen linearen Programmierung positiv beantwortet worden. Für lineare Programme, bei denen sämtliche Koeffizienten Zufallsvariablen sein können, sind die Voraussetzungen bekannt, unter denen das entsprechende Problem (V2) gelöst werden kann (vgl. Kall [1976], Chap. II). Eine konkrete Berechnung der Verteilungsfunktion ist jedoch äußerst schwierig, sobald man den Bereich kleinster Demonstrationsbeispiele verläßt (vgl. u.a. THEODORESCU [1972]). Die nachfolgenden Beispiele D und E sollen zeigen, daß die Problemstellung (V2) nicht auf stochastische lineare Programme beschränkt zu bleiben braucht.

Schließlich sind die optimalen Alternativen des stochastischen Entscheidungsmodells (SEM) von den Zufallsvariablen $\gamma \in \Gamma$ und $\alpha \in A$ abhängig, so daß auch deren Verteilungen von Interesse sein können. Ein drittes Verteilungsproblem kann daher wie folgt formuliert werden:

(V3)	Bestimmung der Verteilungs-, der Wahrscheinlichkeits- oder der Dichtefunktion der optimalen Alternativen $x^*(\gamma,\alpha)$

Im Gegensatz zu den Problemen (V1) und (V2) kann bei (V3) die Bestimmung etwa einer Wahrscheinlichkeitsfunktion angebrachter sein als die Bestimmung einer Verteilungsfunktion; man denke beispielsweise an endliche Alternativenmengen (vgl. das nachfolgende Beispiel D). Auch das Problem (V3) wird im Rahmen der stochastischen linearen Programmierung analysiert. Selbst dann, wenn die Existenz einer Verteilungsfunktion nachgewiesen werden kann, ist ihre numerische Bestimmung für größere Beispiele praktisch kaum möglich. Die Verteilungsprobleme (V2) und (V3) sind formal eng mit der Bestimmung der optimalen Lösungsfunktion und der optimalen Lösungsrelationen bei einer parametrischen Sensitivitätsanalyse verwandt (vgl. 1.6.2).

Der naheliegende Gedanke, diejenige Alternative, deren Wahrscheinlichkeit, optimal zu sein, maximal ist, als die optimale Alternative des Entscheidungsmodells (SEM) aufzufassen, ist gleichermaßen verlockend wie gefährlich, wird doch in diesem Falle die Optimalität einer Alternative stets nach

Realisation der Zufallsvariablen, d.h. unter anderen Bedingungen als vor ihrer Realisation, ermittelt. Zwar wäre dann das stochastische Entscheidungsproblem gelöst, doch kann dieser Lösungsvorschlag einige unerwünschte Eigenschaften aufweisen, wie etwa beim nachfolgenden Beispiel E gezeigt wird (vgl. auch FABER [1970], S. 81 ff.; DÜRR [1973], S. 17 f.; REMBOLD [1977], S. 63 ff.).

Die praktische Bedeutung der Verteilungsprobleme, insbesondere von (V2) und (V3), ist im Hinblick auf das stochastische Entscheidungsmodell (SEM) unter dem Gesichtspunkt, daß eine Entscheidung *here and now* vor Realisation der Zufallsvariablen zu treffen ist, relativ gering, da durch die Lösung eines Verteilungsproblems keine in irgendeinem Sinne optimale Lösung gefunden wird. Für eine spezielle Klasse von Entscheidungsmodellen können Verteilungsprobleme jedoch sehr nützlich sein. - Diese Klasse wird durch das folgende Beispiel veranschaulicht: Ein Entscheidungsträger hat sich für eines von mehreren stochastischen Modellen $(a_1),\dots,(a_N)$ zu entscheiden. Jedes dieser Modelle entspricht etwa unterschiedlichen stochastischen linearen Programmen zur Bestimmung eines optimalen Produktionsprogramms, wobei den Modellen jeweils unterschiedliche Technologien (Investitionsprogramme) zugrunde liegen. Die Absatzmengen können beispielsweise stochastisch sein. Die Modelle (a_n) seien etwa durch folgende stochastische Entscheidungsmodelle beschrieben (n=1,...,N):

(a_n)	$\mathit{max}\ \{z_n(x_n;\gamma_n) \mid x_n \in X_n^Q \cap X_n(\alpha)\}$

Unter der Voraussetzung, daß die Modelle $(a_1),\dots,(a_N)$ für mehrere, sich in gleicher Weise wiederholende Perioden gelten sollen und daß die optimalen Alternativen jeweils erst nach Realisation der Zufallsvariablen ermittelt werden, können die Konsequenzen dieser Modelle in bezug auf das zur Diskussion stehende Entscheidungsproblem durch die Verteilung der optimalen Werte ihrer Zielfunktionen beurteilt werden. Als Zielfunktionswerte $z(a_1),\dots,z(a_N)$ kann der Entscheidungsträger etwa die Erwartungswerte der von (V2) ermittelten Verteilungen verwenden (vgl. u.a. KROMPHARDT/HENN/FÖRSTNER [1962], S. 318 ff.; FABER [1970], S. 99 ff.; DÜRR [1973], S. 21 ff.). - Die Risikoanalyse als spezielles Verteilungsproblem wird in 2.1.3 besprochen.

Beispiel D:

Die Lösung der drei eingeführten Verteilungsprobleme ist für das Beispiel D (vgl.(D) in 2.1.1) besonders einfach.

V1: Aus der Formulierung von (D) kann für jedes $x \in X_D$ die Wahrscheinlichkeitsfunktion von $z_D(x;\gamma)$ sowie die zugehörige Verteilungsfunktion unmittelbar abgelesen werden. So gilt etwa für $x = a_1$ (vgl. auch Beispiel D8 in 2.6.3):

$$P\{z_D(a_1;\gamma) = t\} = \begin{cases} 1/6 & \text{für } t = -7 \text{ und } t = 6 \\ 2/6 & \text{für } t = -1 \text{ und } t = 7 \\ 0 & \text{sonst.} \end{cases}$$

$$P\{z_D(a_1;\gamma) \leqq t\} = \begin{cases} 0 & \text{für } -\infty < t < -7 \\ 1/6 & \text{für } -7 \leqq t < -1 \\ 3/6 & \text{für } -1 \leqq t < 6 \\ 4/6 & \text{für } 6 \leqq t < 7 \\ 1 & \text{für } 7 \leqq t < \infty. \end{cases}$$

V2: Für die Verteilungsfunktion des maximalen Wertes der Zielfunktion gilt

$$P\{z_D^*(\gamma) \leqq t\} = \begin{cases} 0 & \text{für } -\infty < t < 4 \\ 2/6 & \text{für } 4 \leqq t < 6 \\ 3/6 & \text{für } 6 \leqq t < 7 \\ 5/6 & \text{für } 7 \leqq t < 8 \\ 1 & \text{für } 8 \leqq t < \infty. \end{cases}$$

Wiederholt sich die im Beispiel D betrachtete Entscheidungssituation "häufig" und trifft der Entscheidungsträger seine Entscheidung jeweils nach Realisation der Zufallsvariablen, dann ist der maximale Wert der Zielfunktion wie angegeben verteilt. Unter den genannten Voraussetzungen sind beispielsweise folgende Aussagen möglich: Die Wahrscheinlichkeit, daß der maximale Wert der Zielfunktion $z_D(x;\gamma)$ größer als oder gleich 6 ist, beträgt 4/6; der durchschnittliche maximale Wert der Zielfunktion (Erwartungswert) beläuft sich auf 6; mit Sicherheit ist 4 die untere Grenze für den maximalen Wert der Zielfunktion.

V3: Die Wahrscheinlichkeitsfunktion für die optimalen Werte $x^*(\gamma)$ lautet:

$$P\{x^*(\gamma) = t\} = \begin{cases} 3/6 & \text{für } t = a_1 \text{ und } t = a_2 \\ 0 & \text{sonst.} \end{cases}$$

Beispiel E:

Auch für das Produktions- und Lagerhaltungsbeispiel E (vgl. (E) in 2.1.1) werden die drei angegebenen Verteilungsprobleme gelöst.

V1: Da der Wert der Zielfunktion $z_E(x;\gamma)$ nicht negativ werden kann, ist zunächst einmal

$$P\{z_E(x;\gamma) \leqq t\} = 0 \qquad \text{für } t < 0.$$

Anderenfalls fallen Lagerhaltungskosten $c_\ell(x-\gamma)$ mit der Wahrscheinlichkeit $P\{x-\gamma>0\}$ oder Fehlmengenkosten $c_f(\gamma-x)$ mit der Wahrscheinlichkeit $P\{x-\gamma\leqq 0\}$ an. Da sich beide Ereignisse gegenseitig ausschließen, gilt für $t \geqq 0$:

$$P\{z_E(x;\gamma) \leqq t\}$$

$$= P\{c_\ell(x-\gamma) \leqq t\}\cdot P\{x > \gamma\} + P\{c_f(\gamma-x) \leqq t\}\cdot P\{\gamma \geqq x\}$$

$$= \left[1 - \Phi\left(\frac{x-t/c_f-100}{25}\right)\right]\cdot\Phi\left(\frac{x-100}{25}\right) + \Phi\left(\frac{x+t/c_\ell-100}{25}\right)\cdot\left[1 - \Phi\left(\frac{x-100}{25}\right)\right].$$

$\Phi(\ldots)$ bezeichnet die (kumulative) Verteilungsfunktion der Standardnormal-Verteilung, die in zahlreichen Büchern zur Statistik tabelliert vorliegt. Wie man leicht nachprüfen kann, besitzt die angegebene Funktion sämtliche Eigenschaften einer Verteilungsfunktion.

V2: Das Minimum der Zufallsvariablen $z_E(x;\gamma)$ ist für jede nichtnegative Realisation von γ Null, denn bei bekannter Nachfrage entstehen weder Lagerhaltungs- noch Fehlmengenkosten. Mit

$$z_E^*(\gamma) := \min\{z_E(x;\gamma) \mid x \in X_E\} = 0 \qquad \text{für } \gamma \in \mathbb{R}_+$$

gilt demnach

$$F_{z_E^*}(t) = P\{z_E^*(\gamma) \leqq t\} = \begin{cases} 0 & \text{für } t < 0 \\ 1 & \text{für } t \geqq 0. \end{cases}$$

V3: Bei bekannter nichtnegativer Realisation von γ gilt für die optimale Lösung stets $x^*(\gamma) = \gamma$. Folglich ist

$$F_{x^*}(t) = P\{x^*(\gamma) \leqq t\} = P\{\gamma \leqq t\} = \Phi((t-100)/25).$$

Würde man dasjenige $x^*(\gamma)$ mit bezüglich t "maximaler" Wahrscheinlichkeit (Maximum der Wahrscheinlichkeitsdichte), also $x^* = 100$, als eine Lösung des Entscheidungsproblems E betrachten, so ist diese Lösung insofern wenig sinnvoll, als offensichtlich die gegebenen Informationen über entscheidungsrelevante Kosten überhaupt nicht verwertet werden (vgl. Beispiel E1 in 2.2.1).

Beispiel H1:

Für das Produktionsplanungsbeispiel H (vgl. (H) in 2.1.1) werden die Verteilungsprobleme (V1), (V2) und (V3) zunächst für den Fall untersucht, bei dem die Zufallsvariable α durch ihren Erwartungswert ersetzt wird, so daß nur noch die Zielfunktion zufallsabhängig ist. Es wird somit von dem Entscheidungsmodell (H1) ausgegangen.

(H1)	$\max \{z_{H1}(x_1,x_2;\gamma) \mid (x_1,x_2)^T \in X_{H1}\}$
mit	$X_{H1} := X_H^Q \cap X_H(E[\alpha]) = X_H^Q$ (vgl. 1.3.1)
	$z_{H1}(x_1,x_2;\gamma) := z_H(x_1,x_2;\gamma) = \gamma x_1 + 4x_2$
wobei	γ über [3,7] stetig gleich-verteilt

V1: Wenn γ über [3,7] stetig gleich-verteilt ist, dann sind γx_1 über $[3x_1,7x_1]$ und $\gamma x_1 + 4x_2$ über $[3x_1+4x_2,\ 7x_1+4x_2]$ für alle $(x_1,x_2)^T \in X_H^Q$ stetig gleich-verteilt. Für die Verteilungsfunktion gilt ($x_1 \neq 0$):

$$F_{z_{H1}}(t) = \begin{cases} 0 & \text{für} \quad -\infty < t < 3x_1+4x_2 \\ \dfrac{t-(3x_1+4x_2)}{4x_1} & \text{für} \quad 3x_1+4x_2 \leqq t < 7x_1+4x_2 \\ 1 & \text{für} \quad 7x_1+4x_2 \leqq t < \infty \end{cases}$$

(vgl. u.a. SCHAICH et al. [1979], S. 48 f.). Für $x_1 = 0$ gilt:

$$F_{z_{H1}}(t) = \begin{cases} 0 & \text{für} \quad -\infty < t < 4x_2 \\ 1 & \text{für} \quad 4x_2 \leqq t < \infty. \end{cases}$$

<u>V2:</u> Das Verteilungsproblem (V2) kann für das Beispiel H1 ohne Schwierigkeiten gelöst werden. Eine Realisation der Zufallsvariablen γ besteht aus einer Zahl des Intervalls [3,7]. Die Aufgabe, für alle Realisationen die optimale(n) Alternative(n) zu ermitteln, ist aber dann nichts anderes als die Bestimmung der optimalen Lösungsfunktion $z^*_{H1}(\bar{\gamma})$ des folgenden parametrischen linearen Programms mit einem Parameter $\bar{\gamma}$ in der Zielfunktion

$$\max \{\bar{\gamma}x_1 + 4x_2 \mid (x_1,x_2)^T \in X_H^Q\}$$

für $3 \leqq \bar{\gamma} \leqq 7$ (vgl. DINKELBACH [1969], S. 90 ff.). Die Lösung dieser Aufgabe ist in Tab. 2.1.1 zusammengefaßt (vgl. auch 1.6.2).

$\bar{\gamma}$	$(x_1^*(\bar{\gamma}),x_2^*(\bar{\gamma}))$	$z^*_{H1}(\bar{\gamma})$
$3 \leqq \bar{\gamma} < 6$	(0,18)	72
$\bar{\gamma} = 6$	$(12-12\delta,\ 18\delta)\quad (0 \leqq \delta \leqq 1)$	72
$6 < \bar{\gamma} \leqq 7$	(12,0)	$12\bar{\gamma}$

Tab. 2.1.1

Aus dieser Tabelle läßt sich die gesuchte Verteilungsfunktion unmittelbar ablesen. Es ist

$$F_{z^*_{H1}}(t) = \begin{cases} 0 & \text{für } -\infty < t < 72 \\ \frac{3}{4} + \frac{1}{4}\delta & \text{für } t = 72 + 12\delta \text{ mit } 0 \leqq \delta < 1 \\ 1 & \text{für } 84 \leqq t < \infty \end{cases}$$

(vgl. Abb. 2.1.1b). Diese Verteilungsfunktion weist an der Stelle t = 72 eine Sprungstelle auf; sie ist dort rechtsseitig stetig, jedoch nicht differenzierbar.[1] Die zugehörige Dichtefunktion lautet

$$f_{z^*_{H1}}(t) = \begin{cases} 0 & \text{für } -\infty < t < 72 \\ 3/4 & \text{für } t = 72 \\ 1/48 & \text{für } 72 < t \leqq 84 \\ 0 & \text{für } 84 < t < \infty \end{cases}$$

---

[1] Es handelt sich um eine Konvexkombination aus einer diskreten und einer stetigen Verteilungsfunktion (vgl. u.a. FELLER [1966], S. 135; BELLACH et al. [1978], S. 73). Man spricht von einer Verteilungsfunktion des gemischten Typs (vgl. u.a. FERSCHL [1976], Sp. 4323 f.).

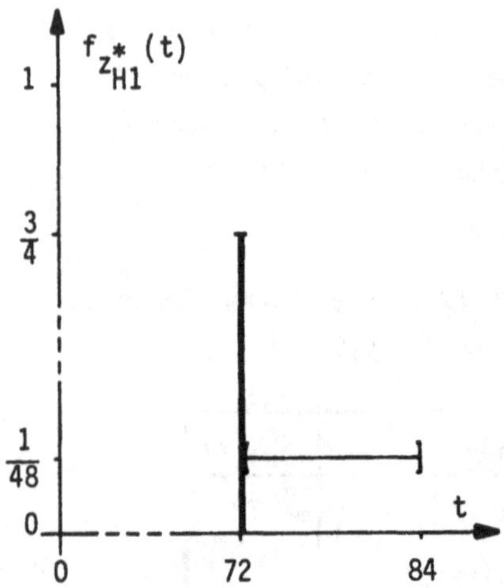

Abb. 2.1.1a

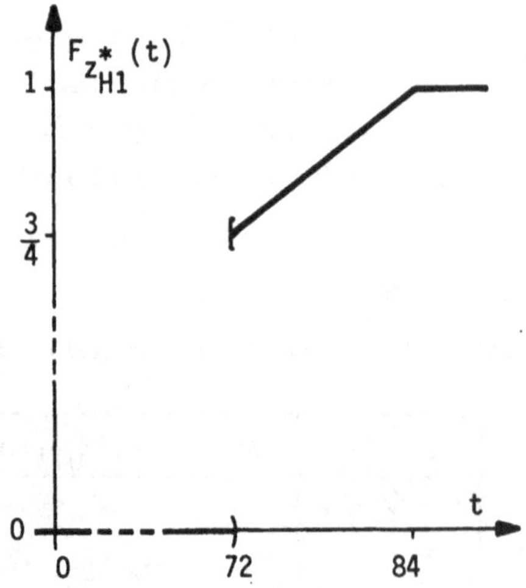

Abb. 2.1.1b

(vgl. Abb. 2.1.1a). Sie ist weder diskret noch stetig und wird auch als Quasidichtefunktion bezeichnet (vgl. u.a. SCHWARZE [1967], S. 17). Der Erwartungswert ist

$$72 \cdot \frac{3}{4} + \frac{1}{48} \int_{72}^{84} t \, dt = 73{,}5.$$

V3: Die Dichtefunktion für die Werte der optimalen Alternativen kann aus Tab. 2.1.1 abgelesen werden:

$$f_{(x_1^*, x_2^*)}(t_1, t_2) = \begin{cases} 3/4 & \text{für } (t_1, t_2) = (0,18) \\ 0 & \text{für } (t_1, t_2) = (12-12\delta, 18\delta) \ (0 \leqq \delta \leqq 1) \\ 1/4 & \text{für } (t_1, t_2) = (12,0) \\ 0 & \text{sonst.} \end{cases}$$

Die Punkte auf der Strecke $(12-12\delta, 18\delta)$ können optimal sein, allerdings mit der Wahrscheinlichkeit Null; es handelt sich dabei um *"fast unmögliche"* Ereignisse (BAUER [1968], S. 112). Es fällt auf, daß der Punkt $(x_1, x_2) = (0,18)$ mit relativ hoher Wahrscheinlichkeit unter dem Aspekt der Verteilungsproblematik optimal ist. Ähnliche Ergebnisse werden sich in 2.2 unter völlig anderen Voraussetzungen ergeben.

Beispiel H2:

Bei der Variante H2 des Beispiels H (vgl. (H) in 2.1.2) wird die Zufallsvariable γ durch ihren Erwartungswert ersetzt, so daß nur noch die Alternativenmenge zufallsabhängig ist. Die Verteilungsprobleme (V1), (V2) und (V3) werden an dem Entscheidungsmodell (H2) illustriert.

(H2)	$max \; \{z_{H2}(x_1,x_2) \mid (x_1,x_2)^T \in X_H^Q \cap X_H(\alpha)\}$
mit	$X_H^Q := \{(x_1,x_2)^T \in \mathbb{R}_+^2 \mid 3x_1 + 2x_2 \leqq 36\}$ $X_H(\alpha) := \{(x_1,x_2)^T \in \mathbb{R}_+^2 \mid x_1 + x_2 \leqq \alpha\}$ $z_{H2}(x_1,x_2) := E[\gamma]x_1 + 4x_2 = 5x_1 + 4x_2$
wobei	α N(20;100)-verteilt

V1: Jede Alternative $(x_1,x_2)^T \in X_H^Q$, die mit der Wahrscheinlichkeit $P\{x_1+x_2 \leqq \alpha\}$ zulässig ist, führt zu dem Zielfunktionswert $z_{H2}(x_1,x_2) = 5x_1 + 4x_2$. Mit der Wahrscheinlichkeit $1 - P\{x_1+x_2 \leqq \alpha\}$ ist $(x_1,x_2)^T \in X_H^Q$ unzulässig, so daß der Zielfunktionswert definitionsgemäß gleich -M gesetzt werden kann (M sehr groß)[1]. Für $(x_1,x_2)^T \in X_H^Q$ lautet somit die Verteilungsfunktion für $z_{H2}(x_1,x_2)$:

$$F_{z_{H2}}(s) = \begin{cases} 0 & \text{für } -\infty < s < -M \\ 1 - P\{x_1+x_2 \leqq \alpha\} & \text{für } -M \leqq s < 5x_1 + 4x_2 \\ 1 & \text{für } 5x_1 + 4x_2 \leqq s < \infty . \end{cases}$$

V2: Die Frage nach der Verteilungsfunktion des maximalen Wertes der Zielfunktion in Abhängigkeit von der Zufallsvariablen α kann, ähnlich wie beim Beispiel H1, mit Hilfe der parametrischen linearen Programmierung analysiert werden. Dazu ist folgendes parametrische lineare Programm mit einem Parameter im Begrenzungsvektor zu lösen:

$$\max \{5x_1 + 4x_2 \mid (x_1,x_2)^T \in X_H^Q \cap X_H(\bar{\alpha})\}$$

---

[1] Für $M \to +\infty$ benötigt man die kompaktifizierte Zahlengerade (vgl. u.a. BAUER [1968], S. 118; KALL [1976], S. 19).

$\bar{\alpha}$	$(x_1^*(\bar{\alpha}),\ x_2^*(\bar{\alpha}))$	$z_{H2}^*(\bar{\alpha})$
$-\infty < \bar{\alpha} < 0$	unzulässig	$-M$
$0 \leq \bar{\alpha} < 12$	$(\bar{\alpha},0)$	$5\bar{\alpha}$
$12 \leq \bar{\alpha} < 18$	$(-2\bar{\alpha}+36,\ 3\bar{\alpha}-36)$	$2\bar{\alpha} + 36$
$18 \leq \bar{\alpha} < \infty$	$(0,18)$	72

Tab. 2.1.2

für $-\infty < \bar{\alpha} < +\infty$ (vgl. DINKELBACH [1969], S. 102 ff.). Tab. 2.1.2 enthält die Angabe der optimalen Alternativen sowie der optimalen Lösungsfunktion (vgl. Abb. 2.1.2), wobei zu beachten ist, daß für $\bar{\alpha} < 0$ keine zulässige

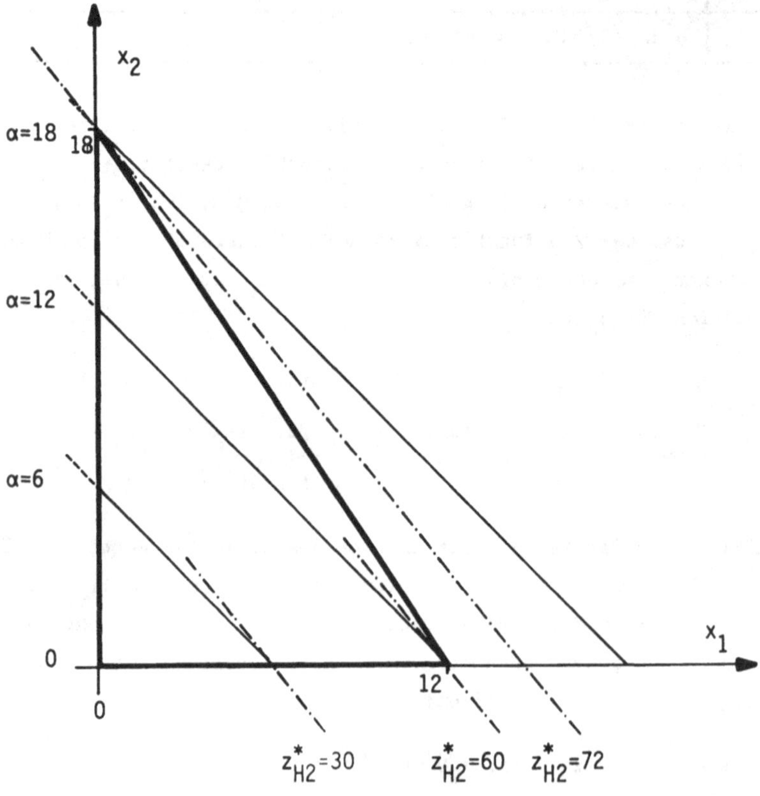

Abb. 2.1.2

und damit auch keine optimale Lösung existiert. Daher ist definitionsgemäß mit Wahrscheinlichkeit

$$P\{\alpha < 0\} = P\{(\alpha-20)/10 < -2\} = 1 - \Phi(2) = 0{,}023$$

$z^*_{H2}(\alpha) = -M$. Weiterhin zeigt Tab. 2.1.2, daß für $\bar{\alpha} \geqq 0$ stets eine optimale Lösung existiert, und zwar mit Wahrscheinlichkeit

$$P\{\alpha \geqq 0\} = 1 - P\{(\alpha-20)/10 \leqq -2\} = \Phi(2) = 0{,}977.$$

Im einzelnen gilt: $P\{z^*_{H2}(\alpha) < 0\} = 0{,}023$, $P\{0 \leqq z^*_{H2}(\alpha) \leqq 72\} = 0{,}977$ und $P\{72 < z^*_{H2}(\alpha)\} = 0$.

V3: Der Punkt $(x_1,x_2) = (0,18)$ ist mit einer Wahrscheinlichkeit von $P\{\alpha \geqq 18\} = 0{,}579$ optimal. Die übrigen optimalen Lösungen liegen auf dem rechten und unteren Rand des zulässigen Bereichs (vgl. Abb. 2.1.2). Mit positiver Wahrscheinlichkeit existieren keine zulässigen Lösungen (vgl. KALL [1976], S. 22). - Die Schwierigkeiten, die aus der möglichen Nichtexistenz zulässiger Lösungen resultieren, sind nicht ausschließlich durch die unterstellte Normalverteilung bedingt, die insofern als unrealistisch anzusehen ist, als negative Nachfragemengen zugelassen sind. Mit der Nichtexistenz zulässiger Lösungen muß auch dann gerechnet werden, wenn man in diesem Beispiel von einer stochastischen Nachfrage ausgeht, die nur nichtnegative Realisationen zuläßt, und wenn zusätzlich beispielsweise Mindestbedingungen vorliegen, die den Nullpunkt unzulässig werden lassen.

2.1.3 Risikoanalyse

Die Risikoanalyse ist ein verbreiteter Ansatz zur Untersuchung von stochastischen Entscheidungssituationen, vornehmlich in der Investitionsrechnung (vgl. u.a. HILLIER [1962/63]; KÜPPER/KNOOP [1974], S. 219 ff.; SCHINDEL [1977], S. 30 ff.; ZIEGELSCHMIDT [1977], S. 74 ff.; BLOHM/LÜDER [1978], S. 196 ff.; KRUSCHWITZ [1978], S. 251 ff.; MARETTEK [1978]), neuerdings aber auch in anderen betriebswirtschaftlichen Teilgebieten (vgl. u.a. SCHWARZE [1967], S. 86 ff.; STREITFERDT [1973], S. 129 ff.). Dabei geht es um die Ermittlung der Wahrscheinlichkeitsverteilung etwa des Kapitalwertes eines Investitionsobjektes, wenn beispielsweise die Einzahlungen in den einzelnen Perioden zufallsabhängig sind. Eine so verstandene Risikoanalyse ist aber nichts anderes als ein Spezialfall der Verteilungsprobleme (V1) und (V2). Denn enthält die Alternativenmenge des stochastischen Entscheidungsmodells

(SEM) nur ein stets zulässiges Element x_1, entfällt das Problem, eine Alternative $x \in X$ zu wählen; der Wert der Zielfunktion $z(x_1;\gamma) =: z(\gamma)$ ist gleich seinem Maximum $z^*(\gamma)$. Damit stimmen aber die Verteilungsprobleme (V1) bzw. (V2) mit der zentralen Frage der Risikoanalyse überein.

Wird etwa ein Investitionsobjekt durch eine Anfangsauszahlung A_0 zu Beginn der ersten Periode, durch Einzahlungsüberschüsse E_t am Ende der t-ten Periode (t=1,...,T) sowie durch einen Kalkulationszinssatz r beschrieben, dann kann der Kapitalwert

$$z(a_0,E_1,\ldots,E_T,r) = -A_0 + \sum_{t=1}^{T} E_t(1+r)^{-t}$$

als Funktion der Koeffizienten $A_0,E_1,\ldots,E_T$ und r aufgefaßt werden (vgl. Beispiel A2 in 1.6.1). Sind sämtliche Koeffizienten Zufallsvariablen, dann hängt der Kapitalwert von einem (T+2)-dimensionalen Zufallsvariablenvektor ab. Der Kapitalwert selbst ist dann auch eine Zufallsvariable, deren Verteilung häufig durch Simulation bestimmt wird, da eine exakte Ermittlung selbst bei Unabhängigkeit der Zufallsvariablen oft sehr schwierig, wenn nicht gar unmöglich ist. Stehen mehrere Investitionsobjekte der geschilderten Art zur Auswahl, kann die Entscheidung auf der Grundlage der ermittelten Verteilungsfunktionen und/oder deren Momente wie etwa dem Erwartungswert erfolgen.

2.1.4 Ersatzmodelle

Stochastische Entscheidungsmodelle können numerisch nicht ohne weiteres gelöst werden, da infolge der Zufallsabhängigkeit wenigstens eines Koeffizienten einige oder alle Alternativen nicht zu eindeutigen Werten einer gegebenen Zielfunktion führen. Im folgenden wird zunächst von dem Grundmodell der Entscheidungstheorie (vgl. 1.2.4) ausgegangen, also einem Entscheidungsmodell mit endlicher Alternativenmenge und zufallsabhängigen Werten der Zielfunktion. Ein Blick auf Tab. 1.2.3 und 1.2.4 zeigt, daß es sich bei den Werten der Zielfunktion jeweils einer Zeile um diejenigen Ergebnisse handelt, die bei der zu dieser Zeile gehörenden Alternative möglich und deren Wahrscheinlichkeiten in der ersten Kopfzeile aufgeführt sind. In der Betriebswirtschaftslehre spricht man in diesem Zusammenhang u.a. von "mehrdeutigen" Erwartungen (vgl. u.a. WITTMANN [1959], S. 34; BUSSE VON COLBE [1964], S. 222; HEINEN [1966], S. 56), von "unsicheren" Erwartungen (vgl. u.a. ALBACH [1959]; HAX [1970]) oder von "mehrwertigen" Erwartungen (MÜLLER-KRÜNCKE [1974], S. 125; WÖHE [1978], S. 133). Die Werte der Zielfunktion einer Alternative stellen zusammen mit ihren Wahrscheinlichkeiten nichts anderes dar als eine Wahrscheinlichkeitsfunktion einer - diskreten - Zufallsvariablen, so daß jede Alternative einer bestimmten Wahrscheinlichkeitsfunktion äquivalent ist. Für den Entscheidungsträger stellt sich damit das Problem der Bewertung von Wahrscheinlichkeitsfunktionen (vgl. u.a. SCHNEEWEISS [1967], S. 30 f.; SCHWARZE [1967], S. 58).

Die Bewertung von Verteilungsfunktionen oder von Wahrscheinlichkeitsfunktionen diskreter Zufallsvariablen bzw. Wahrscheinlichkeitsdichten stetiger Zufallsvariablen ist durch eine Präferenzfunktion (Präferenzfunktional) in folgender Weise denkbar: Es sei w_x die zu $x \in X$ gehörende Verteilungsfunktion und $W(X)$ die Menge aller Verteilungsfunktionen w_x $(x \in X)$. Eine Präferenzfunktion ist dann eine Abbildung ω, die jedem $w_x \in W(X)$ eine reelle Zahl $\omega(x) = \omega(w_x)$ derart zuordnet, daß für $x_1, x_2 \in X$ und $w_{x_1}, w_{x_2} \in W(X)$ mit $\omega(x_1) \leqq \omega(x_2)$ der Entscheidungsträger x_1 nicht x_2 vorzieht $(\omega : W(X) \rightarrow \mathbb{R})$. Durch eine Präferenzfunktion werden demnach Alternativen mit stochastischen Zielfunktionswerten reelle Zahlen zugeordnet; die möglichen Ergebnisse einer Alternative werden durch eine reelle Zahl ersetzt. Um diesen Aspekt einer Präferenzfunktion bei stochastischen Entscheidungsmodellen zu betonen, wird im folgenden stets von Ersatzzielfunktionen statt von Präferenzfunktionen gesprochen. Dies geschieht auch im Hinblick auf zufallsabhängige Alternativenmengen. Mit Hilfe einer Ersatzzielfunktion werden die Alternativen miteinander vergleichbar gemacht (vgl. hierzu und zu den Zusammenhängen mit dem ordinalen Prinzip SCHNEEWEISS [1967], S. 35 ff.). Die Zusammenhänge zwischen Alternativen, Wahrscheinlichkeitsfunktionen und Ersatzzielfunktion werden in Abb. 2.1.3 mit Zahlenwerten aus dem Beispiel D veranschaulicht.

Hängt auch die Alternativenmenge von stochastischen Koeffizienten ab, deuten sich weitere Komplikationen an. Wie kann der Entscheidungsträger eine Alternative bewerten, deren Zulässigkeit zum Entscheidungszeitpunkt noch nicht geklärt ist? Dieser Fall ist beim Grundmodell der Entscheidungstheorie definitionsgemäß ausgeklammert, dies gilt nicht für das stochastische Ent-

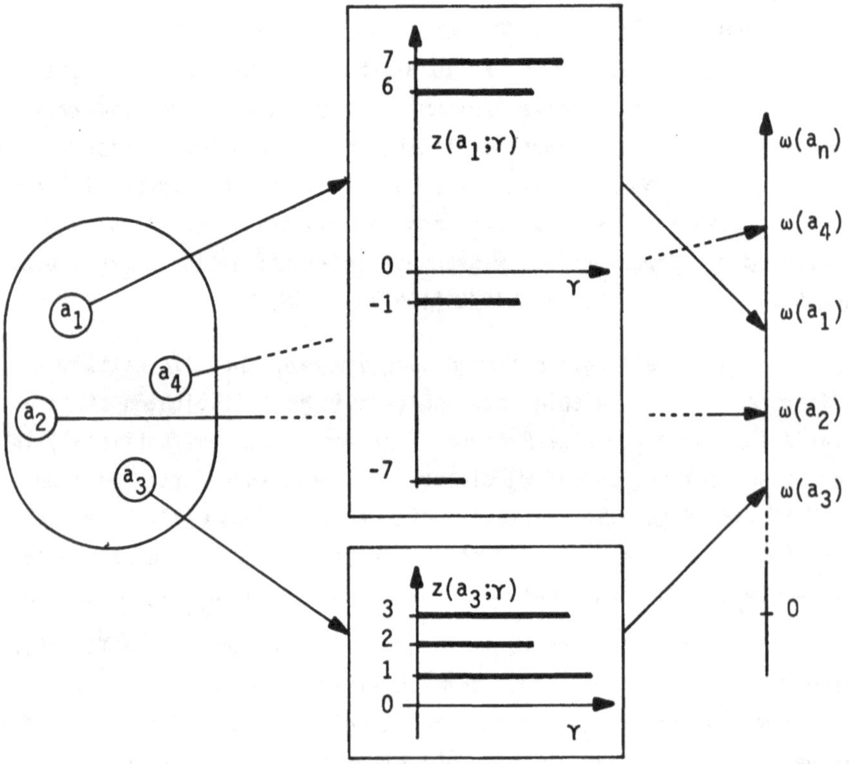

Abb. 2.1.3

scheidungsmodell (SEM). In Abb. 2.1.4 sind in der linken Hälfte außer X^Q für zwei Realisationen $\bar{\alpha}_1$ und $\bar{\alpha}_2$ der Zufallsvariablen α die zugehörigen Mengen $X(\bar{\alpha}_1)$ und $X(\bar{\alpha}_2)$ - waagerecht bzw. senkrecht schraffiert - dargestellt; auf der rechten Seite ist außer X^Q eine mögliche Ersatzformulierung, die im folgenden mit X^A bezeichnet wird, angedeutet. Offen bleibt dabei noch die Frage, wie der Entscheidungsträger eine geeignete Ersatzformulierung findet. - Während bei deterministischen Entscheidungsmodellen der Begriff der Zulässigkeit einer Alternative x - dadurch, daß entweder $x \in X$ oder $x \notin X$ ist- eindeutig geklärt ist, bedarf dieser Begriff bei Entscheidungsmodellen mit stochastischer Alternativenmenge einer neuen Definition.

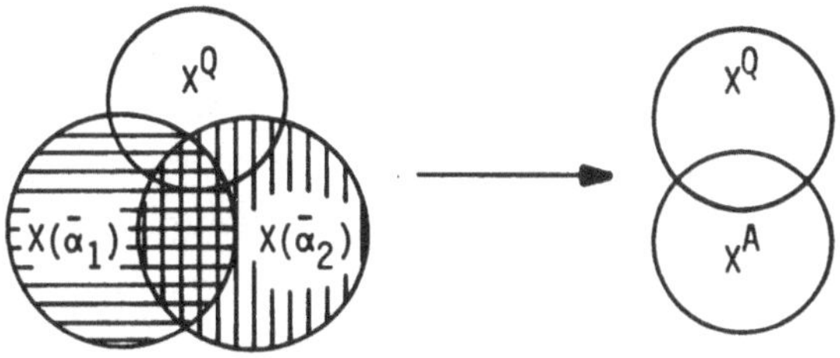

Abb. 2.1.4

Da der Entscheidungsträger, wie bereits in 1.5.2 ausgeführt, das Treffen seiner Entscheidung bezüglich einer durchzuführenden Alternative nicht bis zur Realisation der Zufallsvariablen aufschieben kann, sieht er sich gezwungen, nicht nur eine (deterministische) Ersatzzielfunktion für seine stochastische Zielfunktion anzugeben, sondern auch für seine stochastische Alternativenmenge eine deterministische Ersatzformulierung zu finden, um auf diese Weise eine bezüglich dieser Ersatzformulierung optimale Alternative bestimmen zu können. Da das zu definierende deterministische Entscheidungsmodell das stochastische Entscheidungsmodell ersetzen soll, wird es als Ersatzmodell bezeichnet. Ein Ersatzmodell (Ersatzprogramm) eines stochastischen Entscheidungsmodells (SEM) ist ein deterministisches Entscheidungsmodell (DEM), das die Präferenzvorstellungen des Entscheidungsträgers bezüglich der stochastischen Koeffizienten in geeigneter Weise erfaßt und darüber hinaus grundsätzlich numerisch gelöst werden kann. In (ER) ist ein Ersatzmodell mit zu maximierender Zielfunktion wiedergegeben. Er-

(ER)	$\max \{\omega(x) \mid x \in X^Q \cap X^A\}$
Ersatzmodell (Ersatzprogramm)	

satzmodellen können auch zu minimierende Ersatzzielfunktionen zugrunde liegen.

Es liegt in der Natur der Sache begründet, daß hier keine allgemein verbindlichen Rezepte für Ersatzmodelle angeboten werden können. Vielmehr wird das definierte Ersatzmodell (ER) an speziellen Konkretisierungen und einigen Beispielen im Hinblick auf die jeweiligen Implikationen analysiert, wobei die beiden Fälle stochastische Zielfunktion und stochastische Alternativenmenge aus didaktisch Gründen getrennt analysiert werden. In 2.2 werden Ersatzmodelle für das stochastische Entscheidungsmodell (SEM_Z)

(SEM_Z)	$max\ \{z(x;\gamma)\ \vert\ x \in X^Q\}$
wobei	γ Zufallsvariable (-nvektor) mit bekannter Verteilung

analysiert; im Mittelpunkt von 2.3 stehen Ersatzmodelle für das stochastische Entscheidungsmodell (SEM_X). Je nach Problemstellung können die Ersatzmodelle aus 2.2 und 2.3 geeignet kombiniert werden.

(SEM_X)	$max\ \{z(x)\ \vert\ x \in X^Q \cap X(\alpha)\}$
wobei	α Zufallsvariable (-nvektor) mit bekannter Verteilung

2.2 Ersatzmodelle bei stochastischen Zielfunktionen

2.2.1 Erwartungswertmodell – Beispiel E1

Zu den wichtigsten Parametern einer Wahrscheinlichkeitsverteilung zählt der Erwartungswert, so daß es naheliegt, in einem Entscheidungsmodell mit stochastischer Zielfunktion (vgl. (SEM_Z) in 2.1.4) die zufallsabhängige Zielfunktion durch ihren Erwartungswert (ihr erstes gewöhnliches Moment) zu ersetzen. Aus dem stochastischen Entscheidungsmodell (SEM_Z) wird damit das Ersatzmodell (ER_{ZE}), sofern der genannte Erwartungswert E[...] existiert.

(ER_{zE})	$\max \{\omega(x) \mid x \in X\}$
mit	$\omega(x) := E[z(x;\gamma)]$

Das Erwartungswertmodell (ER_{zE}) heißt auch μ-Kriterium, wobei hier $\mu = E[z(x;\gamma)]$ ist (vgl. z.B. SCHNEEWEISS [1967], S. 48 ff. und S. 173 ff.). Der Erwartungswert hat die - positive - Eigenschaft eines "mittleren Wertes", der sich unter speziellen Voraussetzungen bei häufigen Wiederholungen "im Mittel" einstellt. Der Erwartungswert hat aber auch die - negative - Eigenschaft, risikoneutral zu sein, da bei ausschließlicher Verwendung des Erwartungswertes als Ersatzzielfunktion die "Streuung" einer Zufallsvariablen um den "Mittelwert" völlig vernachlässigt wird (vgl. 2.2.2). Einige Aspekte zur Theorie des Erwartungsnutzens werden in 2.6.2 diskutiert.

Man beachte, daß in (ER_{zE}) die stochastische Zielfunktion und nicht die stochastischen Koeffizienten der Zielfunktion durch ihren (ihre) Erwartungswert(e) ersetzt werden, denn im allgemeinen ist $E[z(x;\gamma)] \neq z(x;E[\gamma])$ für $x \in X$. Die Maximierung der Ersatzzielfunktion $z(x;E[\gamma])$ kann daher zu irreführenden Ergebnissen führen (vgl. das nachfolgende Beispiel E1). - Sofern $\mathit{max} \{z(x;\gamma) \mid x \in X\}$ für alle Realisationen $\gamma \in \Gamma$ endlich ist und die jeweiligen Erwartungswerte existieren, gilt folgende Ungleichung (vgl. AVRIEL/WILLIAMS [1970], S. 948):

$$E[\mathit{max} \{z(x;\gamma) \mid x \in X\}] \geqq \max \{E[z(x;\gamma)] \mid x \in X\}.$$ [1]

Diese Ungleichung spielt bei der Bestimmung des Wertes vollkommener Zusatzinformationen eine wichtige Rolle (vgl. 2.4.1).

---

[1] Beweis:

Aus $\mathit{max} \{z(x;\gamma) \mid x \in X\} \geqq z(x';\gamma)$ für $x' \in X$ und $\gamma \in \Gamma$

folgt $E[\mathit{max} \{z(x;\gamma) \mid x \in X\}] \geqq E[z(x';\gamma)]$ für $x' \in X$.

Dann ist aber auch

$$E[\mathit{max} \{z(x;\gamma) \mid x \in X\}] \geqq \max \{E[z(x;\gamma)] \mid x \in X\}.$$

Beispiel E1:

Im Rahmen der stochastischen Lagerhaltungstheorie, der das Beispiel E (vgl. 1.2.5 und 2.1.1) zuzurechnen ist, werden die zufallsabhängigen Werte der Zielfunktion im allgemeinen durch ihre Erwartungswerte ersetzt (vgl. u.a. NADDOR [1971]). Dies ist insofern gerechtfertigt, als davon ausgegangen werden kann, daß sich dieselben oder ähnliche Entscheidungsprobleme in jeder Periode, also häufig, wiederholen. So wird auch in diesem Beispiel E1, einem Ersatzmodell für das stochastische Entscheidungsmodell (E), der Erwartungswert der Kosten als Ersatzzielfunktion, wie in (E1) dargestellt, gewählt. Da die relevanten Kosten eine Funktion der Zufallsvariablen "Nachfrage" sind, ist es möglich, den Erwartungswert $\omega_{E1}(x)$ der Zufallsvariablen "Kosten" ohne explizite Kenntnis der Verteilung dieser Zufallsvariablen anzugeben (vgl. u.a. SCHAICH et al. [1979], S. 56). Die numerische Auswertung von (E1) mit Hilfe der Differentialrechnung führt zu folgender Bestimmungsgleichung für x^*:[1]

(E1)	$\min \{\omega_{E1}(x) \mid x \in X_{E1}\}$
mit	$X_{E1} := X_E = \mathbb{R}_+$ $\omega_{E1}(x) := E[z_E(x;\gamma)]$ $= E[k_\ell(x;\gamma) + k_f(x;\gamma)]$ $= c_\ell \int_{-\infty}^{x} (x-t)f_\gamma(t)dt + c_f \int_{x}^{+\infty} (t-x)f_\gamma(t)dt$
wobei	$f_\gamma(t)$ die Dichtefunktion der Normalverteilung mit $\mu = 100$ und $\sigma^2 = 625$, $c_\ell = 345$ und $c_f = 655$

$$\int_{-\infty}^{x^*} f_\gamma(t)dt = \frac{c_f}{c_\ell + c_f} = 0{,}655.$$

Mit Hilfe von Tabellen der standardisierten Normalverteilung (vgl. u.a. SCHAICH et al. [1979], S. 135 ff. und S. 167) findet man $x^* = 110$ Stück. Von dieser Größe ist gegebenenfalls der Bestand zu Beginn des Jahres, für

[1] (siehe rechte Seite)

das eine optimale Produktionsmenge ermittelt werden soll, in Abzug zu bringen. Der minimale Erwartungswert der Kosten beträgt 9.211 DM.

Die gefundene optimale Lösung ist nur optimal in bezug auf das gewählte spezielle Ersatzmodell (E1), sie ist nicht eine optimale Lösung des stochastischen Entscheidungsmodells (E) schlechthin. Daß die optimale Stückzahl an Dreschmaschinen größer ist als der Erwartungswert $E[\gamma] = 100$, hat seine Ursache darin, daß der Fehlmengenkostensatz den Lagerhaltungskostensatz übersteigt und die Dichtefunktion für γ symmetrisch ist. Die bei einer Normalverteilung mögliche negative Nachfrage wurde in Kauf genommen, um das Beispiel numerisch einfacher lösen zu können. Sensitivitätsanalysen bezüglich der Kostenkoeffizienten sowie der Parameter der Normalverteilung könnten die bisherigen Überlegungen zum Beispiel E1 ergänzen.

Das Beispiel E1 kann auch durch Diskretisierung auf das Grundmodell der Entscheidungstheorie (vgl. 1.2.4) zurückgeführt und dann ohne Anwendung der Differentialrechnung numerisch gelöst werden. Die Alternativenmenge wird auf $X'_{E1'} := \{90,100,110,120,130\}$ eingeschränkt. Die Normalverteilung wird hier durch eine diskrete Wahrscheinlichkeitsfunktion angenähert, wie sie in Tab. 2.2.1 angegeben ist.

(Fußnote von linker Seite)

Im einzelnen gilt:

$$E[z_E(x;\gamma)] = c_\ell \int_{-\infty}^{x} (x-t) f_\gamma(t)dt + c_f \int_{x}^{+\infty} (t-x) f_\gamma(t)dt$$

$$\pm\ c_f \int_{-\infty}^{x} (x-t) f_\gamma(t)dt$$

$$= (c_\ell + c_f) \int_{-\infty}^{x} (x-t) f_\gamma(t)dt + c_f(E[\gamma]-x);$$

$$\frac{\partial}{\partial x} E[z_E(x;\gamma)] = (c_\ell + c_f) \int_{-\infty}^{x} f_\gamma(t)dt - c_f$$

(vgl. u.a. NADDOR [1971], S. 133 ff.).

$P\{\gamma' = 60\}$	$:= P\{-\infty < \gamma \leq 65\}$	=	0,0808
$P\{\gamma' = 70\}$	$:= P\{65 < \gamma \leq 75\}$	=	0,0779
$P\{\gamma' = 80\}$	$:= P\{75 < \gamma \leq 85\}$	=	0,1156
$P\{\gamma' = 90\}$	$:= P\{85 < \gamma \leq 95\}$	=	0,1464
$P\{\gamma' = 100\}$	$:= P\{95 < \gamma \leq 105\}$	=	0,1586
$P\{\gamma' = 110\}$	$:= P\{105 < \gamma \leq 115\}$	=	0,1464
$P\{\gamma' = 120\}$	$:= P\{115 < \gamma \leq 125\}$	=	0,1156
$P\{\gamma' = 130\}$	$:= P\{125 < \gamma \leq 135\}$	=	0,0779
$P\{\gamma' = 140\}$	$:= P\{135 < \gamma < +\infty\}$	=	0,0808

Tab. 2.2.1

Die Erwartungswerte der Lagerhaltungs- und Fehlmengenkosten belaufen sich auf

$$E[z_E(x;\gamma')] = \begin{cases} 11.688 & \text{für } x = 90 \\ 9.345 & \text{für } x = 100 \\ 8.588 & \text{für } x = 110 \\ 9.295 & \text{für } x = 120 \\ 11.158 & \text{für } x = 130. \end{cases}$$

Der minimale Wert ergibt sich bei $x^* = 110$ mit 8.588 DM (vgl. Abb. 2.2.1). Daß die optimale Lösung dieses Näherungsmodells mit derjenigen von (E1) übereinstimmt, ist durch die spezielle Art der Diskretisierung bedingt.

Die Minimierung des Erwartungswertes der Kosten $E[z_E(x;\gamma)]$ führte, wie oben ausgeführt, zu der Alternative $x^* = 110$, die in bezug auf (E1) optimal ist. Würde man direkt den stochastischen Koeffizienten "Nachfrage" durch dessen Erwartungswert ersetzen, ergäbe sich folgende, von $E[z_E(x;\gamma)]$ verschiedene Ersatzzielfunktion (vgl. Abb. 2.2.1):

$$z_E(x;E[\gamma]) := \begin{cases} c_\ell(x-E[\gamma]) = c_\ell(x-100) & \text{für } x > 100 \\ c_f(E[\gamma]-x) = c_f(100-x) & \text{für } x \leqq 100. \end{cases}$$

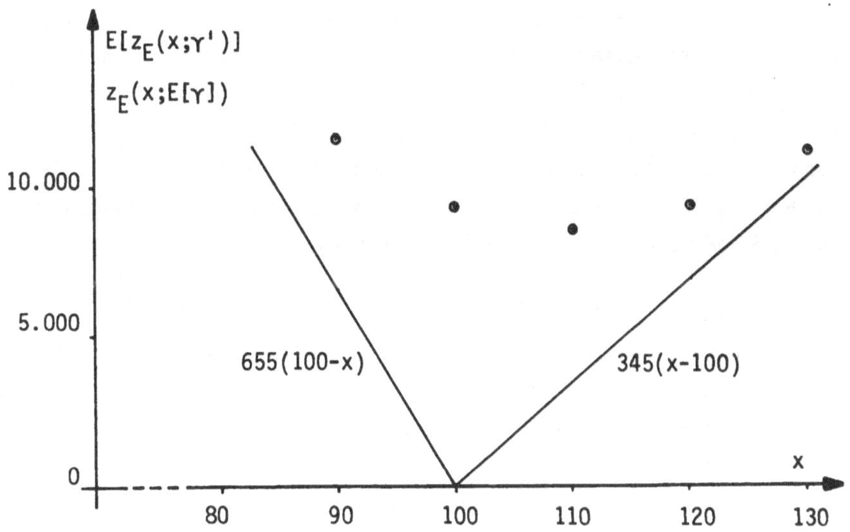

Abb. 2.2.1

Eine Minimierung von $z_E(x;E[\gamma])$ führt für $c_\ell > 0$ und $c_f > 0$ zu der eindeutigen Lösung $x^* = 100$ ($\neq 110$). Diese Lösung ist unabhängig von der Höhe der Lagerhaltungs- und Fehlmengenkosten (vgl. die Verteilungsprobleme (V2) und (V3) des Beispiels E in 2.1.2). Eine Lösung, bei deren Bestimmung entscheidungsrelevante Informationen, die in diesem Fall in der Höhe der Lagerhaltungs- und Fehlmengenkosten zu sehen sind, nicht berücksichtigt werden, kann ein Entscheidungsträger kaum akzeptieren.

2.2.2 Erwartungswert-Varianz-Modell – Beispiele D1 und H3

Obwohl das Erwartungswertmodell (ER_{zE}) in den Wirtschaftswissenschaften große Verbreitung gefunden hat, ja oft mit einer derartigen Selbstverständlichkeit Verwendung findet, die den Eindruck erweckt, daß keine anderen Ersatzmodelle zu existieren scheinen, weist das Erwartungswertmodell einen bereits erwähnten Mangel auf. Es berücksichtigt nicht, wie die Zufallsvariable um ihren Erwartungswert schwankt. So führen z.B. die Alternativen a_1 und a_3 des nachfolgenden Beispiels D1 beide zu einem Erwartungswert in Höhe von $E[z_D(a_1;\gamma)] = E[z_D(a_3;\gamma)] = 11/6$ (vgl. Tab. 2.2.2), obwohl offensichtlich zu a_1 mehr Chancen, d.h. höhere Realisationen der Zielfunktion als deren Erwartungswert, gehören als zu a_3, aber ebenso auch mehr Risiken, d.h. kleinere Realisationen der Zielfunktion als deren Erwartungswert.

Durch eine zusätzliche Berücksichtigung von Risikomaßen kann versucht werden, ein der Risikoeinstellung des Entscheidungsträgers möglicherweise besser entsprechendes Ersatzmodell zu formulieren. Als Risikomaß wird vielfach, so auch hier, die Varianz der Zufallsvariablen $z(x;\gamma)$ gewählt, die im folgenden mit $V[z(x;\gamma)]$ bezeichnet wird. Die alleinige Minimierung der Varianz einer stochastischen Zielfunktion kann jedoch zu wenig sinnvollen Ergebnissen führen, so daß es naheliegt, Erwartungswert und Varianz zu kombinieren, wobei üblicherweise der Erwartungswert um ein p_0-faches der Varianz vermindert wird ($p_0 \geqq 0$) (vgl. u.a. FREUND [1956]). Damit ergibt sich das Ersatzmodell (ER_{zEV}). In der Literatur sind weitere Kombinationen

(ER_{zEV})	$\max \{\omega(x) \mid x \in X\}$
mit	$\omega(x) := E[z(x;\gamma)] - p_0 V[z(x;\gamma)]$
wobei	$p_0 \geqq 0$

von Erwartungswert und Varianz zur Definition von Ersatzzielfunktionen diskutiert worden (vgl. u.a. SCHNEEWEISS [1967], S. 52 ff.). Das Ersatzmodell (ER_{zEV}) ist im übrigen eines der zentralen Lösungsansätze der Portfolio Analyse (vgl. u.a. MARKOWITZ [1959]; EBEL [1971]; FRANCIS/ARCHER [1971]; RYAN [1978]). Mit $p_0 = 0$ ist in (ER_{zEV}) das Erwartungswertmodell (ER_{zE}) stets als Spezialfall enthalten.

Beispiel D1:

Für das Beispiel D (vgl. 2.1.1) wird das Erwartungswert-Varianz-Modell analysiert. Die Ergebnisse der Rechnungen sind in Tab. 2.2.2 zusammengefaßt, in der folgende Abkürzungen Verwendung finden: $E_n := E[z_D(a_n;\gamma)]$ und $V_n :=$

p_ℓ	1/6	2/6	1/6	2/6	E_n	V_n	$E_n - V_n$	$E_n - 0{,}1V_n$	$E_n - 0{,}01V_n$
X_D \ Γ_D	γ_1	γ_2	γ_3	γ_4					
a_1	6	7	-7	-1	1,83	27,47	-25,64	-0,92	1,56
a_2	-4	0	8	4	2,00	14,67	-12,67	+0,53	1,85
a_3	1	1	2	3	1,83	0,81	+ 1,02*	+1,75*	1,82
a_4	0	6	2	0	2,33*	7,22	- 4,89	+1,61	2,26*

Tab. 2.2.2

$V[z_D(a_n;\gamma)]$ jeweils für n = 1,...,4. Durch * wird die jeweils optimale Alternative gekennzeichnet. - Bei relativ starker Betonung des Risikos, d.h. bei relativ großen Werten von p_o, ist die relativ sichere Alternative a_3 optimal, während bei relativ geringer Gewichtung der Varianz die Alternative a_4 optimale Lösung ist. Es fällt auf, daß bei der in diesem Beispiel gewählten Ersatzzielfunktion die Alternativen a_1 und a_2 für kein zulässiges p_o optimal sind (vgl. Abb. 2.2.2). Der kritische Wert von p_o', bei dem sowohl a_3 als auch a_4 optimal ist, läßt sich aus folgender Gleichung bestimmen:

$$2{,}33 - 7{,}22p_o' = 1{,}83 - 0{,}81p_o'.$$

Es ist $p_o' = 0{,}078$ (vgl. Abb. 2.2.2).

Würde man das Beispiel D um eine Alternative a_5 mit $z_D(a_5;\gamma_1) = -5$, $z_D(a_5;\gamma_2) = z_D(a_5;\gamma_4) = -6$ und $z_D(a_5;\gamma_3) = -7$ erweitern, dann wäre diese Alternative bei alleiniger Minimierung von $V[z_D(x;\gamma)]$ optimal, obwohl für n = 1,...,4

$$z_D(a_n;\gamma_\ell) \geqq z_D(a_5;\gamma_\ell) \qquad \text{für } \ell = 1,\dots,4$$

$$z_D(a_n;\gamma_\ell) > z_D(a_5;\gamma_\ell) \qquad \text{für mindestens ein } \ell \in \{1,\dots,4\}$$

gilt, a_5 demnach von a_1,a_2,a_3 und a_4 im Sinne des Dominanz-Prinzips dominiert wird (vgl. 2.6.3). Dieses "unsinnige" Ergebnis ist auch mit dem Ersatzmodell

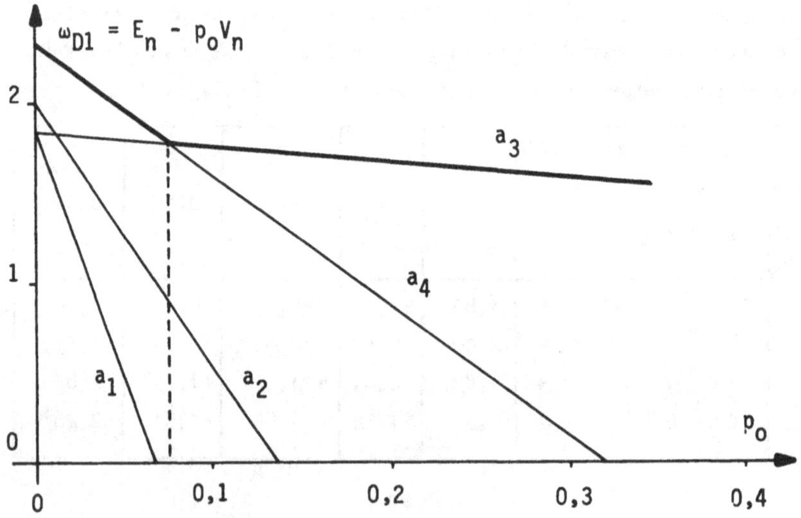

Abb. 2.2.2

(ER_{zEV}) zu erreichen, wenn man p_o hinreichend groß wählt. So gilt etwa für $p_o = 30$:

$$-16 = E[z_D(a_5;\gamma)] - 30V[z_D(a_5;\gamma)] > E[z_D(a_3;\gamma)] - 30V[z_D(a_3;\gamma)] = -22{,}5.$$

Dennoch wird hier der Standpunkt vertreten, daß das Erwartungswert-Varianz-Modell nicht aus diesem Grunde voreilig verworfen werden sollte, denn zur Analyse eines stochastischen Entscheidungsmodells ist es in besonderem Maße geeignet.

Beispiel H3:

Beim Beispiel H3 geht es um das Erwartungswert-Varianz-Modell für das stochastische Entscheidungsmodell (H1) (vgl. 2.1.2). Dieses Ersatzmodell ist in (H3) zusammengefaßt[1]. Es handelt sich um ein quadratisches Programm mit

---

[1] Im einzelnen gilt:
$E[z_H(x_1,x_2;\gamma)] = E[\gamma x_1+4x_2] = E[\gamma]x_1 + 4x_2 = 5x_1 + 4x_2;$
$V[z_H(x_1,x_2;\gamma)] = V[\gamma x_1+4x_2] = V[\gamma]x_1^2 = \frac{4}{3}x_1^2$
(Vgl. u.a. SCHAICH et al.[1979], S. 54 ff.).

(H3)	$\max \{\omega_{H3}(x) \mid x \in X_{H3}\}$
mit	$X_{H3} := X_H^Q$ $\omega_{H3}(x) := E[z_H(x_1,x_2;\gamma)] - p_o V[z_H(x_1,x_2;\gamma)]$ $= 5x_1 + 4x_2 - \frac{4}{3}p_o x_1^2$
wobei	$p_o \geqq 0$

einem Parameter in der Zielfunktion. Eine geometrische Analyse dieses Programms zeigt, daß für alle $p_o \geqq 0$ der Punkt $(x_1,x_2) = (0,18)$ bezüglich der hier gewählten Ersatzzielfunktion optimal ist. Dieses Ergebnis überrascht nicht, denn in 2.1.2 wurde bereits festgestellt, daß $(x_1,x_2) = (0,18)$ unter *wait-and-see*-Aspekten mit einer Wahrscheinlichkeit von 0,75 optimale Lösung ist.- Abschließend ist zu erwähnen, daß beim Erwartungswertmodell für das Beispiel H1 gilt (vgl. Verteilungsproblem (V2) für das Beispiel H1 in 2.1.2 sowie Beispiel H11 in 2.4.1):

$$73{,}5 = E[\max \{z_H(x_1,x_2;\gamma) \mid (x_1,x_2)^T \in X_H^Q\}] >$$
$$\max \{E[z_H(x_1,x_2;\gamma)] \mid (x_1,x_2)^T \in X_H^Q\} = 72,$$

während $E[z_H(x_1,x_2;\gamma)] = z_H(x_1,x_2;E[\gamma])$ ist (vgl. 2.2.1).

Die Vermutung, daß mit dem Erwartungswert-Varianz-Modell jedes stochastische Entscheidungsmodell gelöst werden kann, ist falsch, wie das Beispiel (2.1) zeigt. Die Bestimmung der Erwartungswerte und Varianzen führt zu

(2.1)	$\max \{z(x;\gamma) \mid x \in X\}$
mit	$X := \{a_1,a_2\}$ $z(a_1;\gamma) = \gamma$ $z(a_2;\gamma) = 8 - \gamma$
wobei	$f_\gamma(t) = \begin{cases} (1/18)t & 0 \leqq t \leqq 6 \\ 0 & \text{sonst} \end{cases}$

$E[z(a_1;\gamma)] = E[z(a_2;\gamma)]$ und $V[z(a_1;\gamma)] = V[z(a_2;\gamma)]$. Beide Momente nutzen zwar die Informationen über die gegebene Wahrscheinlichkeitsdichte vollständig aus, berücksichtigen aber nicht, daß vergleichsweise dem Entscheidungsträger "höhere" Werte der Zielfunktion wichtiger sein können als "niedrigere" Werte. Vielleicht interessiert er sich vornehmlich für denjenigen Wert der Zielfunktion, der mit einer vorgegebenen Wahrscheinlichkeit mindestens erzielt werden kann; möglicherweise richtet er sein Augenmerk auf einen Wert t_0 der Zielfunktion und sucht durch geeignete Alternativenwahl eine möglichst hohe Wahrscheinlichkeit, diesen Wert zu erreichen. Diese Überlegungen führen zu den Ersatzmodellen der folgenden zwei Unterabschnitte.

2.2.3 Fraktilmodell – Beispiele D2 und H4

Eine Beschränkung des Risikos bei Entscheidungsmodellen mit stochastischen Zielfunktionen (SEM_z) kann in der Weise erreicht werden, daß man eine Alternative als optimal bezeichnet, die wie folgt ermittelt wird: Der Entscheidungsträger betrachtet die Verteilung der stochastischen Werte seiner Zielfunktion (vgl. Verteilungsproblem (V1) in 2.1.2), gibt sich ein λ_0 ($0 < \lambda_0 \leqq 1$) vor und sucht dann einen maximalen Wert t derart, daß die Wahrscheinlichkeit für $z(x;\gamma) \geqq t$ mindestens λ_0 beträgt. Diejenigen Alternativen $x \in X$, die diese Bedingung garantieren, sind optimal im Sinne des Fraktilmodells, das in (ER_{zF}) zusammenfassend wiedergegeben ist. Das Fraktilmodell wird in der Literatur vornehmlich als Ersatzprogramm für

(ER_{zF})	$\max \{\omega(x) \mid x \in X^Q \cap X^F\}$
mit	$X^F := \{x \in \mathbb{R}^N \mid P\{z(x;\gamma) \geqq t\} \geqq \lambda_0\}$ $\omega(x) := t$
wobei	$0 < \lambda_0 \leqq 1$

stochastische lineare Programme erwähnt (vgl. u.a. KATOAKA [1963], GEOFFRION [1966/67]).

Mit dem Fraktilmodell wird eine untere Schranke für die Werte der Zielfunktion ermittelt, die höchstens mit einer Wahrscheinlichkeit $1-\lambda_0$ unterschritten wird. Unbeantwortet bleibt zunächst, nach welchen Gesichtspunkten der Entscheidungsträger λ_0 wählt, und weiterhin die Frage nach einem "optimalen" Wert von λ_0. Es leuchtet unmittelbar ein, daß, je höher λ_0 gewählt wird, umso sicherer das gewünschte Ergebnis, aber umso niedriger auch die so ermittelte Schranke für die Zielfunktion ist. Es besteht demnach eine spezifische Substitutionsbeziehung zwischen λ_0 und einer optimalen Lösung t^* von (ER_{zF}), die anhand der nachfolgenden Beispiele erläutert wird.

Während beim Erwartungswertmodell alle gegebenen Informationen verarbeitet werden, d.h. in die Berechnung des Erwartungswertes eingehen, ist dies beim Fraktilmodell nicht der Fall. Die Ersatzzielfunktion orientiert sich an einem Punkt der Verteilungsfunktion von $z(x;\gamma)$. Die optimale Lösung t^* von (ER_{zF}) ist unabhängig von den Werten der Zielfunktion $z(x;\gamma)$, die kleiner als t^* sind. Hat man einen optimalen Wert t^* in einem konkreten Fall ermittelt, dann können Zielfunktionswerte $z(x;\gamma) < t^*$ in ihrer Höhe variieren, ohne daß die Optimalität von t^* verlorengeht. Diese Eigenschaft kann jedoch nicht generell die Anwendbarkeit des Fraktilmodells in Frage stellen.

Beispiel D2:

Im Rahmen des Beispiels D2 wird das stochastische Entscheidungsmodell (D) (vgl. 2.1.1) mit Hilfe des Fraktilmodells als Ersatzmodell numerisch gelöst. Die Menge $X^Q \cap X^F$ lautet speziell für dieses Beispiel:

$$\{x \in X_D \mid P\{z_D(a_n;\gamma) \geqq t_{D2}\} \geqq \lambda_o\}.$$

Um die Auswirkungen von λ_o erkennen zu können, wird für drei Werte von λ_o die jeweilige optimale Lösung des Beispiels D2 ermittelt (vgl. Tab. 2.2.3). Für a_1 gilt beispielsweise mit $\lambda_o = 3/6$: $P\{z_D(a_1;\gamma) \geqq t_{D2}\} \geqq 3/6$ ist äquivalent mit $P\{z_D(a_1;\gamma) < t_{D2}\} \leqq 1 - 3/6 = 3/6$. Der maximale Wert von t, für den diese Ungleichung gilt, ist 6 (vgl. (V1) in 2.1.2).

Der bezüglich $x \in X_D$ maximale Wert von t ist jeweils durch * markiert. Bei relativ kleinen Werten von λ_o ist die Alternative a_1 - übrigens mit maximaler Varianz (vgl. 2.2.2) - optimal im Sinne des Fraktilmodells, während

p_ℓ	1/6	2/6	1/6	2/6	t_{D2}		
X_D \ Γ_D	γ_1	γ_2	γ_3	γ_4	$\lambda_o = \frac{2}{6}$	$\lambda_o = \frac{3}{6}$	$\lambda_o = \frac{5}{6}$
a_1	6	7	-7	-1	7*	6*	-1
a_2	-4	0	8	4	4	4	0
a_3	1	1	2	3	3	2	1*
a_4	0	6	2	0	6	2	0

Tab. 2.2.3

bei relativ großen Werten von λ_o die - relativ - sichere Alternative a_3 die optimale Lösung darstellt.

Beispiel H4:

Das Beispiel H4 besteht aus dem Fraktilmodell zum Beispiel H1 (vgl. 2.1.2). Die Wahrscheinlichkeitsrestriktion $P\{\gamma x_1 + 4x_2 \geqq t_{H4}\} \geqq \lambda_o$ läßt sich in diesem Beispiel leicht in eine lineare Ungleichung überführen, so daß das

(H4)	$\max \{\omega_{H4}(x) \mid x \in X_H^Q \cap X_{H4}^F\}$
mit	$X_{H4}^F := \{(x_1,x_2)^T \in \mathbb{R}_+^2 \mid P\{\gamma x_1 + 4x_2 \geqq t_{H4}\} \geqq \lambda_o\}$ $= \{(x_1,x_2)^T \in \mathbb{R}_+^2 \mid (7-4\lambda_o)x_1 + 4x_2 \geqq t_{H4}\}$ $\omega_{H4}(x) := t_{H4}$
wobei	$0 < \lambda_o \leqq 1$

in (H4) formulierte Entscheidungsmodell einem parametrischen linearen Programm mit dem Parameter λ_o in der Zielfunktion entspricht. Die vollständige Lösung dieses parametrischen Programms ist in Tab. 2.2.4 angegeben (vgl. Verteilungsproblem (V2) für das Beispiel H1 in 2.1.2). Der Zielfunktionswert

λ_o	$(x_1^*(\lambda_o),x_2^*(\lambda_o))$	$\omega_{H4}^*(\lambda_o)$
$0 < \lambda_o < 0{,}25$	$(12{,}0)$	$84 - 48\lambda_o$
$\lambda_o = 0{,}25$	$(12-12\delta, 18\delta)$ $(0 \leqq \delta \leqq 1)$	72
$0{,}25 < \lambda_o \leqq 1$	$(0{,}18)$	72

Tab. 2.2.4

72 ist nicht nur mit hoher Wahrscheinlichkeit, sondern sogar mit Sicherheit zu erreichen, denn sofern $x_1 = 0$ ist, hat die Zufallsvariable γ keinen Einfluß auf den Zielfunktionswert. Erst wenn λ_o den kritischen Wert 0,25 unterschreitet, kann ein höherer Wert als 72 erreichbar werden.

2.2.4 Aspirationsmodell – Beispiele D3 und H5

Mit dem Fraktilmodell verwandt ist das Aspirationsmodell. Bei diesem Ersatzmodell gibt der Entscheidungsträger ein Anspruchsniveau (eine untere Schranke) t_0 für die Zielfunktion $z(x;\gamma)$ an, das mit maximaler Wahrscheinlichkeit mindestens erreicht werden soll bzw. das nur mit minimaler Wahrscheinlichkeit unterschritten werden darf (vgl. u.a. ROY [1952]; CONTINI [1966]; GEOFFRION [1966/67]; HANSSMANN [1968/69]). Dies ist gleichbedeutend damit, daß das Risiko, einen (gesetzten Plan-)Wert t_0 für die Zielfunktion nicht zu erreichen, minimiert wird (STONE [1973]); daher ist auch die Bezeichnung Minimum-Risk-Modell gebräuchlich (vgl. u.a. DRAGOMIRESCU [1972]). Das entsprechende Ersatzmodell ist in (ER_{zA}) zusammengefaßt. Das Aspirationsmodell weist ähnlich wie das Fraktilmodell

(ER_{zA})	$\max \{\omega(x) \mid x \in X\}$
mit	$\omega(x) := P\{z(x;\gamma) \geqq t_0\}$
wobei	$-\infty < t_0 < +\infty$

eine spezifische Substitutionsbeziehung auf. Mit steigendem Anspruchsniveau sinkt die maximal erreichbare Wahrscheinlichkeit, mit der dieses Anspruchsniveau nicht unterschritten wird, und umgekehrt. Die Optimalität von Lösungen, die durch das Aspirationsmodell gefunden werden, ist im wesentlichen durch die Höhe des gegebenen Anspruchsniveaus bestimmt. In welcher Weise dieses Anspruchsniveau gegebenenfalls überschritten werden kann, wird in diesem Ersatzmodell nicht berücksichtigt.

Um die Beziehungen zwischen dem Fraktilmodell und dem Aspirationsmodell zu verdeutlichen, wird letzteres in der äquivalenten Form (ER'_{zA}) geschrieben. Diese Formulierung legt es nahe, die Ersatzmodelle (ER_{zF}) und (ER'_{zA}) zu

(ER'_{zA})	$\max \{\omega(x) \mid x \in X^Q \cap X^A\}$
mit	$X^A := \{x \in \mathbb{R}^N \mid P\{z(x;\gamma) \geqq t_o\} \geqq \lambda\}$ $\omega(x) := \lambda$
wobei	$-\infty < t_o < +\infty$

einem Vektormaximummodell mit zwei Zielfunktionen $z_1 = t$ und $z_2 = \lambda$ zusammenzufassen und mit Hilfe des Konzepts effizienter Lösungen die gegenseitigen Beziehungen zu analysieren.

Beispiel D3:

Das Beispiel D3 illustriert die numerische Lösung des Beispiels D (vgl. 2.1.1) anhand des Aspirationsmodells. Die jeweilige optimale Lösung kann unmittelbar aus der Ergebnis-Matrix abgelesen werden; sie wird für drei Werte von t_o in Tab. 2.2.5 wiedergegeben.

p_ℓ	1/6	2/6	1/6	2/6	$P\{z_D(a_n;\gamma) \geq t_o\}$		
X_D \ Γ_D	γ_1	γ_2	γ_3	γ_4	$t_o=-4$	$t_o=1$	$t_o=3$
a_1	6	7	-7	-1	5/6	1/2	1/2*
a_2	-4	0	8	4	1*	1/2	1/2*
a_3	1	1	2	3	1*	1*	1/3
a_4	0	6	2	0	1*	1/2	1/3

Tab. 2.2.5

Beispiel H5:

Anhand des Beispiels H5 wird das Aspirationsmodell für das Beispiel H1 (vgl. 2.1.2) erläutert, das in (H5) zusammengefaßt ist. Die numerische Auswertung ist für $t_o \leqq 72$ trivial, da der Zielfunktionswert 72 in $(x_1,x_2) = (0,18)$ mit Wahrscheinlichkeit 1 angenommen wird. Anhand einer graphischen Darstellung läßt sich zeigen, daß für $t_o > 72$ die optimale Lösung von (0,18)

(H5)	$\max \{\omega_{H5}(x) \mid x \in X_H^Q\}$
mit	$\omega_{H5}(x) := P\{z_H(x_1,x_2;\gamma) \geqq t_o\}$ $= P\{\gamma x_1 + 4x_2 \geqq t_o\}$
wobei	$-\infty < t_o < +\infty$

nach (12,0) und die maximale Wahrscheinlichkeit $\omega^*_{H5}(t_o)$ von 1 auf 0,25 springt. Übersteigt t_o schließlich den Wert 84, sind alle zulässigen Alternativen "optimal", wobei der Wert t_o allerdings nur mit Wahrscheinlichkeit Null erreicht wird. Die vollständige Lösung ist in Tab. 2.2.6 angegeben. Ein Vergleich mit Tab. 2.2.4 verdeutlicht die Beziehungen zwischen den Ersatzmodellen (ER_{zF}) und (ER_{zA}).

t_o	$\{(x_1^*(t_o),x_2^*(t_o))^T\}$	$\omega_{H5}^*(t_o)$
$-\infty<t_o\leqq 72$	$\{(x_1,x_2)^T\in X_H^Q \mid 3x_1+4x_2\geqq t_o\}$	1
$72<t_o\leqq 84$	$\{(12,0)^T\}$	$(84-t_o)/48$
$84<t_o<+\infty$	X_H^Q	0

Tab. 2.2.6

2.2.5 Ersatzmodelle für Entscheidungen unter Unsicherheit – Beispiele D4 und H6

Bei Entscheidungen unter Unsicherheit enthält die Zielfunktion S ($S \geqq 1$) Koeffizienten β_s, von denen lediglich bekannt ist, daß sie nach Treffen der Entscheidung durch den Entscheidungsträger einen der folgenden Werte β_{sk} ($k = 1,\dots,K$ und $K > 1$) oder jeweils einen Wert aus den Intervallen $[\beta_s',\beta_s'']$ annehmen werden ($s = 1,\dots,S$). In Anlehnung an (SEM_z) läßt sich eine Entscheidung unter Unsicherheit durch (EMU) beschreiben. Beim Grundmodell der Entscheidungstheorie ist S = 1, und es sind K unterschiedliche Werte für β vorgesehen. Für (EMU) gelten dieselben Überlegungen wie für

(EMU)	$max\ \{z(x;\beta_1,\dots,\beta_S) \mid x \in X\}$
wobei	$\beta_s \in B_s := \{\beta_{s1},\dots,\beta_{sK}\}$ oder $[\beta_s',\beta_s'']$ $(s = 1,\dots,S)$
Entscheidungsmodell unter Unsicherheit	

(SEM) bzw. (SEM_z). Lediglich bei der Definition von Ersatzmodellen kann auf die Ausnutzung von Wahrscheinlichkeitsverteilungen nicht zurückgegriffen werden. Der Fall, daß auch bei der Beschreibung der Alternativenmenge Koeffizienten der oben angegebenen Art auftreten, bleibt im allgemeinen unberücksichtigt.

Bei der Entwicklung jener Teilgebiete der Entscheidungstheorie, in denen Entscheidungen unter Unsicherheit im Mittelpunkt stehen, hat die Spieltheorie eine nicht unwesentliche Rolle gespielt. Die frühen spieltheoretischen Veröffentlichungen beschäftigen sich vornehmlich mit dem endlichen Zweipersonen-Nullsummen-Spiel (vgl. 3.5.2). Von diesem Entscheidungsproblem mit zwei Entscheidungsträgern (Spielern) ist es nicht weit zu einem Entscheidungsproblem mit einem rational handelnden Entscheidungsträger und einer sich "neutral" verhaltenden Umwelt (Natur), dem Grundmodell der Entscheidungstheorie ohne Wahrscheinlichkeitsfunktion für die Zustände der Umwelt.

Ein Ersatzmodell für das Entscheidungsmodell (EMU) ist wie ein Ersatzmodell eines stochastischen Entscheidungsmodells definiert mit dem Unterschied, daß bei Bildung der Ersatzzielfunktion keine Wahrscheinlichkeitsverteilungen zur Verfügung stehen (vgl. 2.1.4). Eine Auswahl der in der Literatur häufig diskutierten Ersatzmodelle für (EMU) - sie heißen dort vielfach Entscheidungskriterien oder Entscheidungsregeln - wird im folgenden zusammengestellt. Dabei wird jeweils nur von einem "unsicheren" Koeffizienten (S = 1) ausgegangen und lediglich die zu maximierende Ersatzzielfunktion angegeben (vgl. u.a. MILNOR [1954]; LUCE/RAIFFA [1957], S. 278 ff.; HAAS [1965], S. 121 ff.; KRAMER [1966]; SCHNEEWEISS [1967], S. 21 ff.; KRELLE/COENEN [1968], S. 121 ff. und 185 ff.; PFOHL [1972]; STREITFERDT [1973], S. 94 ff.; MENGES [1974], S. 202 ff.; ARROW/HURWICZ [1977]; BAMBERG/COENENBERG [1977], S. 94 ff.).

1. Maximinmodell (Minimaxmodell, WALD-Modell):

$$\omega_{u1}(x) := \min \{z(x;\beta) \mid \beta \in B\}.$$

2. Maximaxmodell:

$$\omega_{u2}(x) := \max \{z(x;\beta) \mid \beta \in B\}.$$

3. HURWICZ-Modell:

$$\omega_{u3}(x) := \lambda\omega_{u2}(x) + (1-\lambda)\omega_{u1}(x),$$

wobei λ ein "Optimismusparameter" ($0 \leq \lambda \leq 1$) ist.

4. LAPLACE-Modell:

$$\omega_{u4}(x) := \begin{cases} \frac{1}{K}\sum_{k=1}^{K} z(x;\beta_k) & \text{für } B = \{\beta_1,\ldots,\beta_K\} \\ \frac{1}{\beta''-\beta'}\int_{\beta'}^{\beta''} z(x;\beta)d\beta & \text{für } B = [\beta',\beta''] \text{ und } \beta' \neq \beta''. \end{cases}$$

5. SAVAGE-NIEHANS-Modell:

$$\omega_{u5}(x) := \min \{z(x;\beta) - \max \{z(y;\beta) \mid y \in X\} \mid \beta \in B\}.$$

In der Literatur (s.o.) werden weitere Ersatzmodelle wiedergegeben und im Hinblick auf ihre Konsequenzen sowie ihre gegenseitigen Beziehungen ausführlich diskutiert. Auf einige dieser Aspekte wird im Rahmen der nachfolgenden Beispiele hingewiesen. KRELLE/COENEN ([1968], S. 185 ff.) haben an sehr konstruiert erscheinenden Beispielen gezeigt, daß die angeführten Ersatzmodelle zu recht unsinnigen Ergebnissen führen können. Dennoch sind sie von großem Nutzen, nicht um einem Entscheidungsträger das Treffen einer Entscheidung abzunehmen, sondern um die Implikationen einer gegebenen Entscheidungssituation transparent zu machen.

Beispiel D4:

Im Rahmen des Beispiels D4 wird das Beispiel D (vgl. 1.2.4) unter Vernachlässigung der gegebenen Wahrscheinlichkeitsfunktion mit Hilfe der angegebenen Ersatzmodelle numerisch gelöst. Die Ergebnisse sind in Tab. 2.2.7 und 2.2.8 zusammengefaßt. Die maximalen Werte der jeweiligen Ersatzzielfunktion sind durch *, die Spaltenmaxima im ersten Teil der Tab. 2.2.8 durch ° markiert.

X_D \ B	β_1	β_2	β_3	β_4	ω_{u1}	ω_{u2}	ω_{u3} (λ=0,5)	ω_{u4}
a_1	6	7	-7	-1	-7	7	0	1,25
a_2	-4	0	8	4	-4	8*	2	2*
a_3	1	1	2	3	1*	3	2	1,75
a_4	0	6	2	0	0	6	3*	2*

Tab. 2.2.7

X_D \ B	β_1	β_2	β_3	β_4	$z(a_n;\beta_k) - \max\limits_{\nu} z(a_\nu;\beta_k)$				ω_{u5}
a_1	6°	7°	-7	-1	0	0	-15	-5	-15
a_2	-4	0	8°	4°	-10	-7	0	0	-10
a_3	1	1	2	3	-5	-6	-6	-1	-6*
a_4	0	6	2	0	-6	-1	-6	-4	-6*

Tab. 2.2.8

Bei dem sehr risikoscheuen Maximinmodell ist a_3 optimal, denn der Wert 1 kann bei dieser Alternative mit Sicherheit erreicht werden. Das Maximaxmodell orientiert sich an dem maximal erreichbaren Wert der Zielfunktion ohne Rücksicht auf irgendwelche Risikoüberlegungen. Das HURWICZ-Modell enthält die beiden zuvor genannten Ersatzmodelle als Spezialfall und liefert mit $\lambda = 0{,}5$ eine optimale Lösung, die weder als extrem unsicher noch als ausgesprochen sicher bezeichnet werden kann. Dem LAPLACE-Modell liegt die Gleichgewichtung aller Werte der Zielfunktion zugrunde, es führt in diesem Beispiel zu einer Doppellösung. Beim SAVAGE-NIEHANS-Modell müssen zunächst die (negativen) Beiträge des "Bedauerns" (vgl. u.a. SCHNEEWEISS [1967], S. 24) ermittelt werden, auf die dann das Maximinmodell angewandt wird.

Beispiel H6:

Das Beispiel H6 ist die in (H6) beschriebene Variante des Beispiels H1 (vgl. 2.1.2). Die Ersatzzielfunktionen der ersten vier Ersatzmodelle sind zusammen mit den dazugehörenden optimalen Lösungen in Tab. 2.2.9 wiederge-

(H6)	$max\ \{z_{H6}(x_1,x_2;\beta) \mid (x_1,x_2)^T \in X_{H6}\}$
mit	$X_{H6} := X_H^Q$ $z_{H6}(x_1,x_2;\beta) := \beta x_1 + 4x_2$
wobei	$\beta \in [3,7]$

geben. Die Bestimmung der in bezug auf das SAVAGE-NIEHANS-Modell optimalen Lösung ist ein wenig aufwendig. Zunächst ist ein parametrisches lineares

$\omega_{u\cdot}(x)$	(x_1^*,x_2^*)	$\omega_{u\cdot}^*$
$\omega_{u1}(x) = 3x_1 + 4x_2$	(0,18)	72
$\omega_{u2}(x) = 7x_1 + 4x_2$	(12,0)	84
$\omega_{u3}(x) = 5x_1 + 4x_2$ ($\lambda = 0{,}5$)	(0,18)	72
$\omega_{u4}(x) = 5x_1 + 4x_2$	(0,18)	72

Tab. 2.2.9

Programm für $\beta \in B$ zu lösen (vgl. Beispiel H1 in 2.1.2):

$$\max\ \{\beta x_1 + 4x_2 \mid (x_1,x_2)^T \in X_H^Q\} = \begin{cases} 72 & \text{für } 3 \leqq \beta < 6 \\ 12\beta & \text{für } 6 \leqq \beta \leqq 7. \end{cases}$$

Sodann sind die Funktionen $\beta x_1 + 4x_2 - 72$ und $\beta x_1 + 4x_2 - 12\beta$ über $3 \leqq \beta < 6$ bzw. $6 \leqq \beta \leqq 7$ für alle $(x_1,x_2)^T \in X_H^Q$ bezüglich β zu minimieren. Als Ergebnis erhält man für die Beträge des "Bedauerns"

$$3x_1 + 4x_2 - 72 \text{ bzw. } 7x_1 + 4x_2 - 84,$$

deren Minimum bezüglich $(x_1,x_2)^T \in X_H^Q$ zu maximieren ist. Dies wird durch das folgende lineare Programm gewährleistet:

$$\max\left\{y \;\middle|\; \begin{array}{l} y \leqq 3x_1 + 4x_2 - 72 \\ y \leqq 7x_1 + 4x_2 - 84 \end{array};\ (x_1,x_2)^T \in X_H^Q\right\}$$

Die optimale Lösung dieses linearen Programms ist "SAVAGE-NIEHANS-optimal" mit $\omega_{u5}(x_1^*,x_2^*) = \omega_{u5}(3;27/2) = -9$. Bemerkenswert ist die Tatsache, daß bei diesem Ersatzmodell nicht notwendig eine Ecke des Zulässigkeitsbereichs X_H^Q optimal zu sein braucht.

2.3 Ersatzmodelle bei stochastischen Alternativenmengen

2.3.1 Erwartungswertmodell – Beispiele A4 und H7

Eine erste Möglichkeit, für das in 2.1.4 eingeführte stochastische Entscheidungsmodell (SEM_X) mit stochastischer Alternativenmenge eine Definition zulässiger Lösungen und damit ein Ersatzmodell zu formulieren, besteht darin, die Zufallsvariable α durch ihren Erwartungswert $E[\alpha]$ zu ersetzen. Es werden damit diejenigen Elemente der Alternativenmenge für zulässig erklärt, die sowohl Element der Menge X^Q als auch Element der Menge $X(E[\alpha])$ sind. In (ER_{XE}) ist das Erwartungswertmodell für Entscheidungsmodelle mit stochastischen Alternativenmengen zusammenfassend wiedergegeben. Beim

(ER_{XE})	$\max\ \{z(x) \mid x \in X^Q \cap X^A\}$
mit	$X^A := X(E[\alpha])$

Erwartungswertmodell (ER_{zE}) für Entscheidungsmodelle mit stochastischen Zielfunktionen wird vielfach die Vernachlässigung des Risikos kritisiert. Diese Kritik ist auch bei dem Ersatzmodell (ER_{XE}) angebracht; darüber hinaus ergeben sich noch weitere Kritikpunkte, wie die folgenden Beispiele zeigen.

Es sind Fälle denkbar, in denen keine im Sinne des Erwartungswertmodells (ER_{XE}) zulässigen Lösungen existieren, obwohl für das stochastische Entscheidungsmodell (SEM_X) Elemente aus $X^Q \cap X(\alpha)$ mit positiver Wahrscheinlichkeit zulässig sind. Dazu betrachte man das stochastische Entscheidungsmodell (2.2). Ersetzt man die Zufallsvariable α durch ihren Erwartungswert $E[\alpha] = (4+12)/2 = 8$, dann wird sofort ersichtlich, daß das

(2.2)	$max \{z(x) \mid x \in X^Q \cap X(\alpha)\}$
mit	$X^Q := \{x \in \mathbb{R} \mid 10 \leqq x\}$ $X(\alpha) := \{x \in \mathbb{R} \mid x \leqq \alpha\}$
wobei	α über [4,12] stetig gleich-verteilt

entsprechende Erwartungswertmodell keine zulässigen Lösungen hat, da sich die zwei Nebenbedingungen $10 \leqq x$ und $x \leqq 8$ widersprechen. Würde dieses Ersatzmodell vom Entscheidungsträger uneingeschränkt akzeptiert, dann ist für ihn das Entscheidungsproblem im Sinne dieses Ersatzmodells unlösbar, obwohl mit einer Wahrscheinlichkeit von $P\{\alpha \geqq 10\} = 0{,}25$ zulässige Lösungen bezüglich (2.2) existieren.

Weiterhin kann man sich Fälle vorstellen, in denen zwar im Sinne des Erwartungswertmodells (ER_{XE}) zulässige Lösungen wählbar sind, während für das stochastische Entscheidungsmodell (SEM_X) selbst keine zulässigen Lösungen existieren. Das stochastische Entscheidungsmodell (2.3) soll diesen Sachverhalt verdeutlichen. Wie man leicht sieht, ist für alle Realisationen von α der zulässige Bereich von (2.3) leer (vgl. Abb. 2.3.1). Der Erwartungswert von α ist $E[\alpha] = 18$. Aus dem zugehörigen Erwartungswertmodell mit $3x_1 + 4x_2 = E[\alpha] = 18$ ist unmittelbar erkennbar, daß zulässige

(2.3)	$max\ \{z(x_1,x_2) \mid (x_1,x_2)^T \in X^Q \cap X(\alpha)\}$
mit	$X^Q := \left\{(x_1,x_2)^T \in \mathbb{R}^2_+ \;\middle|\; \begin{matrix} x_1 + 2x_2 \leq 9 \\ 6x_1 - x_2 \geq 15 \end{matrix}\right\}$ $X(\alpha) := \{(x_1,x_2)^T \in \mathbb{R}^2_+ \mid 3x_1 + 4x_2 = \alpha\}$
wobei	$f_\alpha(s) = \begin{cases} 1/12 & \text{für } 0 \leq s \leq 6 \text{ und } 30 \leq s \leq 36 \\ 0 & \text{sonst} \end{cases}$

Lösungen existieren, und zwar genau die Punkte der Strecke $\overline{AB}$ in Abb. 2.3.1, die jedoch bei keiner möglichen Realisation von α zulässig sein können.

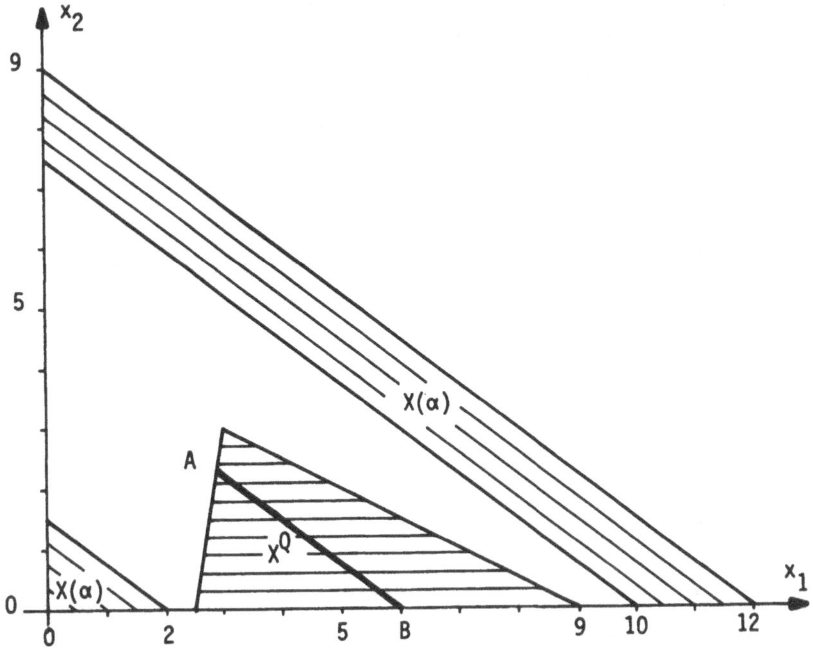

Abb. 2.3.1

Die Modelle (2.2) und (2.3) mögen künstlich konstruiert sein, sie verdeutlichen aber die besondere Zulässigkeitsproblematik, die mit der Herleitung von Ersatzmodellen für (SEM_X) verbunden ist. Die folgenden Beispiele veranschaulichen weitere Aspekte.

Beispiel A4:

Die Alternativenmenge des Entscheidungsmodells (A3) ist stochastisch (vgl. 2.1.1). Das zugehörige Erwartungswertmodell ist in (A4) wiedergegeben. Die

(A4)	$\max \{z_{A4}(x) \mid x \in X^Q_{A4} \cap X^A_{A4}\}$
mit	$X^Q_{A4} := X_A = \mathbb{N}_0$ $X^A_{A4} := \{x \in \mathbb{N}_0 \mid x \leqq E[\alpha] = 8\}$ $z_{A4}(x) := z_A(x)$ (s. Tab. 1.4.1)

in bezug auf (A4) optimale Lösung ist $x^* = 8$ Perioden mit $z_A(x^*) = 1.886$ GE.

Entscheidet sich der Entscheidungsträger für $x^* = 8$ Perioden, dann ist ihm der Betrag $z_A(8) = 1.886$ GE keineswegs sicher. Denn die tatsächliche Nutzungsdauer kann - nach Realisation von α - nur 6 oder 7 Perioden, sie kann aber auch 9 oder 10 Perioden betragen. Was der Entscheidungsträger unternehmen könnte bzw. gegebenenfalls unternehmen muß, wenn die tatsächliche Nutzungsdauer von 8 abweicht, wird bei diesem Ersatzmodell nicht in Erwägung gezogen.

Beispiel H7:

Beispiel H7 greift auf das Entscheidungsmodell (H2) zurück (vgl. 2.1.2), ein lineares Programm mit einem stochastischen Koeffizienten im Begrenzungsvektor. Ersetzt man diesen Koeffizienten durch seinen Erwartungswert $E[\alpha] = 20$, dann erhält man das Ersatzmodell (H7). Die Ungleichung $x_1 + x_2 \leqq 20$ ist redundant; es ist $X^Q_{H7} \cap X^A_{H7} = X^Q_H$ (vgl. Abb. 2.1.2). Die bezüglich dieses Ersatzmodells optimale Lösung lautet: $(x_1^*, x_2^*) = (0,18)$ mit $z_{H2}(x_1^*, x_2^*) = 72$.

(H7)	$\max \{z_{H7}(x_1,x_2) \mid (x_1,x_2)^T \in X^Q_{H7} \cap X^A_{H7}\}$
mit	$X^Q_{H7} := X^Q_H = \{(x_1,x_2)^T \in \mathbb{R}^2_+ \mid 3x_1 + 2x_2 \leqq 36\}$
	$X^A_{H7} := \{(x_1,x_2)^T \in \mathbb{R}^2_+ \mid x_1 + x_2 \leqq 20\}$
	$z_{H7}(x_1,x_2) := z_{H2}(x_1,x_2) = 5x_1 + 4x_2$

Aus der Aussage, daß die zweite Ungleichung redundant ist, kann nicht geschlossen werden, daß die gefundene optimale Lösung sicher ist. Sofern eine Realisation $\bar{\alpha} < 18$ sein sollte - und dies ist immerhin mit einer Wahrscheinlichkeit von $P\{\alpha < 18\} = 0{,}421$ möglich -, wird sich die angegebene Lösung als unzulässig erweisen.

2.3.2 Fat-Solution-Modell – Beispiele A5 und H8

Wenn der Entscheidungsträger bei einem stochastischen Entscheidungsmodell (SEM_X) vermeiden will, daß eine als optimal ermittelte Alternative x^* nach der Realisation von α unzulässig wird, wenn demnach mit möglichst großer Sicherheit $x^* \in X(\bar{\alpha})$ gelten soll, wobei $\bar{\alpha}$ irgendeine Realisation von α ist, dann führt diese Vorstellung zu dem Ersatzmodell (ER_{XF}), bei dem eine ent-

(ER_{XF})	$\max \{z(x) \mid x \in X^Q \cap X^A\}$
mit	$X^A := \{x \in \mathbb{R}^N \mid P\{x \in X(\alpha)\} = 1\}$

sprechende optimale Lösung "fast sicher" zulässig ist. Sofern die Zufallsvariable α nur endlich viele Realisationen $\alpha_1,\ldots,\alpha_R$ aufweist, kann das Fat-Solution-Modell auch in der Form (ER'_{XF}) geschrieben werden. In diesem

(ER'_{XF})	$\max \{z(x) \mid x \in X^Q \cap X^A\}$
mit	$X^A := X(\alpha_1) \cap \ldots \cap X(\alpha_R)$

Fall ist eine bezüglich (ER'_{XF}) optimale Lösung in jedem Falle in bezug auf (SEM_X) zulässig.

Die Idee des Fat-Solution-Modells stammt aus der stochastischen linearen Programmierung (vgl. u.a. MADANSKY [1962]; FABER [1970], S. 93 ff.); sie stellt ein rigoroses Konzept dar, das Problem der Zulässigkeit bei stochastischen Alternativenmengen zu lösen. Es versucht ähnlich wie das Maximinmodell, jegliches Risiko auszuschalten. Dies kann dazu führen, daß der Entscheidungsträger im Extremfall überhaupt nicht handeln kann bzw. daß in bezug auf das Ersatzmodell (ER_{XF}) die Alternativenmenge $X^Q \cap X^A$ leer ist, wie dies etwa für das Beispiel (2.2) aus 2.3.1 der Fall ist. Betrachtet man das Beispiel (2.3) aus 2.3.1, dann zeigt sich, daß dieses Beispiel mit dem Fat-Solution-Modell grundsätzlich nicht gelöst werden kann. Denn die Wahrscheinlichkeit $P\{3x_1 + 4x_2 = \alpha\}$ ist für stetige Verteilungen immer gleich Null und für nicht entartete diskrete Verteilungen kleiner als Eins. Voraussetzung für eine sinnvolle Verwendung des Fat-Solution-Modells bei einem stochastischen linearen Programm ist demnach, daß die Alternativenmenge durch Ungleichungen beschrieben wird.

<u>Beispiel A5:</u>

Mit diesem Beispiel A5 wird das Fat-Solution-Modell für das Entscheidungs-

(A5)	$\max \{z_{A5}(x) \mid x \in X^Q_{A5} \cap X^A_{A5}\}$
mit	$X^Q_{A5} := X_A = \mathbb{R}_o$ $X^A_{A5} := \{x \in \mathbb{R}_o \mid P\{x \leqq \alpha\} = 1\}$ $z_{A5}(x) := z_A(x)$ (s. Tab.1.4.1)

modell (A3) analysiert (vgl. 2.1.1). Für X^A_{A5} des Ersatzmodells (A5) gilt:

$$
\begin{aligned}
X^A_{A5} &= \{x \in \mathbb{N}_0 \mid P\{x \leqq \alpha\} = 1\} \\
&= \{x \in \mathbb{N}_0 \mid \{x \leqq \alpha_1\} \cap \ldots \cap \{x \leqq \alpha_5\}\} \\
&= \{x \in \mathbb{N}_0 \mid x \leqq \min \{\alpha_r \mid r \in \{1,\ldots,5\}\} \\
&= \{x \in \mathbb{N}_0 \mid x \leqq 6\} \\
&= \{0,1,2,3,4,5,6\}.
\end{aligned}
$$

Die optimale Lösung von (A5) beträgt $x^* = 6$ Perioden mit $z_A(x^*) = 1.688$ GE. Dieser vergleichsweise geringe Wert der Zielfunktion ist dem Entscheidungsträger in jedem Falle sicher. Offensichtlich ist dieses Beispiel problemlos.

Beispiel H8:

Bei dem Beispiel H8 handelt es sich um das Fat-Solution-Modell für das Entscheidungsmodell (H2) (vgl. 2.1.2). Die zusammenfassende Darstellung (H8) zeigt einerseits unmittelbar, daß dieses Ersatzmodell keine zulässigen

(H8)	$\max \{z_{H8}(x_1,x_2) \mid (x_1,x_2)^T \in X^Q_{H8} \cap X^A_{H8}\}$
mit	$X^Q_{H8} := X^Q_H = \{(x_1,x_2)^T \in \mathbb{R}^2_+ \mid 3x_1 + 2x_2 \leqq 36\}$ $X^A_{H8} := \{(x_1,x_2)^T \in \mathbb{R}^2_+ \mid P\{x_1 + x_2 \leqq \alpha\} = 1\}$ $z_{H8}(x_1,x_2) := z_{H2}(x_1,x_2) = 5x_1 + 4x_2$

Lösungen besitzt, da für keine nichtnegativen Werte von x_1 und x_2 die Bedingung $P\{x_1 + x_2 \leqq \alpha\} = 1$ für die unterstellte Normalverteilung erfüllbar ist. Andererseits ist vom Entscheidungsmodell (H2) bekannt, daß mit einer Wahrscheinlichkeit von 0,977 optimale, also auch zulässige Lösungen existieren (vgl. 2.1.2). - Gerade dieses Beispiel legt die Frage nahe, welche Modifikationen das zunächst vernünftig erscheinende Fat-Solution-Modell erfahren sollte, damit die hier demonstrierten Unzulänglichkeiten entfallen. Diese Frage wird in den folgenden Unterabschnitten beantwortet.

2.3.3 Chance-Constrained-Modell – Beispiele A6 und H9

Der Entscheidungsträger definiert nunmehr diejenigen Alternativen als zulässig, die mit einer vorgegebenen - im allgemeinen möglichst hohen - Wahrscheinlichkeit $\lambda_0 (0 < \lambda_0 < 1)$ zulässig sind. Dies führt zum Chance-Constrained-Modell (ER_{XC}). Die deterministischen Nebenbedingungen in X^A

(ER_{XC})	$\max \{z(x) \mid x \in X^Q \cap X^A\}$
mit	$X^A := \{x \in \mathbb{R}^N \mid P\{x \in X(\alpha)\} \geqq \lambda_0\}$
wobei	$0 < \lambda_0 < 1$

garantieren, daß eine Alternative aus der Menge $X^Q \cap X^A$ von (ER_{XC}) mit der Wahrscheinlichkeit λ_0 bezüglich (SEM_X) nach der Realisation von α zulässig ist. Besteht $X(\alpha)$ aus mehreren Ungleichungen, ist gegebenenfalls λ_0 durch einen Vektor zu ersetzen. Die Frage, was bei einer nachträglichen Verletzung einer Nebenbedingung möglicherweise getan werden könnte, wird bei diesem Ersatzmodell nicht berücksichtigt. Das Chance-Constrained-Modell ist innerhalb der stochastischen linearen Programmierung sehr verbreitet (vgl. u.a. CHARNES/COOPER [1959/60]; NÄSLUND [1967]; FABER [1970], S. 119 ff.; GONEDES [1970]; HAEGERT [1970]; HÄSSIG [1971], S. 92 ff.; VAJDA [1972], S. 75 ff.; DORR [1973], S. 70 ff.; KALL [1976], S. 79 ff.; KOLBIN [1977], S. 9 ff.; KRAMM [1977], S. 9 ff.).

<u>Beispiel A6:</u>

Das Beispiel A6 greift abermals auf das stochastische Entscheidungsmodell (A3) zurück (vgl. 2.1.1). Die stochastische Alternativenmenge, bedingt durch

(A6)	$\max \{z_{A6}(x) \mid x \in X^Q_{A6} \cap X^A_{A6}\}$
mit	$X^Q_{A6} := X_A = \mathbb{N}_0$ $X^A_{A6} := \{x \in \mathbb{N}_0 \mid P\{x \leqq \alpha\} \geqq \lambda_0\}$ $z_{A6}(x) := z_A(x)$ (s. Tab. 1.4.1)
wobei	$0 < \lambda_0 < 1$

die zufallsabhängige Nutzungsdauer α, wird in (A6) durch die deterministische Menge $X^Q_{A6} \cap X^A_{A6}$ ersetzt. Dieses Ersatzmodell wird beispielhaft für $\lambda_o = 0{,}8$ gelöst. Aus $P\{x \leq \alpha\} \geq 0{,}8$ folgt $P\{\alpha \leq x\} - P\{\alpha = x\} \leq 0{,}2$. Den Angaben in (A3) (vgl. 2.1.1) entnimmt man, daß die letzte Ungleichung für $x \leq 7$ erfüllt ist. Die optimale Lösung für das Chance-Constrained-Modell lautet daher $x^* = 7$ Perioden mit $z_A(x^*) = 1.812$ GE.

Beispiel H9:

Eine Lösung des stochastischen Entscheidungsmodells (H2) (vgl. 2.1.2) erfolgt hier im Rahmen des Beispiels H9 unter Zugrundelegung des Chance-Constrained-Modells. Je nachdem wie hoch α nach einer Realisation sein wird, ist die produzierte Gesamtmenge auf dem Markt absetzbar oder nicht. Wegen der Nichtlagerfähigkeit der Erzeugnisse (vgl. 1.2.8) wünscht der Entscheidungsträger, daß die Wahrscheinlichkeit, daß die zu produzierende Gesamtmenge $x_1 + x_2$ voll absetzbar, also kleiner als oder gleich α ist, mindestens λ_o beträgt, wobei die genaue Festlegung von λ_o erst im Laufe der Entscheidungsfindung vorgenommen wird. Das Ersatzmodell (H9) ist demnach zunächst für alle $\lambda_o \in (0,1)$ zu lösen.[1] Diese Aufgabe ist dem Verteilungsproblem (V2) für das Beispiel H2 (vgl. 2.1.2) sehr ähnlich, allerdings ist es hier nicht möglich, die optimale Lösung exakt für jeden Wert von λ_o - so wie in Tab. 2.1.2 für jeden Wert von $\bar{\alpha}$ - anzugeben, da es sich bei der Parameterabhängigkeit des Koeffizienten im Begrenzungsvektor um eine nichtlineare Beziehung handelt. In Tab. 2.3.1 sind die Ergebnisse für einige Werte von λ_o zusammengestellt. - Für kleine Werte von

---

[1] Zur Umformung der Wahrscheinlichkeitsrestriktion:

$$P\{x_1+x_2 \leq \alpha\} = P\left\{\frac{x_1+x_2-20}{10} \leq \frac{\alpha-20}{10}\right\} = 1 - \Phi\left(\frac{x_1+x_2-20}{10}\right) \geq \lambda_o,$$

bzw.
$$\Phi\left(\frac{x_1+x_2-20}{10}\right) \leq 1 - \lambda_o,$$

bzw.
$$\frac{x_1+x_2-20}{10} \leq \Phi^{-1}(1-\lambda_o),$$

bzw.
$$x_1 + x_2 \leq 20 + 10\Phi^{-1}(1-\lambda_o).$$

(H9)	$\max \{z_{H9}(x_1,x_2) \mid (x_1,x_2)^T \in X_{H9}^Q \cap X_{H9}^A\}$
mit	$X_{H9}^Q := X_H^Q = \{(x_1,x_2)^T \in \mathbb{R}_+^2 \mid 3x_1 + 2x_2 \leqq 36\}$ $X_{H9}^A := \{(x_1,x_2)^T \in \mathbb{R}_+^2 \mid P\{x_1 + x_2 \leqq \alpha\} \geqq \lambda_o\}$ $= \{(x_1,x_2)^T \in \mathbb{R}_+^2 \mid x_1 + x_2 \leqq 20 + 10\Phi^{-1}(1-\lambda_o)\}$ $z_{H9}(x_1,x_2) := z_{H2}(x_1,x_2) = 5x_1 + 4x_2$
wobei	$0 < \lambda_o < 1$

λ_o ist die optimale Lösung dieses Ersatzmodells von λ_o unabhängig; es ist verhältnismäßig viel zu produzieren. Übersteigt das vom Entscheidungsträger gewählte λ_o den Wert 0,5793, gewinnt also der Umstand, daß gegebenenfalls etwas im Unternehmen übrig bleibt, an Bedeutung, dann nimmt die zu produzierende Gesamtmenge und damit auch der Gesamterlös mit steigendem λ_o ab. In der Abb. 2.1.2 (vgl. 2.1.2) wandert die optimale Lösung mit steigendem λ_o von (0,18) über die Gerade $3x_1 + 2x_2 = 36$ nach (12,0) und von dort über die Abszisse nach (0,0); der maximale Wert der Zielfunktion fällt von 72 auf 0. Fordert der Entscheidungsträger, daß mit sehr hoher Wahrscheinlichkeit ($\lambda_o > 0{,}9772$) die Gesamtnachfrage

λ_o	$(x_1^*(\lambda_o); x_2^*(\lambda_o))$	$z_{H9}^*(\lambda_o)$
$0 < \lambda_o \leqq 0{,}5793$	(0 ; 18)	72
$\lambda_o = 0{,}6837$	(5,56 ; 9,66)	66,44
$\lambda_o = 0{,}6915$	(6 ; 9)	66
$\lambda_o = 0{,}7881$	(12 ; 0)	60
$\lambda_o = 0{,}8827$	(8,12; 0)	40,60
$\lambda_o = 0{,}9192$	(6 ; 0)	30
$0{,}9772 < \lambda_o < 1$	unzulässig	-

Tab. 2.3.1

nicht größer ist als die Gesamtproduktion, dann muß die Produktion eingestellt werden. Anhand dieser Überlegungen und den Ergebnissen der Tab. 2.3.1 muß der Entscheidungsträger, sofern er das Chance-Constrained-Modell als Ersatzmodell für sein stochastisches Entscheidungsproblem in Erwägung zieht, denjenigen Wert von λ_o endgültig wählen, der seinen Risikovorstellungen entspricht. Mit der endgültigen Wahl eines Wertes für λ_o ist gleichzeitig die entsprechende optimale Lösung festgelegt.

2.3.4 Kompensationsmodell – Beispiele A7 und H10

Bei den bisher betrachteten Ersatzmodellen für (SEM_X) blieb die Frage offen, ob und wie eine nach der Realisation von α gegebenenfalls auftretende Verletzung von Nebenbedingungen nachträglich ausgeglichen werden kann. Dieser Aspekt ist kennzeichnend für das nunmehr zu besprechende Kompensationsmodell.

Wählt man für das stochastische Entscheidungsmodell (SEM_X) das Kompensationsmodell als Ersatzmodell, dann werden vor der Realisation von α, also *here and now*, alle Alternativen $x \in X^Q$ als zulässig angesehen. Wählt der Entscheidungsträger eine in diesem Sinne zulässige Alternative $\bar{x} \in X^Q$ aus, dann bleibt die Frage unbeantwortet, ob diese Alternative, wenn die Realisation $\bar{\alpha}$ eingetreten ist, auch bezüglich $X(\bar{\alpha})$ zulässig ist oder nicht, ob also $\bar{x} \in X(\bar{\alpha})$ oder $\bar{x} \notin X(\bar{\alpha})$ gilt. Beim Kompensationsmodell wird davon ausgegangen, daß im ersten Fall keine weiteren Reaktionen ausgelöst werden, im zweiten Fall jedoch der Entscheidungsträger auf die nach der Realisation von α festzustellende Unzulässigkeit mit - diese Unzulässigkeit kompensierenden - Aktivitäten reagiert, die zu Minderungen des Zielfunktionswertes führen. Diese zielabträglichen Konsequenzen (Ausgaben) werden üblicherweise mit Kosten bezeichnet, z.B. Korrekturkosten für nachträgliche Anpassungen oder Strafkosten für Fehlentscheidungen, und von der Zielfunktion $z(x)$ abgezogen. Diese Überlegungen gelten nicht nur für $\bar{x}$ und $\bar{\alpha}$, sondern für alle $x \in X^Q$ und bei jedem $x \in X^Q$ für alle möglichen Realisationen von α, so daß es naheliegt, für alle $x \in X^Q$ den Erwartungswert zusätzlicher Kosten, die hier mit $q(x)$ bezeichnet werden, zu bestimmen. In (ER_{XK}) ist das Kompensationsmodell zusammenfassend wiedergegeben.

(ER_{XK})	$\max \{z(x) - q(x) \mid x \in X^Q\}$
mit	q(x) Erwartungswert der Kosten zusätzlicher, eine Unzulässigkeit kompensierender Aktivitäten

Die Bestimmung von q(x) kann in unterschiedlicher Weise erfolgen. Im einfachsten Fall setzt man die Kosten proportional zur Höhe einer Restriktionsverletzung (vgl. die nachfolgenden Beispiele) oder konstant und damit unabhängig vom Ausmaß der Restriktionsverletzung an. Das Kompensationsmodell, vielfach auch Zweistufenmodell genannt, fand bisher überwiegend bei stochastischen linearen Programmen als Ersatzmodell Verwendung. Im Rahmen der stochastischen linearen Programmierung werden zahlreiche Möglichkeiten zur Definition von q(x) vorgeschlagen und eingehend analysiert (vgl. u.a. DANTZIG [1954/55]; HÄSSIG [1971], S. 106 ff.; VAJDA [1972], S. 27 ff.; DORR [1973], S. 38 ff.; WERNER [1973], S. 38 ff.; KALL [1976], S. 39 ff.; KOLBIN [1977], S. 37 ff.).

Häufig wird in der stochastischen linearen Programmierung davon ausgegangen, daß zur Kompensation einer aufgrund einer gewählten Alternative $\bar{x}$ und einer Realisation $\bar{\alpha}$ entstandenen Restriktionsverletzung eine Menge $Y(\bar{x};\bar{\alpha})$ von Korrekturmaßnahmen (Alternativen, Aktionen) zur Verfügung steht, wobei diese Menge u.a. durch die jeweilige Alternative $\bar{x}$ und durch die jeweilige Realisation $\bar{\alpha}$ definiert wird. Diese Überlegung gilt für alle $x \in X^Q$ und bei jedem $x \in X^Q$ für alle möglichen Realisationen von α. Eine Korrekturmaßnahme $y \in Y(x;\alpha)$ führt zu Kosten $\pi(y)$. Zur Bestimmung der minimalen Korrekturkosten ist das folgende parametrische Programm, auch unter der Bezeichnung Notprogramm bekannt,

$$\min \{\pi(y) \mid y \in Y(x;\alpha)\}$$

für alle $x \in X^Q$ und alle möglichen Realisationen von α zu lösen. Das Minimum $\pi^*(x;\alpha)$ der Zielfunktion des Notprogramms ist eine Zufallsvariable; üblicherweise wird der Erwartungswert $q(x) = E[\pi^*(x;\alpha)]$ als deterministische Ersatzgröße gewählt.

Beispiel A7:

Mit dem Beispiel A7 wird ein Kompensationsmodell vorgestellt, welches nicht zur stochastischen linearen Programmierung gezählt werden kann. Betrachtet man das Beispiel A3 (vgl. 2.1.1), so kann man etwa von folgenden Zielfunktionsminderungen ausgehen: Erweist sich nach Realisation die (technische) Nutzungsdauer α des Investitionsobjektes größer als oder gleich der der Kalkulation zugrunde gelegten (ökonomischen) Nutzungsdauer x, dann sollen keine zusätzlichen Ausgaben entstehen, anderenfalls sind für $(x - \alpha)$ Perioden 1.000 GE pro Periode zur nachträglichen Anpassung vorzusehen. Bezeichnet man mit $\pi^*_{A7}(x;\alpha)$ die aufzuwendenden Ausgaben, dann gilt

$$\pi^*_{A7}(x;\alpha) := \begin{cases} 1000(x - \alpha) & \text{falls } x > \alpha \\ 0 & \text{falls } x \leqq \alpha \end{cases}$$

und

$$E[\pi^*_{A7}(x;\alpha)] = 1.000 \sum_{\alpha_r < x} (x - \alpha_r)p_r.$$

Damit läßt sich das zugehörige Kompensationsmodell (A7) formulieren. Zur numerischen Lösung sind zunächst die Werte der Zielfunktion von (A7) zu

(A7)	$\max \{z_{A7}(x) - q_{A7}(x) \mid x \in X^Q_{A7}\}$
mit	$X^Q_{A7} := X_A = \mathbb{N}_o$ $z_{A7}(x) := z_A(x)$ (s. Tab. 1.4.1) $q_{A7}(x) := E[\pi^*_{A7}(x;\alpha)]$

ermitteln (vgl. Tab. 2.3.2), deren Dimension zwar noch Geldeinheit ist, die jedoch nicht mehr als Kapitalwerte interpretiert werden können. Auf eine nachträgliche Anpassung von $z_A(x)$ etwa wegen Änderung des Liquidationserlöses wurde verzichtet.

x	$z_{A7}(x) - q_{A7}(x)$
0,1,...,5	$z_A(x)$
6	1.688 - 0 = 1.688
7	1.812 - 1000(1·0,1) = 1.712*
8	1.886 - 1000(2·0,1+1·0,2) = 1.486
9	1.916 - 1000(3·0,1+2·0,2+1·0,4) = 816
10	1.908 - 1000(4·0,1+3·0,2+2·0,4+1·0,2) = -92
11,12,...	(negativ)

Tab. 2.3.2

Beispiel H10:

Das Beispiel H2 (vgl. 2.1.2) wird schließlich mit Hilfe des Kompensationsmodells gelöst. Je nachdem wie groß α nach erfolgter Realisation tatsächlich sein wird, entsteht entweder eine Übernachfrage, die nicht unerwünscht ist, keine Kosten verursacht und daher nicht weiter verfolgt wird, oder es ergibt sich eine Überproduktion, die wegen der Nichtlagerfähigkeit der Erzeugnisse zu vermeiden ist und die damit negativ bewertet wird. Diese negative Bewertung der Überproduktion erfolgt durch Strafkosten r_o ($r_o > 0$) in GE pro ME. Aufgrund der gegebenen Daten kann der Erwartungswert der gesamten Strafkosten bestimmt werden (vgl. dazu die entsprechende Bestimmung der erwarteten Lagerhaltungskosten im Beispiel E1 in 2.2.1). Das Ersatzmodell ist in (H10) vollständig formuliert.

(H10)	$\max\,\{z_{H10}(x_1,x_2) - q_{H10}(x_1,x_2) \mid (x_1,x_2)^T \in X^Q_{H10}\}$
mit	$X^Q_{H10} := X^Q_H = \{(x_1,x_2)^T \in \mathbb{R}^2_+ \mid 3x_1 + 2x_2 \leq 36\}$ $z_{H10}(x_1,x_2) := z_{H2}(x_1,x_2) = 5x_1 + 4x_2$ $q_{H10}(x_1,x_2) := r_o \int_{-\infty}^{x_1+x_2} \frac{x_1+x_2-t}{10\sqrt{2\pi}} \exp(-\frac{1}{2}(\frac{t-20}{10})^2)dt$
wobei	$r_o > 0$

Im Gegensatz zum Chance-Constrained-Modell (H9) ist beim Kompensationsmodell (H10) die numerische Lösung mit einigen Schwierigkeiten verbunden. Zunächst ist das Integral in der Zielfunktion von (H10) auszuwerten. Dabei wird deutlich, daß eine optimale Lösung nur auf dem rechten oder unteren Rand von X_H^Q liegen kann (vgl. Abb. 2.1.2 in 2.1.2). Gibt man diese Strecken in Parameterdarstellung an, so läßt sich die optimale Lösung durch Differentiation nach dem Parameter finden. Für $r_o = 6$ erhält man beispielsweise $x_1^* = 4{,}6$ und $x_2^* = 11{,}1$, d.h., daß selbst bei Strafkosten von nur 6 GE von der bezüglich X_H^Q maximalen Gesamtproduktionsmenge von 18 ME abzuweichen ist. Mit weiter steigenden Strafkosten geht die Gesamtproduktionsmenge weiter zurück, bis schließlich bei $r_o = 219{,}7$ die Produktion völlig eingestellt wird. Ein ähnliches Beispiel hat JAHN ([1978], S. 135 ff.) numerisch gelöst.

2.4 Bewertung von Zusatzinformationen

Alle entscheidungsrelevanten Daten sind bei einem deterministischen Entscheidungsmodell bekannt oder werden als bekannt unterstellt. Es liegt der Fall vollkommener (vollständiger) Information vor. Dies besagt, daß bei Hinzunahme weiterer Informationen gleich welcher Art eine eventuelle Verbesserung des Zielfunktionswertes der optimalen Alternative von vornherein ausgeschlossen ist. Diese Situation ist bei stochastischen Entscheidungsmodellen grundsätzlich anders. Hier handelt es sich um den Fall unvollkommener Information, der u.a. durch folgende zwei Eigenschaften charakterisiert werden kann: 1. Es sind nicht die numerischen Werte aller Koeffizienten bekannt; einige sind stochastisch mit bekannten Wahrscheinlichkeitsverteilungen. 2. Durch Zusatzinformationen kann eventuell die Entscheidungsfindung erleichtert, der Wert der Zielfunktion vergrößert und/oder schließlich die Zuverlässigkeit einer optimalen Alternative, d.h. deren Wahrscheinlichkeit, zulässig zu sein, erhöht werden. Unter Zusatzinformationen sind stets solche Informationen zu verstehen, die über die in der ursprünglichen Formulierung des Entscheidungsmodells enthaltenen Informationen hinausgehen. Mit diesen einführenden Bemerkungen sind einige Fragestellungen aufgeworfen, deren vollständige Diskussion den hier gesteckten Rahmen übersteigt. Im folgenden wird ein Einblick in einige Aspekte dieses Problemkreises gegeben.

2.4.1 Bewertung vollkommener Zusatzinformationen – Beispiele D5 und H11

In der entscheidungstheoretischen Literatur geht man bei der Bewertung von Zusatzinformationen überwiegend von dem stochastischen Entscheidungsmodell (SEM_z) (vgl. 2.1.4) aus, bei dem lediglich die Zielfunktion stochastische

(SEM_z)	$max \{z(x;\gamma) \mid x \in X\}$
wobei	γ Zufallsvariable (-nvektor) mit bekannter Verteilung

Koeffizienten enthält ($X = X^Q$). Für diesen speziellen Fall ist die Bestimmung eines Wertes vollkommener Zusatzinformationen eine relativ unkomplizierte Aufgabe. Die Alternativenmenge des stochastischen Entscheidungsmodells (SEM_z) wird um eine Alternative a_0 erweitert, die als Informations(-beschaffungs-)alternative bezeichnet wird. Wählt der Entscheidungsträger - im Rahmen einer Vorentscheidung - die Alternative a_0, dann erhält er unmittelbar danach die (vollkommene Zusatz-)Information über die tatsächliche Realisation der Zufallsvariablen, d.h. über den wahren Zustand der Umwelt, und er kann unmittelbar hierauf eine unter Berücksichtigung dieser Zusatzinformation optimale Alternative $x \in X$ wählen. Da sich die erwähnten Vorgänge zumindest gedanklich zu ein und demselben Zeitpunkt abspielen, ist das Problem nur scheinbar zweistufig. Ob die Zusatzinformation eine Nachricht über die bereits erfolgte Realisation der Zufallsvariablen oder eine sichere Schätzung eines Experten über die noch ausstehende Realisation darstellt, ist an dieser Stelle unerheblich. Es ist evident, daß sich der Entscheidungsträger stets dann für die Informationsalternative a_0 entscheiden wird, wenn die Beschaffung der Zusatzinformation nicht zu einer Minderung der Zielfunktion führt bzw. keine Kosten verursacht. Von mehreren Möglichkeiten der Beschaffung vollkommener Zusatzinformationen wird der Entscheidungsträger nur die kostengünstigste in Erwägung ziehen, wobei stets stillschweigend unterstellt wird, daß die Dimensionen von $z(x;\gamma)$ und den anfallenden Kosten übereinstimmen. Der Sinn der Bestimmung eines Wertes vollkommener Zusatzinformationen besteht darin, eine Obergrenze K" für die Kosten K der Informationsbeschaffung zu ermitteln, bis zu welcher es ratsam erscheint, die Informationsalternative a_0 zu wählen.

Eine Erweiterung von (SEM_z) um die Informationsalternative a_0, die Kosten in Höhe von K GE verursacht, führt zu dem Entscheidungsmodell (SEM_z^+). Es

(SEM_z^+)	$max\ \{z^+(x;\gamma)\ \mid\ x \in X^+\}$
mit	$X^+ := X \cup \{a_0\}$ $z^+(x;\gamma) := \begin{cases} z(x;\gamma) & \text{für } x \in X \\ \max\ \{z(x;\gamma) \mid x \in X\} - K & \text{für } x = a_0 \end{cases}$
wobei	γ Zufallsvariable (-nvektor) mit bekannter Verteilung

sei $\omega[\ldots]$ eine Ersatzzielfunktion für (SEM_z^+) sowie

$$\omega^* := \max\ \{\omega[z(x;\gamma)]\ \mid\ x \in X\}$$

$$\text{und}\quad \omega^{+*} := \omega[max\ \{z(x;\gamma)\ \mid\ x \in X\} - K].$$

Eine Informationsbeschaffung ist demnach nur dann von Vorteil, wenn $\omega^{+*} > \omega^*$ ist. Die gesuchte Obergrenze K" für die Informationsbeschaffungskosten ergibt sich aus der Gleichung

$$\omega[max\ \{z(x;\gamma) \mid x \in X\} - K''] - \max\ \{\omega[z(x;\gamma)] \mid x \in X\} = 0.$$

Durch max $\{z(x;\gamma)\ \mid\ x \in X\}$ wird für jede Realisation von $\gamma \in \Gamma$ eine - von γ abhängige - optimale Lösung definiert, die mit $x^*(\gamma)$ bezeichnet wird. Auf der einen Seite handelt es sich bei der Bestimmung von $x^*(\gamma)$ um ein Verteilungsproblem (V3) (vgl. 2.1.2), welches wiederum in einem engen Zusammenhang mit der parametrischen Sensitivitätsanalyse steht (vgl. den Begriff einer optimalen Lösungsfunktion bzw. -relation in 1.6.2). Interpretiert man auf der anderen Seite γ als die Information, die der Entscheidungsträger empfängt, dann läßt sich $x^*(\gamma)$ auch als (optimale) Entscheidungsfunktion auffassen, die für jeden Wert einer unabhängigen (Informations-)Variablen die optimale Lösung angibt. In der statistischen Entscheidungstheorie (vgl. die Literaturangaben am Ende von 2.4.2) sind diese unabhängigen Variablen die Ergebnisse von Zufallsexperimenten. In diesem Abschnitt wird nur ein "Zufallsexperiment", d.h. eine Informationsbeschaffungsalternative, durchgeführt, das zu einem sicheren Ergebnis führt. Durch die folgende Schreibweise der Definition von $z^+(x;\gamma)$ aus (SEM_z^+) werden die angesprochenen Zusammenhänge verdeutlicht:

$$z^{+}(x;\gamma) := \begin{cases} z(x;\gamma) & \text{für} \quad x \in X \\ z(x^{*}(\gamma);\gamma) - K & \text{für} \quad x = a_0. \end{cases}$$

In der Literatur ist insbesondere der Erwartungswert als Ersatzzielfunktion und damit der erwartete Wert vollkommener (Zusatz-)Information, abgekürzt EWVI, diskutiert worden (vgl. u.a. MARSCHAK [1954], S. 200 ff.; ALBACH [1969], Sp. 723 f.; AVRIEL/WILLIAMS [1970]; RAIFFA [1973], S. 45 ff.; STREITFERDT [1973], S. 103 ff.; LINDLEY [1974], S. 106 ff.; BAMBERG/COENENBERG [1977], S. 110 ff.; MAG [1977], S. 152 f.; BØSSMANN [1978], S. 189 f.). Bei der Interpretation von EWVI ist davon auszugehen, daß der Entscheidungsträger bei zunächst unterstellter Kenntnis einer Realisation der Zufallsvariablen diejenige Alternative wählen würde, die die Zielfunktion bei dieser Realisation maximiert. Da diese Überlegung für alle möglichen Realisationen der Zufallsvariablen gilt, ist anschließend der Erwartungswert der gefundenen Werte der Zielfunktion zu bestimmen. Von diesem Wert ist der bezüglich aller Alternativen maximale Erwartungswert der Zielfunktion zu subtrahieren. - Für das Grundmodell der Entscheidungstheorie (vgl. Beispiel D in 1.2.4) lautet der erwartete Wert vollkommener (Zusatz-)Information:

$$\text{EWVI} := \sum_{\ell=1}^{L} p_\ell \max_n z_{n\ell} - \max_n \sum_{\ell=1}^{L} p_\ell z_{n\ell}.$$

Eine Definition unter Zugrundelegung des stochastischen Entscheidungsmodells (SEM_z) lautet:

$$\text{EWVI} := E[\mathit{max}\ \{z(x;\gamma) \mid x \in X\}] - \max\ \{E[z(x;\gamma)] \mid x \in X\}.$$

Der erwartete Wert vollkommener (Zusatz-)Information EWVI ist stets nichtnegativ, wie sich aus der in 2.2.1 angegebenen Ungleichung ergibt. Er ist zugleich die Obergrenze K" für die Informationsbeschaffungskosten für diese spezielle Ersatzzielfunktion. Weitere Ersatzzielfunktionen sind in diesem Zusammenhang angegeben und analysiert worden (vgl. SZANIAWSKI [1967]; BAMBERG [1975]; FERSCHL [1975], S. 122 ff.; WENZEL [1975], S. 82 ff.; BAMBERG/COENENBERG/KLEINE-DOEPKE [1976], S. 38).

Beispiel D5:

Das Beispiel D (vgl. 1.2.4) wird dahingehend ergänzt, daß der Entscheidungsträger zusätzlich die Möglichkeit (Alternative a_o) hat, über die Wahrscheinlichkeiten des Eintritts von $\gamma_1, \gamma_2, \gamma_3$ und γ_4 vollkommene Zusatzinformation einzuholen. Die Zielfunktionswerte werden bei Beschaffung vollkommener Zusatzinformation um K_D vermindert. Bei welchen Werten von K_D sind welche Alternativen optimal, wenn der Erwartungswert als Ersatzzielfunktion gewählt wird?

Für die Informationsalternative a_o beträgt der Erwartungswert der Zielfunktion

$$\omega_{D5}(a_o) = \sum_{\ell=1}^{4} p_\ell \max_n z_{n\ell} - K_D = \frac{6 + 14 + 8 + 8}{6} - K_D = 6 - K_D.$$

Der erwartete Wert vollkommener Zusatzinformation beträgt somit 6 - 14/6 = 22/6 (vgl. Tab. 2.2.2 in 2.2.2). Damit kann die obige Frage vollständig

K_D	$x^*(K_D)$	$\omega^*_{D5}(K_D)$
$0 \leqq K_D < 22/6$	a_o	$6 - K_D$
$K_D = 22/6$	a_o, a_4	14/6
$22/6 < K_D$	a_4	14/6

Tab. 2.4.1

beantwortet werden (vgl. Tab. 2.4.1).

Der Maximin-Wert vollkommener Zusatzinformation unter Zugrundelegung des Maximin-Prinzips beträgt (vgl. Tab. 2.2.7 in 2.2.5)

$$\min_\ell \max_n z_{n\ell} - \max_n \min_\ell z_{n\ell} = 4 - 1 = 3.$$

In diesem zweiten Fall wird selbst bei der ungünstigsten Realisation, das ist γ_4, bei $K_D = 3$ ein Zielfunktionswert von 4 - 3 = 1 erreicht, während im ersten Fall bei $K_D = 22/6 > 3$ der Zielfunktionswert auf 4 - 22/6 = 2/6 < 1 fallen kann. Dieses Ergebnis verdeutlicht sehr anschaulich die Abhängigkeit des Wertes vollkommener Zusatzinformation von der zugrundegelegten Ersatzzielfunktion.

Beispiel H11:

Für das Beispiel H1 (vgl. 2.1.2) wird im folgenden sowohl der erwartete Wert als auch der Maximin-Wert vollkommener Zusatzinformation bestimmt. Für die Alternativenmenge wird $X_{H11} := X_H^Q$ unterstellt. Der erwartete Wert vollkommener Information beträgt

$$\int_3^7 [\max \{tx_1+4x_2 \mid \begin{pmatrix} x_1 \\ x_2 \end{pmatrix} \in X_H^Q\}] \frac{1}{4}\, dt - \max \{E[\gamma x_1+4x_2] \mid \begin{pmatrix} x_1 \\ x_2 \end{pmatrix} \in X_H^Q\}$$

$$= \frac{1}{4} \int_3^6 72\, dt + \frac{1}{4} \int_6^7 12t\, dt - 72 = 73{,}5 - 72 = 1{,}5.$$

Dieses Ergebnis läßt sich intuitiv nachvollziehen: Der Wert 72 der Zielfunktion bei $(x_1,x_2) = (0,18)$ ist sicher. Darüber hinaus können 0 bis maximal 12 GE, also im Durchschnitt 6 GE, mit einer Wahrscheinlichkeit von 0,25 erzielt werden. Der Erwartungswert dieses Zusatzbetrages ist gleich 1,5, also gleich dem erwarteten Wert vollkommener Zusatzinformation (vgl. die Ergebnisse des Verteilungsproblems (V2) für das Beispiel H1 in 2.1.2).

Der Maximin-Wert vollkommener Information ist

$$\min \{\max \{tx_1+4x_2 \mid \begin{pmatrix} x_1 \\ x_2 \end{pmatrix} \in X_H^Q\} \mid t\in[3,7]\} - \max \{\min \{tx_1+4x_2 \mid t\in[3,7]\} \mid \begin{pmatrix} x_1 \\ x_2 \end{pmatrix} \in X_H^Q\}$$

$$= \min \{z_{H1}^*(t) \mid t \in [3,7]\} - 72 = 72 - 72 = 0,$$

wobei

$$z_{H1}^*(t) = \begin{cases} 72 & \text{für } 3 \leq t \leq 6 \\ 12t & \text{für } 6 \leq t \leq 7 \end{cases}$$

(vgl. Tab. 2.1.1 in 2.1.2). Dieses Ergebnis zeigt, daß sich mit Sicherheit beim Beispiel H die eventuelle Kenntnis der Realisation von γ nicht auszahlt. Der Wert von 72 GE kann auf jeden Fall erzielt werden.- Im übrigen wird darauf hingewiesen, daß für alle Entscheidungsmodelle mit stochastischen Zielfunktionen der Maximin-Wert vollkommener Zusatzinformation Null ist, sofern die Voraussetzungen des Satzes von NIKAIDO/ISODA erfüllt sind, wobei $X = X_H^Q$ der Strategiemenge des ersten und $\Gamma = [3,7]$ der des zweiten Spielers entspricht (vgl. BURGER [1959], S. 35; RAUHUT/SCHMITZ/ZACHOW [1979], S. 82).

2.4.2 Aspekte zur Bewertung unvollkommener Zusatzinformationen – Beispiel D6

Neben dem relativ unkomplizierten Konzept vollkommener Zusatzinformationen existieren einige andere Ansätze, in denen auch eine Bewertung unvollkommener Zusatzinformationen versucht wird. Verbreitet ist der Fall, daß der Entscheidungsträger bei Ergreifen der Informationsalternative verschiedene Nachrichten empfängt, die bestimmte Aussagen bezüglich der Daten des Entscheidungsmodells implizieren. In dem in 2.4.1 behandelten Spezialfall vollkommener Zusatzinformation empfängt der Entscheidungsträger genau eine Nachricht, die ihm exakt eine Realisation der in Frage stehenden Zufallsvariablen angibt. Der sich hieraus ergebende Vorteil in bezug auf den Wert der Zielfunktion kann abgeschätzt und unter bestimmten Voraussetzungen auch genau berechnet werden. Welche Vorteile können sich für den Entscheidungsträger im Fall unvollkommener Zusatzinformationen ergeben, wenn er verschiedene Nachrichten mit unterschiedlichen Aussagen erhält? Diese Frage soll an einem Beispiel besprochen werden, welches den in der Literatur behandelten Fällen entspricht (vgl. u.a. SCHNEIDER [1974], S. 150 ff.; BAMBERG [1975]; BITZ [1975]; WENZEL [1975], S. 6 ff.; BAMBERG/COENENBERG/KLEINE-DOEPKE [1976]).

<u>Beispiel D6:</u>

Für die folgenden Überlegungen wird das Beispiel D (vgl. 1.2.4 und 2.4.1) dahingehend erweitert, daß dem Entscheidungsträger zusätzlich eine Informations(-beschaffungs-)alternative a_o zur Verfügung steht. Entscheidet er sich für a_o, dann empfängt er unmittelbar danach zwei Nachrichten I und II mit je einer Wahrscheinlichkeitsfunktion für die Zufallsvariable γ und kann unmittelbar hierauf seine endgültige Entscheidung bezüglich der Alternativen a_1, a_2, a_3 und a_4 treffen. Der Entscheidungsträger schätzt die Wahrscheinlichkeit β_I bzw. β_{II} für den Eingang der Nachricht I bzw. II auf je 1/2. Die zwei Wahrscheinlichkeitsfunktionen $p_\ell(I)$ und $p_\ell(II)$ sind jeweils unter der Bedingung (Nachricht) I bzw. II in der 1. und 2. Zeile der Tab. 2.4.2 aufgeführt. In der Literatur werden etwa folgende Überlegungen angestellt, wobei der Erwartungswert als Ersatzzielfunktion gewählt wird: Würde der Entscheidungsträger die Nachricht I erhalten, müßte er sich

$p_\ell(I)$	0	1/2	0	1/2		
$p_\ell(II)$	2/6	1/6	2/6	1/6	E_I	E_{II}
γ	γ_1	γ_2	γ_3	γ_4		
a_1	6	7	-7	-1	18/6*	4/6
a_2	-4	0	8	4	12/6	12/6*
a_3	1	1	2	3	12/6	10/6
a_4	0	6	2	0	18/6*	10/6

Tab. 2.4.2

für a_1 oder a_4 entscheiden ($E_I^* = 18/6$). Bei Empfang der Nachricht II müßte die Entscheidung a_2 lauten ($E_{II}^* = 12/6$). Der maximale Erwartungswert der Zielfunktion bei Informationsbeschaffung ist demnach (1/2)(18/6) + (1/2)(12/6) = 15/6. Dieser ist um 1/6 größer als der maximale Erwartungswert ohne Informationsbeschaffung (vgl. 2.2.2) Der sogenannte (Erwartungs-)Wert unvollkommener (Zusatz-)Information ist in diesem Beispiel 1/6. M.a.W.: Kostet die Beschaffung der Zusatzinformation weniger als 1/6 GE, so ist sie für den Entscheidungsträger von Vorteil.

Die Bewertung unvollkommener Zusatzinformationen verlangt zum einen die Kenntnis der Informationsalternative(n). Zum anderen kennt der Entscheidungsträger "alle möglichen Ergebnisse aller zur Verfügung stehenden Informationsbeschaffungsmaßnahmen, d.h. alle nach einer beliebigen Information möglichen Wahrscheinlichkeitsverteilungen der Umweltsituationen, ... die Wahrscheinlichkeiten, mit denen sich die bei jeder Informationsbeschaffungsmaßnahme möglichen Informationen ergeben" (WENZEL [1975], S. 54). Damit drängt sich die Frage auf, ob ein Entscheidungsträger für Zusatzinformationen, die ihm bereits bekannt sind,noch einen positiven Preis zu zahlen bereit ist. Diese Frage ist unter gewissen Voraussetzungen zu bejahen. So müssen zunächst einmal die Zusatzinformationen bei Berücksichtigung der Informationskosten zu einer Erhöhung des maximalen Wertes der gewählten Ersatzzielfunktion gegenüber der Ausgangssituation führen. Trifft dies nicht zu, dann entscheidet sich der Entscheidungsträger gegen eine Beschaffung von Zusatzinformationen. Weiterhin muß der Entscheidungsträger die beschaffbaren Zusatzinformationen in einem bestimmten Ausmaß für zutreffend halten und nach deren Empfang auch entsprechend handeln. Aus diesen Überlegungen folgt, daß der Entscheidungsträger dann, wenn er sich für eine (Informations-)Alternative entscheidet, die endgültige Festlegung einer optimalen (Sach-)Alternative nur bedingt in Abhängigkeit der empfangenen Zusatzinformation, d.h. mit Hilfe von Entscheidungsfunktionen, die in diesem Zusammenhang auch Strategien genannt werden, treffen kann, wie dieses bereits in 2.4.1 dargelegt wurde. Obwohl der Entscheidungsträger bei der Bewertung unvollkommener Zusatzinformationen diese kennt, ist er somit gegebenenfalls bereit, einen positiven Preis dafür zu bezahlen, da er die Erhöhung des Wertes seiner Ersatzzielfunktion erst nach Empfang einer bestimmten Zusatzinformation - und damit nach Eingehen einer Zahlungsverpflichtung - erreichen kann.

Ergänzend ist auf die Informationsbeschaffung durch Stichprobenerhebung zu verweisen. Hier kann bei der Auswertung von Stichprobeninformationen unterschieden werden, ob bereits bekannte (a priori-)Wahrscheinlichkeitsverteilungen geeignet "verbessert" oder überhaupt erst Entscheidungsgrundlagen geschaffen werden sollen. Im ersten Fall handelt es sich um Fragen, die unter der Bezeichnung BAYES-Analyse weite Verbreitung gefunden haben (vgl. u.a. SCHLAIFER [1959], S. 330 ff.; WEBER [1970]; FEICHTINGER [1972]; MAG [1977], S. 163 ff.; WEIBEL [1978]). Im zweiten Fall führt die Diskussion in die statistische Entscheidungstheorie (vgl. u.a. CHERNOFF/MOSES [1959]; MENGES [1969]; BAMBERG [1972]; BAMBERG/COENENBERG [1977], S. 112 ff.). Da die zuletzt angeschnittenen Fragen zum einen in zahlreichen Veröffentlichungen behandelt werden und zum anderen aus der Thematik dieses zweiten Kapitels herausführen, werden sie hier nicht weiter verfolgt.

2.5 Mehrstufige Entscheidungsmodelle

2.5.1 Eigenschaften mehrstufiger Entscheidungsmodelle – Beispiel I1

Die bisherigen Ausführungen sind bis auf eine Ausnahme u.a. dadurch gekennzeichnet, daß das jeweils untersuchte Entscheidungsproblem stets eine einzige Entscheidung beinhaltet. Diese eine Entscheidung ist im allgemeinen auf einen bestimmten Zeitpunkt hin ausgerichtet; sie ist jeweils bis zu diesem Zeitpunkt zu treffen, der bei stochastischen Entscheidungsmodellen im allgemeinen vor der Realisation der Zufallsvariablen liegt. Daß die Entscheidungsvorbereitung, d.h. die Formulierung von Zielen und Zielfunktionen sowie die Beschaffung von Informationen, möglicherweise viel Zeit in Anspruch nimmt bzw. mehrere Perioden dauern kann, ändert nichts an der Tatsache, daß zu irgendeinem Zeitpunkt aufgrund der dann vorliegenden Informationen eine Entscheidung getroffen werden muß. Bei der angesprochenen Ausnahme handelt es sich um das Beispiel I, mehrperiodige Produktions- und Lagerhaltung, in 1.2.9, 1.3.1, 1.4.1 und 1.5.1. Dieses Beispiel ist dadurch charakterisiert, daß mehrere voneinander nicht unabhängige Entscheidungen in mehreren Perioden zu treffen sind und daß zur Verknüpfung der Perioden in 1.4.1 zusätzliche Variablen, die Lageranfangsbestände, eingeführt werden mußten. Wären die einzelnen Entscheidungen unabhängig voneinander, handelte es sich um mehrere, jeweils eine einzige Periode betreffende Entscheidungen.

Um einige Eigenschaften mehrstufiger Entscheidungsmodelle im Hinblick auf eine Klassifikation angeben zu können, wird zunächst die folgende vorläufige Definition formuliert, bei der von T Stufen ausgegangen wird ($T \geqq 2$): Ein T-stufiges Entscheidungsmodell besteht aus T Alternativenmengen, deren Verknüpfungen zunächst offenbleiben sollen, und T Zielfunktionen, wobei aus jeder Alternativenmenge ein Element derart zu wählen ist, daß dabei eine Funktion der T Zielfunktionen maximal wird. Da die Mehrstufigkeit meistens zeitlich verstanden wird, spricht man auch von mehrperiodigen, sequentiellen oder (diskreten) dynamischen Entscheidungsmodellen oder von Entscheidungsprozessen. Die bisher untersuchten Entscheidungsmodelle werden auch als einstufige oder statische Entscheidungsmodelle bezeichnet.

Mehrstufig in dem hier verstandenen Sinne sind nicht die in 2.1 bis 2.3 analysierten stochastischen Entscheidungsmodelle, obwohl man sagen könnte, daß in einer ersten Stufe der Entscheidungsträger seine Entscheidung trifft und in einer zweiten Stufe die Realisation der Zufallsvariablen mit der Bekanntgabe des endgültigen Ergebnisses erfolgt. Es ist bei derartigen Entscheidungsmodellen nur eine einzige Entscheidung zu treffen. Dadurch daß die Auswirkungen dieser einen Entscheidung erst im Zeitablauf sichtbar werden, ist noch keine Mehrstufigkeit gegeben. Ebenso liegt bei einmaliger Einholung von Zusatzinformationen keine Mehrstufigkeit vor (vgl. 2.4).

Während (statische) Entscheidungsmodelle insbesondere in Form von linearen oder nichtlinearen Programmen - seien sie deterministisch oder stochastisch - in besonderer Weise geeignet sind, sachliche Interdependenzen zu erfassen und simultan bei der Bestimmung optimaler Lösungen zu berücksichtigen, ist es ein besonderer Vorzug mehrstufiger (dynamischer) Entscheidungsmodelle, zusätzlich zeitliche Interdependenzen zwischen Entscheidungen zu verschiedenen Zeitpunkten einbeziehen zu können. Es ist daher nicht überraschend, daß dynamische (Entscheidungs-)Modelle in den Wirtschaftswissenschaften seit langem eine besonders wichtige Rolle spielen (vgl. u.a. SABEL [1974]). Die Berücksichtigung zeitlicher Interdependenzen wirft noch eine für das Verständnis mehrstufiger Entscheidungsmodelle zentrale Frage auf. Betrachtet man etwa das Beispiel I in der in (I) dargestellten Form (vgl. 1.5.1), dann fällt auf, daß erstens die Alternativenmenge X_I als Teilmenge des $\mathbb{R}^6$ geschlossen darstellbar ist und zweitens die Zielfunktion $z_I(x;y_1)$ wie üblich eine Abbildung von X_I in den $\mathbb{R}$ darstellt. Da das Entscheidungsmodell (I) formal mit dem Basismodell (DEM) übereinstimmt (vgl. 1.5.1), muß man die Frage stellen, wo denn das "Dynamische" des mehrstufigen Beispiels geblieben ist. In der Tat kann das Entscheidungsmodell (I) als statisches Modell interpretiert werden, nicht zuletzt deshalb, weil der Entscheidungsträger zum Entscheidungszeitpunkt, d.h. zu Beginn der ersten Periode, die Anzahl der zu produzierenden Maschinen für alle Perioden festlegen muß. Dies ist notwendig, weil die Entscheidungen der einzelnen Perioden voneinander nicht unabhängig sind. So hängt die Entscheidung einer einzelnen Periode von den Entscheidungen der restlichen Perioden ab. In diesem Sinne bieten zumindest deterministische mehrstufige Entscheidungsmodelle in der hier vorgelegten Konzeption nichts Neues. Für die numerische Lösung deterministischer mehrstufiger Entscheidungsmodelle wurden besondere, die spezielle Struktur ausnutzende Rechentechniken entwickelt, und zwar die Verfahren der deterministischen dynamischen Programmierung, die jedoch nicht Thema dieser Schrift sind (vgl. hierzu u.a. GESSNER/ WACKER [1972]; SCHNEEWEISS [1974]; NEUMANN [1977], Kap. 1).

<u>Beispiel I1:</u>

Es gibt verschiedene Möglichkeiten, Koeffizienten des Beispiels I (vgl. 1.2.9) durch Zufallsvariablen zu ersetzen. Bei einem Problem der Produktions- und Lagerplanung ist es naheliegend, die Nachfragemengen der

(I1)	$min\ \{z_{I1}(x;y_1;\eta) \mid x \in X^Q_{I1} \cap X^O_{I1}\}$
mit	$x := (x_1,x_2)^T \quad \text{mit } x_t \in X^Q_t \quad (t = 1,2)$ $X^Q_{I1} := X^Q_1 \times X^Q_2$ $\text{mit } X^Q_t := \{x_t \in \mathbb{N}_o \mid 0 \leqq x_t \leqq 3\} \quad (t = 1,2)$ $\eta := (\eta_1,\eta_2)^T$ $y := (y_1,y_2)^T \quad \text{mit } y_t \in Y_t \quad (t = 1,2)$ $Y := Y_1 \times Y_2$ $\text{mit } Y_t := \{y_t \in \mathbb{N}_o \mid 0 \leqq y_t \leqq 3\} \quad (t = 1,2)$ $y_1 = \bar{y}_1 = 1$ $y_2 = \max\{0,\ y_1 + x_1 - \eta_1\}$ $X^O_{I1} := X^O_1(y_1) \times X^O_2(y_2)$ $\text{mit } X^O_1(y_1) := \{x_1 \in X^Q_1 \mid 2 \leqq x_1 + y_1 \leqq 4\}$ $X^O_2(y_2) := \{x_2 \in X^Q_2 \mid 0 \leqq x_2 + y_2 \leqq 1\}$ $z_{I1}(x;y_1;\eta) := z_1(x_1;y_1;\eta_1) + z_2(x_2;y_2;\eta_2)$ $\text{mit } z_t(x_t;y_t;\eta_t) := \begin{cases} 2(y_t+x_t-\eta_t) & \text{für } y_t+x_t \geqq \eta_t \\ 3(\eta_t-y_t-x_t) & \text{für } y_t+x_t < \eta_t \end{cases}$ $(t = 1,2)$
wobei	$P\{\eta_1 = 2\} = 1/3, \quad P\{\eta_1 = 4\} = 2/3$ $P\{\eta_2 = 0\} = 1/2, \quad P\{\eta_2 = 1\} = 1/2$

einzelnen Perioden vom Zufall abhängig sein zu lassen. Um die Analyse einer stochastischen Version des Beispiels I überschaubar zu halten, wird das Beispiel auf T = 2 Perioden reduziert. Das Beispiel I1 wird im folgenden vollständig formuliert, wobei auf die Bezeichnungen von (I) zurückgegriffen wird (vgl. 1.5.1).

Gesucht ist die Anzahl x_1 und x_2 von Maschinen, die in den Perioden t = 1 und t = 2 derart herzustellen sind, daß bei minimalen Kosten die noch unbekannten Nachfragemengen η_1 und η_2 der Perioden 1 und 2 befriedigt werden. Für η_1 und η_2 gelten die in (I1) angegebenen Wahrscheinlichkeitsfunktionen. η_1 und η_2 sind stochastisch unabhängig. Die Produktionskapazität beträgt 3 ME pro Periode, die des Lagers 3 ME pro Periode. Zu Beginn der ersten Periode befinden sich y_1 = 1 ME auf Lager; y_2 bezeichnet den Lageranfangsbestand zu Beginn der zweiten Periode. Lagerhaltungskosten in Höhe von 2 GE pro ME und Periode fallen in der Periode an, in der Maschinen fertiggestellt und auf Lager genommen werden. Produktionskosten werden bei der Variante I1 vernachlässigt. Im Beispiel I wird durch Nebenbedingungen sichergestellt, daß die vorgegebenen Nachfragemengen voll befriedigt werden können. Im Gegensatz dazu kann es beim Beispiel I1 vorkommen, daß die tatsächliche Nachfrage größer ist als die aus Produktion und Lager verfügbare Anzahl von Maschinen. Für diesen Fall fallen Fehlmengenkosten, die als Gewinneinbußen für verlorengegangene Nachfrage interpretiert werden können, in Höhe von 3 GE pro ME und Periode an. Zusammenfassend ist dieses Beispiel in (I1) dargestellt, wobei einige interpretatorische Fragen zur Alternativenmenge und zur Zielfunktion erst in 2.5.3 im einzelnen beantwortet werden.

2.5.2 Entscheidungsbäume – Beispiel I1

Zur Darstellung mehrstufiger stochastischer Entscheidungsmodelle werden in der entscheidungstheoretischen Literatur vielfach Bäume im Sinne der Graphentheorie herangezogen, die dann die Bezeichnung Entscheidungsbäume tragen (vgl. u.a. SCHLAIFER [1959], S. 590 ff.; LAUX [1971], S. 39 ff.; RAIFFA [1973], S. 25 ff.; LINDLEY [1974], S. 126 ff.; BÜHLMANN/LOEFFEL/NIEVERGELT [1975], S. 17 ff.; KLAUSMANN [1976], S. 8 ff.; BLOHM/LÜDER [1978], S. 212 ff.; KRUSCHWITZ [1978], S. 261 ff.). Entscheidungsbäume bestehen (1.) aus sogenannten Entscheidungsknoten, die auf den verschiedenen Stufen Entscheidungssituationen kennzeichnen und von denen jeweils soviel Pfeile (gerichtete Kanten, oft auch nur: Kanten) ausgehen, wie in dieser Situation Alternativen gegeben sind, (2.) aus sogenannten Endknoten (Blätter), in denen keine Entscheidungen mehr zu treffen sind und die damit Endzustände kennzeichnen, und (3.) aus sogenannten Zufallsknoten (auch Ereignisknoten), in die die Pfeile aus den Entscheidungsknoten münden und von denen jeweils Pfeile ausgehen, und zwar soviel wie Realisationen der zugehörigen Zufallsvariablen möglich sind, die entweder zu weiteren Entscheidungsknoten oder zu Endknoten führen.

Beispiel I1 (Fortsetzung):

Für das Entscheidungsmodell (I1) enthält die Abb. 2.5.1 den zugehörigen Entscheidungsbaum. Für die erste Periode existiert nur ein Entscheidungsknoten, da der Anfangszustand dieser Periode (Lageranfangsbestand der ersten Periode) mit $y_1 = 1$ vorgegeben ist. Die drei zulässigen Alternativen $x_1 = 1$, $x_1 = 2$ und $x_1 = 3$ führen zu drei Zufallsknoten, in denen sich die Nachfrage der ersten Periode mit $\eta_1 = 2$ oder $\eta_1 = 4$ realisiert. Dies führt zu den Entscheidungsknoten der zweiten Stufe, die durch den jeweiligen Anfangszustand (Lageranfangsbestand der zweiten Periode) gekennzeichnet sind. Mit $y_t = 0^-$ wird angedeutet, daß in der Vorperiode Fehlmengen auftraten (t = 2,3). Es folgen wieder Entscheidungen und die Realisationen von η_2. Die sich dann ergebenden Endknoten lassen keine Entscheidungen mehr zu. Zu jedem Endknoten führt ein eindeutiger Weg vom Entscheidungsknoten der ersten Stufe über verschiedene weitere Entscheidungsknoten und Zufallsknoten. Jedem dieser Wege entspricht eine bestimmte numerisch fixierte Folge $\bar{y}_1, \bar{x}_1, \bar{\eta}_1, \bar{y}_2, \bar{x}_2, \bar{\eta}_2, \bar{y}_3$, die eindeutig den Wert der Zielfunktion für die angegebenen Werte der Entscheidungs- und Zufallsvariablen bestimmt. Rechts neben den Endknoten sind die jeweils zugehörigen Werte der Zielfunktion vermerkt.

Entscheidungsbäume haben den Vorteil, mehrstufige stochastische Entscheidungsmodelle in besonders anschaulicher Weise zu beschreiben unter der Voraussetzung, daß sowohl die Zahl der Alternativen als auch die Zahl der Realisationen der Zufallsvariablen auf allen Stufen endlich ist. Abb. 2.5.1 macht darüber hinaus deutlich, daß eine Überschaubarkeit eines Entscheidungsbaumes nur dann gewährleistet ist, wenn sowohl die Zahl der Alternativen, die Zahl der Realisationen der Zufallsvariablen als auch die Zahl der Perioden sehr klein ist.

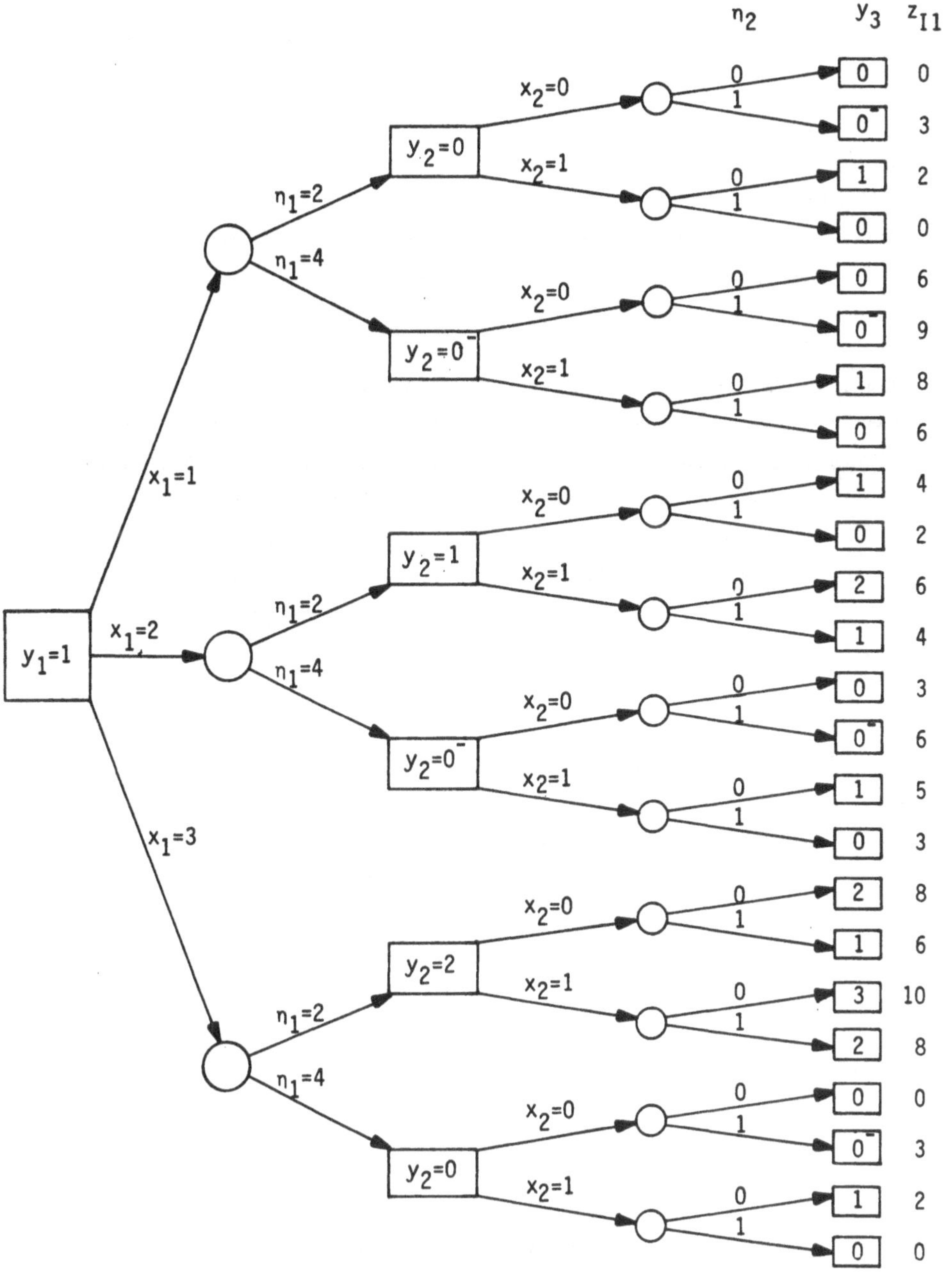

Abb. 2.5.1

2.5.3 Optimale Politik für stochastische mehrstufige Entscheidungsmodelle – Beispiel I1

Beispiel I1 (Fortsetzung):

Beim Beispiel I1 existieren nur endlich viele Werte für die Entscheidungsvariablen x_1 und x_2 und endlich viele Realisationen für die Zufallsvariablen η_1 und η_2. Da in der ersten Periode die minimale Nachfragemenge 2 ME beträgt und nur 1 ME auf Lager liegt, kommen für die Variable x_1 nur die Werte 1, 2 oder 3 in Frage. In der zweiten Periode wird maximal 1 ME nachgefragt, so daß nur $x_2 = 0$ und $x_2 = 1$ betrachtet zu werden brauchen. Insgesamt ergeben sich somit 6 Kombinationen. Da die Zufallsvariablen zu je 2 Realisationen führen können, sind 4 Kombinationen zu berücksichtigen. Was liegt unter diesen Aspekten näher, als das so interpretierte Entscheidungsproblem als ein spezielles Beispiel für das Grundmodell der Entscheidungstheorie aufzufassen? Dies ist in Tab. 2.5.1 geschehen. Als Ersatzzielfunktion wurde der Erwartungswert der Lagerhaltungs- und Fehlmengenkosten gewählt, wie dies bei mehrstufigen stochastischen Entscheidungsmodellen üblich ist. Der minimale Erwartungswert wird bei $(x_1,x_2) = (3,0)$ erreicht. Der vorgetragene Lösungsvorschlag verkennt einen wesentlichen Aspekt stochastischer mehrstufiger Entscheidungsmodelle, und zwar die Abhängigkeit der Entscheidung der zweiten Periode von dem Anfangszustand der zweiten Periode, der zwar nicht zu Beginn der ersten, wohl aber zu Beginn der zweiten Periode bekannt ist.

$P\{\eta_1=\bar\eta_1\}\cdot P\{\eta_2=\bar\eta_2\}$	1/6	1/6	2/6	2/6	
(x_1,x_2) \ $(\bar\eta_1,\bar\eta_2)$	(2,0)	(2,1)	(4,0)	(4,1)	E[...]
(1,0)	0	3	6	9	33/6
(1,1)	2	0	8	6	30/6
(2,0)	4	2	3	6	24/6
(2,1)	6	4	5	3	26/6
(3,0)	8	6	0	3	20/6*
(3,1)	10	8	2	0	22/6

Tab. 2.5.1

Während bei einem deterministischen mehrstufigen Entscheidungsmodell zu Beginn der ersten Periode die Werte der Entscheidungsvariablen für alle Perioden endgültig bestimmt werden können, ist dies bei stochastischen mehrstufigen Entscheidungsmodellen nicht möglich. Entscheidungen in der 2. bis T-ten Periode können nur in Abhängigkeit der jeweils möglichen Anfangszustände, also bedingt, erfolgen. Dieser "Grundsatz, daß bei unsicheren Erwartungen Entscheidungen über zukünftige Aktionen nur in bedingter Form zu treffen sind, wird als Prinzip der *flexiblen Planung* bezeichnet" (HAX [1974], Sp. 1285; vgl. auch LAUX [1971], S. 23).

Nach diesen Vorüberlegungen kann den in 2.5.1 angedeuteten Fragen nachgegangen werden. Zunächst ist hervorzuheben, daß es sich bei (I1) um ein stochastisches Entscheidungsmodell - und nicht um ein Ersatzmodell für ein stochastisches Entscheidungsmodell - handelt. Die Zielfunktion ist von den zufälligen Nachfragemengen n_1 und n_2 sowohl direkt als auch indirekt über den Lageranfangsbestand y_2 abhängig, der seinerseits die Wahl der Produktionsmenge x_2 beeinflussen kann, so daß auch die Alternativenmenge stochastisch ist. Es handelt sich demnach um ein stochastisches Entscheidungsmodell mit all den Fragen, die zu diesem Thema in den vorhergehenden Abschnitten diskutiert wurden, und darüber hinaus mit den Fragen, die aus der Mehrstufigkeit resultieren. Bevor auf eine Definition einer optimalen Politik für stochastische mehrstufige Entscheidungsmodelle eingegangen wird, ist es zweckmäßig, eine Beschreibung eines derartigen Modells zu versuchen.

Ein stochastisches T-stufiges Entscheidungsmodell umfaßt T Alternativenmengen X_t^Q, die die in der t-ten Stufe zur Verfügung stehenden Alternativen x_t enthält, sowie T Zustandsmengen Y_t, deren Elemente y_t die jeweils möglichen Anfangszustände der t-ten Stufe beschreiben; der Anfangszustand y_1 der ersten Stufe ist im allgemeinen bekannt und vorgegeben; aufgrund der Kenntnis des Anfangszustandes y_t der t-ten Periode kann vielfach die Alternativenmenge X_t^Q auf $X_t^0(y_t)$ eingeschränkt werden; es gilt $X_t^0(y_t) \subset X_t^Q$; weiterhin umfaßt das Modell T Zufallsvariablen n_t, deren Realisation auf der t-ten Stufe nach Treffen der t-ten Entscheidung erfolgt $(t = 1,\ldots,T)$; nach der Wahl eines $x_t \in X_t^0(y_t)$ und nach der Realisation von n_t wird durch eine Funktion g_t der Anfangszustand der nachfolgenden Periode bestimmt: $y_{t+1} = g_t(x_t;y_t;n_t)$ $(t = 1,\ldots,T-1)$; jeder

(SEM_T)	$max\ \{z(x;y_1;\eta) \mid x \in X^Q \cap X^0\}$
mit	$x := (x_1,...,x_T)^T$ mit $x_t \in X_t^Q$ (t = 1,...,T) $X^Q := X_1^Q \times ... \times X_T^Q$ $\eta := (\eta_1,...,\eta_T)^T$ $y := (y_1,...,y_T)^T$ mit $y_t \in Y_t$ (t = 1,...,T) $Y := Y_1 \times ... \times Y_T$ $y_1 := \bar{y}_1 \in Y_1$ $y_{t+1} := g_t(x_t;y_t;\eta_t)$ (t = 1,...,T-1) $X^0 := X_1^0(y_1) \times ... \times X_T^0(y_T)$ $z(x;y_1;\eta) := \sum_{t=1}^{T} z_t(x_t;y_t;\eta_t)$
wobei	η_t Zufallsvariable (-nvektor) mit bekannter Verteilung (t = 1,...,T)
Stochastisches mehrstufiges Entscheidungsmodell	

Stufe ist eine (Stufen-)Zielfunktion $z_t(x_t; y_t; \eta_t)$ zugeordnet, deren Summe die zu maximierende (Gesamt-)Zielfunktion ist. Dieses Entscheidungsmodell ist in (SEM_T) zusammengefaßt wiedergegeben.

Das Entscheidungsmodell (SEM_T) ist auf der einen Seite allgemein, insofern ihm kein konkretes Entscheidungsproblem zugrunde liegt. Es ist auf der anderen Seite speziell, weil zur Definition von (SEM_T) implizit eine Reihe von Voraussetzungen gemacht werden. So werden die Zufallsvariablen als stochastisch unabhängig unterstellt; die (Gesamt-)Zielfunktion besteht aus der Summe der (Stufen-)Zielfunktion; die Stufenzahl ist endlich. Um (SEM_T) - in welchem Sinne auch immer - numerisch lösen zu können, müssen sämtliche von η_t abhängige Größen meßbar, d.h. wieder Zufallsvariablen sein, damit irgendwelche Ersatzformulierungen möglich sind. Aufgrund der Funktionen g_t

ist die (Gesamt-)Zielfunktion letztlich nicht von $y_1,\ldots,y_T$, sondern nur von y_1 abhängig.

Die Entscheidung x_t der t-ten Stufe ist von y_t abhängig, der Erfolg $z_t(x_t;y_t;\eta_t)$ ist zusätzlich noch von η_t abhängig ($t = 1,\ldots,T$). Diese Oberlegung führt zu folgender Definition: Eine optimale Politik (optimale Strategie oder optimale Steuerung) für das stochastische mehrstufige Entscheidungsmodell (SEM_T) ist ein Vektor $(x_1^*(y_1),\ldots,x_T^*(y_T))$, dessen Komponenten für jede Periode die optimale Entscheidung in Abhängigkeit von y_t angeben ($t = 1,\ldots,T$) und durch den eine Ersatzzielfunktion (meist der Erwartungswert) der stochastischen (Gesamt-)Zielfunktion maximiert wird (vgl. u.a. ZSCHOCKE [1964], S. 103; BAMBERG/COENENBERG [1977], S. 200). Wie aber läßt sich eine so definierte optimale Politik bestimmen?

Stochastische mehrstufige Entscheidungsmodelle können unter gewissen Voraussetzungen nach dem Prinzip der Rückwärtsrekursion, einem Iterationsverfahren der dynamischen Programmierung, numerisch gelöst werden. Dieses Prinzip besteht darin, daß man zuerst die optimale Entscheidung der letzten Stufe in Abhängigkeit von deren Anfangszustand bestimmt. Sodann wird die optimale Entscheidung der vorletzten Stufe in Abhängigkeit von deren Anfangszustand und unter Verwendung der schon ermittelten optimalen Entscheidungen der letzten Stufe ermittelt. Diese Vorgehensweise wird bis zur ersten Stufe fortgesetzt (vgl. u.a. GESSNER/WACKER [1972], S. 50 ff.; SCHNEEWEISS [1974], S. 136 ff.; NEUMANN [1977], S. 93 ff.). Das angedeutete Iterationsverfahren wird nunmehr am Beispiel I1 näher erläutert, nicht weil dieses Verfahren an sich in diesem Zusammenhang von Interesse ist, sondern weil dessen Kenntnis für das Verständnis einer optimalen Politik wichtig ist und nur so gezeigt werden kann, daß die in Tab. 2.5.1 angegebene Lösung falsch ist.

Beispiel I1 (Fortsetzung):

Für die drei möglichen Lageranfangsbestände der zweiten (letzten) Periode werden zunächst die optimalen Entscheidungen ermittelt:

$y_2=0$: $\omega_2^*(0) := \min \{E[z_2(x_2;0;\eta_2)] \mid x_2 \in \{0,1\}\}$

$= \min \{(0+3)/2;(2+0)/2\} = 1$ mit $x_2^*(0) = 1$

$y_2=1$: $\omega_2^*(1) := \min \{E[z_2(x_2;1;\eta_2)] \mid x_2 \in \{0,1\}\}$

$= \min \{(2+0)/2;(4+2)/2\} = 1$ mit $x_2^*(1) = 0$

$y_2=2$: $\omega_2^*(2) := \min \{E[z_2(x_2;2;\eta_2)] \mid x_2 \in \{0,1\}\}$

$= \min \{(4+2)/2;(6+4)/2\} = 3$ mit $x_2^*(2) = 0$.

Für die erste (vorletzte) Periode ist der Lageranfangsbestand $y_1 = 1$ vorgegeben. Für alle zulässigen Werte von x_1 und alle möglichen Realisationen von η_1 können damit der Zielfunktionswert $z_1(x_1;1;\eta_1)$ bestimmt, darüber hinaus der zugehörige Lageranfangsbestand y_2 und weiterhin die optimale Entscheidung der zweiten Periode ermittelt werden. Der (stochastische) Wert der Zielfunktion der ersten Periode zuzüglich des minimalen, von y_2 abhängigen Wertes der Zielfunktion der zweiten Periode lautet für $y_1 = 1$:

$$Z_1(x_1;1;\eta_1) := z_1(x_1;1;\eta_1) + \omega_2^*(y_2)$$
$$= z_1(x_1;1;\eta_1) + \omega_2^*(\max \{0;1+x_1-\eta_1\}).$$

Der Erwartungswert von $Z_1(x_1;1;\eta_1)$ ist in diesem Beispiel gleich dem Erwartungswert der (Gesamt-)Zielfunktion; er ist über $X_1^0(1) = \{x_1 \in X_1^Q \mid 2 \leqq x_1 + 1 \leqq 4\} = \{1,2,3\}$ zu minimieren. Im einzelnen gilt für

$x_1=1$: $E[Z_1(1;1;\eta_1)] = ((0+1)1/3+(6+1)2/3) = 5$

$x_1=2$: $E[Z_1(2;1;\eta_1)] = ((2+1)1/3+(3+1)2/3) = 3\ 2/3$

$x_1=3$: $E[Z_1(3;1;\eta_1)] = ((4+3)1/3+(0+1)2/3) = 3^*$.

Damit lautet die optimale Politik:

$$x_1^*(y_1) = x_1^*(1) = 3$$

$$x_2^*(y_2) = \begin{cases} 1, & \text{falls } y_2 = 0 \text{ bzw. } \eta_1 = 4 \\ 0, & \text{falls } y_2 = 2 \text{ bzw. } \eta_1 = 2. \end{cases}$$

Wegen $y_1 = 1$ und $x_1 = 3$ kann $y_2 = 1$ nicht vorkommen. Der minimale Erwartungswert der relevanten Kosten beträgt 3 GE und ist damit um 1/3 GE geringer als der Kostenerwartungswert bei der "starren" Lösung aufgrund der Tab. 2.5.1.

2.6 Nutzentheoretische Aspekte

2.6.1 Vorbemerkungen

Solange entscheidungstheoretische Überlegungen an Beispielen demonstriert werden, denen ökonomische, speziell betriebswirtschaftliche Probleme zu grunde liegen, drängt sich die Frage nach der Existenz einer Zielfunktion und der Meßbarkeit ihrer Werte nicht mit besonderem Nachdruck auf, da in derartigen Beispielen zu extremierende Zielfunktionen gleichsam unmittelbar aus der Problemstellung abgeleitet werden können. So gelangt man bei Investitionsentscheidungen von mehrperiodigen Ein- und Auszahlungen sogleich zu einer zu maximierenden Kapitalwertfunktion und bei Entscheidungen im Bereich der Lagerhaltung von den hierbei relevanten Kosten unmittelbar zu einer zu minimierenden Kostenfunktion. Die aufgeworfene Frage erscheint jedoch in einem anderen Licht, wenn ein Individuum eine Entscheidung zu treffen hat, deren Auswirkungen weder unmittelbar noch mittelbar in meßbaren Größen wie etwa Geldeinheiten angegeben werden können.

Bei der Einführung von Zielfunktionen in 1.4.1 wurde unterstellt, daß eine Zielfunktion die Alternativenmenge in die reelle Zahlengerade abbildet ($z: X \rightarrow \mathbb{R}$). Obwohl sich diese Annahme vielfach, wie auch in dieser Schrift, als recht brauchbar erwiesen hat, gehört sie zu den permanent beliebten kritischen Diskussionspunkten in der entscheidungstheoretischen Literatur. So erstaunt es wenig, wenn sich entscheidungstheoretische Forscher schon recht früh mit der Frage beschäftigt haben, ob diese Annahme durch plausible Axiome gestützt werden kann.

Betrachtet man das Basismodell (DEM), dann müssen, sofern überhaupt ein Entscheidungsproblem vorliegt, die Elemente von X Eigenschaften haben, die anzeigen, wie sehr die verschiedenen Alternativen für den Entscheidungsträger erstrebenswert sind. Eine Größe, die als Maß für die Eigenschaft "erstrebenswert" dienen kann, heißt Nutzen. Da bei der Einführung von Zielfunktionen in 1.4.1 deren Dimensionen nicht festgelegt wurden, könnte auch davon ausgegangen werden, daß z(x) in (DEM) in Nutzeneinheiten (NE) gemessen wird, daß demnach z(x) eine Nutzenfunktion ist, die die Elemente einer Alternativenmenge in die Menge der reellen Zahlen abbildet (vgl. MENGES [1974], S. 40).

Die Frage nach der Existenz einer Nutzenfunktion bleibt mit den bisherigen Überlegungen weiterhin unbeantwortet. Nutzentheoretiker haben in diesem Zusammenhang Axiomensysteme entwickelt - und um deren Vollständigkeit und deren mögliche Reduzierbarkeit gerungen -, die notwendig und hinreichend dafür sind, daß eine Nutzenfunktion für ein Entscheidungsproblem mit einer Alternativenmenge X existiert. Über eine zentrale Aussage der Nutzentheorie wird im folgenden referiert.

Zunächst werden zwei Axiome angegeben:

Axiom 1.1:

Die Menge X ist vollständig prägeordnet.

(Eine Menge X heißt vollständig prägeordnet (quasigeordnet), wenn auf ihr eine binäre Relation R existiert mit folgenden Eigenschaften:

a_1) Für beliebiges $x \in X$ gilt: xRx (Reflexivität),

a_2) für beliebige $x_1, x_2, x_3 \in X$ gilt:
aus x_1Rx_2 und x_2Rx_3 folgt x_1Rx_3 (Transitivität),

b) für beliebige $x_1, x_2 \in X$ gilt:
x_1Rx_2 oder x_2Rx_1 (Vollständigkeit).

Eine mögliche Interpretation ist:
Für $x_1, x_2 \in X$ ist x_1Rx_2 gleichbedeutend mit der Aussage:
x_1 wird x_2 nicht vorgezogen (vgl. 1.5.1 Exkurs).)

Axiom 1.2:

Es existiert eine abzählbare Teilmenge Y von X, die ordnungsdicht in X ist.

(Eine Menge $Y \subset X$ heißt genau dann ordnungsdicht in X, wenn für beliebige $x_1, x_3 \in X$, für die jedoch $x_1, x_3 \notin Y$ gilt, mit x_1Rx_3 ein $x_2 \in Y$ existiert, so daß x_1Rx_2 und x_2Rx_3 gilt.)

Auf der Grundlage dieser zwei Axiome kann folgender Satz bewiesen werden:

Satz 2.6.1:

X sei eine Alternativenmenge, auf der eine binäre Relation R definiert ist. Die Axiome 1.1 und 1.2 gelten genau dann, wenn jedem $x \in X$ eine reelle Zahl $u(x)$ derart zugeordnet werden kann, daß für beliebige

$x_1, x_2 \in X$ genau dann $x_1 R x_2$ gilt, wenn $u(x_1) \leqq u(x_2)$ ist

(vgl. u.a. DEBREU [1954]; SCHNEEWEISS [1963], S. 190 ff.; LUCE/SUPPES [1965], S. 259 ff.; FISHBURN [1967/68], S. 344 f.; FISHBURN [1970], S. 26 ff.; HENN/OPITZ [1970], S. 30 ff.; PFANZAGL [1971], S. 74 f.; MENGES [1974], S. 50 ff.; FERSCHL [1975], S. 31 ff.; RAUHUT/SCHMITZ/ZACHOW [1979], S. 37 ff.).

Eine Zuordnung u(x) im Sinne von Satz 2.6.1 heißt Nutzenfunktion. Sie ist eindeutig bis auf eine streng monotone Transformation bestimmt. Nutzenfunktionen mit dieser Eigenschaft heißen in ökonomischen Zusammenhängen auch ordinale Nutzenfunktionen; man spricht vom ordinalen Nutzen (vgl. u.a. SCHUMANN [1971], S. 25 ff.).

Offensichtlich bereitet es keine Schwierigkeit, die Notwendigkeit des Axioms 1.1 in der angegebenen oder einer ähnlichen Form einzusehen. Das Axiom 1.2 ist anschaulich weniger zugänglich; es beinhaltet etwas, was man grob mit "Stetigkeit" umschreiben könnte, und wird in der Literatur auch in anderen Varianten dargestellt. Hat X abzählbar viele Elemente, ist Axiom 1.2 für Satz 2.6.1 überflüssig. Es würde dem einführenden Charakter dieses Abschnittes widersprechen, auf weitere Einzelheiten einzugehen.

Bei einer Betrachtung des Satzes 2.6.1 kann man sich die Frage stellen, ob denn dieser Satz eigentlich "mehr" aussagt, als was in den Axiomen 1.1 und 1.2 bereits enthalten ist. Diese Frage ist klar zu verneinen. Dieser Satz stellt im wesentlichen nur die formale Äquivalenz zwischen der Existenz einer Nutzenfunktion und dem Vorhandensein gewisser Eigenschaften der Alternativenmenge X her. Damit ist die Frage der Existenz einer Nutzenfunktion auf eine andere Ebene verlagert. Die Frage ihrer Existenz in dem Sinne, ob entscheidende Individuen in der Tat Nutzenfunktionen besitzen, bleibt unbeantwortet.

Bei den deterministischen Beispielen in 1.2 können die Alternativen $x \in X$ stets durch die reellen Werte z(x) der jeweiligen Zielfunktion ersetzt werden. Für reelle Zahlen sind die beiden Axiome trivialerweise erfüllt, so daß die Existenz einer Nutzenfunktion gesichert ist. Ohne auf die in diesem Unterabschnitt aufgeworfene Problematik eingegangen zu sein, wurde in den vorhergehenden Abschnitten stets die Äquivalenz von Nutzenfunktion und Zielfunktion unterstellt. Wie im folgenden Unterabschnitt gezeigt wird, wirft die Frage der Existenz einer Nutzenfunktion bei stochastischen Entscheidungsmodellen einige neue Aspekte auf.

2.6.2 Erwartungsnutzen – Beispiel D7

Das Charakteristische eines deterministischen Entscheidungsmodells besteht u.a. darin, daß jeder Alternative $x \in X$ eindeutig - nicht notwendig eineindeutig - eine reelle Zahl z(x), der Wert der Zielfunktion, zugeordnet werden kann; bei Entscheidungsmodellen mit stochastischen Zielfunktionen (vgl. (SEM_z) in 2.1.4) kann hingegen jede Alternative $x \in X$ durch eine Wahrscheinlichkeitsfunktion oder -dichte ersetzt werden. Da in diesem Unterabschnitt nur einige ausgewählte Aspekte einer stochastischen Nutzentheorie dargestellt werden, wird von dem Grundmodell der Entscheidungstheorie mit gegebener Wahrscheinlichkeitsfunktion (vgl. Beispiel D in 1.2.4) ausgegangen, d.h. von einer endlichen Alternativenmenge $X := \{a_1,...,a_N\}$, deren Elemente diskrete Wahrscheinlichkeitsfunktionen sind, für die auch die Bezeichnung Lotterien verbreitet ist. Nachfolgend werden zunächst drei Axiome formuliert.

Axiom 2.1 (ordinales Prinzip):

Die Menge X (der Wahrscheinlichkeitsfunktionen) ist vollständig prägeordnet (vgl. Axiom 1.1).

Axiom 2.2 (Substitutionsaxiom, Unabhängigkeitsaxiom, sure-thing-Prinzip):

Für $a_1,a_2,a_3 \in X$ mit a_1Ra_2 und für p mit $0 < p < 1$ gilt:
$(pa_1 + (1-p)a_3)R(pa_2 + (1-p)a_3)$.

Axiom 2.3 (Stetigkeitsaxiom, archimedisches Prinzip):

Für $a_1,a_2,a_3 \in X$ mit a_1Ra_2 und a_2Ra_3 existieren Zahlen p und q mit $0 < p, q < 1$, so daß gilt: $(pa_1 + (1-p)a_3)Ra_2$ und $a_2R(qa_1 + (1-q)a_3)$.

Auf der Grundlage dieser Axiome kann folgender Satz bewiesen werden:

Satz 2.6.2:

Auf der Menge X der Wahrscheinlichkeitsfunktionen sei eine binäre Relation definiert. Die Axiome 2.1, 2.2 und 2.3 gelten genau dann, wenn jedem $a_n \in X$ eine reelle Zahl $u(a_n)$ derart zugeordnet werden kann ($n = 1,\ldots,N$), daß für $a_1,a_2 \in X$ und $0 \leqq p \leqq 1$ gilt:

a) $a_1 R a_2$ genau dann, wenn $u(a_1) \leqq u(a_2)$,

b) $u(pa_1 + (1-p)a_2) = pu(a_1) + (1-p)u(a_2)$

(vgl. u.a. NEUMANN/MORGENSTERN [1961], S. 642 ff.; LUCE/RAIFFA [1957], S. 23 ff.; SCHNEEWEISS [1967], S. 73 ff.; FISHBURN [1967/68], S. 354 ff.; BORCH [1969], S. 42 ff.; FISHBURN [1970], S. 103 ff.; GOTTINGER [1974], S. 30 ff.; MENGES [1974], S. 53 ff.; FERSCHL [1975], S. 43 ff.; BAMBERG/COENENBERG [1977], S. 75 ff.; VÖLCKER [1979], S. 85 ff.).

Die im Satz 2.6.2 erwähnte Zuordnung heißt u.a. Erwartungsnutzen, Risiko-Nutzen, BERNOULLI-Nutzen oder NEUMANN-MORGENSTERN-Nutzen. Diese Nutzenfunktion ist eindeutig bis auf eine ordnungs-erhaltende lineare Transformation. Der Satz 2.6.2 ist die Grundlage des bekannten BERNOULLI-Prinzips.

Es gibt für den Entscheidungsträger eine Funktion $u(z(x;\gamma))$, seine (subjektive) Nutzenfunktion, so daß seine Ersatzzielfunktion die Gestalt

$$\omega(x) = E[u(z(x;\gamma))]$$

annimmt.

(vgl. u.a. SCHNEEWEISS [1967], S. 61; BAMBERG/COENENBERG [1977], S. 66).

Im Gegensatz zum deterministischen Nutzen (vgl. 2.6.1) kann beim stochastischen Nutzen die Nutzenfunktion nicht direkt über X definiert werden, sondern nur über den Ergebnissen, die bei einer Alternative $x \in X$ möglich sind. Im diskreten Fall können etwa die Ergebnisse $z_{n1},\ldots,z_{nL}$ mittels $u(z(x;\gamma))$ in Nutzenwerte $u(z_{n1}),\ldots,u(z_{nL})$ transformiert werden ($n = 1,\ldots,N$). Wenn die Ergebnisse mit den Wahrscheinlichkeiten $p_1,\ldots,p_L$ eintreten, würde der Entscheidungsträger bei Beachtung des BERNOULLI-Prinzips diejenigen Elemente aus X als optimal bezeichnen, die

$$\omega(a_n) := p_1 u(z_{n1}) + \ldots + p_L u(z_{nL})$$

bezüglich n maximieren. Der Unterschied gegenüber dem Erwartungswertmodell in 2.2.1 besteht darin, daß die ursprünglichen Zielfunktionswerte vor Bildung des Erwartungswertes in Nutzenwerte transformiert werden können. Dabei ist wesentlich, "daß man durch entsprechende Formgebung der Nutzenfunktion die verschiedensten Risikoverhalten eines Entscheidenden beschreiben kann und daß daher das BERNOULLI-Prinzip ungemein flexibel ist" (SCHNEEWEISS [1967], S. 63). Das nachfolgende Beispiel D7 wird diesen Sachverhalt verdeutlichen.

Ist das BERNOULLI-Prinzip eine Norm, die ein Entscheidungsträger zu beachten hat, oder ist es eine Verhaltenshypothese oder eine theoretische Spielerei? Diese Frage kann hier nicht beantwortet werden; sie wird jedoch durch die Wiedergabe einiger unterschiedlicher Betrachtungsweisen ein wenig beleuchtet.

a) Geht man von den Axiomen 2.1 bis 2.3 aus und hält diese für wahr, dann folgt aus ihnen die Aussage des Satzes 2.6.2 und damit das BERNOULLI-Prinzip, aber nicht mehr. Das Axiomensystem impliziert weder, daß eine Nutzenfunktion $u(z(x;\gamma))$ bestimmt werden kann, noch, daß ein Entscheidungsträger das BERNOULLI-Prinzip seiner Entscheidungsfindung zugrunde legt.

b_1) Man kann die Axiome 2.1 bis 2.3 in Frage stellen und bei bestimmten Entscheidungsproblemen empirisch überprüfen. Fällt eine derartige Überprüfung negativ aus, dann fehlt eine empirische Bestätigung der Axiome; hierbei wird allerdings die Gültigkeit der Aussage von Satz 2.6.2 nicht berührt. Kann die Existenz der Axiome empirisch nachgewiesen werden, ist damit kasuistisch der Satz 2.6.2 bzw. das BERNOULLI-Prinzip empirisch untermauert, doch folgt daraus keineswegs, daß sich ein bestimmter Entscheidungsträger nach dem BERNOULLI-Prinzip verhält oder daß die Nutzenfunktion dieses Entscheidungsträgers ermittelt werden kann.

b_2) Ein ebenso schwieriges Unterfangen besteht darin, die Nutzenfunktion $u(z(x;\gamma))$ für ein bestimmtes Entscheidungsproblem empirisch zu bestimmen. Selbst dann, wenn ein solcher Versuch zum Erfolg führen würde, hätte dies jedoch nicht eine generelle Gültigkeit des BERNOULLI-Prinzips zur Folge.

c_1) Geht man davon aus, daß die angegebenen Axiome nicht nur plausibel sind, sondern auch als die einzig wahren anerkannt werden, und fordert man daher - präskriptiv, normativ, imperativisch -, daß das BERNOULLI-Prinzip bei Entscheidungen unter Risiko zwingend anzuwenden ist, dann würde dieses Verhalten einen Eingriff in die menschliche Entscheidungsfreiheit bedeuten. Wodurch könnte aber ein solcher Eingriff gerechtfertigt werden, wenn er mehr als eine Empfehlung darstellen sollte?

c_2) Eine häufig anzutreffende Vorgehensweise besteht darin, daß man - gewissermaßen als Arbeitshypothese - unterstellt, daß ein Entscheidungsträger sich nach dem BERNOULLI-Prinzip verhalte. Diese fundamentale Unterstellung erleichtert im allgemeinen die numerische Lösung von stochastischen Entscheidungsmodellen, insbesondere dann, wenn eine Nutzenfunktion bereits vorliegt. Für eine derartige Unterstellung spricht, daß sie axiomatisch untermauert ist. Das BERNOULLI-Prinzip hingegen als einziges Lösungskonzept zu vertreten, würde jedoch in manchen Entscheidungsproblemen einer groben, möglicherweise ungerechtfertigten Beeinflussung gleichkommen.

In zahlreichen Abhandlungen ist untersucht worden, inwieweit das BERNOULLI-Prinzip mit bekannten Ersatzzielfunktionen für das stochastische Entscheidungsmodell (SEM_Z) mit stochastischer Zielfunktion vereinbar ist (vgl. insbesondere SCHNEEWEISS [1967], Teil II). Ob das BERNOULLI-Prinzip auch beim stochastischen Entscheidungsmodell (SEM_X) mit stochastischer Alternativenmenge hilfreich sein kann, scheint noch ungeklärt zu sein. - Durch die mannigfaltigen Aspekte des BERNOULLI-Prinzips und die daraus resultierenden häufigen Mißverständnisse bedingt, hat das BERNOULLI-Prinzip neuerdings wieder lebhaftes wissenschaftliches Interesse gefunden (vgl. u.a. KOCH [1974]; BITZ/ROGUSCH [1976]; JACOB/LEBER [1976]; KOCH [1977]; KRELLE [1978]; HIERONIMUS [1979]; ENGELKAMP [1980]).

<u>Beispiel D7:</u>

Das Beispiel D (vgl. 1.2.4) wird im Rahmen dieses Unterabschnitts nach dem BERNOULLI-Prinzip mit drei unterschiedlichen Nutzenfunktionen numerisch gelöst.

a) Die erste Nutzenfunktion lautet $u_a(z) = 6z$ für $-10 \leqq z \leqq 10$. Sie ist, wie man sagt, risikoneutral; es handelt sich dabei um nichts anderes als eine Streckung. Unabhängig von dem Wert z ist der Nutzen stets sechsmal so groß. In Tab. 2.6.1a sind die Nutzenwerte berechnet. Die optimale Lösung ist $x^* = a_4$ mit $E[u_a(z(a_4;\gamma))] = 14$. Sie stimmt - selbstverständlich - mit der optimalen Lösung des Erwartungswertmodells (vgl. Beispiel D1 in 2.2.2) überein.

b) Die zweite Nutzenfunktion hat die Form $u_b(z) = -0{,}3z^2 + 6z$ für $-10 \leqq z \leqq 10$. Sie ist nichtlinear; ihre erste Ableitung $u_b'(z) = -0{,}6z + 6$ ist über ihrem Definitionsbereich streng monoton fallend. Man sagt, sie repräsentiere risikoscheues Verhalten, da steigende - damit auch "risiko-

p_ℓ	1/6	2/6	1/6	2/6	$E[u_a(z)]$
X_D \ Γ_D	γ_1	γ_2	γ_3	γ_4	
a_1	36	42	-42	-6	11
a_2	-24	0	48	24	12
a_3	6	6	12	18	11
a_4	0	36	12	0	14*

Tab. 2.6.1a

reichere" - Werte von z zunehmend weniger Nutzen ergeben. Die Werte der Nutzenfunktion $u_b(z)$ sind für das Beispiel D7 in Tab. 2.6.1b zusammengestellt. Die optimale Lösung ist wieder $x^* = a_4$ mit $E[u_b(z(a_4;\gamma))] = 10{,}2$.

p_ℓ	1/6	2/6	1/6	2/6	$E[u_b(z)]$
X_D \ Γ_D	γ_1	γ_2	γ_3	γ_4	
a_1	25,2	27,3	-56,7	-6,3	1,75
a_2	-28,8	0	28,8	19,2	6,40
a_3	5,7	5,7	10,8	15,3	9,75
a_4	0	25,2	10,8	0	10,20

Tab. 2.6.1b

c) Schließlich wird von der nichtlinearen Nutzenfunktion $u_c(z) = 0{,}3z^2 + 6z$ für $-10 \leqq z \leqq 10$ ausgegangen. Ihre erste Ableitung $u_c'(z) = 0{,}6z + 6$ ist über $-10 \leqq z \leqq 10$ streng monoton steigend. Man spricht von Risikofreudigkeit. Die in Tab. 2.6.1c wiedergegebenen Werte für dieses Beispiel zeigen, daß nunmehr die "risikoreichere" Alternative a_1 optimal ist mit $E[u_c(z(a_1;\gamma))] = 20{,}25$ (vgl. Beispiel D2 in 2.2.3).

p_ℓ	1/6	2/6	1/6	2/6	$E[u_c(z)]$
X_D \ Γ_D	γ_1	γ_2	γ_3	γ_4	
a_1	46,8	56,7	-27,3	-5,7	20,25*
a_2	-19,2	0	67,2	28,8	17,60
a_3	6,3	6,3	13,2	20,7	12,25
a_4	0	46,8	13,2	0	17,80

Tab. 2.6.1c

2.6.3 Dominanzprinzip und stochastische Dominanz – Beispiel D8

Für Entscheidungsmodelle mit stochastischen Zielfunktionen (vgl. (SEM_z) in 2.1.4) wurden in 2.2 verschiedene deterministische Ersatzmodelle formuliert und diskutiert, mit deren Hilfe bezüglich der jeweiligen Ersatzzielfunktion optimale Lösungen ermittelt werden konnten. In diesem Unterabschnitt werden für diese Entscheidungsmodelle einige Dominanzkonzepte vorgestellt, mit deren Hilfe gegebenenfalls Alternativen ausgesondert werden können, die bei Unterstellung bestimmter Nutzenfunktionen auf keinen Fall optimal sind. Dominanzkonzepte können, wenn es gelingt, durch sie "viele" Alternativen auszuschließen, sehr nützlich sein; sie führen aber im allgemeinen nicht zwingend zu einer - wie auch immer verstandenen - optimalen Lösung eines stochastischen Entscheidungsmodells.

Zunächst wird das (gewöhnliche, d.h. das "nicht stochastische") Dominanzprinzip definiert: Wenn bei einem Entscheidungsmodell (SEM_z) mit einer diskreten Zufallsvariablen für zwei Alternativen $a_1 \in X$ und $a_2 \in X$ gilt

$$z(a_1;\gamma_\ell) \geqq z(a_2;\gamma_\ell) \qquad \text{für } \ell = 1,\ldots,L$$

und

$$z(a_1;\gamma_\ell) > z(a_2;\gamma_\ell) \qquad \text{für wenigstens ein } \ell \in \{1,\ldots,L\},$$

dann sagt man, daß die Alternative a_1 die Alternative a_2 (streng) dominiert, in Kurzform: $a_1 >_0 a_2$ (vgl. u.a. FISHBURN [1964], S. 56 f.; SCHNEEWEISS [1967], S. 25 f.). Für alle Realisationen von γ_ℓ ist der Zielfunktionswert von a_1 mindestens so groß wie der von a_2 und für wenigstens ein γ_ℓ ist er echt größer, so daß ein rational handelnder Entscheidungsträger offensichtlich niemals die dominierte Alternative a_2 realisieren würde (vgl. die Definition effizienter Alternativen in 3.1.2). In Hinblick auf weitere Dominanzkonzepte könnte man hier von einer stochastischen Dominanz 0. Grades sprechen. Bei der Analyse des "Grundmodells der Entscheidungstheorie" geht man häufig davon aus, daß die dominierten Alternativen bereits ausgesondert wurden; so enthält das Beispiel D (vgl. 1.2.4) auch nur nicht dominierte Alternativen. Bei einer Definition des Dominanzprinzips für stochastische Entscheidungsmodelle (SEM_z) mit einer stetigen Zufallsvariablen ist zu beachten, daß sich die Zufallsvariablen $z(a_1;\gamma)$ und $z(a_2;\gamma)$ hinreichend je nach unterstelltem Wahrscheinlichkeitsraum unterscheiden müssen.

Das Dominanzprinzip kann direkt auf das Entscheidungsmodell (SEM_z) angewandt werden, ohne daß der Entscheidungsträger zusätzliche Angaben über seine speziellen Risikopräferenzen angeben muß. Diesem Vorteil steht der Nachteil gegenüber, daß mit Hilfe des Dominanzprinzips nur in sehr speziellen Fällen eine optimale Lösung von (SEM_z) gefunden werden kann. Dies ist dann der Fall, wenn nur eine einzige nicht dominierte Alternative existiert (vgl. die Definition einer perfekten Alternative in 3.1.2). Durch Unterstellung bestimmter Nutzenfunktionen und durch Übergang zum Erwartungswert kommt man zur stochastischen Dominanz ersten, zweiten und dritten Grades, mit der im allgemeinen - wegen der stärkeren Voraussetzungen - mehr Alternativen als nach dem Dominanzprinzip ausgesondert werden können.

Eine besondere Rolle bei der Definition der stochastischen Dominanz spielen verschiedene Klassen von Nutzenfunktionen, die zuvor eingeführt werden. Der Definitionsbereich dieser Nutzenfunktionen sei $Z := \{z \in \mathbb{R} \mid \underline{z} \leqq z \leqq \bar{z}\}$, und dessen Inneres sei $Z^o := \{z \in \mathbb{R} \mid \underline{z} < z < \bar{z}\}$ mit $\underline{z} < \bar{z}$. Für den Definitionsbereich Z muß weiterhin gelten:

$$\underline{z} \leqq \min \{z(x;\gamma) \mid x \in X, \gamma \in \Gamma\} \leqq z \leqq \max \{z(x;\gamma) \mid x \in X, \gamma \in \Gamma\} \leqq \bar{z},$$

damit die Nutzenfunktion u(z) für jeden möglichen Wert der Zielfunktion $z(x;\gamma)$ definiert ist. In Anlehnung an FISHBURN/VICKSON ([1978] , S. 51 ff.) wird definiert:

$U_1 := \{u(z) \mid u(z),\ u'(z)$ stetig und beschränkt auf $Z,\ u'(z) > 0$ für $z \in Z^0\}$,

$U_2 := \{u(z) \in U_1 \mid u''(z)$ stetig und beschränkt auf $Z,\ u''(z) < 0$ für $z \in Z^0\}$,

$U_3 := \{u(z) \in U_2 \mid u'''(z)$ stetig und beschränkt auf $Z,\ u'''(z) > 0$ für $z \in Z^0\}$.

Die Nutzenfunktionen aus U_1 sind streng monoton steigend, enthalten aber weder spezifische Risikopräferenzen noch Sättigungseigenschaften. Eine negative zweite Ableitung $u''(x)$ impliziert die strenge Konkavität von $u(x)$, dieses besagt wiederum, daß eine Nutzenfunktion $u(x)$ aus U_2 risikoscheues Verhalten wiedergibt; der Grenznutzen $u'(x)$ ist streng monoton fallend. Die Nutzenfunktionen $u(x)$ aus U_3 haben zusätzlich die Eigenschaft, daß die Risikoaversion mit steigendem x abnimmt; $u'''(z) > 0$ besagt, daß $u''(z)$ streng monoton wächst, d.h., daß $|u''(z)|$ immer kleiner wird und damit die Krümmung von $u(x)$ zunehmend "flacher" wird (zu weiteren Einzelheiten vgl. FISHBURN/VICKSON [1978], S. 55 ff.).

Nach diesen Vorbemerkungen kann nunmehr die stochastische Dominanz ersten, zweiten und dritten Grades für ein stochastisches Entscheidungsmodell (SEM_Z) definiert werden: Eine Alternative $a_1 \in X$ dominiert genau dann eine Alternative $a_2 \in X$ im Sinne einer stochastischen Dominanz i-ten Grades ($i = 1,2,3$), in Kurzform: $a_1 >_i a_2$, wenn für alle Nutzenfunktionen $u(z) \in U_i$ gilt

$$E[u(z(a_1;\gamma))] > E[u(z(a_2;\gamma))],$$

wenn somit der Erwartungswert des Nutzen bei a_1 größer als bei a_2 ist (vgl. BAWA [1975], S. 99 f.; FISHBURN/VICKSON [1978], S. 64). Wie kann man aber nachprüfen, ob die angegebene Ungleichung für alle Nutzenfunktionen aus einer bestimmten Menge gilt? Im Beispiel D7 in 2.6.2 wurde das Beispiel D für die drei verschiedenen Nutzenfunktionen $u_a(z) = 6z$, $u_b(z) = -0{,}3z^2 + 6z$ und $u_c(z) = 0{,}3z^2 + 6z$ gelöst. Für alle drei Nutzenfunktionen ist $u'(z) > 0$ für $z \in Z^0 = \{z \in \mathbb{R} \mid -10 < z < 10\}$, so daß sie sämtlich aus U_1 sind. Zwar gilt $a_4 >_1 a_2$ und $a_4 >_1 a_3$ für die drei betrachteten Nutzenfunktionen; dies beinhaltet jedoch keine Dominanzbeziehung ersten Grades, weil noch andere Nutzenfunktionen aus U_1 existieren können, für die $a_4 >_1 a_2$ und $a_4 >_1 a_3$ nicht erfüllt sind. Die Sinnhaftigkeit der Definition stochastischer Dominanz ist demnach nur dann gegeben, wenn es Kriterien gibt, mit deren Hilfe eine Dominanzbeziehung nachgewiesen werden kann. Derartige Kriterien enthält der folgende Satz:

<u>Satz 6.2.3 (stochastic dominance theorem):</u>

Für ein stochastisches Entscheidungsmodell (SEM_Z) seien $a_n \in X$ sowie

$$F_n(t) := F_{z(a_n;\gamma)}(t) = P\{z(a_n;\gamma) \leqq t\}$$

$$FF_n(t) := \int_{-\infty}^{t} F_n(s)ds$$

$$FFF_n(t) := \int_{-\infty}^{t} FF_n(s)ds$$

($n = 1,2$); ferner seien $F_1(t)$ und $F_2(t)$ nicht identisch. Dann gilt:

$a_1 >_1 a_2$ genau dann, wenn $F_2(t) \geqq F_1(t)$ für $t \in \mathbb{R}$

$a_1 >_2 a_2$ genau dann, wenn $FF_2(t) \geqq FF_1(t)$ für $t \in \mathbb{R}$

$a_1 >_3 a_2$ genau dann, wenn $E[z(a_1;\gamma)] \geqq E[z(a_2;\gamma)]$

und $FFF_2(t) \geqq FFF_1(t)$ für $t \in \mathbb{R}$

(vgl. u.a. BAWA [1975], S. 100 ff. ; FISHBURN/VICKSON [1978], S. 65 ff.).

Inwieweit die Voraussetzungen dieses Satzes in bezug auf die Eigenschaften der unterstellten Nutzenfunktionen abgeschwächt werden können, wird hier nicht weiter betrachtet (vgl. hierzu FISHBURN/VICKSON [1978], S. 102 ff.).

Die Aussage des Satzes bezüglich der stochastischen Dominanz ersten Grades läßt sich grob wie folgt beschreiben: Es gilt $a_1 >_1 a_2$ genau dann, wenn mit gleicher Wahrscheinlichkeit bei a_1 stets ein mindestens so großer (im Zweifel größerer) Wert der Zielfunktion erreicht wird wie (als) bei a_2 bzw. wenn ein fester Wert der Zielfunktion bei a_1 mit einer höchstens so hohen (im Zweifel geringeren) Wahrscheinlichkeit wie (als) bei a_2 erzielt wird. Das folgende Beispiel D8 dient zur weiteren Veranschaulichung der stochastischen Dominanz.

<u>Beispiel D8</u>

Die verschiedenen Ersatzmodelle in 2.2 konnten nur zu subjektiv befriedigender Lösung des dem Modell zugrunde liegenden Entscheidungsproblems führen. Auch wurde bereits erwähnt, daß für das Beispiel D (vgl. 1.2.4) das Dominanzprinzip zu keiner Reduktion der Alternativenmenge führt. Dieses Beispiel wird nunmehr mit Hilfe der stochastischen Dominanz analysiert.

Zur Überprüfung einer stochastischen Dominanz ersten Grades werden zunächst die Verteilungsfunktionen $F_n(t)$ ermittelt (vgl. Beispiel D in 2.1.2 und Tab. 2.6.1). Eine Analyse der Tab. 2.6.1 (eventuell mit Hilfe einer zugehörigen Zeichnung) zeigt, daß sich je zwei Verteilungsfunktionen wenigstens einmal "schneiden", daß demnach keine zwei Alternativen existieren, für die eine stochastische Dominanz ersten Grades festgestellt werden

t	$F_1(t)$	$F_2(t)$	$F_3(t)$	$F_4(t)$
$-\infty < t < -7$	0	0	0	0
$-7 \leq t < -4$	1/6	0	0	0
$-4 \leq t < -1$	1/6	1/6	0	0
$-1 \leq t < 0$	3/6	1/6	0	0
$0 \leq t < 1$	3/6	3/6	0	3/6
$1 \leq t < 2$	3/6	3/6	3/6	3/6
$2 \leq t < 3$	3/6	3/6	4/6	4/6
$3 \leq t < 4$	3/6	3/6	1	4/6
$4 \leq t < 6$	3/6	5/6	1	4/6
$6 \leq t < 7$	4/6	5/6	1	1
$7 \leq t < 8$	1	5/6	1	1
$8 \leq t < \infty$	1	1	1	1

Tab. 2.6.1

kann. Dieses Ergebnis kann nicht überraschen, denn es wurde bereits auf das Beispiel D7 verwiesen, das mit drei verschiedenen Nutzenfunktionen aus U_1 untersucht wurde, ohne daß auch nur für diesen speziellen Fall eine Dominanzbeziehung etwa zwischen a_1 und a_4 vorlag.

Als nächstes ist die Frage zu beantworten, ob möglicherweise für risikoscheue Entscheidungsträger mit Nutzenfunktionen aus U_2 stochastische Dominanzbeziehungen ermittelt werden können. Beispielhaft wird vorab für $n = 1$ gezeigt, wie sich die Funktionen $FF_n(t)$ bestimmen lassen. Es ist

$$
FF_1(t) = \begin{cases} \int\limits_{-\infty}^{t} 0ds = 0 & \text{für } -\infty < t \leqq -7 \\ \int\limits_{-\infty}^{-7} 0ds + \int\limits_{-7}^{t} \frac{1}{6} ds = (t+7)/6 & \text{für } -7 \leqq t \leqq -1 \\ \int\limits_{-\infty}^{-7} 0ds + \int\limits_{-7}^{-1} \frac{1}{6} ds + \int\limits_{-1}^{t} \frac{3}{6} ds = (3t+9)/6 & \text{für } -1 \leqq t \leqq 6 \\ \ldots + \int\limits_{6}^{t} \frac{4}{6} ds = (4t+3)/6 & \text{für } 6 \leqq t \leqq 7 \\ \ldots + \int\limits_{7}^{t} 1ds = (6t-11)/6 & \text{für } 7 \leqq t < \infty. \end{cases}
$$

Die Funktionen $FF_n(t)$ sind in Tab. 2.6.2 für n = 1,2,3,4, jeweils mit 6 multipliziert, eingetragen. Aus dieser Tabelle und der zugehörigen Abb. 2.6.1 ergibt sich, daß a_2 die Alternative a_1, a_3 die Alternative a_1 und

t	$6FF_1(t)$	$6FF_2(t)$	$6FF_3(t)$	$6FF_4(t)$
$-\infty < t \leqq -7$	0	0	0	0
$-7 \leqq t \leqq -4$	t+7	0	0	0
$-4 \leqq t \leqq -1$	t+7	t+4	0	0
$-1 \leqq t \leqq 0$	3t+9	t+4	0	0
$0 \leqq t \leqq 1$	3t+9	3t+4	0	3t
$1 \leqq t \leqq 2$	3t+9	3t+4	3t-3	3t
$2 \leqq t \leqq 3$	3t+9	3t+4	4t-5	4t-2
$3 \leqq t \leqq 4$	3t+9	3t+4	6t-11	4t-2
$4 \leqq t \leqq 6$	3t+9	5t-4	6t-11	4t-2
$6 \leqq t \leqq 7$	4t+3	5t-4	6t-11	6t-14
$7 \leqq t \leqq 8$	6t-11	5t-4	6t-11	6t-14
$8 \leqq t < \infty$	6t-11	6t-12	6t-11	6t-14

Tab. 2.6.2

ferner a_4 sowohl a_1 als auch a_2 stochastisch im zweiten Grade dominieren. Ein risikoscheuer Entscheidungsträger wird - und zwar unabhängig davon, wie sehr er risikoscheu ist - niemals die Alternativen a_1 oder a_2 als optimale Lösungen realisieren wollen. Zwischen a_3 und a_4 kann er allerdings ohne weitere Unterstellungen bezüglich seiner Risikopräferenzen keine endgültige Entscheidung treffen. Ohne auf Einzelheiten weiterer Zusammenhänge einzugehen, wird an die ähnlichen Ergebnisse bei der Analyse des Erwartungswert-Varianz-Modells in 2.2.2 erinnert. Damit sind zugleich die Möglichkeiten stochastischer Dominanz zweiten Grades erschöpft.

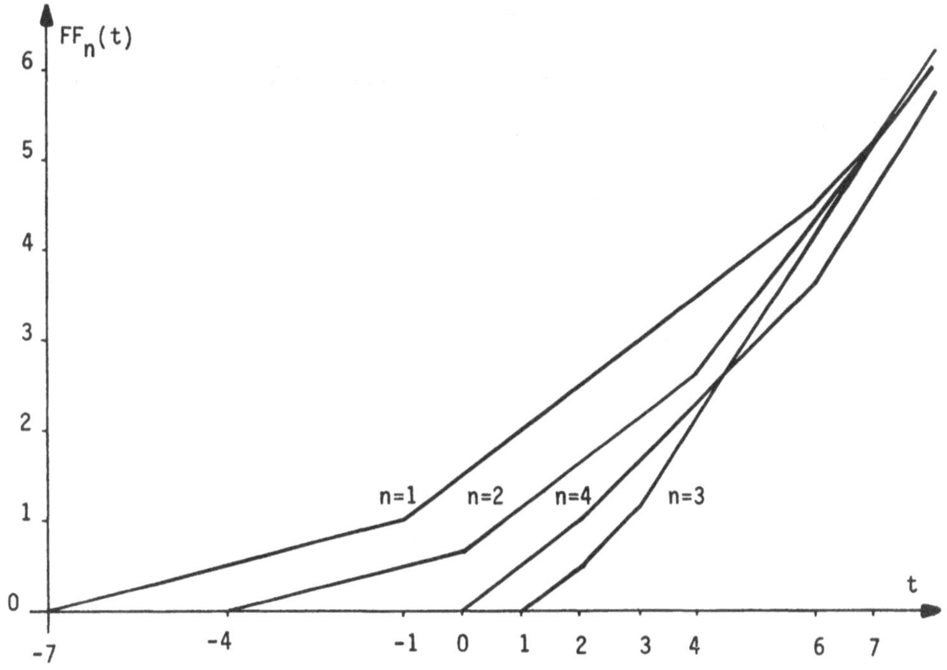

Abb. 2.6.1

Beim Übergang zur stochastischen Dominanz dritten Grades brauchen aufgrund der bisherigen Ergebnisse nur noch die Alternativen a_3 und a_4 untersucht zu werden. Die Funktionen $FFF_3(t)$ und $FFF_4(t)$ sind in Tab. 2.6.3 wiedergegeben. Aus der zugehörigen Abb. 2.6.2 ist ersichtlich, daß die Bedingung $FFF_4(t) \geqq FFF_3(t)$ für $t \in \mathbb{R}$ erfüllt ist. Wegen $E[z(a_3;\gamma)] = 11/6 \ngeqq 14/6 = E[z(a_4;\gamma)]$ liegt jedoch keine Dominanz dritten Grades vor, so daß unter

t	$12FFF_3(t)$	$12FFF_4(t)$
$-\infty < t \leqq 0$	0	0
$0 \leqq t \leqq 1$	0	$3t^2$
$1 \leqq t \leqq 2$	$3t^2 - 6t + 3$	$3t^2$
$2 \leqq t \leqq 3$	$4t^2 - 10t + 7$	$4t^2 - 4t + 4$
$3 \leqq t \leqq 6$	$6t^2 - 22t + 25$	$4t^2 - 4t + 4$
$6 \leqq t < \infty$	$6t^2 - 22t + 25$	$6t^2 - 28t + 76$

Tab. 2.6.3

Verwendung der Dominanzkonzepte keine eindeutige Lösung für das Beispiel D ermittelt werden kann.

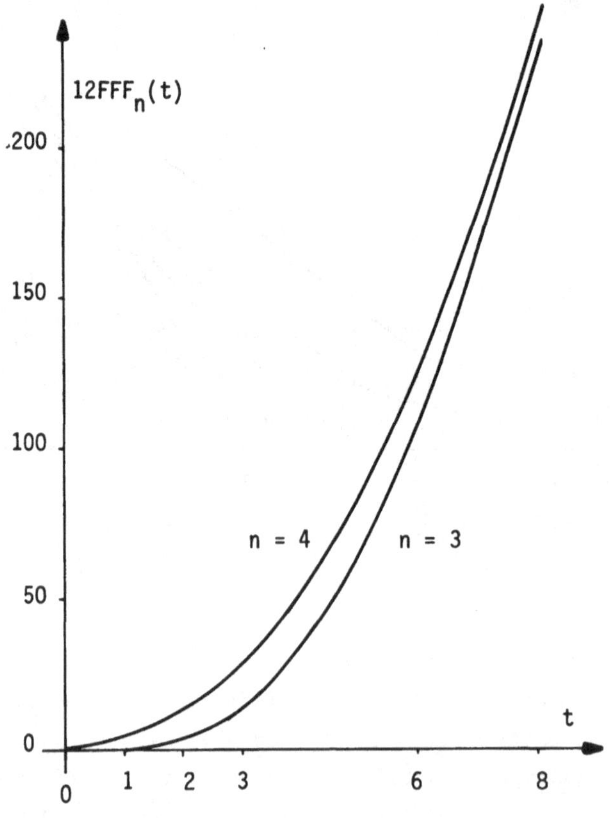

Abb. 2.6.2

Die Bedeutung der stochastischen Dominanz ist darin zu sehen, daß für alle Entscheidungsträger, deren Nutzenfunktionen zu einer bestimmten Klasse U_1, U_2 oder U_3 gehören, möglicherweise Dominanzaussagen bezüglich zweier Alternativen gemacht werden können. M.a.W.: Eine Dominanzaussage wird nicht wie bei den in 2.2 diskutierten Ersatzzielfunktionen für eine bestimmte Nutzenfunktion aufgestellt, sondern für eine ganze Klasse von Nutzenfunktionen. Diesem Vorteil relativer Allgemeinheit steht der bereits erwähnte Nachteil gegenüber, daß die Menge der nicht dominierten Alternativen, wie das Beispiel D8 gezeigt hat, nicht zwingend einelementig ist. Hier liegt ein entscheidender Berührungspunkt zum Effizienzkonzept, welches im dritten Kapitel eine zentrale Stellung einnimmt.

2.7 Übungsaufgaben

Aufgabe 2.1[1]:

Im Beispiel F (vgl. 1.2.6 und 1.5.1) sei der zweite Koeffizient der Zielfunktion (a_{02} = 3) nicht mehr konstant, sondern über [5/2, 7/2] stetig gleich-verteilt. Man zeige anhand einer Zeichnung, daß in diesem Fall zur Bestimmung einer optimalen Lösung kein Ersatzmodell erforderlich ist.

Aufgabe 2.2*:

Für das Beispiel 2.1 aus 2.2.2 löse man die Verteilungsprobleme (V1), (V2) und (V3).

Aufgabe 2.3:

Für den kommenden Monat erwartet ein Unternehmen eine Nachfrage γ nach seinem Produkt ALPHA mit folgender Wahrscheinlichkeitsfunktion

γ_ℓ	80	90	100	110	120
p_ℓ	1/10	2/10	4/10	2/10	1/10

[1] Die mit * gekennzeichneten Aufgaben sind vergleichsweise schwierig.

Für jede Mengeneinheit von ALPHA, die nicht verkauft werden kann, fallen für die Lagerung bis zum nächsten Monat Lagerhaltungskosten in Höhe von c_ℓ = 1 GE/ME an. Übersteigt hingegen die Nachfrage die produzierten Mengeneinheiten von ALPHA, entstehen Fehlmengenkosten in Höhe von c_f = 9 GE/ME. Das Unternehmen erwägt die Produktion von 80, 90, 100, 110, 120 oder 130 ME.

a) Wieviel Mengeneinheiten muß das Unternehmen unter den gegebenen Voraussetzungen im kommenden Monat produzieren, wenn die Zielsetzung darin besteht, den Erwartungswert der relevanten Kosten (d.h. der Summe aus Lagerhaltungs- und Fehlmengenkosten) zu minimieren?

b) Wie wirken sich Schwankungen des Lagerhaltungskostensatzes auf die unter a gefundene Lösung aus?

c) Wie lautet die optimale Lösung bezüglich des Fraktilmodells mit $\lambda_o = 0{,}8$?

d) Wie lautet die optimale Lösung bezüglich des Aspirationsmodells mit $t_o = 20$?

Aufgabe 2.4:

Das Beispiel E aus 2.1.1 löse man mit Hilfe des Erwartungswertmodells und folgenden Dichtefunktionen für γ:

$$\text{a)}\quad f_\gamma(t) = \begin{cases} 0{,}01155 & 56{,}7 \leq t \leq 143{,}3 \\ 0 & \text{sonst} \end{cases}$$

$$\text{b)}\quad f_\gamma(t) = \begin{cases} -0{,}010359 + 0{,}000267t & \text{für } 38{,}8 \leq t < 100 \\ 0{,}043039 - 0{,}000267t & \text{für } 100 \leq t \leq 161{,}2 \\ 0 & \text{sonst} \end{cases}$$

Aufgabe 2.5:

Für das Beispiel 2.1 aus 2.2.2 bestimme man eine optimale Lösung anhand des

a) Fraktilmodells mit $\lambda_o = 0{,}81427$ bzw.

b) Aspirationsmodells mit $t_o = 5{,}4142$.

Aufgabe 2.6:

In Beispiel H6 aus 2.2.5 ersetze man $\beta \in [3,7]$ durch $\beta \in \{3,4,5,6,7\}$ sowie X_H^Q durch

$$X_{H6'} := \{(0,18)^T, (3,27/2)^T, (6,9)^T, (9,9/2)^T, (12,0)^T\} \subset X_H^6$$

und bestimme sodann optimale Lösungen bezüglich der in 2.2.5 aufgeführten Entscheidungskriterien.

Aufgabe 2.7:

Der in Aufgabe 1.1 aus 1.7 erwähnte Großhändler ist nur in der Lage, Bestellmengen bis zu α ME auszuliefern, wobei α wie folgt verteilt ist:

$$F_\alpha(t) = P\{\alpha \leqq t\} := \begin{cases} 0 & \text{für } -\infty < t < 8 \\ (t-8)/6 & \text{für } 8 \leqq t < 14 \\ 1 & \text{für } 14 \leqq t < \infty. \end{cases}$$

Man bestimme eine optimale Lösung mit dem

a) Erwartungswertmodell,

b) Fat Solution-Modell,

c) Chance-Constrained-Modell mit $\lambda_o = 4/6$ bzw. $5/6$ sowie mit dem

d*) Kompensationsmodell unter der Annahme, daß dann, wenn eine Bestellung nicht in voller Höhe ausgeführt wird (wenn $\alpha < x$ ist), fixe Produktionsänderungskosten in Höhe von $r_o = 1{,}995$ bzw. $5{,}355$ GE anfallen.

Aufgabe 2.8:

Im Beispiel H2 (vgl. 2.1.2) sei α nicht mehr normal-verteilt, sondern über dem Intervall [2,68;37,32] stetig gleich-verteilt. Man bestimme erneut optimale Lösungen für das entsprechend modifizierte

a) Chance-Constrained-Modell mit $\lambda_o = 0{,}64435$ (vgl. (H9) in 2.3.3) sowie

b*) Kompensationsmodell mit $r_o = 5{,}62345$ (vgl. (H10) in 2.3.4).

Aufgabe 2.9:

Man bestimme den erwarteten Wert vollkommener (Zusatz-)Information

a) für das Beispiel der Aufgabe 2.3,

b) für das Beispiel E aus 2.1.1 (vgl. auch 2.1.2 und 2.2.1) und

c) für das Beispiel 2.1 aus 2.2.2 (vgl. auch Aufgabe 2.2).

Aufgabe 2.10:

Wie lautet die optimale Politik für das Beispiel I1, wenn zusätzlich Produktionskosten in Höhe von

$$K(x_t) := \begin{cases} 0 & \text{für } x_t = 0 \\ 6 + 2x_t & \text{für } x_t > 0 \end{cases} \qquad (t=1,2)$$

(vgl. Beispiel I in 1.4.1) berücksichtigt werden?

Aufgabe 2.11:

Für das Beispiel 2.1 aus 2.2.2 bestimme man eine optimale Lösung nach dem BERNOULLI-Prinzip mit folgenden Nutzenfunktionen:

$$\text{a) } u(z) = z^2 \quad \text{und} \quad \text{b) } u(z) = z^{1/3}.$$

Aufgabe 2.12*:

a) Welche stochastischen Dominanzbeziehungen bestehen zwischen den Alternativen a_1 und a_2 des Beispiels 2.1 aus 2.2.2?

b) Welche Eigenschaften haben in diesem Zusammenhang die in Aufgabe 2.11 genannten Nutzenfunktionen?

3. Multikriterielle Entscheidungsmodelle

3.1 Allgemeine Grundlagen

3.1.1 Definition multikriterieller Entscheidungsmodelle

Nachdem sich im zweiten Kapitel die Analyse auf stochastische Entscheidungsmodelle konzentriert hat, stehen in diesem dritten Kapitel multikriterielle Entscheidungsmodelle, die bereits in 1.5.3 einführend vorgestellt wurden, im Mittelpunkt. Immer dann, wenn bei einer Entscheidung ein Entscheidungsträger gleichzeitig mehrere Ziele verfolgt, kann ein solches Entscheidungsproblem in ein multikriterielles Entscheidungsmodell abgebildet werden. Wenn nicht alle Ziele gleichzeitig erfüllt werden können, d.h., wenn das Erreichen eines bestimmten Zieles gleichzeitig das Nichterreichen wenigstens eines der anderen Ziele impliziert, spricht man von konkurrierenden Zielen, von mehrfacher Zielsetzung oder von Zielkonflikten.

Die Problematik von Zielkonflikten ist von sehr allgemeiner Relevanz. Viele Menschen dürften fast täglich in Situationen stehen, in denen sie sich für eine einzige Alternative entscheiden müssen, wobei sie im Hinblick auf eine erste Zielsetzung die Alternative a_1 und im Hinblick auf eine zweite Zielsetzung die Alternative a_2 ($a_2 \neq a_1$) für die jeweils erstrebenswerte Alternative halten. Man denke etwa an Kaufentscheidungen, bei denen im allgemeinen die höhere Qualität des zu kaufenden Gegenstandes mit dem höheren Kaufpreis in Konflikt steht, sofern der Käufer auf der einen Seite eine möglichst hohe Qualität anstrebt und auf der anderen Seite seine Auszahlungen möglichst gering halten möchte.

In der Betriebswirtschaftslehre hat das Problem mehrfacher Zielsetzung so lange keine besondere Beachtung gefunden, als das Gewinnmaximierungsprinzip als oberste Zielsetzung unangefochten über jeder betrieblichen Entscheidung stand. Seit Beginn der 60-er Jahre erscheinen zunehmend Veröffentlichungen, die sich mit weiteren unternehmerischen Zielsetzungen bzw. mit unternehmerischen Zielsystemen auseinandersetzen (vgl. u.a. DINKELBACH [1962]; GUTENBERG [1966]; HEINEN [1966]; BIDLINGMAIER [1968]; JOHNSEN [1968];

STEINMANN [1969]; BITZ [1977], S. 225 ff.; KUPSCH [1979]). Neben ökonomische Zielsetzungen, die in unterschiedlicher Weise das Streben nach einer möglichst hohen Wirtschaftlichkeit des Prozesses der Leistungserstellung und -verwertung eines Unternehmens zum Ausdruck bringen, können konkurrierende technische Zielsetzungen treten (vgl. PESCHEL/RIEDEL [1976]; HAUSCHILDT [1977], S. 50 ff.).

Mit Zielkonflikten beschäftigt sich in besonderer Weise die Wirtschaftspolitik. Man denke etwa an die magischen Vielecke, bei denen es um die - möglichst - gleichzeitige Erfüllung mehrerer wirtschaftspolitischer Ziele geht (vgl. u.a. OTT [1967]; HENNIES [1971]; JAHNKE [1972]; GIERSCH [1977], S. 189 ff.). So fordert etwa das Gesetz zur Förderung der Stabilität und des Wachstums der Wirtschaft vom 8. Juni 1967 in § 1 wirtschafts- und finanzpolitische Maßnahmen, die "gleichzeitig zur Stabilität des Preisniveaus, zu einem hohen Beschäftigungsstand und außenwirtschaftlichem Gleichgewicht bei stetigem und angemessenem Wachstum beitragen." Auch die Bildungspolitik ist durch Zielkonflikte insbesondere zwischen einzel- und gesamtwirtschaftlichen Interessen gekennzeichnet (vgl. u.a. ALBACH [1977]).

In Ländern mit zentral gelenkten Wirtschaftssystemen haben sich Ökonomen wie Mathematiker unter teilweise sehr praktischen Aspekten mit Problemen mehrfacher Zielsetzung beschäftigt. Dort hat man relativ früh die besondere Bedeutung dieser Fragen sowohl für die Volkswirtschaftsplanung als auch etwa für die Produktionsplanung eines Betriebes erkannt (vgl. u.a. BOD [1963]; RADZIKOWSKI [1967]; KÖRTH [1969]; DÜCK [1979]).

Einen besonders breiten Raum nehmen in diesem Kapitel Extremierungsziele ein, die durch zu maximierende oder zu minimierende Zielfunktionen erfaßt werden. Hier wird ein maximaler oder minimaler Wert einer Zielfunktion ohne Berücksichtigung hemmender Sättigungserscheinungen angestrebt, der in seiner absoluten Höhe im voraus nicht bekannt ist. Dieser Wert ist das Ergebnis eines numerischen Lösungsverfahrens. Darüber hinaus werden auch Approximierungs-, Satisfizierungs- und Fixierungsziele analysiert. In diesen Fällen ist von bestimmten, meist fest vorgegebenen Werten einer zugehörigen Zielvariablen auszugehen (vgl. 1.4.2). Von Approximierungszielen wird dann gesprochen, wenn der Entscheidungsträger vorgegebene Werte seiner Zielvariablen durch Wahl einer Alternative möglichst genau erreichen möchte;

Approximierungsziele sind mit Extremierungszielen insofern verwandt, als hier gewisse Abstände zu minimieren sind. Bei Satisfizierungszielen strebt der Entscheidungsträger Werte seiner Zielvariablen an, die über vorgegebenen Untergrenzen liegen, die damit Anspruchsniveaus oder Zufriedenheitsschwellen beinhalten. Fixierungsziele werden dadurch charakterisiert, daß der Entscheidungsträger für seine Zielvariablen feste Werte oder Werte aus einem vorgegebenen Intervall exakt zu erreichen wünscht (zu weiteren Einzelheiten vgl. 3.4).

Bei den folgenden Ausführungen sind alle vier skizzierten Zielarten und jede der vier Zielarten mehrfach zugelassen. Somit können Zielkonflikte zwischen Zielen einer sowie unterschiedlicher Art auftreten. Zunächst wird davon ausgegangen, daß sich die erwähnten Zielarten in zwei Gruppen einteilen lassen. Die erste Gruppe enthält alle zu maximierenden (bzw. zu minimierenden) Zielfunktionen, die die Extremierungs- und Approximierungsziele erfassen und zu einem Vektor $z(x) := (z_1(x),\dots,z_K(x))^T$ zusammengefaßt werden ($K \geq 1$). In der zweiten Gruppe werden diejenigen Zielarten erfaßt, die vom Entscheidungsträger durch Nebenbedingungen in Form von Ungleichungen oder Gleichungen zum Ausdruck gebracht werden, wie das bei Satisfizierungs- und Fixierungszielen grundsätzlich möglich ist. Durch diese Nebenbedingungen wird die Menge X^Z der - zielbedingt - zulässigen Alternativen definiert, die die Menge X^Q der - von Zielvorstellungen unabhängig - zulässigen Alternativen auf $X^Q \cap X^Z$ einschränkt (vgl. 1.4.2). Damit erhält man das multikriterielle Entscheidungsmodell (MEM). Ist $X^Q \cap X^Z \neq \emptyset$, re-

(MEM)	$\max \{z(x) \mid x \in X\}$
mit	$X := X^Q \cap X^Z$ $z(x) := (z_1(x),\dots,z_K(x))^T$
Multikriterielles Entscheidungsmodell	

duziert sich (MEM) zu einem Entscheidungsmodell mit ausschließlich zu maximierenden Zielfunktionen, für das in den folgenden Unterabschnitten zunächst einige Eigenschaften näher analysiert und dann in 3.2 und 3.3 Lösungsmöglichkeiten aufgezeigt werden. Kann X^Z vom Entscheidungsträger etwa im Rahmen eines interaktiven Verfahrens variiert werden, was sich beispielsweise für den Fall $X^Q \cap X^Z = \emptyset$ anbietet, dann können Zielkonflikte nicht nur zwischen den Zielfunktionen $z_1(x),\ldots,z_K(x)$ untereinander, sondern auch zwischen diesen und den in X^Z erfaßten Zielen bzw. zwischen den zuletzt genannten untereinander auftreten. Konflikte dieser Art können anhand (MEM) nicht diskutiert werden, sie sind Thema des Abschnitts 3.4. Das Entscheidungsmodell (MEM) wird in 3.5 dahingehend erweitert, daß die Alternativenmenge $X = X^Q$ in soviel (Teil-)Alternativenmengen aufgespalten wird, wie zu extremierende Zielfunktionen gegeben sind; damit wird dann auch die Spieltheorie in der hier vertretenen Konzeption systematisch erfaßt.

3.1.2 Vektoroptimierungsmodelle und effiziente Alternativen

Unter einem Vektoroptimierungsmodell, Vektormaximierungsmodell, Vektorminimierungsmodell oder einem vektoriellen Entscheidungsmodell, nachfolgend mit (VEM) abgekürzt, versteht man ein multikriterielles Entscheidungsmodell, bei dem K reellwertige Zielfunktionen $z_1(x),\ldots,z_K(x)$ gleichzeitig über einer Alternativenmenge X zu maximieren oder zu minimieren sind (K > 1). Der Entscheidungsträger verfolgt demnach simultan K Ziele,

(VEM)	$\max\ \{z(x) \mid x \in X\}$
mit	$z(x) := (z_1(x),\ldots,z_K(x))^T$
Vektormaximierungsmodell	

die er durch zu extremierende Zielfunktionen $z_k(x)$ präzisiert hat und die ihm in ihrer Bedeutung gleichrangig sind (k = 1,...,K). Es existiert weder eine hierarchische Ordnung o.ä. bezüglich der Ziele - alle sind gleichermaßen wichtig -, noch existieren Sättigungspunkte, bei denen das Maximierungsstreben nachläßt oder gar verschwindet. Ob in der Alternativenmenge X Zielvorstellungen in Form von Gleichungen oder Ungleichungen enthalten sind, ist unerheblich. Um mathematische Schwierigkeiten zu umgehen, wird vorausgesetzt, daß eine über X beschränkte Zielfunktion ihr

Extremum auch annimmt (vgl. hierzu 1.5.1). Den folgenden Ausführungen werden überwiegend zu maximierende Zielfunktionen zugrunde gelegt.

Bei der Analyse von (VEM) unterstellt man im allgemeinen, daß sämtliche in (VEM) eingehenden Koeffizienten bekannt sind, so daß es sich bei (VEM) um ein deterministisches Entscheidungsmodell handelt. Für $K = 1$ geht (VEM) in das (skalare) Entscheidungsmodell (DEM) über (vgl. 1.5.1). Wird X in (VEM) durch lineare (Un-)Gleichungen beschrieben und sind $z_k(x)$ lineare Funktionen $(k = 1,\dots,K)$, dann spricht man von einem linearen Vektoroptimierungsmodell, das im folgenden mit (LVEM) abgekürzt wird; für $K = 1$ wird aus einem linearen Vektoroptimierungsmodell ein lineares Programm. Ist X abzählbar, insbesondere endlich, heißt (VEM) diskretes Vektoroptimierungsmodell. Ist X konvex und $z_k(x)$ konkav bei einem Vektormaximierungsmodell bzw. konvex bei einem Vektorminimierungsmodell $(k = 1,\dots,K)$, dann wird (VEM) auch als konvexes Vektoroptimierungsmodell bezeichnet. Weiterhin heißt

$$Z := \{(z_1(x),\dots,z_K(x))^T \in \mathbb{R}^K \mid x \in X\}$$

Zielmenge, die damit sämtliche zulässigen Kombinationen von Zielfunktionswerten enthält.

Die spezifische Problematik eines Vektoroptimierungsmodells beruht darauf, daß zwei verschiedene Alternativen $x_1 \in X$ und $x_2 \in X$ anhand ihrer Zielfunktionswerte nicht zwingend unmittelbar vergleichbar sind, wenn nicht zufällig entweder $z(x_1) \geqq z(x_2)$ oder $z(x_2) \geqq z(x_1)$ gilt.[1] Diese Problematik ist äquivalent mit der Tatsache, daß die Vektoren des $\mathbb{R}^K$ mit der Relation $\geqq$ nicht vollständig geordnet sind, d.h., es existieren Vektoren $a \in \mathbb{R}^K$ und

---

[1] Für zwei Vektoren $a = (a_1,\dots,a_K)^T$ und $b = (b_1,\dots,b_K)^T$ definiert man:

$a = b$ genau dann, wenn $a_k = b_k$ $(k = 1,\dots,K)$;
$a \geqq b$ genau dann, wenn $a_k \geqq b_k$ $(k = 1,\dots,K)$;
$a \geq b$ genau dann, wenn $a_k \geqq b_k$ $(k = 1,\dots,K)$
und $a_{k'} > b_{k'}$ für mindestens ein $k' \in \{1,\dots,K\}$;
$a > b$ genau dann, wenn $a_k > b_k$ $(k = 1,\dots,K)$.

Bei der Relation $\geqq$ handelt es sich um die natürliche Halbordnungsrelation im $\mathbb{R}^K$.

$b \in \mathbb{R}^K$, für die weder $a \geqq b$ noch $b \geqq a$ gilt. Es sei z.B. $a = (a_1,a_2)^T = (2,5)^T$ und $b = (b_1,b_2)^T = (4,3)^T$; es ist $b_1 > a_1$ und $a_2 > b_2$; die Vektoren sind nicht vergleichbar. Von Ausnahmen abgesehen, die in 3.1.3 und 3.1.4 noch beispielhaft angeführt werden, bedarf somit das übliche Optimalitätskonzept einer Erweiterung, bei dem eine Alternative x^* dann als optimal bezüglich einer über X zu maximierenden Zielfunktion bezeichnet wird, wenn $z(x^*) \geqq z(x)$ für alle $x \in X$ ist, wobei es unerheblich ist, ob z(x) eine skalare oder vektorwertige Zielfunktion ist (vgl. 1.5.1).

Bei der Analyse von Vektoroptimierungsmodellen sind die individuell optimalen Lösungen, d.h. die Mengen

$$X_k^{=} := \{\bar{\bar{x}}^k \in X \mid z_k(\bar{\bar{x}}^k) = \max \{z_k(x) \mid x \in X\}\}$$

von Interesse ($k = 1,\ldots,K$). Es sei $\bar{\bar{z}}_k := z_k(\bar{\bar{x}}^k)$ ($k = 1,\ldots,K$); der Punkt $\bar{\bar{z}} := (\bar{\bar{z}}_1,\ldots,\bar{\bar{z}}_K)^T \in \mathbb{R}^K$ heißt Idealzielpunkt. Gilt darüber hinaus

$$P(X,z) := X_1^{=} \cap \ldots \cap X_K^{=} \neq \emptyset,$$

dann existiert wenigstens ein $x \in X$, das gleichzeitig alle Zielfunktionen maximiert. Alle Alternativen $x \in P(X,z)$ heißen perfekte Alternativen bzw. perfekte Lösungen. Das Vektoroptimierungsmodell ist damit als gelöst zu betrachten; Konflikte zwischen den einzelnen Zielen existieren offenbar nicht. Unter entscheidungstheoretischen Aspekten ist dieser Fall uninteressant. Im folgenden werden vornehmlich Vektoroptimierungsmodelle betrachtet, bei denen wenigstens für zwei verschiedene Indizes k_1 und k_2 ($k_1,k_2 \in \{1,\ldots,K\}$) gilt: $X_{k_1}^{=} \cap X_{k_2}^{=} = \emptyset$, die demnach einen Zielkonflikt beinhalten.

In der betriebswirtschaftlichen Literatur werden Ziele häufig in komplementäre (kumulative), konkurrierende (konfliktäre, antinomische oder alternative) und indifferente (neutrale, unabhängige) Ziele eingeteilt (vgl. u.a. HEINEN [1966], S. 94 ff.; GÄFGEN [1968], S. 119 ff.; BITZ [1977], S. 240 ff.). Dabei heißen Ziele komplementär, "wenn durch die Erfüllung des einen Zieles auch der Realisierungsgrad des anderen Zieles gesteigert wird", sie heißen konkurrierend, "wenn die Erfüllung eines Zieles den Realisierungsgrad des anderen Zieles beeinträchtigt", und schließlich indifferent, "wenn die Realisierung eines Zieles ohne jeden Einfluß auf den Realisierungsgrad des anderen Zieles ist" (BAMBERG/COENENBERG [1977], S. 44). Mit Hilfe des Konzeptes individuell optimaler Lösungen werden folgende

Definitionen vorgeschlagen: Zwei Zielfunktionen $z_{k_1}(x)$ und $z_{k_2}(x)$ aus (VEM) bzw. die ihr zugrundeliegenden Ziele heißen komplementär, wenn übereinstimmende, individuell optimale Lösungen existieren, d.h., wenn $X^{=}_{k_1} \cap X^{=}_{k_2} \neq \emptyset$ ist und damit eine perfekte Alternative existiert; sie heißen konkurrierend, wenn ihre individuellen optimalen Lösungen verschieden sind, d.h., wenn $X^{=}_{k_1} \cap X^{=}_{k_2} = \emptyset$ ist ($k_1, k_2 \in \{1,\ldots,K\}$). K Zielfunktionen heißen komplementär, wenn sie paarweise komplementär sind; sie heißen konkurrierend, wenn jede Zielfunktion mit wenigstens einer anderen konkurriert. K Zielfunktionen bzw. die ihnen zugrundeliegenden Ziele heißen indifferent, wenn die Alternativenmenge X so in K Teilmengen X_k zerlegbar ist, daß die k-te Zielfunktion nur von Variablen aus X_k abhängt ($k = 1,\ldots,K$).

Da nicht zwingend alle Alternativen aus X bezüglich z(x) unvergleichbar sind, kann man versuchen, ein Optimalitätskonzept zu finden, mit dessen Hilfe gewisse Alternativen im Sinne der unterstellten Zielsetzung als potentielle Lösungen von (VEM) ausgeschieden werden können. Dieser Gedanke führt zur Definition von effizienten Alternativen: Eine Alternative $x^o \in X$ heißt effizient bezüglich X und $(z_1(x),\ldots,z_K(x))^T$ (oder kürzer: bezüglich (VEM)) genau dann, wenn keine Alternative $x' \in X$ mit $z(x') \geq z(x^o)$ existiert. Mit anderen Worten: eine Alternative $x^o \in X$ heißt effizient bezüglich X und den Zielfunktionen $z_1(x),\ldots,z_K(x)$, wenn es keine andere zulässige Alternative x' gibt, so daß die Werte aller Zielfunktionen an der Stelle x' nicht kleiner und für mindestens eine Zielfunktion größer sind als die entsprechenden Werte der Zielfunktion an der Stelle x^o. Dieser Effizienzbegriff verallgemeinert den üblichen Optimalitätsbegriff bei reellwertiger Zielfunktion z(x). Gelegentlich findet man folgende äquivalente Definition der Effizienz: Eine Alternative $x^o \in X$ heißt effizient, wenn für eine beliebige Alternative $x' \in X$ mit $z(x') \geqq z(x^o)$ folgt, daß $z(x') = z(x^o)$ ist. Bezeichnet man die Menge der effizienten Alternativen mit E(X,z), dann gilt

$$E(X,z) := \{x^o \in X \mid \text{es existiert kein } x' \in X \text{ mit } z(x') \geq z(x^o)\}$$

$$= \{x^o \in X \mid \text{aus } x' \in X \text{ und } z(x') \geqq z(x^o) \text{ folgt } z(x') = z(x^o)\}.$$

Die Menge der zu den effizienten Alternativen gehörenden Zielfunktionswerte wird mit E(Z) bezeichnet; es ist demnach

$$E(Z) := \{z(x) \mid x \in E(X,z)\}.$$

Zur Verdeutlichung spricht man statt von effizienten Alternativen auch von funktional-effizienten Alternativen, um die Effizienz bezüglich der Funktionen $z_1(x),\ldots,z_K(x)$ zu betonen, oder von maximal-(funktional-)effizienten Alternativen, um zu erkennen zu geben, daß ein Vektormaximierungsmodell und kein Vektorminimierungsmodell der Analyse zugrunde liegt (vgl. u.a. CHARNES/COOPER [1961], S. 321; HARTUNG [1974]). Statt von effizienten Alternativen wird häufig auch von nicht dominierten ("nondominated", "noninferior") Alternativen gesprochen (vgl. u.a. ZELENY [1974], S. 8; COHON [1978], S. 72). Setzt man $z_k(x) = x_k$ $(k = 1,\ldots,K)$, wird aus der Effizienz die PARETO-Optimalität bzw. die Vektor-Maximalität (vgl. u.a. KOOPMANS [1951], S. 60 und 79; GALE [1960], S. 307; NEUMANN/MORGENSTERN [1961], S. 616; SCHÖNFELD [1964], S. 20; WITTMANN [1968], S. 6; HILDENBRAND/HILDENBRAND [1975], S. 35; EICHHORN [1978], S. 183). Weiterhin kann der Effizienzbegriff mit Hilfe von vom $\mathbb{R}^K_+$ verschiedenen Ordnungskegeln eingeführt werden (vgl. u.a. YU [1974]; BITRAN/MAGNANTI [1979]). Für Vektorminimierungsmodelle gelten die Ausführungen in analoger Weise. Die Menge der effizienten Alternativen heißen auch vollständige Lösung. In nachfolgenden Abschnitten sind noch die Werte

$$\bar{z}_k := \min \{z_k(x) \mid x \in E(X,z)\}$$

von Interesse $(k = 1,\ldots,K)$, die jeweils untere Grenzen angeben, die konfliktfrei, d.h., ohne $E(X,z)$ einzuschränken, erreicht werden können.

Unter der Zielsetzung des Entscheidungsträgers, alle K Zielfunktionen gleichzeitig zu maximieren, ist es offensichtlich unsinnig, d.h. nicht rational, eine nicht effiziente Alternative als optimal zu erklären, denn, ohne sich auch nur in einer Komponente von $z(x)$ verschlechtern zu müssen, kann stets zu einer nicht effizienten Alternative eine weitere, nicht notwendig effiziente Alternative angegeben werden, die in wenigstens einer Komponente von $z(x)$ zu einem höheren Wert führt. Schließlich ist noch der Dominanzbegriff zu erwähnen. Man sagt, eine Alternative $x_1 \in X$ dominiert eine Alternative $x_2 \in X$, wenn $z(x_1) \geq z(x_2)$ gilt, wobei in diesem Zusammenhang zu beachten ist, daß aus der Dominanz der Alternative $x_1 \in X$ gegenüber der Alternative $x_2 \in X$ nicht notwendigerweise die Effizienz der Alternative x_1 folgt. Auf die Relativität des Effizienz-Begriffs wird besonders hingewiesen, da häufig Zusätze der Art "bezüglich ..." fehlen. Entfernt man etwa bei diskreten Vektoroptimierungsmodellen eine einzige Alternative, kann sich die Menge der effizienten Alternativen ändern. Ähnliches gilt auch für Änderungen des Vektors der Zielfunktionen.

Die Aufgabenstellung "Löse (VEM)" kann dahingehend interpretiert werden, daß die Menge aller effizienten Alternativen von (VEM) zu bestimmen ist. Damit wird möglicherweise die Alternativenmenge X auf eine mehr oder weniger große Teilmenge E(X,z) reduziert, ohne damit das Entscheidungsproblem - sieht man von dem Spezialfall der Existenz einer perfekten Alternative ab - gelöst zu haben. In 3.2 und 3.3 werden Konzepte zur Lösung von Vektoroptimierungsmodellen vorgestellt und diskutiert.

3.1.3 Diskrete Vektoroptimierungsmodelle – Beispiele B und C

Mit den folgenden Beispielen B und C sollen einerseits die Definitionen aus 3.1.2 veranschaulicht und andererseits spezielle Eigenschaften von Vektoroptimierungsmodellen mit endlicher Alternativenmenge verdeutlicht werden.

<u>Beispiel B:</u>

In der Ablaufplanung gibt es keine vorherrschende Zielsetzung zur Bestimmung optimaler Reihenfolgen. Aus diesem Grunde wurden beim Beipiel B (vgl. 1.2.2) keine Zielfunktionen angegeben, sondern lediglich drei naheliegende Ziele angedeutet. Dieses Beispiel wird im folgenden mit drei Zielfunktionen als Vektoroptimierungsmodell formuliert.

Die Alternativenmenge X_B besteht aus allen möglichen Reihenfolgen, die durch die Permutationen (i,j,k) der Zahlen 1, 2 und 3 angegeben werden können (vgl. 1.3.1). Für jede Permutation (i,j,k) lassen sich die jeweils einzuplanenden Fertigstellungstermine der Aufträge A_n, die hier mit $t_n(i,j,k)$ bezeichnet werden, ermitteln und mit den vorgegebenen (Soll-)Fertigstellungsterminen d_n vergleichen (n = 1,2,3). Bezeichnet man mit $V_n(i,j,k)$ die Verzögerung des Auftrags A_n, dann gilt:

$$V_n(i,j,k) = \begin{cases} t_n(i,j,k) - d_n & \text{für} \quad t_n(i,j,k) > d_n \\ 0 & \text{für} \quad t_n(i,j,k) \leqq d_n \quad (n = 1,2,3). \end{cases}$$

Da nicht alle Bearbeitungen der drei Aufträge termingerecht abgeschlossen werden können, ist es angebracht, eine Zielfunktion einzuführen, die die Zielsetzung, alle Aufträge "möglichst pünktlich" fertigzustellen, "möglichst adäquat" wiedergibt. Offensichtlich gibt es keine Zielfunktion mit diesen "optimalen" Eigenschaften. Statt dessen werden hier drei Zielfunktionen genannt, die in etwa die erwähnte Zielsetzung repräsentieren. Da keine von ihnen eine übergeordnete Stellung aufweist, werden sie zu einem Vektor zusammengefaßt. Die erste Zielfunktion $z_1(i,j,k)$ besteht aus der Summe der Verzögerungen aller Aufträge (Gesamtverzögerung bzw. durchschnittliche Verzögerung); es ist demnach

$$z_1(i,j,k) = \sum_{n=1}^{3} V_n(i,j,k).$$

Die bezüglich aller Aufträge maximale Verzögerung stellt die zweite Zielfunktion $z_2(i,j,k)$ dar; es gilt somit

$$z_2(i,j,k) = \max \{V_n(i,j,k) \mid n \in \{1,2,3\}\}.$$

Als dritte Zielfunktion $z_3(i,j,k)$ wird die Anzahl der nicht termingerecht fertigzustellenden Aufträge gewählt. Setzt man

$$W_n(i,j,k) := \begin{cases} 0 & \text{für } t_n(i,j,k) \leqq d_n \\ 1 & \text{für } t_n(i,j,k) > d_n \quad (n=1,2,3), \end{cases}$$

dann lautet die dritte Zielfunktion

$$z_3(i,j,k) = \sum_{n=1}^{3} W_n(i,j,k).$$

Alle Zielfunktionen sind zu minimieren. Damit kann das Beispiel B als Vektorminimierungsmodell (B) formuliert werden. Da in diesem Beispiel nur sechs

(B)	$\mathit{min}\ \{z_B(i,j,k) \mid (i,j,k) \in X_B\}$
mit	$X_B := \{(i,j,k) \mid (i,j,k)$ ist Permutation der Zahlen 1, 2 und 3$\}$ $z_B(i,j,k) := \begin{pmatrix} z_1(i,j,k) \\ z_2(i,j,k) \\ z_3(i,j,k) \end{pmatrix}$ (s.o.)

Alternativen existieren, können die insgesamt 18 Zielfunktionswerte ohne große Mühe ausgerechnet werden. Sie sind in Tab. 3.1.1 zusammengefaßt. Die

x = (i,j,k)	(V_1,V_2,V_3)	ΣV_n	max V_n	ΣW_n
a_1 = (1,2,3)	(1,0,7)	8	7	$2^=$
a_2 = (1,3,2)	(1,3,5)	9	5	3
a_3 = (2,1,3)	(3,0,7)	10	7	$2^=$
a_4 = (2,3,1)	(6,0,3)	9	6	$2^=$
a_5 = (3,1,2)	(4,3,1)	8	$4^=$	3
a_6 = (3,2,1)	(6,0,1)	$7^=$	6	$2^=$

Tab. 3.1.1

bezüglich einer Zielfunktion optimalen Werte, die individuellen Optima, sind durch $^=$ gekennzeichnet. Sämtliche Zielfunktionen führen jeweils für sich betrachtet zu unterschiedlichen optimalen Ablaufplänen. Die Alternative a_6 ist bezüglich zweier Zielfunktionen optimal. Die Alternative a_2 ist in bezug auf keine Zielfunktion optimal, sie wird von a_5 dominiert. Die restlichen Alternativen sind jeweils bezüglich einer Zielfunktion optimal, wobei die Alternativen a_1, a_3 und a_4 jeweils von a_6 dominiert werden, so daß lediglich die Alternativen a_5 und a_6 effizient sind. Wie lautet aber nun eine optimale Lösung von (B)?

Betrachtet man die Mengen der individuell optimalen Lösungen, so gilt $X_1^= \cap X_2^= = \emptyset$, $X_2^= \cap X_3^= = \emptyset$ und $X_1^= \cap X_3^= \neq \emptyset$. Gemäß den Definitionen aus 3.1.2 sind somit die Zielfunktionen z_1 und z_2 sowie die Zielfunktionen z_2 und z_3 konkurrierend, sie führen zu Zielkonflikten. Die Zielfunktionen z_1 und z_3 sind komplementär, da a_6 für beide eine individuell optimale Lösung ist. Wie man sich leicht überlegen kann, folgt daraus nicht, daß man ohne weiteres z_1 oder z_3 vernachlässigen kann.

Beispiel C:

Das bereits in 1.2.3 eingeführte Beispiel C läßt sich nunmehr als Vektormaximierungsmodell (C) formulieren. Im folgenden werden an drei Fällen mit jeweils nur zwei der vier Zielfunktionen aus (C) spezielle Eigenschaften

(C)	$max\ \{z_C(x) \mid x \in X_C\}$
mit	$X_C := \{a_1, a_2, a_3, a_4\}$ $z_C(x) := \begin{cases} (16,17,3,9)^T & \text{für } x=a_1 \\ (6,10,18,14)^T & \text{für } x=a_2 \\ (11,11,12,13)^T & \text{für } x=a_3 \\ (10,16,12,10)^T & \text{für } x=a_4 \end{cases}$

eines Vektoroptimierungsmodells graphisch verdeutlicht.

a) Betrachtet man nur die zwei ersten beiden Zielfunktionen z_1 und z_2 des Zielfunktionsvektors $z_C(x)$, dann sind folgende Alternativen zu vergleichen:

$$\begin{array}{llll} a_1 \text{ mit } z_1(a_1) = 16 & \text{und} & z_2(a_1) = 17 \\ a_2 \text{ mit } z_1(a_2) = 6 & \text{und} & z_2(a_2) = 10 \\ a_3 \text{ mit } z_1(a_3) = 11 & \text{und} & z_2(a_3) = 11 \\ a_4 \text{ mit } z_1(a_4) = 10 & \text{und} & z_2(a_4) = 16. \end{array}$$

Die Zielfunktionswerte sind in Abb. 3.1.1a wiedergegeben. Die Alternative a_1 ist effizient und dominiert alle anderen Alternativen, so daß eine perfekte Lösung vorliegt.

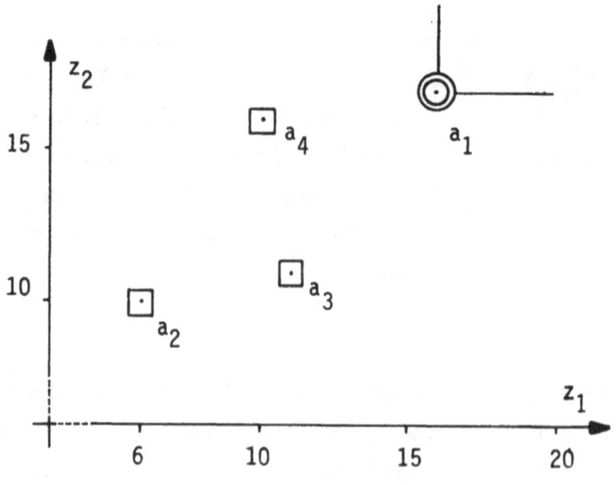

Abb. 3.1.1a

b) Geht man von den zwei Zielfunktionen z_1 und z_4 aus, dann ergibt sich die in Abb. 3.1.1b dargestellte Situation. Die Alternativen a_1, a_2 und a_3 sind effizient; die Alternative a_4 wird von a_3, nicht jedoch von a_2 dominiert.

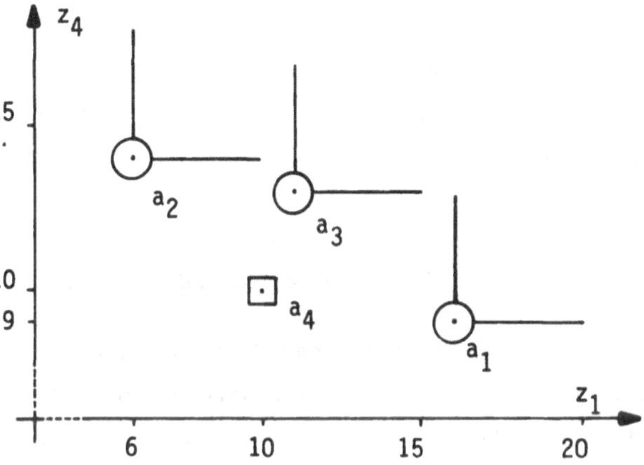

Abb. 3.1.1b

c) Wählt man schließlich die Zielfunktionen z_2 und z_4, dann zeigt die entsprechende Abb. 3.1.1c, daß nunmehr alle Alternativen aus X_C effizient sind. Es ist demnach $E(X_C,(z_2,z_4)^T) = X_C$. Während im Fall a bzw. b wenigstens eine Alternative als nicht effizient ausgeschieden werden konnte, hilft das Effi-

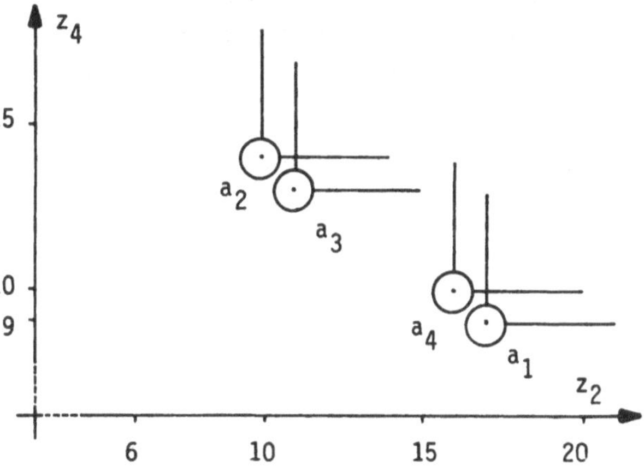

Abb. 3.1.1c

zienzkonzept im Fall c) zur Lösung des zugrundeliegenden Entscheidungsproblems wenig weiter, da die Alternativenmenge X_C durch das Effizienzkonzept keine Einschränkung erfährt.

Legt man der Analyse alle vier Zielfunktionen des Beispiels C zugrunde, so kommt man - im allgemeinen durch paarweisen Vergleich - zu dem Ergebnis, daß alle Alternativen effizient sind. Welche Lösungsmöglichkeiten im weiteren zur Lösung von (C) angeboten werden können, wird in 3.2 und 3.3 erörtert. Bei einer Untersuchung von Zielen, denen nicht eine unbeschränkte Maximierungsvorschrift zugrunde liegt, werden die hier betrachteten Zielfunktionen des Beispiels C als Zielvariablen aufgefaßt (vgl. 3.4).

Das Bespiel C eignet sich in besonderer Weise dazu, eine Darstellungsart von diskreten Vektoroptimierungsmodellen anzuführen, die unter der Bezeichnung Polarkoordinatendarstellung in der Literatur verbreitet ist (vgl. u.a. HEINEN [1966], S. 143 f.; GÄFGEN [1968], S. 117 f.).[1] Für jedes Ziel steht dabei eine Koordinatenachse zur Verfügung, auf der die Werte für die einzelnen Alternativen abgetragen werden, die dann für jede Alternative durch einen geschlossenen Polygonzug miteinander verbunden werden (vgl. Abb. 3.1.2). Der Polygonzug einer perfekten Alternative würde alle übrigen Polygonzüge umfassen, während der Polygonzug einer dominierten Alternative von mindestens einem Polygonzug einer anderen Alternative umfaßt werden würde, wobei eine Berührung auf einer Achse unerheblich ist. Die Abb. 3.1.2 bestätigt das bekannte Ergebnis, daß alle vier Alternativen des Beispiels C effizient sind, da sich je zwei Polygonzüge wenigstens einmal schneiden. Die Darstellung eines diskreten Vektoroptimierungsmodells in Polarkoordinaten kann die Transparenz des Entscheidungsproblems zwar erhöhen, eine konkrete optimale Lösung - wie sie auch immer definiert sein mag - wird auf diese Weise nicht gefunden.

---

[1] Polarkoordinaten in dem hier verwendeten Sinne haben nichts mit den in der Geometrie gebräuchlichen Polarkoordinaten zu tun.

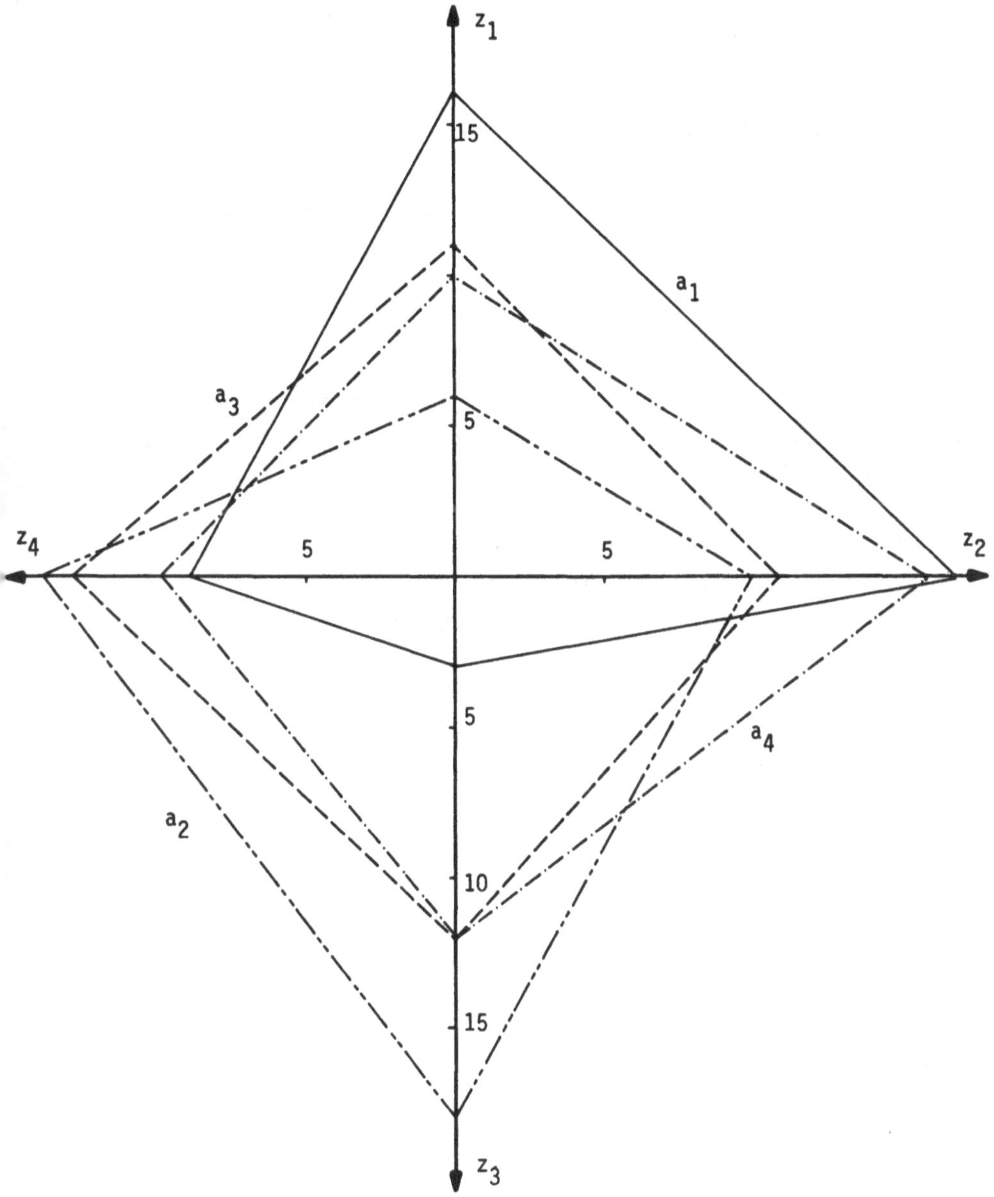

Abb. 3.1.2

3.1.4 Konvexe Vektoroptimierunsmodelle – Beispiele F4, F5 und G

Im folgenden werden nur konvexe Vektoroptimierungsmodelle mit Alternativenmengen, die durch lineare Ungleichungen beschrieben werden, und mit konkaven, meist linearen Zielfunktionen betrachtet. Bei den Beispielen F4 und F5 handelt es sich um lineare Vektoroptimierungsmodelle, beim Beispiel G um ein nichtlineares Vektoroptimierungsmodell.

Beispiel F4:

Hier und im folgenden Beispiel F5 wird die eine Zielfunktion des Beispiels F (vgl. 1.2.6) jeweils durch zwei neue Zielfunktionen ersetzt. Die Alternativenmenge X_F (vgl. 1.3.1) wird unverändert übernommen.

Zunächst wird davon ausgegangen, daß der Konservenproduzent infolge möglicher Preissenkungen für die Stückerlöse seiner Erzeugnisse zu zwei unterschiedlichen Schätzungen kommt. Zum einen glaubt er, mit der Zielfunktion $z_1(x_1,x_2) = 4,0x_1 + 6,8x_2$ planen zu müssen, zum anderen hält er die Zielfunktion $z_2(x_1,x_2) = 3,6x_1 + 5,0x_2$ für realistisch. Um seine Entscheidungssituation möglichst vollständig durchblicken zu können, betrachtet er beide Zielfunktionen gleichgewichtig und untersucht das Vektoroptimierungsmodell (F4). In Abb. 3.1.3a sind die Alternativenmenge X_F sowie die Zielfunktionen $z_1(x_1,x_2)$ und $z_2(x_1,x_2)$ eingezeichnet, in Abb. 3.1.3b ist die Zielmenge aufgrund der Abbildung $z_{F4}(x_1,x_2)$ wiedergegeben. Offensichtlich fallen die

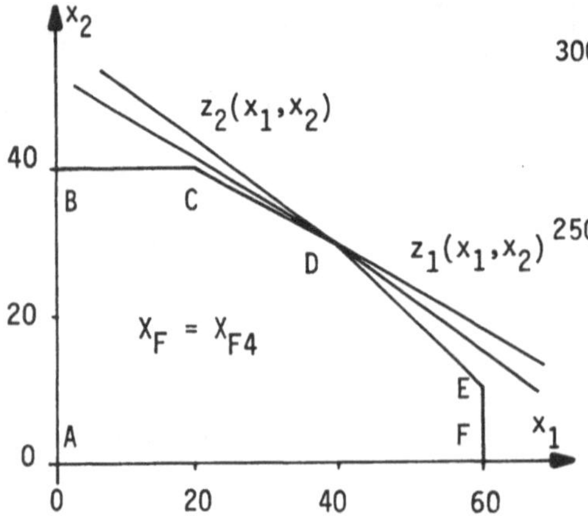

Abb. 3.1.3a

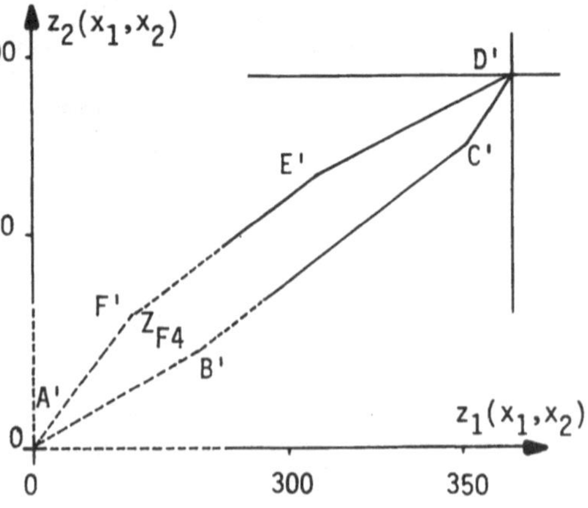

Abb. 3.1.3b

individuell optimalen Lösungen zusammen. Es gilt $P(X_{F4}, z_{F4}) = \{(40,30)^T\}$. Aufgrund der Existenz einer perfekten Alternative sind die gesuchten Produktionsmengen unter gleichzeitiger Beachtung beider Zielfunktionen eindeutig bestimmt.

(F4)	$max\ \{z_{F4}(x_1,x_2) \mid (x_1,x_2)^T \in X_{F4}\}$
mit	$X_{F4} := X_F$ (vgl. 1.3.1) $z_{F4}(x_1,x_2) := \begin{pmatrix} 4{,}0x_1 + 6{,}8x_2 \\ 3{,}6x_1 + 5{,}0x_2 \end{pmatrix}$

Bei Existenz einer perfekten Lösung hat die Zielmenge Z bei K = 2 Zielfunktionen im $\mathbb{R}^2$ ein ganz bestimmtes Aussehen: Wählt man den Punkt $(\bar{\bar{z}}_1, \bar{\bar{z}}_2)$ - im Beispiel ist dies der Punkt D' mit den Koordinaten $(\bar{\bar{z}}_1, \bar{\bar{z}}_2) = (364,294)$ - zum Mittelpunkt eines rechtwinkligen Koordinatensystems, dann liegt das relative Innere der Zielmenge im dritten Quadranten.

Beispiel F5:

In einer anderen Entscheidungssituation geht der Konservenproduzent von dem Vektoroptimierungsmodell (F5) aus. Hier führt die zeichnerische Analyse

(F5)	$max\ \{z_{F5}(x_1,x_2) \mid (x_1,x_2)^T \in X_{F5}\}$
mit	$X_{F5} := X_F$ (vgl. 1.3.1) $z_{F5}(x_1,x_2) := \begin{pmatrix} 4x_1 + 2x_2 \\ 2x_1 + 4x_2 \end{pmatrix}$

auf folgende Ergebnisse (vgl. Abb. 3.1.4a und 3.1.4b):

$$X_1^{=} = \{(60,10)^T\} \text{ und}$$

$$X_2^{=} = \{\delta \begin{pmatrix} 20 \\ 40 \end{pmatrix} + (1-\delta) \begin{pmatrix} 40 \\ 30 \end{pmatrix} \;\Big|\; 0 \leqq \delta \leqq 1\},$$

wobei $X_1^= \cap X_2^= = \emptyset$ ist und die individuell optimale Lösung für die zweite Zielfunktion nicht eindeutig ist. Wie lautet nun die vollständige Lösung?

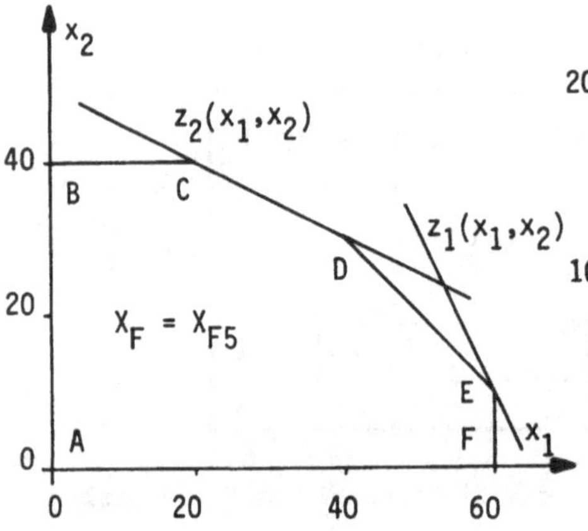

Abb. 3.1.4a

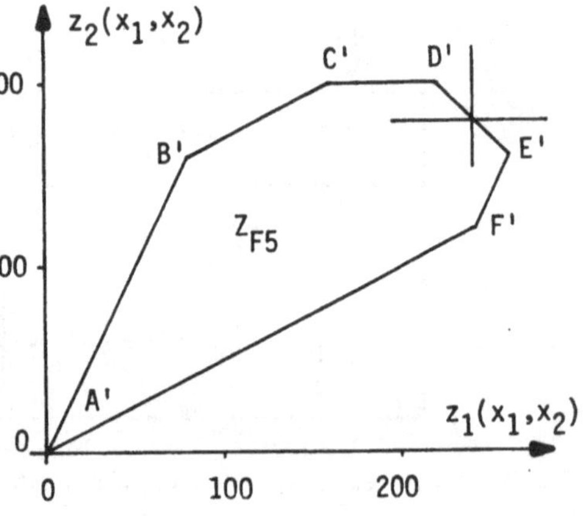

Abb. 3.1.4b

Sicherlich ist kein Punkt im Innern von X_F effizient, denn der Wert einer Zielfunktion kann stets verbessert werden, ohne den Wert der anderen Zielfunktion zu verschlechtern (vgl. Abb. 3.1.4a). Dies gilt in gleicher Weise für die Strecken $\overline{AB}$, $\overline{BC}$, $\overline{AF}$ und $\overline{FE}$ ohne den Punkt E sowie für die Strecke $\overline{CD}$ ohne den Punkt D. Effizient sind demnach nur die Punkte der Strecke $\overline{DE}$:

$$E(X_{F5}, z_{F5}) = \{\delta \begin{pmatrix}40\\30\end{pmatrix} + (1-\delta)\begin{pmatrix}60\\10\end{pmatrix} \;\Big|\; 0 \leqq \delta \leqq 1\}.$$

Dies läßt sich auch in der Zielmenge Z_{F5} von (F5) veranschaulichen (vgl. Abb. 3.1.4b): Wählt man einen der Punkte der Strecke $\overline{D'E'}$ zum Mittelpunkt eines rechtwinkligen Koordinatensystems, dann enthält der erste Quadrant bis auf den Ursprung keinen Punkt von Z_{F5}. Diese graphische Verdeutlichung des Effizienzkonzepts verliert bei mehr als zwei Zielfunktionen ihre Anschaulichkeit.

Beispiel G:

Das Beispiel G ist in 1.2.7 bereits mit zwei Zielfunktionen eingeführt worden. Die erste Zielfunktion (Maximierung des Gesamterlöses) kann mit Hilfe der gegebenen Preisabsatzfunktionen ermittelt werden; sie lautet:

$$z_1(x_1,x_2) = x_1(p_1,p_2)\cdot p_1 + x_2(p_1,p_2)\cdot p_2$$
$$= -3x_1^2 - 4x_1x_2 - 4x_2^2 + 60x_1 + 72x_2.$$

Die zweite Zielfunktion (Minimierung der Summe der Stillstandszeiten bzw. Maximierung der negativen Summe der Stillstandszeiten) ergibt sich aus der Summe der vorhandenen abzüglich der in Anspruch genommenen Kapazitätsstunden; sie lautet:

$$z_2(x_1,x_2) = -((60-2x_1-5x_2) + (60-4x_1-2x_2))$$
$$= -120 + 6x_1 + 7x_2.$$

Nunmehr kann das Beispiel G vollständig formuliert werden (vgl. (G)). Die Bestimmung der individuellen Optima bereitet bei diesem Beispiel keine

(G)	$max\ \{z_G(x_1,x_2) \mid (x_1,x_2)^T \in X_G\}$
mit	$X_G := \left\{ \begin{pmatrix} x_1 \\ x_2 \end{pmatrix} \in \mathbb{R}_+^2 \;\middle|\; \begin{matrix} 2x_1 + 5x_2 \leqq 60 \\ 4x_1 + 2x_2 \leqq 60 \\ x_1 + x_2 \leqq 18 \end{matrix} \right\}$ $z_G(x_1;x_2) := \begin{bmatrix} -3x_1^2 - 4x_1x_2 - 4x_2^2 + 60x_1 + 72x_2 \\ -120 + 6x_1 + 7x_2 \end{bmatrix}$

Schwierigkeiten. Das Maximum von $z_1(x_1,x_2)$ findet man mit Hilfe der Differentialrechnung, da das freie Maximum von $z_1(x_1,x_2)$ zulässig ist. Für $z_2(x_1,x_2)$ ist - zeichnerisch - ein lineares Programm zu lösen. Die Ergebnisse lauten:

$$\bar{\bar{x}}^1 = (6,6)^T \text{ mit } \bar{\bar{z}}_1 = 396,$$

$$\bar{\bar{x}}^2 = (10,8)^T \text{ mit } \bar{\bar{z}}_2 = -4.$$

Die beiden individuellen Optima sind effizient. Im Gegensatz zu den Beispielen F4 und F5 liegen beim Beispiel G offensichtlich effiziente Alternativen, wie etwa $\bar{\bar{x}}^1 = (6,6)^T$, auch im Innern von X_G.

3.1.5 Existenz und Identifikation effizienter Alternativen – Beispiel F6

In Analogie zu Entscheidungsmodellen mit einer Zielfunktion, bei denen nicht von vornherein sichergestellt ist, daß sie eine optimale Alternative besitzen (vgl. 1.5.1), existieren auch nicht zwingend für jedes Vektoroptimierungsmodell effiziente Alternativen. Im Beispiel 3.1 ist die Alternativenmenge X nicht beschränkt; es existieren keine individuell optimalen Lösungen; jede Alternative $(x_1', x_2')^T \in X$ wird durch die Alternative $(x_1', x_2'+1)^T \in X$

(3.1)	$max \{z(x_1,x_2) \mid (x_1,x_2)^T \in X\}$
mit	$X := \{(x_1,x_2)^T \in \mathbb{R}_+^2 \mid x_1 \leqq 1\}$ $z(x_1,x_2) := \begin{pmatrix} -x_1 + x_2 \\ x_1 + x_2 \end{pmatrix}$

dominiert; es existieren demnach für das Beispiel keine effizienten Alternativen. Die aufgeworfene Frage kann durch die folgenden zwei Sätze beantwortet werden:

<u>Satz 3.1.1:</u>

Für (VEM) sei eine individuell optimale Lösung $\bar{\bar{x}}^k \in X_k^=$ eindeutig ($k \in \{1,\ldots,K\}$), dann ist $\bar{\bar{x}}^k$ effizient und damit die Menge der effizienten Alternativen nichtleer.[1]

<u>Satz 3.1.2:</u>

Ist die Alternativenmenge X von (VEM) nichtleer und kompakt sowie z(x) stetig, dann ist die Menge der effizienten Alternativen nichtleer.[2]

---

[1]Bew: Für alle $x \in X \setminus X_k^=$ gilt $z_k(x) < z_k(\bar{\bar{x}}^k)$ ($k \in \{1,\ldots,K\}$), so daß kein $x' \in X$ mit den in der Definition der Effizienz genannten Eigenschaften existieren kann, folglich ist $E(X,z) \neq \emptyset$.

[2](siehe nachfolgende Seite)

Im Beispiel 3.1 existieren weder individuell optimale Alternativen noch ist die Alternativenmenge kompakt. Die folgenden Beispiele zeigen, daß die beiden in den Sätzen vorausgesetzten Eigenschaften nicht gleichzeitig vorliegen müssen, da sich die Existenzaussagen unter schwächeren Voraussetzungen formulieren und beweisen lassen. Die Alternativenmenge X des Beispiels 3.2 ist zwar nicht kompakt, doch existiert eine eindeutige indi-

(3.2)	$\max \{z(x_1,x_2) \mid (x_1,x_2)^T \in X\}$
mit	$X := \{(x_1,x_2)^T \in \mathbb{R}^2_+ \mid x_1 \leqq 1\}$ $z(x_1,x_2) := \begin{pmatrix} -x_1 - x_2 \\ x_1 + x_2 \end{pmatrix}$

viduell optimale Alternative für die erste Zielfunktion, es ist $\bar{\bar{x}}^1 = (0,0)^T$. Offensichtlich sind darüber hinaus sämtliche zulässigen Alternativen zugleich effizient. - Im Beispiel 3.3 ist zwar die Alternativenmenge kompakt, jedoch existieren für beide Zielfunktionen mehrere individuell optimale

(3.3)	$\max \{z(x_1,x_2) \mid (x_1,x_2)^T \in X\}$
mit	$X := \{(x_1,x_2)^T \in \mathbb{R}^2_+ \mid x_1,x_2 \leqq 1\}$ $z(x_1,x_2) := \begin{pmatrix} x_1 \\ x_2 \end{pmatrix}$

(Fußnote von vorhergehender Seite)
Bew: Man bestimme $\bar{\bar{x}}^1 \in \bar{\bar{X}}_1$. Ist $|\bar{\bar{X}}_1| = 1$, folgt die Behauptung aus Satz 3.1.1. Anderenfalls bestimme man

$$\bar{\bar{X}}_{12} := \{\bar{\bar{x}}^{12} \in X \mid z_2(\bar{\bar{x}}^{12}) = \max\{z_2(x) \mid x \in \bar{\bar{X}}_1\}\}.$$

Ist $|\bar{\bar{X}}_{12}| = 1$, argumentiere man wie im Beweis von Satz 3.1.1. Anderenfalls maximiere man die dritte Zielfunktion usw. Ist selbst $|\bar{\bar{X}}_{12...K}| > 1$, liegen perfekte Alternativen vor, die effizient sind, so daß $E(X,z) \neq \emptyset$ gilt.

Alternativen. Die Alternative $x^o = (1,1)^T$ ist effizient und zugleich perfekt.

Ist für ein Vektoroptimierungsmodell (VEM) eine Alternative $x^\square \in X$ bekannt, dann stellt sich die Frage, ob $x^\square$ möglicherweise effizient bezüglich (VEM) ist. Aufgrund der Definition der Effizienz muß man eine Alternative $x' \in X$ suchen, die die dort genannten Bedingungen erfüllt. Läßt sich kein derartiges $x' \in X$ finden, folgt daraus die Effizienz der Alternative $x^\square$. Dieser Suchprozeß ist der Lösung des skalaren Entscheidungsmodells (TEST) äquiva-

(TEST)	$\max \{z_{TEST}(x) \mid x \in X_{TEST}\}$
mit	$X_{TEST} := \{x \in X \mid z(x) \geqq z(x^\square)\}$ $z_{TEST}(x) := \sum_{k=1}^{K} z_k(x)$

lent. Dabei gilt der folgende Satz (vgl. WENDELL/LEE [1977], S. 407):

Satz 3.1.3:

Gegeben sei $x^\square \in X$. $x^\square$ ist genau dann effizient bezüglich (VEM), wenn $x^\square$ optimal bezüglich (TEST) ist.

Das skalare Optimierungsmodell (TEST) findet nicht nur Verwendung als Testprogramm, sondern auch als Hilfsprogramm zur Bestimmung einer - ersten - effizienten Alternative - etwa im Sinne einer Startalternative für irgendein Lösungsverfahren -, denn für beliebiges $x^\square \in X$ ist eine optimale Lösung von (TEST) effizient bezüglich (VEM) (vgl. ECKER/KOUADA [1975], S. 376; WENDELL/LEE [1977], S. 407; SOLAND [1979], S. 34).

Beispiel F6:

Mit diesem Beispiel soll insbesondere zeichnerisch die Aussage des Satzes 3.1.3 verdeutlicht werden. Es werden für das Beispiel F5 (vgl. 3.1.4) die Alternativen $x^\square = x^1 = (10,10)^T$ und $x^\square = x^2 = (50,20)^T$ auf Effizienz getestet.

Für x^1 lauten die zusätzlichen Ungleichungen in (TEST)

$$4x_1 + 2x_2 \geqq 4 \cdot 10 + 2 \cdot 10 = 60 \quad \text{und} \quad 2x_1 + 4x_2 \geqq 2 \cdot 10 + 4 \cdot 10 = 60.$$

Die entsprechenden Geraden sind in Abb. 3.1.5 eingezeichnet. Für die zu-

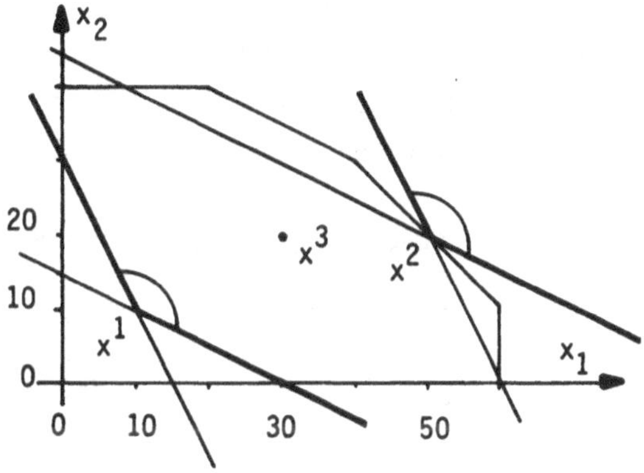

Abb. 3.1.5

lässige Alternative $x^3 = (30,20)^T$ gilt

$$z_{TEST}(30,20) = 160 + 140 > 60 + 60 = z_{TEST}(10,10),$$

so daß x^1 nicht optimale Lösung von (TEST) sein kann. Folglich ist x^1 nicht effizient. Geometrisch wird durch die zwei zusätzlichen Ungleichungen ein Kegel aufgespannt, der im Fall der Nicht-Effizienz mit X_F nicht nur den Scheitelpunkt gemeinsam hat.

Die zusätzlichen Ungleichungen lauten für $x^2 = (50,20)^T$

$$4x_1 + 2x_2 \geqq 4 \cdot 50 + 2 \cdot 20 = 240 \quad \text{und} \quad 2x_1 + 4x_2 \geqq 2 \cdot 50 + 4 \cdot 20 = 180.$$

In diesem Falle gilt, da X_{TEST} nur aus dem Punkt x^2 besteht, daß x^2 optimal bezüglich (TEST) und damit zugleich effizient bezüglich (F5) ist. Nunmehr besteht der Durchschnitt aus dem durch die zusätzlichen Ungleichungen definierten Kegel und X_F nur aus dem Punkt $x^2 = (50,20)^T$.

3.1.6 Effizienztheoreme

In diesem Unterabschnitt geht es darum, einige Effizienztheoreme anzuführen, die für die folgenden Abschnitte von besonderem Nutzen sind. Durch Effizienztheoreme werden Zusammenhänge zwischen Vektoroptimierungsmodellen und skalaren Entscheidungsmodellen, speziell parametrischen Entscheidungsmodellen (vgl. 1.6.2), aufgezeigt. Die Aussagen der Effizienztheoreme variieren je nach den jeweiligen speziellen Voraussetzungen. Es wird im folgenden das in 3.1.2 eingeführte Vektoroptimierungsmodell (VEM) und das hier zu definierende K-parametrische Entscheidungsmodell (KP_t) betrachtet,

(KP_t)	$\max \{ \sum_{k=1}^{K} t_k z_k(x) \mid x \in X \}$
für	$t_k \geqq 0 \quad (k=1,\dots,K)$ $t_1 + \dots + t_K = 1$

wobei die Normierung $t_1 + \dots + t_K = 1$ nicht notwendig, jedoch manchmal zweckmäßig ist. Mit $t := (t_1,\dots,t_K)^T$ und $o := (0,\dots,0)^T$ gilt im einzelnen (vgl. u.a. KUHN/TUCKER [1951], S. 488; GEOFFRION [1965], S. 47; DINKELBACH [1969], S. 161; GUDDAT [1979], S. 57):

<u>Satz 3.1.4:</u>

> Ist x^o optimale Lösung von (KP_{t^o}) mit $t^o > o$, dann ist x^o effizient bezüglich (VEM).

Man beachte, daß bezüglich X und $z_1(x),\dots,z_K(x)$ keine speziellen Voraussetzungen gemacht werden. Es wird lediglich von der Existenz einer optimalen Lösung von (KP_{t^o}) mit $t^o > o$ ausgegangen. Der Satz gilt beispielsweise auch für nicht-konvexe, insbesondere "endliche" Alternativenmengen (vgl. Abb. 3.2.3 in 3.2.2). In diesem Zusammenhang ist allerdings zu beachten, daß nicht jede effiziente Alternative mit Hilfe von (KP_t) gefunden werden kann. Daß die Aussage des Satzes 3.1.4 mit $t^o \geqq o$ nicht zwingend gilt, zeigt das Beispiel der Abb. 3.1.6, bei dem die Punkte auf der Strecke $\overline{BC}$ effizient bezüglich X sowie $z_1(x_1,x_2) = x_1$ und $z_2(x_1,x_2) = x_2$ sind; der Punkt D ist optimale Lösung von (KP_t) mit $t_1^o = 1$ und $t_2^o = 0$, jedoch nicht effizient. Zur Umkehrung des Satzes 3.1.4 werden zusätzliche Voraussetzungen erforderlich (vgl. u.a. KUHN/TUCKER [1951], S. 489; KARLIN [1959], S. 217; GEOFFRION [1965], S. 47 f.; DINKELBACH [1969], S. 160; GUDDAT [1979], S. 58):

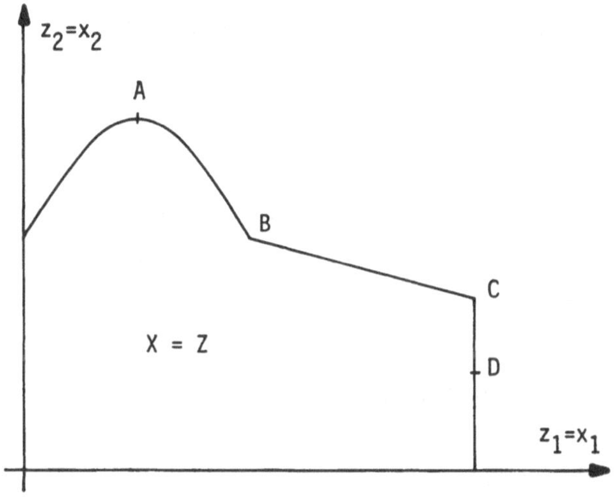

Abb. 3.1.6

Satz 3.1.5:

Es sei X konvex und $z_k(x)$ konkav (k=1,...,K). Ist x^o effizient bezüglich (VEM), dann existiert ein $t^o \geqq o$, so daß x^o optimale Lösung von (KP_{t^o}) ist.

Als Gegenbeispiel für nicht-konvexe Alternativenmengen betrachte man wieder Abb. 3.1.6; der Punkt B ist offensichtlich effizient, jedoch mit Hilfe von (KP_t) nicht bestimmbar. Daß die Aussage des Satzes mit $t^o > o$ falsch ist, verdeutlicht der Punkt A der Abb. 3.1.6. Dieser Punkt ist effizient und zugleich eindeutige optimale Lösung von (KP_{t^o}) mit $t_1^o = 0$ und $t_2^o = 1$. - Durch Spezialisierung von (VEM) erhält man weitere Effizienztheoreme. So gilt (vgl. u.a. GEOFFRION [1965], S. 49; DINKELBACH [1969], S. 161):

Satz 3.1.6:

Es sei X konvex und $z_k(x)$ streng konkav (k=1,...,K). x^o ist genau dann effizient bezüglich (VEM), wenn ein $t^o \geqq o$ existiert, so daß x^o optimale Lösung von (KP_{t^o}) ist.

Für lineare Vektoroptimierungsmodelle kann der folgende Satz bewiesen werden (vgl. u.a. GALE [1960], S. 308; SCHÖNFELD [1964], S. 48; EVANS/STEUER [1973], S. 55; FOCKE [1973], S. 368; ISERMANN [1974a], S. 190):

Satz 3.1.7:

(VEM) sei ein lineares Vektoroptimierungsmodell (LVEM). x^o ist genau dann effizient bezüglich (LVEM), wenn ein $t^o > o$ existiert, so daß x^o optimale Lösung von (KP_{t^o}) ist.

Die Aussage des Satzes 3.1.4 läßt sich noch verallgemeinern, indem man das Optimierungsmodell (MO) betrachtet, bei dem die - skalare - Funktion Ψ zu-

(MO)	$\max \{\Psi(z(x)) \mid x \in X\}$

nächst nicht näher spezifiziert ist. Es gelten die beiden folgenden Sätze (vgl. u.a. GEOFFRION [1967]; DORR [1973], S. 87; KOSMOL [1973], S. 79 f.; VOGEL [1977], S. 16 f.):

Satz 3.1.8:

Es sei $\Psi(z(x))$ streng monoton wachsend in z für $z \in Z$. Ist x^o optimale Lösung von (MO), dann ist x^o effizient bezüglich (VEM).

Satz 3.1.9:

Es sei $\Psi(z(x))$ monoton wachsend in z für $z \in Z$. Ist X^* die Menge der optimalen Lösungen von (MO), dann ist wenigstens ein $x^o \in X^*$ effizient bezüglich (VEM).

Definiert man (MO) als Minimierungsmodell, dann muß $\Psi(z(x))$ als monoton bzw. streng monoton fallend unterstellt werden. Das Optimierungsmodell (MO) enthält einige Varianten, die in 3.2 als spezielle Kompromißmodelle vorgestellt werden.

3.2 Kompromißmodelle

3.2.1 Definition von Kompromißmodellen

In Analogie zur Bewertung von Wahrscheinlichkeitsverteilungen bei stochastischen Entscheidungsmodellen (vgl. 2.1.4) stellt sich für Vektoroptimierungsmodelle das Problem der Bewertung von Zielfunktionsvektoren. In diesem Abschnitt wird davon ausgegangen, daß der Entscheidungsträger willens und in der Lage ist, durch Angabe seiner Präferenzvorstellungen das Vektoroptimierungsmodell (VEM) in ein skalares Optimierungsmodell (DEM) zu überführen. Dies kann beispielsweise dadurch geschehen, daß der Entscheidungsträger subjektiv eine Bewertung in Form einer Funktion angibt, die eine Abbildung des $\mathbb{R}^K$ in den $\mathbb{R}$ ist und hier mit Kompromißzielfunktion bezeichnet wird. Es wird demnach davon ausgegangen, daß der Entscheidungsträger das Vektoroptimierungsmodell (VEM) durch ein Kompromißmodell (KM) ersetzt, das wie folgt definiert wird: Ein Kompromißmodell eines Vektoroptimierungsmodells (VEM) ist ein skalares Optimierungsmodell (DEM), das in der Zielfunktion und/oder den Nebenbedingungen die Präferenzvorstellungen des Entscheidungsträgers bezüglich der konkurrierenden Zielfunktionen $z_1(x),\dots,z_K(x)$ zusammenfaßt, grundsätzlich numerisch lösbar ist und von dessen optimalen Lösungen wenigstens eine effizient ist. Analog zu einem Ersatzmodell (ER) (vgl. 2.1.4) kann ein Kompromißmodell, wie in (KM) dargestellt, zusammengefaßt werden. Hierbei hat der Entscheidungsträger die Möglichkeit, seine Präferenzen sowohl in der Kompromißziel-

(KM)	$\max \{\psi(x) \mid x \in X^Q \cap X^Z\}$
Kompromißmodell (Kompromißprogramm)	

funktion $\psi(x)$ als auch durch zusätzliche Nebenbedingungen etwa in Form von Untergrenzen, was eine Einschränkung der Alternativenmenge X^Q durch X^Z zur Folge haben kann, zum Ausdruck zu bringen. Eine bezüglich (KM) optimale Lösung heißt, sofern sie effizient bezüglich (VEM) ist, im folgenden auch Kompromißlösung oder Kompromißalternative; sie ist bezüglich (VEM) kompromiß-optimal. Statt von Kompromißzielfunktionen wird in diesem Zusammenhang auch von Präferenzfunktionen, Nutzenfunktionen oder Skalarisierungsfunktionalen gesprochen. Existieren mehrere, bezüglich (KM) optimale Alternativen, ist bei der Lösungsfindung sicherzustellen, daß unter diesen die effiziente(n) Alternative(n) erkannt wird (werden).

Wenn man von vornherein weiß, daß eine optimale Lösung von (KM) effizient ist, genügt es, die Kompromißzielfunktion $\psi(x)$ über der Menge $E(X^Q \cap X^Z,z)$ der effizienten Alternativen zu maximieren oder gegebenenfalls zu minimieren. Dies setzt allerdings die explizite Kenntnis der Menge $E(X^Q \cap X^Z,z)$ voraus, deren Bestimmung mit größeren Schwierigkeiten verbunden sein kann als die numerische Lösung eines Kompromißmodells.

Ein Kompromißmodell ist vom Entscheidungsträger subjektiv in bezug auf seine ihm mehr oder weniger bewußten Präferenzvorstellungen zu formulieren, und zwar ohne nähere Kenntnis darüber, welche Werte der vorliegenden Zielfunktionen bei einer gegebenen Alternativenmenge im "günstigsten" bzw. im "ungünstigsten" Fall überhaupt möglich sind. Insofern ist ein Kompromißmodell (KM) sowohl relativ starr, da es im Prozeß der Entscheidungsfindung verhältnismäßig früh, d.h. vor Beginn eines numerischen Verfahrens, und unwiderruflich festzulegen ist, als auch relativ undifferenziert, da auf die Berücksichtigung spezieller Eigenschaften eines Entscheidungsproblems verzichtet wird. Beide Mängel können durch Revision des Kompromißmodells oder durch Sensitivitätsanalysen unterschiedlicher Art in ihrer Schärfe reduziert werden. Erst die in 3.3 zu untersuchenden interaktiven Verfahren zeichnen sich durch eine größere Flexibilität und Anpassungsfähigkeit an ein Entscheidungsproblem aus.

Wenn hier die Subjektivität eines Kompromißmodells betont wird, dann folgt daraus nicht, daß damit aus der Sicht der Entscheidungstheorie alle Probleme gelöst sind. Wie die Ausführungen in diesem Abschnitt zeigen, stellt eine Diskussion der verschiedenen in der Literatur vorgeschlagenen Kompromißmodelle im Hinblick auf ihre Implikationen eine wertvolle Hilfe für den Entscheidungsträger bei der Bewältigung multikriterieller Entscheidungsprobleme dar.

In der Literatur wird zur Lösung von Zielkonflikten u.a. vorgeschlagen, nur dasjenige Ziel bzw. diejenige Zielfunktion bei der Bestimmung einer optimalen Alternative zu berücksichtigen, das bzw. die eminent wichtig ist, und alle anderen zu vernachlässigen. Man spricht von Zieldominanz (vgl. u.a. HEINEN [1966], S. 141) oder von Zielunterdrückung (vgl. u.a. BAMBERG/COENENBERG [1977], S. 48). Das zugehörige Kompromißmodell (KM) enthält nur noch eine Komponente von $z(x)$ aus (VEM). Wenn der Entscheidungsträger so zu verfahren in der Lage ist, dann deutet ein derartiges Verhalten an, daß möglicherweise nur eine scheinbare Konkurrenz der Zielfunktionen vorgelegen hat. Anderenfalls ist es wohl angebracht, die "unterdrückten" Zielfunktionen zumindest durch Untergrenzen zu berücksichtigen. Der Entscheidungsträger könnte in diesem Fall für K - 1 Zielfunktionen Untergrenzen, d.h. Werte dieser Zielfunktionen, die er mindestens erreichen will, nennen und durch entsprechende Ungleichungen die Alternativenmenge zusätzlich auf $X^Q \cap X^Z$ einschränken. Falls ein solches Vorgehen zu einer eindeutigen Alternative führt, ist diese effizient bezüglich (VEM) (vgl. u.a. COHON [1978], S. 115 ff.; SOLAND [1979], S. 32 f.).

Zu einer etwas anderen Kompromißfindung kommt man, wenn die Zielfunktionen bezüglich ihrer subjektiven Wichtigkeit vollständig geordnet werden und zunächst nur die wichtigste Zielfunktion zur Bestimmung einer optimalen Lösung herangezogen wird. Sofern sich Mehrfachlösungen ergeben, optimiert man in einer zweiten Stufe mit Hilfe der zweitwichtigsten Zielfunktion (vgl. Beweis zu Satz 3.1.2 in 3.1.5). Dieses Vorgehen setzt man solange fort, bis eine eindeutige, in bezug auf die unterstellte - sogenannte lexikographische - Ordnung optimale Alternative übrig bleibt oder sämtliche Zielfunktionen optimiert wurden (vgl. u.a. BAMBERG/COENENBERG [1977], S. 48). Es sind bei diesem Vorgehen möglicherweise mehrere skalare Kompromißmodelle hintereinander zu lösen. Da bei dem beschriebenen Vorgehen zunächst individuelle Optima angestrebt werden, sind die bezüglich einer lexikographischen Ordnung optimalen Lösungen stets effizient (vgl. u.a. BRUCKER [1972], S. 191; ISERMANN [1974b], S. 149 ff.; BEHRINGER [1977]).

Bei nur zwei konkurrierenden Zielfunktionen bietet sich eine "gerechte" Kompromißlösung durch folgendes Vorgehen an: Es seien $\bar{\bar{z}}_1 = z_1(\bar{\bar{x}}^1)$ und $\bar{\bar{z}}_2 = z_2(\bar{\bar{x}}^2)$ die individuellen Maxima (vgl. 3.1.2). Existiert für k = 1 nur eine individuell optimale Alternative, dann gilt

$$\bar{z}_2 := \min \{z_2(x) \mid x \in E(X,z)\} = z_2(\bar{\bar{x}}^1).$$

Der Wert $\bar{z}_2$ kann demnach erreicht werden, ohne daß die erste Zielfunktion von ihrem individuellen Maximum abweicht. Der Wert $\bar{z}_2$ stellt eine untere Grenze für die zu bestimmende Kompromißlösung dar, die durch das Intervall $[\bar{z}_2,\bar{\bar{z}}_2]$ eingegrenzt wird (vgl. 3.1.2). Entsprechendes gilt für $z_1(x)$. Eine Kompromißlösung kann dadurch definiert werden, daß eine Gleichheit der relativen Abweichungen angestrebt wird. Existiert ein $x^* \in E(X,z)$, das die Gleichung

$$\frac{\bar{\bar{z}}_1 - z_1(x^*)}{\bar{\bar{z}}_1 - \bar{z}_1} = \frac{\bar{\bar{z}}_2 - z_2(x^*)}{\bar{\bar{z}}_2 - \bar{z}_2}$$

löst, ist eine kompromiß-optimale Alternative gefunden (vgl. DINKELBACH [1962], S. 743 ff.). Anderenfalls kann man beispielsweise die Summe der relativen Abweichungen minimieren (vgl. 3.2.4). Letzteres liegt auch bei mehr als zwei Zielfunktionen sowie bei diskreten Vektoroptimierungsmodellen nahe, da in diesem Fall die aufzustellenden Gleichungen im allgemeinen nicht widerspruchsfrei sind. Gilt $\bar{z}_1 = \bar{\bar{z}}$ und $\bar{z}_2 = \bar{\bar{z}}_2$, liegt eine perfekte Lösung vor, so daß eine Kompromißfindung entfällt. - Im folgenden werden einige weitere, in der Literatur häufig diskutierte Kompromißmodelle etwas ausführlicher vorgestellt und an den bereits eingeführten Beispielen erläutert.

3.2.2 Zielgewichtung – Beispiele B1 und C1

Die Zielgewichtung ist ein Kompromißmodell zur Überwindung von Zielkonflikten, welches in der Betriebswirtschaftslehre häufig diskutiert wird (vgl. u.a. HEINEN [1966], S. 142 ff.; NIEVERGELT [1971], S. 119 ff.; STREBEL [1972]). Es werden die einzelnen Zielfunktionen mit (positiven) Gewichten (Gewichtungsfaktoren) t_k multipliziert und anschließend addiert. Die so gebildete Summe ist zu maximieren (vgl.(KM_{ZG})). Die Normierung der Gewichte auf 1 ist keine wesentliche Voraussetzung; sie kann jederzeit erzwungen werden. Das subjektive Moment dieses Kompromißmodells besteht in der Angabe der Gewichte durch den Entscheidungsträger (vgl. (KP_t) in 3.1.6).

Da die Gewichte im allgemeinen dimensionslose Größen sind, entsteht die Frage, ob die Kompromißzielfunktion $\psi(x)$ eine sinnvolle Größe ist. Kann man etwa 20% vom Gewinn [GE] plus 50% der Ausbringung [ME] plus 30% der Eigenkapitalrentabilität [-] maximieren? Diese Frage ist jedoch von unter-

(KM_{ZG})	$\max \{\psi(x) \mid x \in X\}$
mit	$\psi(x) := \sum_{k=1}^{K} t_k \, z_k(x)$
wobei	$t_k > 0 \quad (k = 1,\ldots,K)$ $t_1 + \ldots + t_K = 1$

geordneter Bedeutung, da auch dann, wenn die Summe gewichteter Zielfunktionen inhaltlich eine sinnlose Größe ist, ihre Maximierung insofern erstrebenswert ist, als es sich bei den optimalen Lösungen von (KM_{ZG}) um Alternativen handelt, die aufgrund des Satzes 3.1.4 in 3.1.6 effizient bezüglich des zugrundeliegenden Vektoroptimierungsmodells sind. Unter diesem Aspekt ist es gerechtfertigt, Zielkonflikte durch Zielgewichtung zu lösen.

Hat der Entscheidungsträger mit $t^o := (t_1^o,\ldots,t_K^o)^T$ eine optimale Lösung x^* von (KM_{ZG}) gefunden, dann kann gegebenenfalls die Frage nach dem Bereich entstehen, in dem die Gewichte variieren können, ohne daß x^* die Optimalität in bezug auf den subjektiv gegebenen Gewichtungsvektor t^o verliert. Aufgrund des Ergebnisses dieser Sensitivitätsanalyse kann sich der Entscheidungsträger in seiner Wahl von t^o bestätigt fühlen oder nicht.- Ist der Entscheidungsträger nicht geneigt, seine Gewichte t_k^o von vornherein festzulegen, ist es naheliegend, das Kompromißmodell (KM_{ZG}) entweder für Gewichte in einer Umgebung von t_k^o, etwa $t_k^o - \varepsilon_k \leqq t_k \leqq t_k^o + \varepsilon_k$ $(\varepsilon_k > 0)$, oder für alle zulässigen Gewichte t_k^o zu lösen $(k = 1,\ldots,K)$. Auch auf diese Weise können dem Entscheidungsträger die Konsequenzen der Gewichtung transparent gemacht werden, so daß es ihm anschließend leichter fällt, die endgültige Wahl der Gewichte zu treffen. Die parametrische Programmierung (parametrische Sensitivitätsanalyse) findet in diesem Zusammenhang eine nützliche Anwendung.

Da es im allgemeinen sehr aufwendig ist, optimale Lösungen von (KM_{ZG}) für alle zulässigen Gewichtungsvektoren zu berechnen und u.U. alle effizienten Alternativen zu bestimmen, und da der Entscheidungsträger möglicherweise bei diesem Vorgehen weit mehr Informationen erhält, als er sich wünscht bzw. als er zu verarbeiten willens oder in der Lage ist, läßt sich (KM_{ZG})

dahingehend modifizieren, daß der Entscheidungsträger eine untere Grenze t'_k und eine obere Grenze t''_k für das Gewicht der k-ten Zielfunktion angibt ($k = 1,\ldots,K$). Es sind demnach in (KM_{ZG}) zusätzlich die Ungleichungen $t'_k \leqq t_k \leqq t''_k$ zu berücksichtigen ($k = 1,\ldots,K$). Bei dieser Variante stellen sich die folgenden Fragen: Existiert überhaupt ein zulässiger Gewichtungsvektor? Wie können alle in bezug auf die gegebenen Gewichtungsintervalle effizienten Alternativen bestimmt werden? Sind diese untereinander in bezug auf die Präferenzvorstellungen des Entscheidungsträgers äquivalent?- Eine weitere Möglichkeit, zu variablen Gewichtungsfaktoren zu kommen, besteht darin, die Gewichte in Abhängigkeit der - erreichten - Werte der Zielfunktionen, also als Gewichtungsfunktionen, zu definieren. Da Kompromißmodelle dieser Art zu nicht effizienten Alternativen führen können, werden sie nicht weiter verfolgt.- Mit der definitiven Angabe der Gewichte durch den Entscheidungsträger wird in einem ersten Schritt ein multikriterielles Entscheidungsmodell in ein skalares Entscheidungsmodell transformiert; die Ermittlung der zugehörigen effizienten Alternative ist dann im zweiten Schritt ein rein numerisches Problem.

Aufgrund des Satzes 3.1.4 in 3.1.6 führen die dargestellten Zielgewichtungskompromißmodelle stets zu effizienten Alternativen, sofern effiziente Alternativen im konkreten Fall existieren. Wie bereits in 3.1.6 gezeigt, gilt die Umkehrung des Satzes 3.1.4 nur unter bestimmten Voraussetzungen, die etwa für diskrete Alternativenmengen nicht erfüllt sind. In diesen Fällen ist daher zu beachten, daß möglicherweise effiziente Alternativen - wie etwa a_3 im nachfolgenden Beispiel 3.4 - existieren, die nicht durch Zielgewichtung gefunden werden können.- Die Zielgewichtung stimmt formal mit der Bildung des Erwartungswertes bei diskreten Wahrscheinlichkeitsfunktionen überein. Analog zum Erwartungswert ist die Zielgewichtung durch eine Art "Risikoneutralität" gekennzeichnet, d.h., die ψ-Werte können für verschiedene Alternativen gleich sein, obwohl die einzelnen Zielfunktionswerte unterschiedlich weit auseinanderfallen.

<u>Beispiel B1:</u>

Bei der Einführung des Beispiels B als Vektorminimierungsmodell in 3.1.3 konnte bereits durch paarweisen Vergleich festgestellt werden, daß nur die Alternativen a_5 und a_6 effizient sind. Mithin werden bei den folgenden

Varianten der Zielgewichtung jeweils nur a_5 und a_6 berücksichtigt.

a) Eine Gewichtung mit $t^o = (t_1^o, t_2^o, t_3^o)^T = (2/10, 3/10, 5/10)^T$ ergibt $\psi_{B1}(a_5) = 4{,}3$ und $\psi_{B1}(a_6) = 4{,}2$, so daß die Alternative a_6 in bezug auf diese Gewichtung optimal ist.

b) In welchem Bereich, der t^o enthält, können die Gewichte variieren, ohne daß die unter a gefundene Lösung ihre Optimalitätseigenschaft verliert? Offensichtlich muß dann gelten (vgl. Tab. 3.1.1 in 3.1.3):

$$7t_1+6t_2+2t_3 \leqq 8t_1+4t_2+3t_3 \quad \text{und} \quad t_1,t_2,t_3>0 \quad \text{und} \quad t_1+t_2+t_3=1$$

oder

$$7t_1+6t_2+2(1-t_1-t_2) \leqq 8t_1+4t_2+3(1-t_1-t_2) \quad \text{und} \quad t_1,t_2>0,\ 1-t_1-t_2>0$$

oder

$$t_2 \leqq 1/3 \quad \text{und} \quad t_1,t_2>0,\ t_1+t_2<1.$$

In diesem speziellen Beispiel kann $t_k > 0$ durch $t_k \geqq 0$ ersetzt werden ($k = 1,2,3$), so daß der gesuchte Bereich dem Viereck $\overline{ABDE}$ in Abb. 3.2.1 ent-

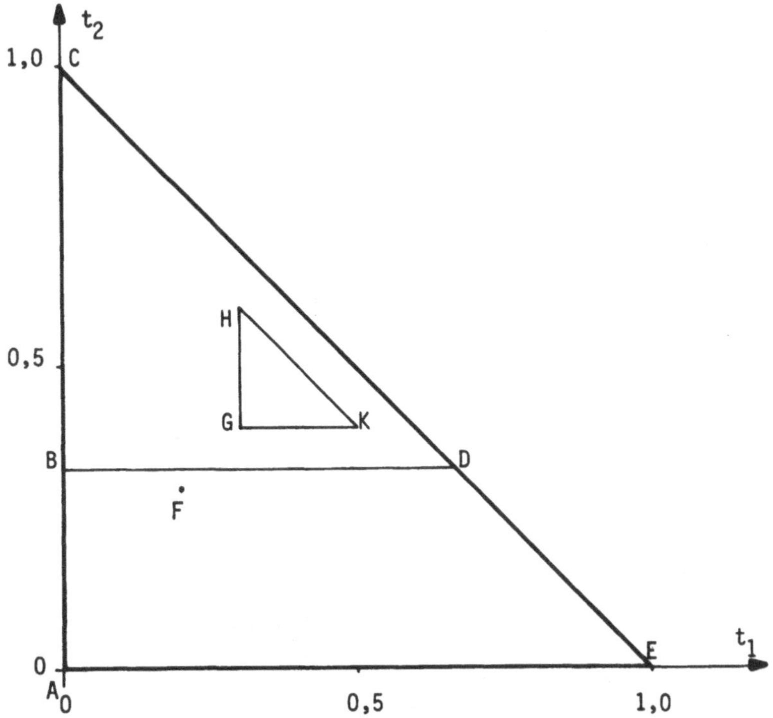

Abb. 3.2.1

spricht, das den Punkt $F = (t_1^o, t_2^o)^T = (2/10, 3/10)^T$ enthält. Das Dreieck $\overline{BCD}$ enthält alle Werte von t_1 und t_2, die zusammen mit $t_3 = 1 - t_1 - t_2$ einen Gewichtungsvektor geben, für den die Alternative a_5 optimal ist.

c) Gibt der Entscheidungsträger folgende Gewichtungsintervalle an:

$$0{,}3 \leqq t_1 \leqq 0{,}6$$

$$0{,}4 \leqq t_2 \leqq 0{,}8$$

$$0{,}1 \leqq t_3 \leqq 0{,}6,$$

und setzt man in die Ungleichungen für t_3 auch hier $t_3 = 1 - t_1 - t_2$ ein, dann erhält man:

$$0{,}4 \leqq t_1 + t_2 \leqq 0{,}9.$$

Durch sämtliche Ungleichungen wird das Dreieck $\overline{GHK}$ abgegrenzt (vgl. Abb. 3.2.1). Für alle Werte aus diesem Dreieck ist, wie bereits unter b ermittelt, die Alternative a_5 optimal.

Beispiel C1:

Um die Auswirkungen unterschiedlicher Gewichtungen auch zeichnerisch erläutern zu können, wird als Beispiel C1 die in 3.1.3 vorgestellte Variante b des Beispiels C (vgl. 1.2.3) gewählt. Die vier zur Verfügung stehenden Alternativen führen zu folgenden Zielfunktionswerten:

$$z_1(a_1) = 16,\ z_1(a_2) = 6,\ z_1(a_3) = 11,\ z_1(a_4) = 10;$$

$$z_4(a_1) = 9,\ z_4(a_2) = 14,\ z_4(a_3) = 13,\ z_4(a_4) = 10.$$

Das hierzu gehörende Kompromißmodell (KM_{ZG}) ist in (C1) wiedergegeben. Wegen $t_1 + t_2 = 1$ kommt man mit einem Gewichtungsfaktor aus; es ist $t_1 = t$ und

(C1)	$\max \{\psi_{C1}(x) \mid x \in X_{C1}\}$
mit	$X_{C1} := X_C$ (vgl. 3.1.3)
	$\psi_{C1}(a_1) := 16t + 9(1-t)$
	$\psi_{C1}(a_2) := 6t + 14(1-t)$
	$\psi_{C1}(a_3) := 11t + 13(1-t)$
	$\psi_{C1}(a_4) := 10t + 10(1-t)$
wobei	$0 < t < 1$

$t_2 = 1 - t$. Die jeweils optimalen Lösungen können aus Abb. 3.2.2 unmittelbar abgelesen werden. Hier wird auch graphisch verdeutlicht, daß a_4 von a_3 dominiert wird (vgl. Abb. 3.1.1b in 3.1.3). Tabellarisch sind die Ergebnisse

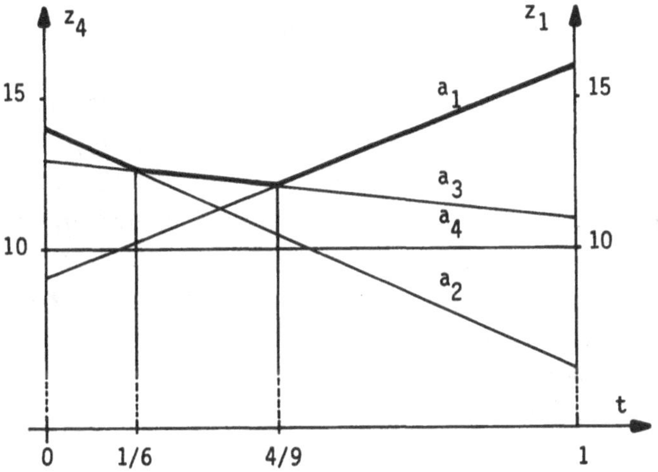

Abb. 3.2.2

in Tab. 3.2.1 zusammengefaßt, aus der für jeden Wert t mit $0 < t < 1$ die jeweilige optimale Lösung abgelesen werden kann. Die Alternative a_1 ist für ein verhältnismäßig großes Intervall von t - im Gegensatz zu den Alternativen a_2 und a_3 - optimal.

t	$x^*_{C1}(t)$	$\psi^*_{C1}(t)$
$0 < t < 1/6$	a_2	$6t + 14(1-t)$
$t = 1/6$	a_2, a_3	$76/6$
$1/6 < t < 4/9$	a_3	$11t + 13(1-t)$
$t = 4/9$	a_3, a_1	$109/9$
$4/9 < t < 1$	a_1	$16t + 9(t-1)$

Tab. 3.2.1

Exkurs: Nutzwertanalysen - Scoring-Modelle - Punktbewertungsverfahren

Zur Analyse von Investitionsentscheidungen, insbesondere im Bereich von Forschungs- und Entwicklungsvorhaben sowie zur Beurteilung öffentlicher Projekte, bei denen mehrere nicht nur ökonomische, sondern auch technische Ziele zu beachten sind, wurden Verfahren entwickelt, die unter der Bezeichnung Nutzwertanalyse bekannt wurden (vgl. u.a. KERN/SCHRÖDER [1977], S. 199 ff.; RINZA/SCHMITZ [1977]; SCHEER [1978], S. 455 ff.). "Nutzwertanalyse ist die Analyse einer Menge komplexer Handlungsalternativen mit dem Zweck, die Elemente dieser Menge entsprechend den Präferenzen des Entscheidungsträgers bezüglich eines multidimensionalen Zielsystems zu ordnen. Die Abbildung dieser Ordnung erfolgt durch die Angabe der Nutzwerte (Gesamtwerte) der Alternativen" (ZANGEMEISTER [1976], S. 45). Die Anzahl der Alternativen ist grundsätzlich endlich, so daß der Nutzwertanalyse Entscheidungsmodelle zugrunde liegen, die in erster Linie durch eine Matrix, hier Zielertragmatrix genannt, charakterisiert sind. Die für die Nutzwertanalyse typische Vorgehensweise besteht darin, zunächst die Elemente der Zielertragmatrix so zu bewerten, daß daraus eine Zielwertmatrix entsteht, deren Elemente die Teilnutzen jeder Alternative bezüglich jeder Zielfunktion angeben. Die für jede Alternative zusammenfassende Bewertung erfolgt nunmehr über konstante Zielwertgewichte.

Ähnliche Überlegungen wie bei der Nutzwertanalyse sind unter der Bezeichnung Scoring-Modelle (Punktbewertungsverfahren) bekannt geworden (vgl. u.a. GOHRS [1972], S. 98 ff.; DREYER [1974]); sie finden u.a. bei der Auswahl neuer Produkte Anwendung. Scoring-Modelle gehen "von der Grundüberlegung aus, daß man in solchen Fällen, in denen es überhaupt nicht oder nur schwer möglich ist, bestimmte Tatbestände direkt zu messen, nach gewissen Ersatzmaßstäben suchen müsse, die an die Stelle der eigentlichen Maßgrößen treten können. So wird in den Scoring-Modellen unterstellt, daß es bestimmte relevante ... Merkmale von Produktideen gibt, die in verschiedenen Ausprägungen auftreten können und an Hand deren man die einzelnen Produktideen bewerten kann. Die Auswahl der Kriterien und die Art ihrer Gewichtung und Bewertung bilden die zentralen Fragen der Scoring-Modelle" (SABEL [1969], S. 60 f.).

Wenn sich auch Nutzwertanalysen und Scoring-Modelle im methodischen Vorgehen je nach Anwendungsbereich mehr oder weniger unterscheiden, ist ihnen ein zentrales Element gemeinsam: An irgendeiner Stelle sind die Bewertungen der einzelnen Alternativen in bezug auf die verschiedenen Kriterien zu einem Nutzwert (Gesamtwert) zusammenzufassen (zu aggregieren, zu amalgamieren). Dieses geschieht fast ausschließlich durch (gewichtete) Addition, also durch Zielgewichtung. Die spezifische Problematik dieses zentralen Punktes wurde bereits angesprochen und wird durch das folgende Beispiel 3.4 noch einmal mit besonderem Nachdruck veranschaulicht.

Ende des Exkurses.

Das Beispiel 3.4 ist durch sechs Alternativen und zwei Zielfunktionen gekennzeichnet. Die Zielfunktionswerte können der Darstellung (3.4) entnommen werden, sie sind in Abb. 3.2.3 graphisch wiedergegeben. Aus dieser Abbildung oder durch paarweisen Vergleich ist sofort zu erkennen, daß alle

(3.4)	$max\ \{z(x) \mid x \in X\}$
mit	$X := \{a_1,\ldots,a_6\}$ $z(x) := \begin{cases} (1,9)^T & \text{für } x = a_1 \\ (3,6)^T & \text{für } x = a_2 \\ (4,5)^T & \text{für } x = a_3 \\ (5,4)^T & \text{für } x = a_4 \\ (7,2)^T & \text{für } x = a_5 \\ (9,2)^T & \text{für } x = a_6 \end{cases}$

Alternativen bis auf a_5 effizient sind. Durch eine Zielgewichtung, d.h. durch Maximierung der Funktion $\Psi_1(z_1,z_2) := tz_1 + (1-t)z_2$ für $0 < t < 1$, können nur die Alternativen a_1 und a_6 als kompromiß-optimale gefunden werden. Die vollständige Lösung enthält Tab. 3.2.2. Die effizienten Alternativen a_2, a_3 und a_4 scheiden bei einer Zielgewichtung von vornherein als mögliche Kompromißlösungen aus der Betrachtung aus. Warum eigentlich? Warum kann nicht a_2, a_3 oder a_4 ein "optimaler" Kompromiß sein? Bietet sich nicht gerade die Alternative a_3 - "in der Mitte" der mehr am Rande liegenden individuell optimalen Alternativen a_1 und a_6 liegend - als Kompromißalternative an? Es ist jedenfalls nicht einsichtig, warum die effizienten Alternativen a_2,a_3 und a_4 - infolge der Zielgewichtung - verworfen werden. Dieser unerwünschten Implikation sollte sich jeder Entscheidungsträger bewußt sein,

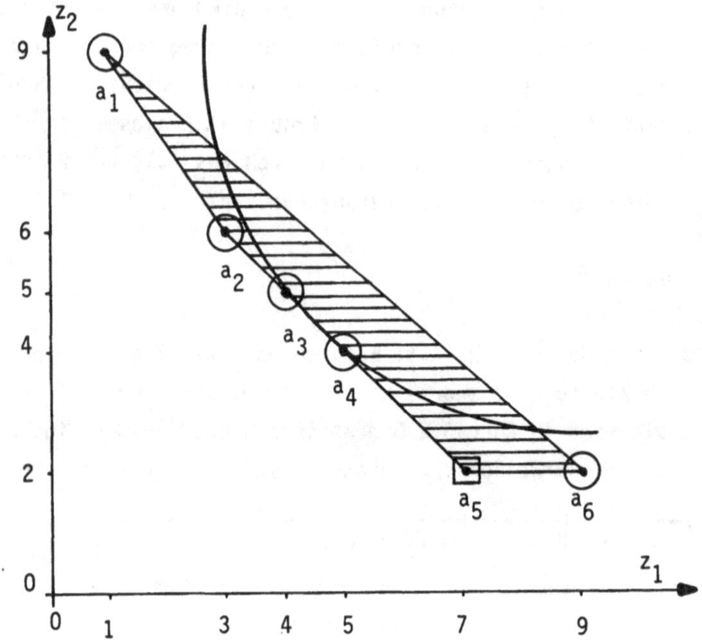

Abb. 3.2.3

der glaubt, mit Hilfe der Zielgewichtung bei nicht konvexer Alternativenmenge Zielkonflikte lösen zu können.

t	$x^*(t)$	$\Psi_1^*(t)$
$0 < t < 7/15$	a_1	$9 - 8t$
$7/15$	a_1, a_6	$79/15$
$7/15 < t < 1$	a_6	$2 + 7t$

Tab. 3.2.2

Offensichtlich existieren bei nicht konvexen Alternativenmengen effiziente Alternativen mit der zusätzlichen Eigenschaft, daß sie optimale Lösung eines Zielgewichtungskompromißmodells sein können. Solche Alternativen heißen wesentlich effizient, sie sind effizient bezüglich der konvexen Hülle von Z (vgl. BRUCKER [1972], S. 190). In Abb. 3.2.3 ist die konvexe

Hülle von Z schraffiert eingezeichnet. Während wesentlich effiziente Alternativen mittels Zielgewichtung ermittelt werden können, ist dies für effiziente Alternativen, die nicht wesentlich effizient sind, nicht möglich.

Das Beispiel 3.4 bietet sich an, abschließend einige nichtlineare, zu maximierende Kompromißzielfunktionen zu analysieren. Es seien beispielsweise

$$\Psi_2(z_1,z_2) := 18(z_1+z_2) - z_1^2 - z_2^2 = \sum_{k=1}^{2}(9-z_k)^2 - 162,$$

$$\Psi_3(z_1,z_2) := 24z_1^{1/2} + 26z_2^{1/2},$$

$$\Psi_4(z_1,z_2) := \begin{cases} 13z_1 + 9z_2 & \text{für } z_1 + z_2 \leqq 9 \\ 9z_1 + 10z_2 & \text{für } z_1 + z_2 > 9. \end{cases}$$

Für alle Alternativen sind sämtliche Werte der drei Kompromißzielfunktionen in Tab. 3.2.3 zusammengefaßt. $\Psi_2(z_1,z_2)$ ist streng monoton wachsend in z_1

	$\Psi_2(z_1,z_2)$	$\Psi_3(z_1,z_2)$	$\Psi_4(z_1,z_2)$
a_1	98	102,00	99
a_2	117	105,24	93
a_3	121*	106,14	97
a_4	121*	105,66	101
a_5	109	100,27	109*
a_6	113	108,76*	101

Tab. 3.2.3

und z_2 für $1 \leqq z_1,z_2 \leqq 9$ und führt aufgrund von Satz 3.1.8 in 3.1.6 zu den effizienten, jedoch nicht wesentlich effizienten Kompromißalternativen a_3 und a_4. $\Psi_3(z_1,z_2)$ ist ebenfalls streng monoton wachsend in z_1 und z_2 für $1 \leqq z_1,z_2 \leqq 9$; die diesbezügliche Kompromißalternative a_6 ist wesentlich effizient. Die Kompromißzielfunktion $\Psi_4(z_1,z_2)$ ist nicht monoton wachsend in z_1 und z_2 für $1 \leqq z_1,z_2 \leqq 9$. So gilt zum Beispiel $\Psi_4(7,2) = 109 > 101 = \Psi_4(9,2)$. Die bezüglich $\Psi_4(z_1,z_2)$ optimale Alternative ist nicht effizient bezüglich des Vektoroptimierungsmodells (3.4). Damit ist auch ein Beispiel angegeben, für das die Voraussetzungen des Satzes 3.1.9 in 3.1.6 nicht erfüllt sind.

3.2.3 Goal Programming – Beispiel G1

Ein sehr verbreiteter Ansatz zur Lösung multikriterieller Entscheidungsmodelle ist das Goal Programming. In seiner ursprünglichen Form wird hierbei von Zielvorstellungen ausgegangen, aufgrund derer - im Gegensatz zum Vektoroptimierungsmodell (VEM) - für alle Zielfunktionen nicht maximale, sondern fest vorgegebene Werte anzustreben sind. Das Erreichen aller vorgegebenen Zielfunktionswerte ist im allgemeinen nicht möglich. Demnach handelt es sich dabei um Approximierungsziele, die bereits in 3.1.1 erwähnt wurden und in 3.4.1 noch eingehender behandelt werden.

In diesem Unterabschnitt wird das Goal Programming-Modell als ein spezielles Kompromißmodell zur Bestimmung einer effizienten Alternative von (VEM) aufgefaßt. Der Entscheidungsträger geht nach wie vor von K zu maximierenden Zielfunktionen aus. Angesichts der Tatsache, daß keine perfekte Alternative existiert, betrachtet er den zu (VEM) gehörenden Idealzielpunkt $\bar{\bar{z}} = (\bar{\bar{z}}_1,\ldots,\bar{\bar{z}}_K)^T$ (vgl. 3.1.2) und bezeichnet diejenige Alternative als kompromiß-optimal, bei der die Summe der Differenzen von tatsächlich erreichbaren Zielfunktionswerten und den individuell maximalen Zielfunktionswerten minimal ist. Diese Überlegung führt zu dem Kompromißmodell (KM_{GP}).

(KM_{GP})	$\min \{\psi(x) \mid x \in X\}$
mit	$\psi(x) := \sum_{k=1}^{K} (\bar{\bar{z}}_k - z_k(x))$ $= -\sum_{k=1}^{K} z_k(x) + \text{const.}$
wobei	$\bar{\bar{z}}_k := \max \{z_k(x) \mid x \in X\}$ $(k = 1,\ldots,K)$

Die Minimierung der in (KM_{GP}) angegebenen Differenzen ist offensichtlich äquivalent der Maximierung der Summe der Zielfunktionen, was wiederum äquivalent der Zielgewichtung mit gleichen Gewichten ist (vgl. (KM_{ZG}) in 3.2.2). Damit ist aufgrund von Satz 3.1.4 in 3.1.6 auch garantiert, daß die optimalen Lösungen von (KM_{GP}) effizient bezüglich (VEM) sind. Ohne weiteres können die Differenzen in der Kompromißzielfunktion auch unterschiedlich gewichtet oder durch andere Abstandsfunktionen ersetzt werden (vgl. 3.4.1). Zur Ermittlung einer im Sinne dieses speziellen Goal Programming-Kompromiß-modells (KM_{GP}) optimalen Lösung ist die explizite Kenntnis der individuell maximalen Zielfunktionswerte nicht erforderlich, denn die optimale Lösung von (KM_{GP}) ändert sich nicht, wenn man $\bar{\bar{z}}_k$ durch $z_k^{\square}$ mit $z_k^{\square} \geqq \bar{\bar{z}}_k$ ersetzt ($k = 1,\ldots,K$).

Beispiel G1:

Im Rahmen des Beispiels G1 wird für das Beispiel G das Kompromißmodell (KM_{GP}) erläutert und auf eine spezielle Implikation hingewiesen. In 3.1.4 sind die zwei Zielfunktionen des Beispiels G (vgl. 1.2.7) explizit angegeben.

Das Maximum der in (G1) angegebenen Kompromißzielfunktion kann durch Nullsetzen der ersten partiellen Ableitungen gefunden werden. Die optimale Lösung von (G1) lautet:

$$x_1^* = 53/8 = 6{,}625 \quad \text{und} \quad x_2^* = 105/16 = 6{,}5625$$

mit

$$z_1(x_1^*,x_2^*) \simeq 392 \qquad \text{und} \quad z_2(x_1^*,x_2^*) \simeq -34.$$

Diese Lösung ist bezüglich (G) effizient. Dieses Ergebnis bedarf einer kritischen Analyse. Die Dimension der ersten Zielfunktion ist Geldeinheiten,

(G1)	$\min \{\psi_{G1}(x) \mid x \in X_{G1}\}$
mit	$X_{G1} := X_G$ (vgl. 1.3.1) $\psi_{G1}(x) := 3x_1^2 + 4x_1x_2 + 4x_2^2 - 66x_1 - 79x_2 + \text{const.}$

die der zweiten Zielfunktion Zeiteinheiten. Die Abweichung von dem individuellen Maximum beträgt bei der ersten Zielfunktion etwa 4 GE, bei der zweiten Zielfunktion etwa 30 ZE (vgl. 3.1.4). Das macht prozentual bei z_1 etwa 1% und bei z_2 etwa 750% aus. Obwohl hier von einer Gleichgewichtung ausgegangen wurde, liegt die erhaltene Lösung offensichtlich nahe beim individuellen Optimum der ersten Zielfunktion. Dies wäre völlig anders, wenn das Beispiel G etwa mit einer Gewichtung $t_1 = 0{,}01$ und $t_2 = 0{,}99$ gelöst oder statt von 1 ZE von 1·[100 ZE] ausgegangen würde. Diese Überlegungen weisen auf die Relativität einer Zielgewichtung mit besonderer Deutlichkeit hin. Ein Ausweg ist durch spezielle Skalierungen möglich.

Wenn die erste Zielfunktion ihr individuelles Maximum bei $\bar{\bar{x}}^1 = (6,6)^T$ annimmt, erreicht die zweite Zielfunktion den Wert $\bar{z}_2 = z_2(6,6) = -42$. Entsprechend ist $\bar{z}_1 = z_1(10,8)^T = 300$. Damit bietet sich die folgende Gewichtung an (vgl. 3.2.1):

$$t_1' = (396-300)^{-1} = 1/96 \approx 0{,}0104$$

und

$$t_2' = (42-4)^{-1} = 1/38 \approx 0{,}0263$$

oder, auf 1 normiert,

$$t_1 \approx 0{,}2834 \quad \text{und} \quad t_2 \approx 0{,}7166.$$

Die bezüglich dieser Gewichtung optimale Lösung, die wieder durch partielle Differentiation gefunden werden kann, lautet

$$x_1^* \approx 7{,}58 \text{ und } x_2^* \approx 7{,}42$$

mit

$$z_1(x_1^*,x_2^*) \approx 371 \quad \text{und} \quad z_2(x_1^*,x_2^*) \approx -23.$$

Infolge der Relativierung der Zielfunktionen zeichnet sich die zuletzt gefundene Kompromißlösung durch eine - wenn auch nur subjektiv beurteilbare - Ausgewogenheit aus.

3.2.4 Kompromißmodelle auf der Grundlage von Abstandsfunktionen – Beispiele F7 und C2

Ausgangspunkt zur Entwicklung eines relativ allgemeinen Kompromißmodells für das Vektoroptimierungsmodell (VEM) ist die Angabe einer in bezug auf (VEM) erstrebenswerten Kombination von Werten der K zu maximierenden Zielfunktionen durch den Entscheidungsträger, die jedoch im allgemeinen durch kein $x \in X$ erreichbar ist. Die Kompromißmodelle dieses Unterabschnittes gehen von dem Idealzielpunkt $\bar{\bar{z}} = (\bar{\bar{z}}_1,\ldots,\bar{\bar{z}}_K)^T \in \mathbb{R}^K$ als erstrebenswerter Kombination aus (vgl. 3.1.2). Die grundlegende Idee besteht nun darin, diejenige Alternative $x^* \in X$ als kompromiß-optimal zu definieren, bei der der Abstand zwischen $(\bar{\bar{z}}_1,\ldots,\bar{\bar{z}}_K)$ und den tatsächlich erreichbaren Zielfunktionswerten $(z_1(x),\dots,z_K(x))$ minimal ist. Abstände können unterschiedlich gemessen und gegebenenfalls durch Gewichtung relativiert werden. Beschränkt man sich zur Definition von Abständen auf die gewichtete ℓ_p-Norm $(1 \leqq p \leqq \infty)$, dann führen diese Überlegungen zu dem in (KM_{AB}) zusammengefaßten Kompromißmodell (vgl. u.a. DINKELBACH [1971]; YU/LEITMANN [1974];

(KM_{AB})	$\min \{\psi(x) \mid x \in X\}$
mit	$\psi(x) := \lVert \bar{\bar{z}} - z(x) \rVert_p = \begin{cases} [\sum_{k=1}^{K} t_k(\bar{\bar{z}}_k - z_k(x))^p]^{1/p} & (1 \leqq p < \infty) \\ \max_k \{t_k(\bar{\bar{z}}_k - z_k(x))\} & (p = \infty) \end{cases}$
wobei	$t_k > 0 \quad (k = 1,\dots,K)$ $\bar{\bar{z}}_k := \max \{z_k(x) \mid x \in X\} \quad (k = 1,\dots,K)$

COHON [1978], S. 184 ff.). Bevor einige spezielle Kompromißmodelle aus (KM_{AB}) hergeleitet werden, wird die Frage der Effizienz von optimalen Lösungen von (KM_{AB}) beantwortet.

<u>Satz 3.2.1:</u>

Ist $x^o \in X$ optimale Lösung von (KM_{AB}) mit $1 \leqq p < \infty$, dann ist x^o effizient bezüglich (VEM).

<u>Satz 3.2.2:</u>

Ist X^* die Menge der optimalen Lösungen von (KM_{AB}) mit $p = \infty$, dann ist wenigstens ein $x^o \in X^*$ effizient bezüglich (VEM).

Da die Kompromißzielfunktion in (KM_{AB}) bezüglich $z_1,\dots,z_K$ streng monoton wachsend $(1 \leqq p < \infty)$ bzw. monoton wachsend $(p = \infty)$ ist, folgen die genannten Aussagen aus den Sätzen 3.1.8 und 3.1.9 in 3.1.6. Die Sätze 3.2.1 und 3.2.2 gelten auch, wenn $\bar{\bar{z}}$ durch $z^{\square}$ mit $z^{\square} \geq \bar{\bar{z}}$ ersetzt wird. Die folgenden Spezialfälle dienen der Illustration von (KM_{AB}):

a_1) Mit p = 1 ist

$$\psi(x) = [\sum_{k=1}^{K} t_k(\bar{\bar{z}}_k - z_k(x))^1]^1 = \text{const.} - \sum_{k=1}^{K} t_k z_k(x).$$

Das Kompromißmodell (KM_{AB}) entspricht der Zielgewichtung (vgl. (KM_{ZG}) in 3.2.2).

a_2) Mit p = 1 und t_k = 1 (k = 1,...,K) ist

$$\psi(x) = [\sum_{k=1}^{K} 1\cdot(\bar{\bar{z}}_k - z_k(x))^1]^1 = \text{const.} - \sum_{k=1}^{K} z_k(x).$$

Damit ergibt sich aus (KM_{AB}) das - ungewichtete - Goal Programming-Modell (vgl. (KM_{GP}) in 3.2.3).

a_3) Mit p = 1, $\bar{z}_k = \min\{z_k(x) \mid x \in E(X,z)\}$ (k = 1,...,K) (vgl. 3.1.2) und $t_k = (\bar{\bar{z}}_k - \bar{z}_k)^{-1}$ unter der Voraussetzung $\bar{\bar{z}}_k \neq \bar{z}_k$ (k = 1,...,K) ist

$$\psi(x) = \sum_{k=1}^{K} (\bar{\bar{z}}_k - z_k(x))/(\bar{\bar{z}}_k - \bar{z}_k)$$

(vgl. DINKELBACH [1962], S. 746). Im Rahmen des Beispiels G1 fand diese Kompromißzielfunktion bereits Verwendung (vgl. 3.2.3).

b) Mit p = 2 und t_k = 1 (k = 1,...,K) ist

$$\psi(x) = [\sum_{k=1}^{K} (\bar{\bar{z}}_k - z_k(x))^2]^{1/2}.$$

Diese Kompromißzielfunktion führt zur Minimierung des euklidischen Abstandes vom Idealzielpunkt. Bei einer numerischen Lösung genügt es wegen der strengen Monotonie der Wurzelfunktion, den Ausdruck in der eckigen Klammer zu minimieren (vgl. die Kompromißzielfunktion $\Psi_2(z)$ beim Beispiel 3.4 in 3.2.2).

c_1) Mit p = ∞ und t_k = 1 (k = 1,...,K) ist

$$\psi(x) = \max_k \{\bar{\bar{z}}_k - z_k(x)\} \; (= \lim_{p\to\infty} [\sum_{k=1}^{K} (\bar{\bar{z}}_k - z_k(x))^p]^{1/p}).$$

In diesem Fall wird die bezüglich k maximale Abweichung vom Idealzielpunkt minimiert. Dieses für Anwendungen besonders interessante Kompromißmodell wird gelegentlich mit dem Namen TSCHEBYSCHEFF in Verbindung gebracht; die Abstandsfunktion ist in diesem Fall die TSCHEBYSCHEFF-Norm oder auch

Maximum-Norm. Im nachfolgenden Beispiel F7 wird gezeigt, wie Kompromißmodelle dieser Art grundsätzlich numerisch gelöst werden können.

c_2) Mit $p = \infty$ und $t_k = 1/\bar{\bar{z}}_k$ $(k = 1,\ldots,K)$ ist

$$\psi(x) = \max_k \{(\bar{\bar{z}}_k - z_k(x))/\bar{\bar{z}}_k\} = \max_k \{1 - z_k(x)/\bar{\bar{z}}_k\},$$

wobei hier $\bar{\bar{z}}_k > 0$ $(k = 1,\ldots,K)$ vorausgesetzt wird. In diesem Fall wird die maximale Abweichung vom Idealzielpunkt minimiert, wobei die Relativierung in bezug auf das jeweils individuelle Maximum erfolgt (vgl. SASKA [1968], KÖRTH [1969]). Zur Veranschaulichung dieses Kompromißmodells dient das nachfolgende Beispiel C2.

<u>Beispiel F7:</u>

Im Rahmen des Beispiels F7 werden für den Fall c_1 die bezüglich der Kompromißzielfunktion $\psi(x)$ optimalen Alternativen des Beispiels F5 (vgl. 3.1.4) ermittelt. Setzt man

$$y := \max_k \{\bar{\bar{z}}_k - z_k(x)\} \quad (x \in X),$$

dann gilt

$$y \geqq \bar{\bar{z}}_k - z_k(x) \geqq 0 \quad (k = 1,\ldots,K;\ x \in X).$$

Das so umgeformte Kompromißmodell ist in (F7) zusammengefaßt; es handelt sich um ein lineares Programm mit drei Variablen. Ohne Kenntnis des Simplex-

(F7)	$\min \{\psi_{F7}(x_1,x_2,y) \mid (x_1,x_2,y) \in X_{F7}\}$
mit	$X_{F7} := \left\{ \begin{pmatrix} x_1 \\ x_2 \\ y \end{pmatrix} \in \mathbb{R}^3_+ \;\middle|\; \begin{array}{rcl} 4x_1 + 2x_2 + y & \geqq & 260 \\ 2x_1 + 4x_2 + y & \geqq & 200 \\ x_1 + x_2 & \leqq & 70 \\ x_1 + 2x_2 & \leqq & 100 \\ x_1 & \leqq & 60 \\ x_2 & \leqq & 40 \end{array} \right\}$ $\psi_{F7}(x_1,x_2,y) := y$

verfahrens kann man zeichnerisch eine optimale Lösung von (F7) dadurch finden, daß man die entsprechenden Ungleichungen im (x_1,x_2)-Koordinatensystem für y = 0, 10, 20, 30 und 40 zeichnet. Offensichtlich lautet die in diesem Fall eindeutige Lösung $(x_1^*,x_2^*) = (50,20)$, wobei die Abweichungen vom jeweiligen individuellen Maximum für beide Zielfunktionen $y^* = 20$ sind.

Beispiel C2:

Für das Beispiel C (vgl. 3.1.3) wird nunmehr für den Fall c_2 die bezüglich der Kompromißzielfunktion $\psi(x)$ optimale Lösung bestimmt. Das zugehörige Entscheidungsmodell ist in (C2) wiedergegeben. Zur numerischen Bestimmung

(C2)	$\min \{\psi_{C2}(x) \mid x \in X_{C2}\}$
mit	$X_{C2} := X_C$ (vgl. 3.1.3) $\psi_{C2}(x) := \max \{(16-z_1(x))/16,\ (17-z_2(x))/17,\ (18-z_3(x))/18,\ (14-z_4(x))/14\}$

ist es zweckmäßig, die $\psi_{C2}(x)$ bestimmenden Werte tabellarisch aufzuschreiben (vgl. Tab. 3.2.4). Die kompromiß-optimale Lösung lautet $x^* = a_3$.

x \ k	1	2	3	4	$\psi_{C2}(x)$
a_1	0	0	15/18	5/14	15/18
a_2	10/16	7/17	0	0	10/16
a_3	5/16	6/17	6/18	1/14	6/17*
a_4	6/16	1/17	6/18	4/14	6/16

Tab. 3.2.4

Läßt man die Relativierung fallen, setzt man also $t_k = 1$ (k = 1,...,4), dann stimmen die Werte aus Tab. 3.2.4 bis auf das Vorzeichen mit denen aus der zweiten Hälfte der Tab. 2.2.8 in 2.2.5, die das SAVAGE-NIEHANS-Ersatzmodell für das Beispiel D4 enthält, überein.[1] Zwischen Kompromißmodellen für

[1] Dieses Ergebnis ist kein Zufall, da die Zahlenangaben der Beispiele C und D bis auf eine additive Konstante übereinstimmen.

vektorielle Entscheidungsmodelle und Ersatzmodellen für stochastische Entscheidungsmodelle, insbesondere für solche unter Unsicherheit, bestehen einige formale Analogien, auf die durch das obige Beispiel andeutungsweise hingewiesen werden sollte (vgl. DINKELBACH/ISERMANN [1973]).

3.2.5 Kompromißmodelle mit multiplikativer Verknüpfung der Zielfunktionen – Beispiel C3

Abschließend wird ein weniger bekanntes Kompromißmodell vorgestellt, bei dem die Kompromißzielfunktion aus dem Produkt der einzelnen potenzierten Zielfunktionen besteht, die um einen gewissen Betrag korrigiert (transformiert) werden. Hier bietet sich der bezüglich der vollständigen Lösung minimale Wert $\bar{z}_k$ jeder Zielfunktion an. Die Kompromißzielfunktion des in (KM_{PR}) zusammengefaßten Kompromißmodells entspricht einem gewogenen geometrischen Mittel. Ähnliche Kompromißzielfunktionen erwähnen PASCUAL/BEN-ISRAEL ([1971], S. 100), HARTUNG ([1974], S. 132) und ISERMANN ([1974b], S. 148 f.). Das Kompromißmodell (KM_{PR}) ist für K = 2 und $\beta_k = 1$ (k = 1,...,K) mit dem NASH-Modell der Spieltheorie verwandt, wie in 3.5.3 gezeigt wird. Aufgrund des

(KM_{PR})	$\max \{\psi(x) \mid x \in X^Q \cap X^{PR}\}$
mit	$X^{PR} := \{x \in \mathbb{R}^N \mid z_k(x) \geqq \bar{z}_k \ (k = 1,\ldots,K)\}$ $\psi(x) := \prod_{k=1}^{K} (z_k(x) - \bar{z}_k)^{\beta_k}$
wobei	$\beta_k > 0 \ (k = 1,\ldots,K)$ $\bar{z}_k := \min \{z_k(x) \mid x \in E(X,z)\} \ (k = 1,\ldots,K)$

Satzes 3.1.8 in 3.1.6 ist gesichert, daß die optimalen Lösungen von (KM_{PR}) effizient sind, sofern die Faktoren von $\psi(x)$ positiv sind. Die numerische Lösung von (KM_{PR}) kann für K > 2 mit Schwierigkeiten verbunden sein (vgl. u.a. SCHAIBLE [1971], S. 15 ff.; MARTOS [1975], S. 61).

Beispiel C3:

Das Kompromißmodell (KM_{PR}) für das Beispiel C (vgl. 3.1.3) ist in (C3) wiedergegeben. Wie man leicht nachprüfen kann, wird das Maximum der Kom-

(C3)	$\max \{\psi_{C3}(x) \mid x \in X_{C3}\}$
mit	$X_{C3} := X_C$ (vgl. 3.1.4) $\psi_{C3}(x) := (z_1(x)-6)(z_2(x)-10)(z_3(x)-3)(z_4(x)-9)$

promißzielfunktion $\psi_{C3}(x)$ bei $x^* = a_4$ mit $\psi_{C3}(a_4) = 216$ angenommen.

3.3 Interaktive Verfahren

3.3.1 Zur Definition interaktiver Verfahren

In 3.2 wurde als Lösungsmöglichkeit von Vektoroptimierungsmodellen die Kompromißfindung mit Hilfe von Kompromißmodellen analysiert, wobei auch auf einige Schwierigkeiten verwiesen wurde, die mit der definitiven Formulierung der Präferenzstruktur in Form einer Kompromißzielfunktion durch den Entscheidungsträger verbunden sind. Angesichts dieser Schwierigkeiten wurden seit 1970 interaktive Verfahren entwickelt, die in einem interaktiven Prozeß zur Offenlegung der Präferenzstruktur des Entscheidungsträgers führen sollen. Das subjektive Moment besteht nun nicht mehr in der einmaligen Angabe einer Kompromißzielfunktion, sondern durchzieht den Prozeß der Entscheidungsfindung in doppelter Weise. Zum einen muß sich der Entscheidungsträger für ein bestimmtes interaktives Verfahren entscheiden, zum anderen hat er im Rahmen des gewählten Verfahrens im allgemeinen mehrmals Entscheidungen darüber zu treffen, wie das Verfahren fortgesetzt oder ob es beendet werden soll. Es ist daher nicht möglich, ein interaktives Verfahren durch ein abschließend definiertes Entscheidungsmodell, sondern nur durch eine allgemeine Struktur dieses Entscheidungsprozesses zu beschreiben. Die im Mittelpunkt stehende Eigenschaft eines interaktiven Verfahrens ist die "Interaktion", d.h. der Wechsel zwischen - subjektiven - Entscheidungsphasen, in denen der Entscheidungsträger - meist lokale - Angaben über seine Präferenzstruktur äußert, und - objektiven - Berechnungsphasen, in denen - meist mit Hilfe eines Computers - auf der Basis der bereits vorliegenden Informationen über die Präferenzstruktur des Entscheidungsträgers ein neuer Alternativenvorschlag ermittelt wird. Dabei wird stets davon ausgegangen, daß der Entscheidungsträger eine Präferenzstruktur in bezug auf die konkurrierenden Ziele in impliziter Form bereits besitzt oder sich diese im Verlauf eines interaktiven Verfahrens erarbeitet. Aufgrund dieser Überlegungen wird folgende Definition eines interaktiven Verfahrens zur Diskussion gestellt: Ein interaktives Verfahren zur Lösung eines vektoriellen Entscheidungsmodells (VEM) ist ein iteratives Verfahren, bei dem der Entscheidungsträger seine Präferenzstruktur bezüglich der Zielfunktionen $z_1,\ldots,z_K$ Schritt für Schritt jeweils nach Präsentation eines in einem festgelegten Berechnungsverfahren ermittelten Alternativenvorschlages artikuliert und das entweder zu einer bezüglich (VEM) effizienten Kompromißalternative (Kompromißlösung) führt, die der Entscheidungsträger subjektiv als zufriedenstellend beurteilt, oder ohne Erfolg in dem Sinne abbricht, daß unter den gegebenen Bedingungen der Entscheidungsträger keine ihn zufriedenstellende Alternative finden konnte. Eine in einem interaktiven Verfahren gefundene Kompromißalternative ist in hohem Maße subjektiv bestimmt. Ihre Findung kann insbesondere vom Verlauf des Verfahrens abhängig sein und ist damit im allgemeinen nicht intersubjektiv nachvollziehbar.

Die formulierte Definition eines interaktiven Verfahrens basiert auf der Grundstruktur einiger bekannter Verfahren, die in dem ständigen Wechsel von - objektiven - Berechnungsphasen und - subjektiven - Entscheidungsphasen zu sehen ist. Diese Grundstruktur verdeutlicht das Ablaufdiagramm in Abb. 3.3.1. In (20) werden dem Entscheidungsträger, von (10) oder (50) kommend, nach und nach Alternativenvorschläge vorgelegt, wobei vielfach über spezielle Eigenschaften dieses Vorschlages informiert wird. Ist der Entscheidungsträger in (20) mit diesem Alternativenvorschlag noch nicht endgültig zufrieden, muß er in (40) durch Angabe zusätzlicher subjektiver Informationen über seine Präferenzstruktur, die im allgemeinen nur lokalen Charakter zu haben brauchen, darüber befinden, wie das Verfahren fortgesetzt werden soll.

Die Grundstruktur der Abb. 3.3.1 wird nunmehr zu einer reichhaltigeren Struktur eines allgemeinen interaktiven Verfahrens erweitert, so wie es

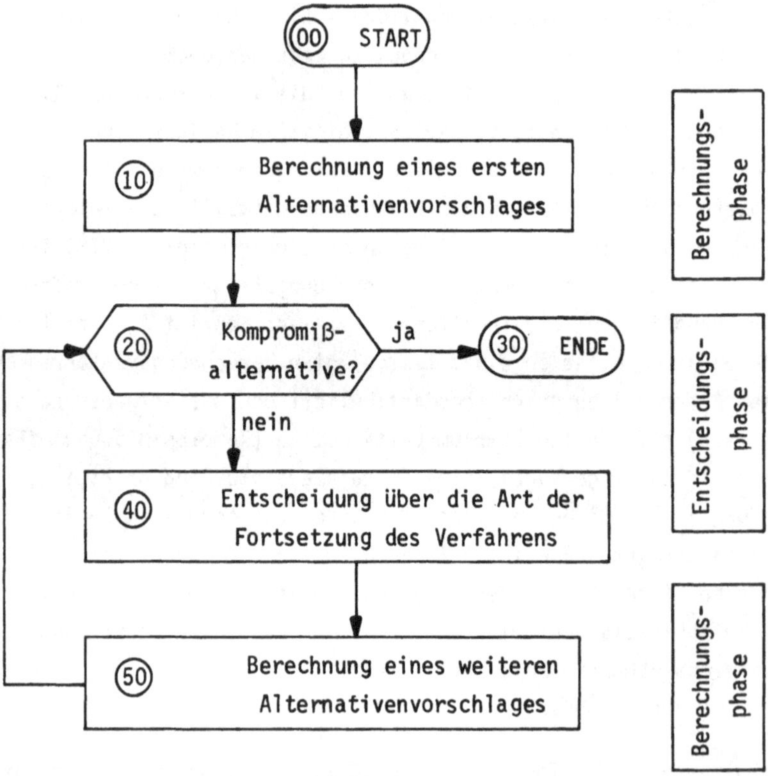

Abb. 3.3.1

in der Abb. 3.3.2 wiedergegeben ist. Auf diese Weise kann gezeigt werden, daß sich bekannte interaktive Verfahren zwar in Einzelheiten, nicht jedoch in ihrer allgemeinen Struktur unterscheiden. Zunächst folgen einige Bemerkungen zur Abb. 3.3.2.

Im Rahmen der Startphase (00) bis (10) versucht der Computer eine Startalternative zu berechnen, um das iterative Verfahren beginnen zu können. Dabei kann der Fall eintreten, daß der Rechner nicht nur keine effiziente, sondern überhaupt keine zulässige Alternative findet, wenn sich in (01) herausstellen sollte, daß $X = X^Q \cap X^Z = \emptyset$ ist. In diesem Fall sollte dem Entscheidungsträger in (02) die Möglichkeit gegeben werden zu entscheiden, ob er den Entscheidungsprozeß in (05) erfolglos abbrechen oder ob er in

(03) die Alternativenmenge modifizieren will. Dies würde bei diskreten Entscheidungsmodellen bedeuten, daß neue Alternativen zu suchen sind; bei konvexen Entscheidungsmodellen könnten etwa die die Alternativenmenge definierenden Ungleichungen geändert ("gelockert") werden, was sich insbesondere bei zielbedingten Nebenbedingungen anbietet (vgl. 3.1.1). Stellt sich in (04) heraus, daß, obwohl $X \neq \emptyset$ ist, keine effiziente Alternative existiert, bricht das Verfahren in (05) ohne Ergebnis ab, sofern der Entscheidungsträger über (02) in (03) keine Modifikation der Alternativenmenge vornehmen möchte. Nunmehr wird dem Entscheidungsträger vom Rechner eine erste - im allgemeinen effiziente - Alternative vorgelegt (10), so daß die Frage (20) beantwortet werden muß. Der Entscheidungsträger hat in (20) zu entscheiden, ob der vom Rechner ermittelte Alternativenvorschlag für ihn eine Kompromißalternative darstellt. Wird die Frage (20) bejaht, endet das Verfahren in (30) erfolgreich mit einer subjektiv zufriedenstellenden Kompromißalternative. Beantwortet der Entscheidungsträger die Frage (20) negativ, dann sollte er abermals die Möglichkeit haben, das Verfahren über (21) in (05) erfolglos abzubrechen, wenn er aufgrund der bisherigen Informationen bzw. des bisherigen Ablaufs des Verfahrens den Eindruck gewonnen hat, daß auch bei weiteren Durchläufen kein für ihn zufriedenstellender Kompromiß zu erwarten ist. Weiterhin kann für den Entscheidungsträger die Überlegung von Nutzen sein, ob er angesichts der bisherigen vorläufigen Ergebnisse eventuell die Alternativenmenge - etwa durch Änderung eines bestimmte Zielvorstellungen repräsentierenden Koeffizienten - über (22) und (03) modifizieren möchte. Soll das Verfahren mit nicht modifizierter Alternativenmenge fortgesetzt werden, dann ist der Entscheidungsträger gezwungen, einige Angaben bezüglich seiner Präferenzstruktur - etwa Untergrenzen für einzelne Zielfunktionen - anzugeben, wobei im allgemeinen der Rechner diesbezügliche Fragen - am Bildschirm - explizit formuliert. Bei einigen Verfahren hat der Entscheidungsträger die erfragten Angaben über seine Präferenzstruktur jeweils in einem Schritt in (40) zu beantworten. Bei anderen Verfahren geschieht dies in zwei Schritten (40) und (42), wobei der Rechner in (41) zusätzliche Informationen, die er aufgrund der Angaben (40) berechnet, zur Verfügung stellt. Die Berechnung eines neuen Alternativenvorschlages (50) ist im allgemeinen fest programmiert. Üblicherweise führt sie zu einem neuen effizienten Alternativenvorschlag, so daß über (51) nach (20) zurückgekehrt werden kann. In (10) wie auch in (50) können vom Computer gegebenenfalls auch mehrere effiziente Alternativenvorschläge gleichzeitig

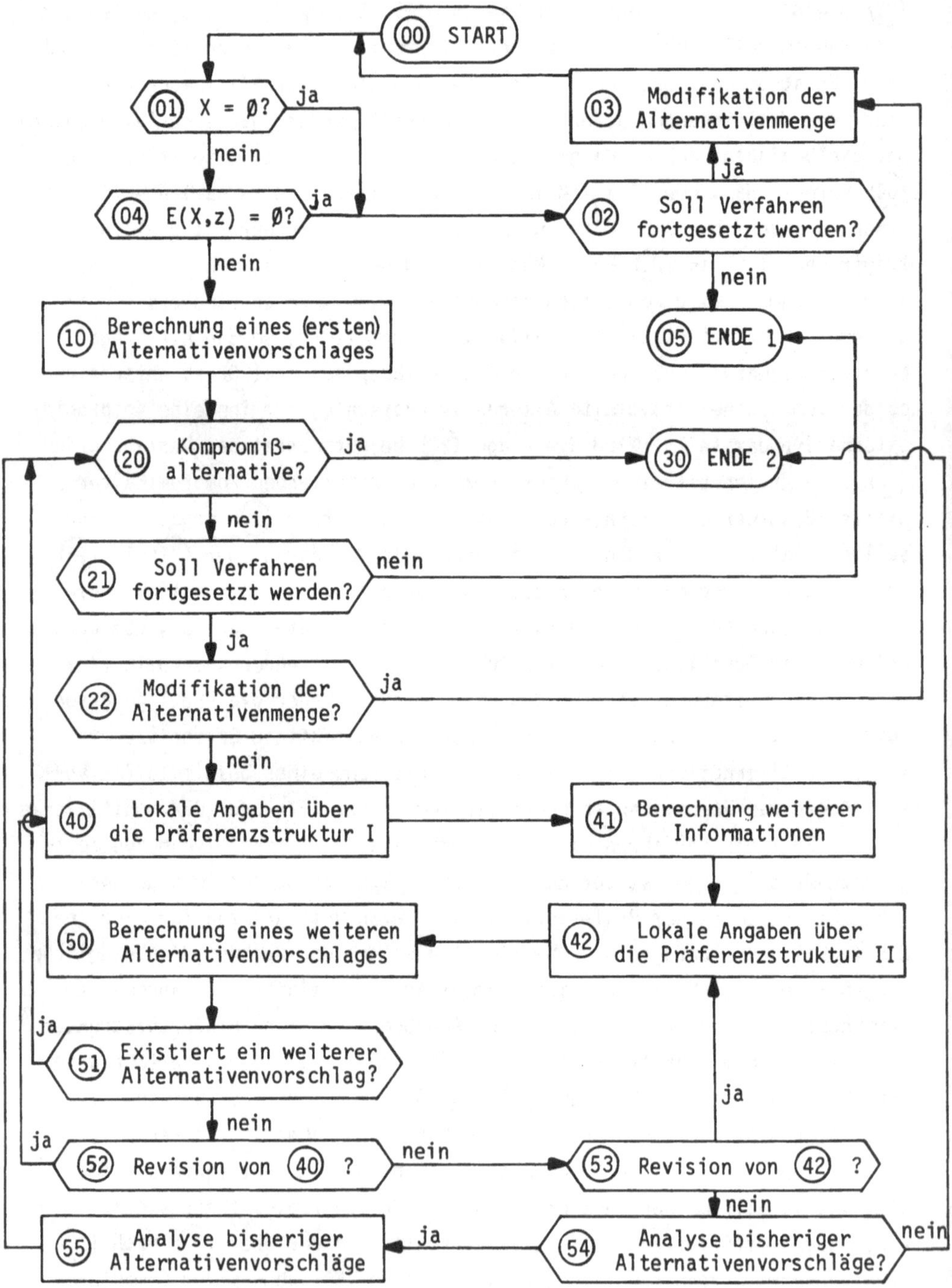
00 START
01 X = Ø?
ja
nein
03 Modifikation der Alternativenmenge
ja
04 E(X,z) = Ø?
ja
02 Soll Verfahren fortgesetzt werden?
nein
nein
10 Berechnung eines (ersten) Alternativenvorschlages
05 ENDE 1
20 Kompromiß-alternative?
ja
30 ENDE 2
nein
21 Soll Verfahren fortgesetzt werden?
nein
ja
22 Modifikation der Alternativenmenge?
ja
nein
40 Lokale Angaben über die Präferenzstruktur I
41 Berechnung weiterer Informationen
50 Berechnung eines weiteren Alternativenvorschlages
42 Lokale Angaben über die Präferenzstruktur II
ja
51 Existiert ein weiterer Alternativvorschlag?
ja
nein
ja
52 Revision von 40 ?
nein
53 Revision von 42 ?
nein
55 Analyse bisheriger Alternativenvorschläge
ja
54 Analyse bisheriger Alternativenvorschläge?
nein

Abb. 3.3.2

vorgelegt werden. Kann kein neuer Alternativenvorschlag ermittelt werden, besteht für den Entscheidungsträger gegebenenfalls in (52) und (53) die Möglichkeit einer Revision seiner Entscheidungen von (40) und/oder (42). Er kann aber auch über (54) und (30) das Verfahren für beendet erklären oder über (54) und (55) die bisherigen Alternativenvorschläge erneut in seine Überlegungen einbeziehen und auf ihre Kompromißfähigkeit überprüfen.

Das Ablaufdiagramm der Abb. 3.3.2 dokumentiert die charakteristischen Eigenschaften interaktiver Verfahren und macht insbesondere deren Flexibilität offenkundig. Viele der bisher publizierten interaktiven Verfahren können durch Spezifikation einzelner Fragen oder Anweisungen des obigen Ablaufdiagramms erfaßt werden (vgl. 3.3.2 und 3.3.3). Die Beschreibung des Ablaufdiagramms macht weiterhin deutlich, daß ein sinnvoller praktischer Einsatz von interaktiven Verfahren ohne eine moderne EDV-Anlage nicht möglich ist. Erst die Verwendung von Bildschirmgeräten gestattet es, die zahlreichen Fragen und Antworten unmittelbar ablesen bzw. eingeben zu können.

Eine optimale Alternative eines deterministischen Entscheidungsmodells (DEM) ist optimal in bezug auf die zugrundeliegende Alternativenmenge und die zugrundeliegende Zielfunktion; die Definition ihrer Optimalität ist unabhängig von dem Verfahren, welches zur numerischen Lösung von (DEM) herangezogen. wird. Eine optimale Alternative eines stochastischen Entscheidungsmodells ist optimal in bezug auf das vom Entscheidungsträger subjektiv gewählte Ersatzprogramm. Entsprechend ist die optimale Lösung eines Kompromißmodells optimal in bezug auf die zugrundeliegende Alternativenmenge und die vom Entscheidungsträger subjektiv definierte Kompromißzielfunktion. Ergebnisse, die mit Hilfe von interaktiven Verfahren gefunden werden, sind nicht nur abhängig von der - ursprünglich gegebenen - Alternativenmenge und der impliziten Präferenzstruktur des Entscheidungsträgers, sondern darüber hinaus auch von der Wahl und dem tatsächlichen Ablauf des Entscheidungsprozesses. Bei einem größeren Problem, das der Entscheidungsträger nicht voll in allen Einzelheiten überblickt, kann es selbst dann, wenn alle objektiv bestimmten Teile des Verfahrens unverändert bleiben, bei einem mehrmaligen Durchlauf zu unterschiedlichen Ergebnissen kommen, weil die Angaben des Entscheidungsträgers vom Entscheidungszeitpunkt beeinflußt sein können.

Abschließend ist die Frage nach der "Konvergenz" interaktiver Verfahren zu stellen. Wie in 3.3.2 und 3.3.3 gezeigt wird, kann ein interaktives Verfahren so aufgebaut sein, daß eine Kompromißalternative, sofern eine solche existiert, nach endlich vielen Schritten gefunden wird. Enthält ein Verfahren jedoch viele Revisionsmöglichkeiten und verhält sich der Entscheidungsträger im Verlauf des Verfahrens nicht gemäß seiner - ihm selbst nicht explizit bekannten - Präferenzstruktur, dann ist die "Konvergenz" des Verfahrens in Frage gestellt. In diesem Fall sind von außen zusätzliche Forderungen zu erheben, die zu einer Beendigung des Verfahrens führen. So kann etwa eine konkrete Entscheidungssituation selbst durch einen Termin gekennzeichnet sein. Auch eine Beschränkung der Anzahl der Revisionen von Präferenzangaben und/oder der Modifikationen der Alternativenmenge kann zu einer sinnvollen Beendigung des Verfahrens führen. Weiterhin ist eine Begrenzung der Rechenzeit sehr nützlich, um den Entscheidungsträger zu einer Beschleunigung bzw. Beendigung des Entscheidungsprozesses zu bewegen.

3.3.2 Das STEM-Verfahren – Beispiel C4

Eines der ältesten und relativ verbreiteten interaktiven Verfahren ist das STEM-Verfahren von BENAYOUN et al. [1971], das in seiner ursprünglichen Fassung für lineare Vektoroptimierungsmodelle entwickelt wurde. Es läßt sich jedoch ohne weiteres, wie die folgenden Ausführungen zeigen, auf das vektorielle Entscheidungsmodell (VEM) übertragen.

Das STEM-Verfahren berechnet in (00) sämtliche individuellen Optima $\bar{\bar{x}}^k$, wobei deren Existenz zu unterstellen ist, sowie die Zielfunktionswerte $z_k(\bar{\bar{x}}^\ell)$ $(k,\ell = 1,\dots,K)$. Diese werden in einer Matrix ("pay-off table") zusammengestellt, damit der Entscheidungsträger einen ungefähren Eindruck darüber gewinnt, in welchem Bereich eine Kompromißalternative zu suchen ist. Die Fragen (01) und (04) sind gemäß Voraussetzung zu verneinen, so daß die Frage (02) entfällt. Anhand des Kompromißmodells (KM_{AB}) für $p = \infty$ und unter Verwendung unterschiedlicher Gewichte, auf deren Ermittlung hier nicht eingegangen wird, kann in (10) ein erster effizienter Alternativenvorschlag ermittelt werden (vgl. 3.2.4). In (20) ist eine Kompromißalternative gefunden, wenn für den Entscheidungsträger alle Zielfunktionswerte befriedigend sind. In (21) hat der Entscheidungsträger die Möglichkeit, das Verfahren dann erfolglos abzubrechen, wenn der Alternativenvorschlag bezüglich keiner Zielfunktion sein subjektives Anspruchsniveau erreicht.

Liegt keiner dieser Fälle vor, ist das Verfahren ohne Modifikation der Alternativenmenge fortzusetzen. Der Entscheidungsträger hat nunmehr in (40) eine Zielfunktion zu benennen, deren Wert um höchstens einen ebenfalls subjektiv anzugebenden Betrag von dem gegenwärtigen Wert nach unten abweichen darf, damit möglicherweise andere Zielfunktionen, deren Werte bisher den Ansprüchen des Entscheidungsträgers noch nicht entsprachen, höhere Werte erreichen können. Die benannte Zielfunktion wird mit der angegebenen Untergrenze als Ungleichung zur Alternativenmenge hinzugefügt. (41) und (42) entfallen. Damit kann in (50) nach demselben Verfahren wie in (10) ein neuer Alternativenvorschlag berechnet werden. (52) bis (55) entfallen; das Verfahren wird bei (20) fortgesetzt (zu weiteren Einzelheiten vgl. BENAYOUN et al. [1971]; COHON [1978], S. 201 ff.; HWANG/MASUD [1979], S. 170 ff.).

__Beispiel C4:__

Zur Demonstration der Grundidee des STEM-Verfahrens wird nunmehr das Beispiel C (vgl. 1.2.3 und 3.1.3) herangezogen. Auf die Angabe des "pay-off table" kann hier verzichtet werden, da die individuellen Optima unmittelbar der Tab. 1.2.2 oder dem oberen linken Teil der Tab. 3.3.1 entnommen werden können. Die Bestimmung des ersten Alternativenvorschlags (10) erfolgt anhand des Kompromißmodells (KM_{AB}) für $p = \infty$ und $t_k = 1$ $(k = 1,\ldots,4)$ und führt zu den zwei effizienten Alternativen a_3 und a_4 (vgl. Tab. 3.3.1). Der Entscheidungsträger, dem lediglich a_3 präsentiert wird, beantworte die Frage (20) , so wird hier unterstellt, mit Nein. Während er mit dem Wert der ersten Zielfunktion recht zufrieden sei, glaube er bezüglich der zweiten Zielfunktion mehr erreichen zu können. Aus diesem Grunde wird angenommen, daß er in (40) für die erste Zielfunktion einen Rückgang um eine Einheit für akzeptabel halte. Unter Berücksichtigung der Nebenbedingung $z_1 \geqq 11-1 = 10$ wird die Alternative a_2 - zielbedingt - unzulässig; die Spalte für z_1 kann im folgenden unberücksichtigt bleiben. Das Kompromißmodell (KM_{AB}) dient zur Bestimmung eines weiteren Alternativenvorschlages (50) . Dieser ist die Alternative a_4 (vgl. Tab. 3.3.1), die vom Entscheidungsträger in (20) abermals zurückgewiesen werde. Um eventuell von der vierten Zielfunktion noch höhere Werte erreichen zu können, setze der Entscheidungsträger in (40) , so wird hier unterstellt, für die dritte Zielfunktion eine Untergrenze fest: $z_3 \geqq 12-4 = 8$. Damit entfällt die Alternative a_1. Der neue Alternativenvorschlag (50) lautet abermals a_4 (vgl. Tab. 3.3.1). Geht man davon aus, daß

	$X_C \diagdown z_C$	z_1	z_2	z_3	z_4	$\Delta_{nk} := \max\limits_{\nu} z_{\nu k} - z_{nk}$				$\max\limits_{k} \Delta_{nk}$
(10)	a_1	16	17	3	9	0	0	15	5	15
	a_2	6	10	18	14	10	7	0	0	10
	a_3	11	11	12	13	5	6	6	1	6^*
	a_4	10	16	12	10	6	1	6	4	6^*
$(50)_1$	a_1		17	3	9		0	9	4	9
	a_3		11	12	13		6	0	0	6
	a_4		16	12	10		1	0	3	3^*
$(50)_2$	a_3		11		13		5		0	5
	a_4		16		10		0		3	3^*
$(50)_3$	a_4				10				0	0^*

Tab. 3.3.1

der Entscheidungsträger die Frage (20) erneut verneint, dann muß er in (40) wiederum eine Zielfunktion benennen, bei der er auch mit niedrigeren Werten zufrieden wäre. Seine Antwort laute: $z_2 \geqq 16-3 = 13$, um eventuell für die vierte Zielfunktion noch höhere Werte zu erzielen. Die erneute Berechnung führt abermals zu a_4. Nach dem STEM-Verfahren und dem hier unterstellten Durchlauf dieses Verfahrens muß der Entscheidungsträger nunmehr a_4 als Kompromißalternative akzeptieren. Nach dem in Abb. 3.3.2 angegebenen Ablaufdiagramm eines interaktiven Verfahrens hat er zusätzlich die Möglichkeit, das Verfahren über (21) in (05) erfolglos abzubrechen oder über (22) und (03) das Entscheidungsmodell etwa in Hinblick auf sein konkretes Entscheidungsproblem zu modifizieren.

Das STEM-Verfahren ist insofern wenig flexibel, als bei jedem Durchlauf von (40) wenigstens eine Zielfunktion in die Nebenbedingungen übernommen und damit aus dem Vektor der zu maximierenden Funktionen herausgenommen wird. Dies hat den Vorteil, daß das Verfahren nach spätestens K Iterationen beendet ist, aber auch den Nachteil, daß sich der Entscheidungsträger schon bei ersten Iterationen bezüglich einzelner Zielfunktionen endgültig festlegen muß. Durch den Einbau von Revisionsmöglichkeiten kann dieser Nachteil ohne besondere Schwierigkeiten beseitigt werden (vgl. u.a. ISERMANN [1979], S. 22 ff.).
Das STEM-Verfahren wurde für lineare Vektoroptimierungsmodelle entwickelt; seine spezielle Wirkungsweise kommt daher auch in erster Linie bei linearen Entscheidungsmodellen zur Geltung, was bei der Beurteilung des Beispiels C4 zu bedenken ist (vgl. u.a. WALLENIUS [1974/75]).

3.3.3 Weitere interaktive Verfahren

Der zentrale Punkt, in dem verschiedene interaktive Verfahren voneinander abweichen, sind die Anweisungen (40) und (42) der Entscheidungsphase (vgl. Abb. 3.3.2), in der der Entscheidungsträger in je nach Verfahren unterschiedlicher Weise Teile seiner Präferenzvorstellungen offenbaren muß. Die den Berechnungsphasen zugrundeliegenden Verfahren sind im allgemeinen denen zur numerischen Lösung von Entscheidungsmodellen mit einer Zielfunktion ähnlich. Um wenigstens einen Eindruck über weitere interaktive Verfahren zu vermitteln, werden im folgenden einige Anmerkungen zum Teil (40) bzw. (42) der Entscheidungsphase bei einigen bekannteren interaktiven Verfahren gemacht, ohne auf spezielle Einzelheiten und ohne auf die speziellen Voraussetzungen jeweils einzugehen. Zusammenfassende Darstellungen findet man u.a. bei HEMMING ([1978], S. 73 ff.), HWANG/MASUD ([1979], S. 102 ff.) und ISERMANN ([1979], S. 11 ff.).

Das Verfahren für konvexe Vektoroptimierungsmodelle von GEOFFRION ist dadurch charakterisiert, daß der Entscheidungsträger, wenn ihm ein Alternativenvorschlag präsentiert wird, der ihm noch nicht endgültig zusagt, angeben muß, in welcher Richtung ein neuer Alternativenvorschlag zu suchen ist. Das geschieht in der Weise, daß vom Entscheidungsträger in der Entscheidungsphase (40) Grenzsubstitutionsraten (Grenztauschraten, trade-offs) zwischen einzelnen Zielfunktionen verlangt werden: Auf wieviel Einheiten kann bei z_1 verzichtet werden, um eine Einheit von z_2 oder ... oder z_K zusätzlich zu bekommen? Anhand dieser Angaben wird in (41) nach einem Gradientenverfahren eine Alternative ermittelt, die in der vom Entscheidungsträger gewünschten Richtung liegt. In der sich anschließenden Entscheidungsphase (42) legt der Entscheidungsträger fest, wie weit er sich der angebotenen Alternative nähern will, d.h., er legt die Schrittlänge subjektiv fest, um so zu einem neuen Alternativenvorschlag zu kommen. Hierbei kann ihm der Rechner gegebenenfalls graphische Hilfestellungen geben. DYER [1972/73b] hat das Verfahren dahingehend modifiziert, daß der Entscheidungsträger statt der erwähnten Substitutionsraten eine Folge paarweiser Vergleiche von präsentierten Alternativen vornehmen muß. Das Verfahren von GEOFFRION stellt einerseits relativ hohe Anforderungen an den Entscheidungsträger, ist jedoch andererseits insofern relativ allgemein, als keine Linearitätsvoraussetzungen an das Entscheidungsmodell gestellt zu werden brauchen (zu weiteren Einzelheiten vgl. u.a. GEOFFRION/DYER/FEINBERG [1972/73]; WALLENIUS [1974/75]; COHON [1978], S. 206 ff.).

FANDEL hat ein interaktives Verfahren zur Lösung konvexer Vektoroptimierungsmodelle entwickelt, das sich in besonderem Maße auch zur Lösung linearer Modelle eignet. Wird dem Entscheidungsträger vom Rechner ein effizienter Alternativenvorschlag präsentiert, dann muß er in (40) lediglich für alle Zielfunktionen neue Untergrenzen angeben, die 1. alle mindestens so hoch sind wie die der vorhergehenden Iteration, 2. den präsentierten Lösungsvorschlag nicht ausschließen und 3. jedoch so beschaffen sind, daß der präsentierte Lösungsvorschlag auf wenigstens einer dieser Untergrenzen liegt. Auf diese Weise wird die Menge der zulässigen Alternativen schrittweise verkleinert. Anhand der vom Entscheidungsträger subjektiv geäußerten Informationen wird vom Rechner in (50) ein neuer Alternativenvorschlag ermittelt (zu weiteren Einzelheiten vgl. u.a. FANDEL [1972]).

ZIONTS/WALLENIUS [1975/76] haben ihr interaktives Verfahren für die Lösung linearer Vektoroptimierungsmodelle entwickelt. Hat der Rechner einen Alternativenvorschlag in Form einer effizienten Basislösung ermittelt, dann präsentiert er dem Entscheidungsträger neben dieser Basislösung alle Nichtbasisvariablen, die, sofern sie in die Basis aufgenommen würden, zu effizienten benachbarten Basislösungen führen, sowie die hierzu gehörenden transformierten Komponenten der verschiedenen Zielfunktionen ("letzte" Zeilen des Simplextableaus), die angeben, in welcher Weise sich die Zielfunktionswerte bei Einführung der jeweiligen Nichtbasisvariable in die Basis ändern würden. Der Entscheidungsträger hat in (40) lediglich anzugeben, welche Nichtbasisvariablen ihm aufgrund der vorliegenden Informationen zusagen, ihm nicht zusagen bzw. welchen gegenüber er indifferent ist. Der Rechner nutzt in (50) diese Angaben aus, um 1. die Menge effizienter Lösungen einzuschränken und 2. einen neuen Alternativenvorschlag zu ermitteln. Während einerseits die Anforderungen an den Entscheidungsträger relativ gering sind, ist andererseits zu erwähnen, daß als Kompromißalternativen bei diesem Verfahren nur Basislösungen möglich sind (zu weiteren Einzelheiten vgl. u.a. WALLENIUS [1975], S. 99 ff.).

In den letzten Jahren wurden weitere interaktive Verfahren, über die mehr oder weniger umfangreiche numerische und/oder praktische Erfahrungen vorliegen, veröffentlicht (vgl. u.a. DELFT/NIJKAMP [1977], S. 115 ff.; CHANKONG/HAIMES [1978]; STEUER/SCHULER [1978]; WALKER [1978]). Bekannt geworden sind auch Verfahren, die das Goal Programming-Kompromißmodell (vgl. 3.2.3) interaktiv lösen (vgl. u.a. DYER [1972/73a]).

3.4 Multikriterielle Entscheidungsmodelle mit Approximierungs-, Satisfizierungs- und Fixierungszielen

Der Zielfunktion z(x) des deterministischen Entscheidungsmodells (DEM) liegt die Annahme zugrunde, daß der Entscheidungsträger eine Alternative $x_1 \in X$ stets der Alternative $x_2 \in X$ vorzieht, wenn $z(x_1) > z(x_2)$ ist (vgl. 1.4.1 und 1.5.1). Dies gilt auch für das Vektormaximierungsmodell (VEM) für jede einzelne Zielfunktion, wenn die jeweils übrigen Zielfunktionen konstant gehalten werden (vgl. 3.1.2). Bei diesen Zielvorstellungen existieren keine, eine eventuell weitere Maximierung hemmenden Sättigungserscheinungen. Wie durch Definition von Zielvariablen auch andere Zielvorstellungen in Entscheidungsmodellen der Art (DEM) Berücksichtigung finden können, wurde bereits einführend in 1.4.2 gezeigt. Es handelt sich dabei um Zielvorstellungen, die dadurch charakterisiert sind, daß gewisse Sättigungsgrenzen auftreten, über die hinaus die Suche nach besseren Alternativen abgebrochen wird. Diese Andeutungen werden im folgenden präzisiert.

3.4.1 Multikriterielle Entscheidungsmodelle mit Approximierungszielen (Goal Programming) – Beispiele C5 und F8

Approximierungsziele sind dadurch gekennzeichnet, daß für die Zielvariablen $g_{K+1}(x),\ldots,g_{K+L}(x)$ feste Werte $\tilde{g}_{K+1},\ldots,\tilde{g}_{K+L}$ $(L > 1)$ vorgegeben sind, die der Entscheidungsträger durch geeignete Wahl einer Alternative $x \in X$ erreichen oder - falls dies nicht möglich ist - denen er möglichst nahe kommen möchte. Existiert eine Alternative $x^* \in X$ mit $g_k(x^*) = \tilde{g}_k$ $(k = K+1,\ldots,K+L)$, ist offensichtlich das Entscheidungsproblem gelöst. Anderenfalls bleibt zunächst einmal die Frage nach der zu realisierenden Alternative offen. Der Entscheidungsträger ist aufgrund seiner Zielvorstellungen bestrebt, mögliche Abweichungen von den gegebenen Werten der Zielvariablen zu minimieren. Zielvorstellungen dieser Art treten etwa bei der Produktionsplanung eines Unternehmens auf, bei der man Ausbringungsmengen sucht, die von vorgegebenen Ausbringungsmengen möglichst wenig abweichen sollen. Festzuhalten ist, daß aufgrund dieser Zielvorstellungen keine Alternativen $x \in X$ - zielbedingt - unzulässig werden.

Zur Beantwortung der Frage nach einem Maß für die Abweichungen von den Werten $\tilde{g}_{K+1},\ldots,\tilde{g}_{K+L}$ kann man zunächst die Abweichungen für jedes einzelne Ziel k $(k = K+1,\ldots,K+L)$ gesondert betrachten und daraus ein Vektormaximierungsmodell herleiten. Dies führt zu der Formulierung (MEM_A), bei der die Wahl

(MEM_A)	$max\ \{z(x) \mid x \in X\}$
mit	$z(x) := (z_{K+1}(x),\ldots,z_{K+L}(x))^T$ $z_k(x) := -d_k(\tilde{g}_k, g_k(x))$ $(k = K+1,\ldots,K+L)$
wobei	$d_k(.,.)$ Abstandsfunktionen
Entscheidungsmodell mit Approximierungszielen	

von geeigneten Abstandsfunktionen zunächst offenbleibt. Damit ist das Entscheidungsproblem mit mehreren Approximierungszielen auf ein vektorielles Entscheidungsmodell (VEM) zurückgeführt.

In 3.2.3 wurde das Goal Programming-Modell als Kompromißmodell zur Lösung von Vektoroptimierungsmodellen, d.h. von multikriteriellen Entscheidungsmodellen mit ausschließlich zu extremierenden Zielfunktionen, eingeführt. Hier wird hingegen das Goal Programming-Modell als ein eigenständiges multikriterielles Entscheidungsmodell mit ausschließlich Approximierungszielen interpretiert. Um dieses aus (MEM_A) herleiten zu können, setzt man $z_k(x) = g_k(x)$ sowie $\tilde{z}_k = \tilde{g}_k$ $(k = K+1,\dots,K+L)$ und nimmt als Abstandsfunktion die absolute Differenz:

$$d_k(\tilde{z}_k, z_k(x)) = |\tilde{z}_k - z_k(x)| = y_k^+ + y_k^-$$

$$\text{mit} \begin{cases} y_k^+ := y_k^+(x) := z_k(x) - \tilde{z}_k & \text{für } \tilde{z}_k \leqq z_k(x) \\ y_k^- := y_k^-(x) := \tilde{z}_k - z_k(x) & \text{für } \tilde{z}_k > z_k(x) \end{cases}$$

$(k = K+1,\dots,K+L)$. Wählt man weiterhin für das so spezialisierte Vektoroptimierungsmodell als Kompromißmodell eine Zielgewichtung mit $t_k = 1$ $(k = K+1,\dots,K+L)$, dann erhält man in (GP) das erwähnte Goal Programming-Modell, wobei in der Literatur überwiegend von linearen Zielfunktionen $z_k(x)$

(GP)	$\max \{z_{GP}(x) \mid x \in X_{GP}\}$
mit	$X_{GP} := \left\{ x \in X \;\middle|\; \begin{array}{l} z_k(x) + y_k^- - y_k^+ = \tilde{z}_k \\ y_k^+ \geqq 0,\ y_k^- \geqq 0 \\ (k = K+1,\dots,K+L) \end{array} \right\}$ $z_{GP}(x) := -\sum_{k=K+1}^{K+L} (y_k^+ + y_k^-)$
Goal Programming-Modell	

$(k = K+1,\dots,K+L)$ und von durch lineare Ungleichungen definierten Alternativenmengen X ausgegangen wird. Die positiven wie die negativen Abweichungen können unterschiedlich gewichtet und durch zusätzliche Nebenbedingungen begrenzt werden (vgl. u.a. CHARNES/COOPER [1961], S. 215 ff.; IJIRI [1965]; LEE [1972]; KORNBLUTH [1973]; IGNIZIO [1976]).

Beispiel C5:

Zur Illustration wird zunächst auf das Beispiel C zurückgegriffen, wobei die unterschiedlichen Zielvorstellungen des Reisenden dadurch zum Ausdruck gebracht werden, daß die bisherige Identität von $z_k(x)$ und $g_k(x)$ aufgegeben wird (vgl. 1.2.3 und 3.1.3). Im Rahmen dieses Beispiels wird von Approximierungszielen ausgegangen und das Vektormaximierungsmodell (MEM_A) für folgende Werte der Zielvariablen untersucht:

a) $\tilde{g}_1 = 16, \quad \tilde{g}_2 = 17, \quad \tilde{g}_3 = 12, \quad \tilde{g}_4 = 13;$

b) $\tilde{g}_1 = \tilde{g}_2 = \tilde{g}_3 = \tilde{g}_4 = 12.$

Wählt man als Abstandsfunktion die absolute Differenz, dann erhält man für die Zielfunktion z(x) in (MEM_A) die in Tab. 3.4.1a und 3.4.1b angegebenen Werte, die zeigen, wie sehr die Eigenschaft einer Alternative "effizient

X_C	g_1	g_2	g_3	g_4	z_1	z_2	z_3	z_4	Bemerkungen
a_1	16	17	3	9	0	0	-9	-4	effizient
a_2	6	10	18	14	-10	-7	-6	-1	dominiert von a_3
a_3	11	11	12	13	-5	-6	0	0	effizient
a_4	10	16	12	10	-6	-1	0	-3	effizient

Tab. 3.4.1a

X_C	g_1	g_2	g_3	g_4	z_1	z_2	z_3	z_4	Bemerkungen
a_1	16	17	3	9	-4	-5	-9	-3	dominiert von a_3
a_2	6	10	18	14	-6	-2	-6	-2	dominiert von a_3
a_3	11	11	12	13	-1	-1	0	-1	effizient, perfekt
a_4	10	16	12	10	-2	-4	0	-2	dominiert von a_3

Tab. 3.4.1b

zu sein" von den vorgegebenen Werten der Zielvariablen abhängt. Im Fall a ist noch eine Kompromißlösung zu suchen. Für die Kompromißzielfunktion $z_{GP}(x)$ aus

(GP) gilt $z_{GP}(a_1) = -13$, $z_{GP}(a_3) = -11$ und $z_{GP}(a_4) = -10$, so daß $x^* = a_4$ die Kompromißalternative im Sinne des Goal Programming ist. Im Fall b existiert nur eine effiziente Alternative, die damit perfekt ist.

Beispiel F8:

Grundlage des Beispiels F8 ist das Beispiel F5 (vgl. 3.1.4). Der Konservenproduzent setzt $g_1(x_1,x_2) = 4x_1 + 2x_2$ und $g_2(x_1,x_2) = 2x_1 + 4x_2$ und möchte folgende Werte seiner Zielvariablen erreichen: $\tilde{g}_1 = 230$ und $\tilde{g}_2 = 240$. Das zugehörige Vektormaximierungsmodell ist in (F8) wiedergegeben, wobei von

(F8)	$\mathit{max}\ \{z_{F8}(x_1,x_2) \mid (x_1,x_2)^T \in X_{F8}\}$
mit	$X_{F8} := X_F$ (vgl. 1.3.1)
	$z_{F8}(x_1,x_2) := \begin{pmatrix} -(230-4x_1-2x_2)^2 \\ -(240-2x_1-4x_2)^2 \end{pmatrix}$

einer quadratischen Abstandsfunktion ausgegangen wird. Wie man aus der Abb. 3.4.1 erkennen kann, ist es möglich, $\tilde{g}_1 = 230$ voll zu erreichen,

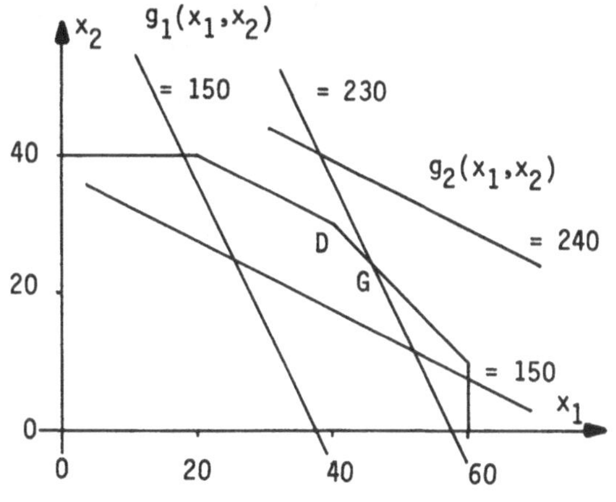

Abb. 3.4.1

während der minimale Abstand zu g_2 = 240 noch $(240-2\cdot40-4\cdot30)^2$ = 1.600 Einheiten beträgt. Der Idealzielpunkt von (F8) lautet demnach $\bar{\bar{z}} = (0,-1600)^T$ (vgl. 3.1.2). Die bezüglich (F8) effizienten Alternativen liegen auf der Strecke zwischen $D = (40,30)^T$ und $G = (45,25)^T$. Diese bezüglich (F8) effizienten Alternativen sind auch effizient bezüglich (F5).- Wählt der Entscheidungsträger $\tilde{g}_1 = \tilde{g}_2 = 150$, existiert bezüglich ($MEM_A$) eine perfekte Alternative $x^* = (25,25)^T$ mit $\bar{\bar{z}} = (0,0)^T$, wobei x^* nicht effizient bezüglich (F5) ist.

3.4.2 Multikriterielle Entscheidungsmodelle mit Satisfizierungszielen – Beispiele C6 und F9

Bei einem Satisfizierungsziel wird davon ausgegangen, daß ein Anspruchsniveau (Zufriedenheitsniveau) gegeben ist und der Entscheidungsträger diejenigen Alternativen als zufriedenstellend ansieht, deren Zielvariablen das Anspruchsniveau erreichen oder überschreiten; Alternativen, für die das nicht zutrifft, gelten als nicht zufriedenstellend und damit als - zielbedingt - unzulässig im Sinne dieser Zielsetzung. In der Betriebswirtschaftslehre hat die Theorie des Anspruchsniveaus immer wieder zu Diskussionen Anlaß gegeben (vgl. u.a. GUTENBERG [1963], S. 18 ff.; CHMIELEWICZ [1970], S. 243 f.; KOCH [1975], S. 181 f.; HAUSCHILDT [1977], S. 68 f.). Entscheidungsmodelle mit nur einem Satisfizierungsziel sind insofern trivial, als lediglich geprüft werden muß, ob zufriedenstellende Alternativen existieren oder nicht (vgl. Beispiel F1 in 1.4.2). Mehrere zufriedenstellende Alternativen sind im Hinblick auf das Satisfizierungsziel äquivalent. Existieren keine zufriedenstellenden Alternativen, ist entweder die Zielsetzung zu revidieren oder es sind weitere Alternativen zu suchen. Welche Fragen stellen sich darüber hinaus, wenn der Entscheidungsträger mehrere Anspruchsniveaus ins Auge faßt?

Setzt sich ein Entscheidungsträger M (M > 1) Anspruchsniveaus $\tilde{g}_{K+L+1},\ldots,\tilde{g}_{K+L+M}$ für seine Zielvariablen $g_{K+L+1}(x),\ldots,g_{K+L+M}(x)$, dann kann er seinen Zielvorstellungen entsprechend zufrieden sein, wenn "möglichst viele" Anspruchsniveaus von einer gewählten Alternative erreicht oder überschritten werden. Im günstigsten Fall werden alle Anspruchsniveaus erreicht oder überschritten. Das beschriebene Entscheidungsproblem wird durch das

Vektormaximierungsmodell (MEM_{S1}) erfaßt, wobei das Erreichen oder Überschreiten "möglichst vieler" Anspruchsniveaus durch die Maximierung der

(MEM_{S1})	$max\ \{z(x) \mid x \in X\}$
mit	$z(x) := (z_{K+L+1}(x),\ldots,z_{K+L+M}(x))^T$ $z_k(x) := \begin{cases} 1 & \text{für } x \in X_k^S \\ 0 & \text{für } x \notin X_k^S \end{cases}$ $X_k^S := \{x \in X \mid g_k(x) \geqq \tilde{g}_k\}$ $(k = K+L+1,\ldots,K+L+M)$
Entscheidungsmodell (1) mit Satisfizierungszielen	

vektorwertigen Zielfunktion z(x) zum Ausdruck gebracht wird. Gilt

$$P(X,z) := X_{K+L+1}^S \cap \ldots \cap X_{K+L+M}^S \neq \emptyset,$$

so liegt eine perfekte Lösung des Vektormaximierungsmodells (MEM_{S1}) vor, d.h., es existieren Alternativen $x \in P(X,z)$, die allen Anspruchsniveaus genügen. Ist hingegen $P(X,z) = \emptyset$, muß der Entscheidungsträger auf das Erreichen oder Überschreiten zumindest eines Anspruchsniveaus, eventuell aller Anspruchsniveaus, verzichten. Er muß für das Vektormaximierungsmodell (MEM_{S1}) ein Kompromißmodell finden oder ein interaktives Verfahren heranziehen (vgl. 3.2 und 3.3).

Wenn beim Entscheidungsmodell (MEM_{S1}) das Anspruchsniveau einer Zielvariablen möglicherweise nicht erreicht wird, kann es sinnvoll sein, ein Maß für den "Grad des Nichterreichtseins" einzuführen, um Alternativen vergleichen zu können, deren Zielvariablen von einem Anspruchsniveau unterschiedlich weit entfernt sind. Als ein zu minimierendes Maß dieser Eigenschaft bietet sich beispielsweise die Differenz $g_k(x) - \tilde{g}_k$ für diejenigen $k \in \{K+L+1,\ldots,K+L+M\}$ an, für die diese Differenz negativ ist. Aufgrund seiner Präferenzvorstellungen zieht demnach der Entscheidungsträger bezüglich der einzelnen Zielvariablen höhere Werte ceteris paribus niedrigeren Werten vor, solange das gesetzte Anspruchsniveau nicht erreicht ist; wird das Anspruchsniveau überschritten, ist er zwischen Alternativen mit unterschiedlichen Werten einer Zielvariablen indifferent (vgl. ISERMANN [1974b], S. 13 ff.; RABENSTEIN [1979], S. 22). Die so modifizierten Zielvorstellungen liegen dem Vektormaximierungsmodell (MEM_{S2}) zugrunde. Existiert ein $x^* \in X$,

(MEM_{S2})	$max\ \{z(x) \mid x \in X\}$
mit	$z(x) := (z_{K+L+1}(x),\dots,z_{K+L+M}(x))^T$ $z_k(x) := \min\ \{0, g_k(x)-\tilde{g}_k\}$ $(k = K+L+1,\dots,K+L+M)$
Entscheidungsmodell (2) mit Satisfizierungszielen	

das allen Anspruchsniveaus genügt, dann ist $z(x^*) = (0,\dots,0)^T$; x^* ist perfekte Alternative von (MEM_{S2}). Anderenfalls muß zur numerischen Lösung von (MEM_{S2}) wieder auf Kompromißmodelle oder interaktive Verfahren zurückgegriffen werden (vgl. 3.2 und 3.3).

Entscheidungsprobleme mit mehreren Satisfizierungszielen können in Vektormaximierungsmodellen erfaßt werden, die unterschiedliche Interpretationen von Satisfizierungszielen beinhalten. In (MEM_{S1}) geht es darum, eine Alternative zu finden, die "möglichst vielen" Anspruchsniveaus genügt; in (MEM_{S2}) sind eventuelle Unterschreitungen der Anspruchsniveaus "gleichzeitig" zu minimieren. In den folgenden Beispielen werden die unterschiedlichen Eigenschaften von (MEM_{S1}) und (MEM_{S2}) anschaulich anhand ihrer jeweiligen effizienten Alternativen verdeutlicht.

<u>Beispiel C6:</u>

a) Die im Rahmen des Beispiels C5 unter a (vgl. 3.4.1) zugrunde gelegten zu approximierenden Werte der Zielvariablen werden in diesem Beispiel als Anspruchsniveaus interpretiert:

$$\tilde{g}_1 = 16, \quad \tilde{g}_2 = 17, \quad \tilde{g}_3 = 12, \quad \tilde{g}_4 = 13.$$

Für das Entscheidungsmodell (MEM_{S1}) erhält man damit die in Tab. 3.4.2a angegebenen Werte für die vier Zielfunktionen. Es existiert keine perfekte Alternative. Das Beispiel macht in besonderer Weise den groben Charakter von

Satisfizierungszielen in ihrer ursprünglichen Form deutlich, denn die beiden doch recht unterschiedlichen Alternativen a_2 und a_3 sind nicht nur beide effizient bezüglich (MEM_{S1}), sondern darüber hinaus in bezug auf die unterstellten Satisfizierungsziele äquivalent.

X_C	g_1	g_2	g_3	g_4	z_1	z_2	z_3	z_4	Bemerkungen
a_1	16	17	3	9	1	1	0	0	effizient
a_2	6	10	18	14	0	0	1	1	effizient
a_3	11	11	12	13	0	0	1	1	effizient
a_4	10	16	12	10	0	0	1	0	dominiert von a_2,a_3

Tab. 3.4.2a

b) Für das Entscheidungsmodell (MEM_{S2}) sind die entsprechenden Werte für dieses Beispiel in Tab. 3.4.2b zusammengefaßt. Die Menge der effizienten Alternativen stimmt keineswegs mit der entsprechenden Menge bei der ersten

X_C	g_1	g_2	g_3	g_4	z_1	z_2	z_3	z_4	Bemerkungen
a_1	16	17	3	9	0	0	-9	-4	effizient
a_2	6	10	18	14	-10	-7	0	0	dominiert von a_3
a_3	11	11	12	13	-5	-6	0	0	effizient
a_4	10	16	12	10	-6	-1	0	-3	effizient

Tab. 3.4.2b

Variante dieses Beispiels überein (vgl. Tab. 3.4.2a), da durch die Berücksichtigung des Ausmaßes eventueller Abweichungen eine größere Differenzierung erreicht wird. Bei einer Maximierung der Summe der (einseitigen, negativen) Abweichungen als Kompromißzielfunktionen wäre a_4 die optimale Alternative.

Beispiel F9:

a) Im Beispiel $F9_{S1}$ wird wieder auf die zwei Zielfunktionen des Beispiels F5 (vgl. 3.1.4) zurückgegriffen, die der Konservenproduzent hier als Zielvariablen $g_1(x_1,x_2) = 4x_1 + 2x_2$ und $g_2(x_1,x_2) = 2x_1 + 4x_2$ interpretiert und für die er seine Anspruchsniveaus auf $\tilde{g}_1 = 230$ und $\tilde{g}_2 = 240$ festsetzt. Das so verstandene Entscheidungsproblem mit Satisfizierungszielen wird in Anlehnung an (MEM_{S1}) durch ($F9_{S1}$) erfaßt.- Die Menge X_2^S ist für das Beispiel $F9_{S1}$ leer, das Anspruchsniveau $\tilde{g}_2 = 240$ kann demnach auf keinen Fall erreicht werden. Für die Alternative aus der Menge X_1^S, welche in Abb. 3.4.2a dem Viereck $\overline{GEFH}$ entspricht, wird wenigstens das Anspruchsniveau

($F9_{S1}$)	$max\ \{z_{F9_{S1}}(x_1,x_2) \mid (x_1,x_2)^T \in X_{F9_{S1}}\}$
mit	$X_{F9_{S1}} := X_F$ (vgl. 1.3.1) $z_{F9_{S1}}(x_1,x_2) := (z_1(x_1,x_2), z_2(x_1,x_2))^T$ $z_k(x_1,x_2) := \begin{cases} 1 & \text{für } (x_1,x_2)^T \in X_k^S \\ 0 & \text{für } (x_1,x_2)^T \notin X_k^S \end{cases}$ (k=1,2) $X_1^S := \{(x_1,x_2)^T \in X_F \mid 4x_1 + 2x_2 \geqq 230\}$ $X_2^S := \{(x_1,x_2)^T \in X_F \mid 2x_1 + 4x_2 \geqq 240\}$

$\tilde{g}_1 = 230$ erfüllt; sie sind effizient bezüglich ($F9_{S1}$) (vgl. Tab. 3.4.3). Würde das erste Anspruchsniveau auf $\tilde{g}_1 = 260$ heraufgesetzt, dann bestünde X_1^S nur aus einem Element, dem Punkt E. Für $\tilde{g}_1 > 260$ existiert zielbedingt keine zulässige Lösung.

X_F	$z_1(x_1,x_2)$	$z_2(x_1,x_2)$	Bemerkungen
$(x_1,x_2)^T \in X_1^S$	1	0	effizient
$(x_1,x_2)^T \in X_F \setminus X_1^S$	0	0	dominiert

Tab. 3.4.3

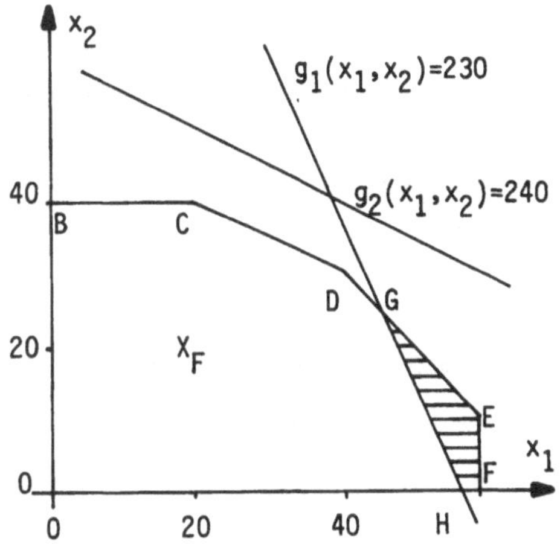

Abb. 3.4.2a

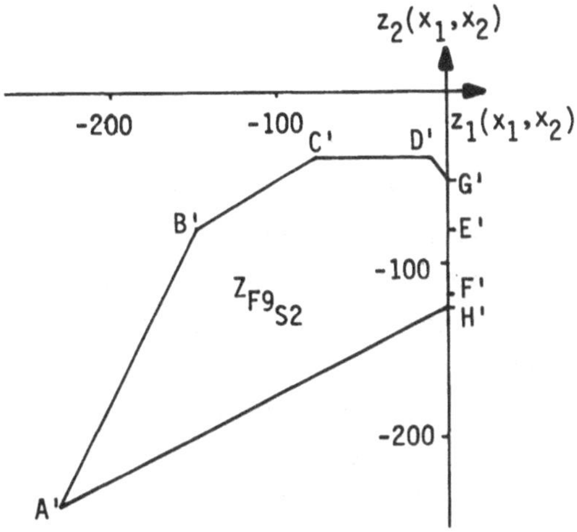

Abb. 3.4.2b

b) Mit den Daten des Beispiels ($F9_{S1}$) wird nunmehr die zweite Variante (MEM_{S2}) illustriert. Das entsprechende Vektormaximierungsmodell ist in ($F9_{S2}$) zusammengefaßt. Das Erkennen der effizienten Alternativen ist bei

($F9_{S2}$)	$max\ \{z_{F9_{S2}}(x_1,x_2) \mid (x_1,x_2)^T \in X_{F9_{S2}}\}$
mit	$X_{F9_{S2}} := X_F$ (vgl. 1.3.1) $z_{F9_{S2}}(x_1,x_2) := \begin{pmatrix} \min\ \{0;4x_1+2x_2-230\} \\ \min\ \{0;2x_1+4x_2-240\} \end{pmatrix}$

($F9_{S2}$) nicht ganz so trivial wie bei bisherigen Beispielen. In Abb. 3.4.2b ist die Zielmenge von ($F9_{S2}$) wiedergegeben. Damit wird deutlich, daß die Punkte der Strecke $\overline{DG}$ die bezüglich ($F9_{S2}$) effizienten Alternativen darstellen. Gegenüber ($F9_{S1}$) sind die Punkte aus dem Viereck $\overline{GEFH}$ bis auf den Punkt G nicht mehr effizient, da bei der zweiten Variante ein Mehr oder Weniger an Unzufriedenheit in den Zielfunktionen von (MEM_{S2}) Berücksichtigung findet.

3.4.3 Multikriterielle Entscheidungsmodelle mit Fixierungszielen – Beispiele C7 und F10

Ein Fixierungsziel ist dadurch charakterisiert, daß der Entscheidungsträger ein bestimmtes Ziel, welches durch einen festen (- fixierten -) Wert $\tilde{g}_k$ seiner Zielvariablen $g_k(x)$ definiert ist, durch Realisation einer Alternative $x \in X$ exakt erreichen möchte ($k = K+L+M+1,\ldots,K+L+M+N$). Ziele dieser Art sind etwa der Abschluß eines Großauftrages, der zustande kommt oder nicht, oder die Entwicklung eines neuen Produktes, die erfolgreich ist oder nicht. Da in diesem Kapitel stets unterstellt wird, daß die Konsequenzen der zur Auswahl stehenden Alternativen bekannt sind, kann der Entscheidungsträger für jedes $x \in X$ und für jedes Ziel k prüfen, ob der Wert der Zielvariablen $g_k(x)$ gleich dem angestrebten Wert $\tilde{g}_k$ ist oder nicht ($k = K+L+M+1,\ldots,K+L+M+N$). Wird das k-te Ziel für ein $x \in X$ erreicht, ist also $g_k(x) = \tilde{g}_k$, dann wird der Wert der k-ten Zielfunktion $z_k(x) = 1$ gesetzt, anderenfalls ist $z_k(x) = 0$ ($k = K+L+M+1,\ldots,K+L+M+N$). Bei Verfolgung nur eines Zieles, reduziert sich das skizzierte Entscheidungsproblem auf die simple Frage, ob eine Alternative $x \in X$ existiert, die das eine Ziel erfüllt oder nicht. Das Entscheidungsproblem mit mehreren Fixierungszielen ($N > 1$) ist in (MEM_{F1}) wiedergegeben, wobei folgende drei Fälle unter-

(MEM_{F1})	$max\ \{z(x) \mid x \in X\}$
mit	$z(x) := (z_{K+L+M+1}(x),\ldots,z_{K+L+M+N}(x))^T$ $z_k(x) := \begin{cases} 1 & \text{für } x \in X_k^F \\ 0 & \text{für } x \notin X_k^F \end{cases}$ $X_k^F := \{x \in X \mid g_k(x) = \tilde{g}_k\}$ ($k = K+L+M+1,\ldots,K+L+M+N$)
Entscheidungsmodell (1) mit Fixierungszielen	

schieden werden:

1. Es existiert kein $x \in X$, so daß nicht wenigstens ein Ziel erfüllt werden kann, dann ist $X_k^F = \emptyset$ ($k = K+L+M+1,\ldots,K+L+M+N$) und der Zielfunktionsvektor $z(x) = (0,\ldots,0)^T$ für alle $x \in X$. Das Entscheidungsproblem enthält somit aus der Sicht des Entscheidungsträgers keine Alternative, die seinen Zielvorstellungen auch nur annähernd entspricht. Es müssen eventuell weitere Alternativen gesucht werden; der Entscheidungsträger muß gegebenenfalls seine Zielvorstellungen modifizieren oder auf eine Lösung des Entscheidungsproblems verzichten.
2. Es existiert - wenigstens - ein $x^* \in X$ derart, daß bei dieser Alternative sämtliche Ziele erfüllt sind. Eine Alternative mit dieser Eigenschaft ist eine perfekte Lösung von (MEM_{F1}). In diesem Fall entfallen die spezifischen Probleme mehrfacher Zielsetzung; der Entscheidungsträger wird sich ohne Zweifel für eine perfekte Lösung entscheiden.
3. Es existieren wenigstens zwei Alternativen $x_1 \in X$ und $x_2 \in X$, so daß x_1 ein oder einige Ziele und x_2 ein anderes oder einige andere Ziele erfüllt. In diesem Fall konkurrieren verschiedene Ziele miteinander, so daß eine Konfliktsituation vorliegt, die durch das Vektormaximierungsmodell (MEM_{F1}) erfaßt wird.

Die hier in diesem Zusammenhang bisher unterstellte Zielkonzeption ist in hohem Maße unelastisch. Da die Existenz einer perfekten Alternative im allgemeinen nicht gewährleistet ist, liegt die Frage nahe, ob und wie der Entscheidungsträger zu einer elastischeren Zielkonzeption kommen kann, ohne die spezifischen Eigenschaften eines Fixierungszieles aufgeben zu müssen. Dies ist beispielsweise dadurch möglich, daß der Entscheidungsträger dann sein k-tes Ziel als erfüllt betrachtet, wenn die k-te Zielvariable in einem bestimmten, vorgegebenen Intervall $[g_k', g_k'']$ liegt ($k = K+L+M+1,\ldots,K+L+M+N$). Das entsprechende Vektormaximierungsmodell ist in (MEM_{F2}) zusammengefaßt.- Da $g_k' = g_k''$ ($k = K+L+M+1,\ldots,K+L+M+N$) nicht ausgeschlossen ist, enthält das erweiterte Entscheidungsmodell (MEM_{F2}) das Entscheidungsmodell (MEM_{F1}) als Spezialfall. In beiden Fällen wird ein Entscheidungsproblem mit mehreren Fixierungszielen durch ein Vektormaximierungsmodell erfaßt. Mit $g_k'' = \infty$ können in (MEM_{F2}) auch die Satisfizierungsziele im Sinne von (MEM_{S1}) Berücksichtigung finden. In den folgenden Beispielen werden einige Varianten mit Fixierungszielen erläutert.- Sofern mit Satisfizierungs- und Fixierungs-

(MEM_{F2})	$max\ \{z(x) \mid x \in X\}$
mit	$z(x) := (z_{K+L+M+1}(x),\ldots,z_{K+L+M+N}(x))^T$ $z_k(x) := \begin{cases} 1 & \text{für } x \in X_k^F \\ 0 & \text{für } x \notin X_k^F \end{cases}$ $X_k^F := \{x \in X \mid g_k' \leqq g_k(x) \leqq g_k''\}$ $(k = K+L+M+1,\ldots,K+L+M+N)$
Entscheidungsmodell (2) mit Fixierungszielen	

zielen unabdingbar gewisse Anspruchniveaus oder vorgegebene feste Werte erreicht werden müssen, können diese Ziele in Form von zielbedingten, in X^Z erfaßten Nebenbedingungen in ein Entscheidungsmodell eingehen (vgl. (MEM) in 3.1.1). Ist das geschehen, sind diese Ziele für eine weitere Analyse des Zielsystems des Entscheidungsträgers ohne Interesse, sofern dann noch zulässige Alternativen existieren. Ist das nicht der Fall, kann durch Variation der zielbedingten Nebenbedingungen ein Ausweg gefunden werden. Diese mehr oder weniger systematische Vorgehensweise läßt sich auf der Grundlage der bisherigen Überlegungen relativ leicht dadurch lösen, daß man auch Satisfizierungs- und Fixierungsziele durch Vektormaximierungsmodelle abbildet.

Beispiel C7:

Anhand des Beispieles C (vgl. 3.4.1 und 3.4.2) werden zwei Konkretisierungen der Zielvorstellungen des Reisenden im Sinne von Fixierungszielen analysiert.

a) Der Reisende verfügt über exakte Vorstellungen darüber, was er als Ziel unbedingt erreichen möchte. Sein Ziel besteht darin, ein Hotel mit folgenden Werten seiner Zielvariablen zu finden:

$$\tilde{g}_1 = 16, \quad \tilde{g}_2 = 17, \quad \tilde{g}_3 = 12, \quad \tilde{g}_4 = 13.$$

In Tab. 3.4.4a sind die Zielfunktionswerte entsprechend (MEM_{F1}) eingetragen. Sie zeigt, daß kein Hotel den Zielvorstellungen des Reisenden exakt entspricht und demnach keine perfekte Alternative existiert. Vernachlässigt man die dominierten Alternativen a_2 und a_4, verbleiben noch die zwei effizienten Alternativen a_1 und a_3. Sie sind für den Reisenden gleichwertig, so-

X_C	g_1	g_2	g_3	g_4	z_1	z_2	z_3	z_4	Bemerkungen
a_1	16	17	3	9	1	1	0	0	effizient
a_2	6	10	18	14	0	0	0	0	dominiert von a_1, a_2, a_3
a_3	11	11	12	13	0	0	1	1	effizient
a_4	10	16	12	10	0	0	1	0	dominiert von a_3

Tab. 3.4.4a

fern er keine weiteren Präferenzen äußert. Es wäre falsch, die Alternative a_1 als optimal zu bezeichnen, weil etwa 16 + 17 größer als 12 + 13 ist, da die absolute Höhe der Zielvariablen in bezug auf Fixierungsziele unerheblich ist. Bei einer Gewichtung der Zielfunktionen mit $t_1 = 1/6$, $t_2 = 1/6$, $t_3 = 3/6$ und $t_4 = 1/6$ und anschließender Addition ist a_3 eine - bezüglich dieser Gewichtung optimale - Lösung dieses Zielkonflikts.

b) Statt der genauen Werte $\tilde{g}_k$ gibt der Reisende nunmehr Intervalle für die Werte der Zielvariablen $g_k(x)$ an. Es sei $g'_k = 10$ und $g''_k = 14$ $(k = 1,\ldots,4)$. In Tab. 3.4.4b sind wieder die entsprechenden Werte der Zielvariablen und der Zielfunktionen angegeben. Es existiert eine einzige effiziente und damit perfekte Alternative, die zugleich die einzig mögliche Kompromißalternative darstellt.

X_C	g_1	g_2	g_3	g_4	z_1	z_2	z_3	z_4	Bemerkungen
a_1	16	17	3	9	0	0	0	0	dominiert von a_2, a_3, a_4
a_2	6	10	18	14	0	1	0	1	dominiert von a_3
a_3	11	11	12	13	1	1	1	1	effizient, perfekt
a_4	10	16	12	10	1	0	1	1	dominiert von a_3

Tab. 3.4.4b

Beispiel F10:

Im Rahmen des Beispiels F10 werden auf der Grundlage des Beispiels F5 (vgl. 3.1.4) drei Varianten für die Entscheidungsmodelle (MEM_{F1}) und (MEM_{F2}) erläutert, wobei von folgenden drei Fällen ausgegangen wird:

a) $\tilde{g}_1 = \tilde{g}_2 = 220$;

b) $\tilde{g}_1 = 220$; $g_2' = 160$, $g_2'' = 220$;

c) $g_1' = 160$, $g_1'' = 220$; $g_2' = 160$, $g_2'' = 220$.

Anhand der Abb. 3.4.3 können die jeweiligen effizienten Alternativen erkannt werden. Im Fall a) ist $X_1^F = X_2^F = \emptyset$, so daß alle Alternativen $x \in X_F$

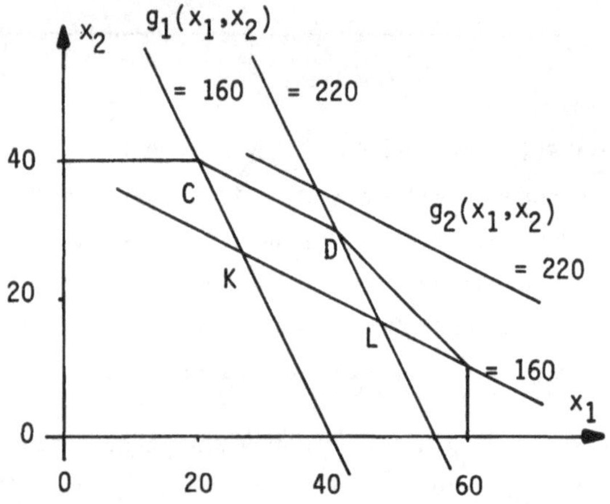

Abb. 3.4.3

effizient sind. Welche auch immer vom Entscheidungsträger gewählt wird, in bezug auf die unterstellte Zielvorstellung gibt es keine "bessere" Alternative. Hingegen existieren im Fall b) allein effiziente Alternativen, die darüber hinaus perfekt sind. Für alle Punkte der Strecke $\overline{DL}$ gilt $z_1(x_1,x_2) = z_2(x_1,x_2) = 1$. Schließlich sind im Fall c) alle Alternativen aus dem Viereck $\overline{CDLK}$ effizient und perfekt.

3.4.4 Ein Vektoroptimierungsmodell mit Extremierungs-, Approximierungs-, Satisfizierungs- und Fixierungszielen

Die Erfassung der unterschiedlichen Zielvorstellungen in Vektormaximierungsmodellen hat den Vorteil, daß sich die bislang untersuchten Klassen von

Zielen problemlos in einem einzigen Vektormaximierungsmodell zusammenfassen lassen, wie dies in (VEM*) geschehen ist, wobei wie bisher von K zu extremierenden Zielfunktionen im Sinne von (VEM) ausgegangen wird (vgl. 3.1.2). Durch diese - zunächst rein formale - Zusammenfassung treten einige Probleme

(VEM*)	*max* $\{z(x) \mid x \in X\}$	
mit	$X \quad := X^Q \cap X^Z$	
	$z(x) := (z_1(x),\ldots,z_{K+L+M+N}(x))^T$	
	$z_k(x)$ aus (VEM)	$(k=1,\ldots,K)$
	$z_k(x)$ aus (MEM_A)	$(k=K+1,\ldots,K+L)$
	$z_k(x)$ aus (MEM_{S1}) oder (MEM_{S2})	$(k=K+L+1,\ldots,K+L+M)$
	$z_k(x)$ aus (MEM_{F1}) oder (MEM_{F2})	$(k=K+L+M+1,\ldots,K+L+M+N)$
Vektoroptimierungsmodell		

in den Vordergrund, die das Konkurrenzverhältnis von Zielfunktionen aus unterschiedlichen Klassen betreffen. In (VEM*) müssen nicht Zielfunktionen aus allen Klassen vertreten sein. Damit jedoch noch von einem Vektoroptimierungsmodell gesprochen werden kann, muß K+L+M+N > 1 unterstellt werden.

Das in 3.1.2 eingeführte Effizienzkonzept läßt sich auf (VEM*) anwenden, so daß man zunächst versuchen kann, effiziente Alternativen zu bestimmen. Möglicherweise ergeben sich jedoch neue, bisher nicht bekannte Schwierigkeiten. Weiterhin ist zu überprüfen, ob die in 3.2 und 3.3 geschilderten Lösungsmöglichkeiten für Vektormaximierungsmodelle unbesehen übernommen werden können.

Als Beispiel ist in (3.5) ein Vektormaximierungsmodell zusammengefaßt, bei dem der ersten Zielfunktion ein Extremierungsziel zugrunde liegt und die zweite Zielfunktion ein Fixierungsziel im Sinne von (MEM_{F2}) repräsentiert. Eine dritte Zielsetzung, bezüglich der Zielfunktion $z_3(x_1,x_2) := 7x_1 + 5x_2$ auf jeden Fall das Anspruchsniveau $\tilde{z}_3 = 175$ zu erreichen, ist durch X^Z erfaßt. Es ist demnach K = N = 1 und L = M = 0. Zunächst einmal ist für

(3.5)	$max\ \{(z_1(x_1,x_2),\ z_2(x_1,x_2))^T \mid (x_1,x_2)^T \in X^Q \cap X^Z\}$
mit	$X^Q := \{(x_1,x_2)^T \in \mathbb{R}_+^2 \mid x_1+x_2 \leqq 60;\ x_2 \leqq 40\}$ $X^Z := \{(x_1,x_2)^T \in \mathbb{R}_+^2 \mid 7x_1+5x_2 \geqq 175\}$ $z_1(x_1,x_2) := x_2$ $z_2(x_1,x_2) := \begin{cases} 1 & \text{für } (x_1,x_2)^T \in X_2^F \\ 0 & \text{für } (x_1,x_2)^T \notin X_2^F \end{cases}$ $X_2^F := \{(x_1,x_2)^T \in X \mid 30 \leqq x_1 \leqq 50\}$

dieses Beispiel die Menge der effizienten Alternativen anzugeben, was bei zwei Zielfunktionen zeichnerisch vorgenommen werden kann (vgl. Abb. 3.4.4a und 3.4.4b).

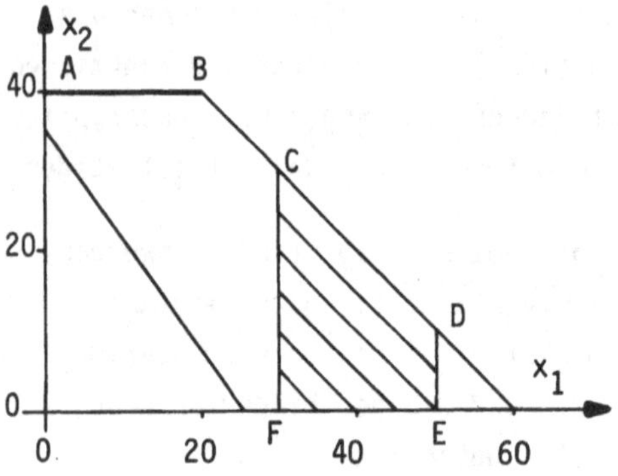

Abb. 3.4.4a

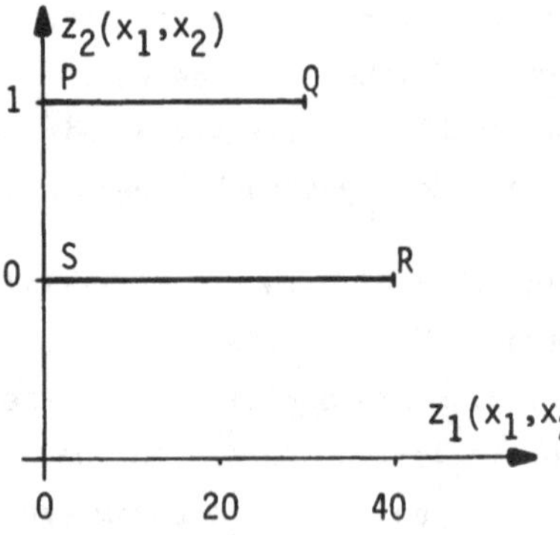

Abb. 3.4.4b

Die zweite Zielfunktion nimmt für Alternativen aus dem Viereck $\overline{CDEF}$ den Wert 1 an; die erste Zielfunktion kann über diesem Viereck zwischen 0 und 30 variieren. Das Viereck $\overline{CDEF}$ wird demnach auf die Strecke $\overline{PQ}$ abgebildet. Alle übrigen Alternativen $x \in X = X^Q \cap X^Z$ - für sie gilt $z_2(x_1,x_2) = 0$ - werden auf die Strecke $\overline{SR}$ abgebildet. Effiziente Alternativen sind damit die Urbilder der Punkte Q und R. Neben dem Punkt C sind dies die Alternativen der Strecke $\overline{AB}$, d.h., es ist

$$E(X,z) = \{(x_1,x_2)^T \in X | x_2 = 40\} \cup \{(x_1,x_2)^T \in X | x_1 = x_2 = 30\}.$$

Die Menge E(X,z) der effizienten Alternativen ist somit nicht nur nicht konvex, sondern nicht einmal zusammenhängend. Das bedeutet, daß der Entscheidungsträger gewisse "Sprünge" machen muß, um von einer effizienten Alternative aus der einen Teilmenge von E(X,z) zu einer effizienten Alternative aus der anderen Teilmenge von E(X,z) zu gelangen. Es existieren demnach keine stetigen Austauschraten zwischen den zwei Zielfunktionen. Der Entscheidungsträger muß möglicherweise auf "relativ viel" von der ersten Zielfunktion verzichten, um die zweite Zielfunktion erhöhen zu können. Wenn der Entscheidungsträger beispielsweise bereit ist, bei der ersten Zielfunktion von $z_1^{\square} = 40$ auf $z_1^{\square} = 35$ zurückzugehen, dann kann er auf diese Weise den Wert der zweiten Zielfunktion nicht erhöhen; er muß den Wert der ersten Zielfunktion mindestens auf $z_1^{\square} = 30$ reduzieren. Ist der Entscheidungsträger umgekehrt geneigt, auf die Erreichung des individuellen Maximums der zweiten Zielfunktion zu verzichten, kann er sprunghaft den Wert der ersten Zielfunktion um mindestens 10 heraufsetzen.- Dieses kleine Beispiel verdeutlicht auf der einen Seite, daß für das Vektormaximierungsmodell (VEM*) sowohl die Bestimmung aller effizienten Alternativen als auch die Anwendung von Kompromißmodellen sowie von interaktiven Verfahren auf zusätzliche Schwierigkeiten stoßen kann. Auf der anderen Seite scheint das Entscheidungsmodell (VEM*) hinreichend allgemein zu sein, um möglichst viele bekannte und vorstellbare Zielartikulationen erfassen zu können.

3.5 Spieltheorie und Vektoroptimierung

3.5.1 Zur Definition eines Spiels – Beispiel J

Im Rahmen der Spieltheorie werden Entscheidungsmodelle mit mehreren Entscheidungsträgern analysiert, die verschiedene, im allgemeinen konfliktäre Ziele verfolgen. Diese Ziele können in unterschiedlichen, konkurrierenden Zielfunktionen zum Ausdruck gebracht werden. Zwar wurde bisher nicht grundsätzlich ausgeschlossen, daß ein Entscheidungsträger aus einer Personenmehrheit (einem Gremium, einer Organisation, einem Team) bestand, die Entscheidungssituation war jedoch stets dadurch gekennzeichnet, daß diese Personen über eine gemeinsame Alternativenmenge verfügten und aus dieser gemeinsam eine optimale Alternative auszuwählen hatten. In diesem Abschnitt wird hingegen davon ausgegangen, daß jeder Entscheidungsträger eine eigene Alternativenmenge zur Verfügung hat und nur diese eine kontrolliert, d.h., daß jeder Entscheidungsträger keinen unmittelbaren Einfluß auf das Verhalten der übrigen Entscheidungsträger ausüben kann. Hingegen resultiert ein mittelbarer Einfluß aus der Tatsache, daß die Werte der Zielfunktion eines Entscheidungsträgers auch von den Alternativen der übrigen Entscheidungsträger abhängen.

Aus dem bisher Erwähnten wird bereits deutlich, daß die Spieler als Entscheidungsträger mit eigenen Zielfunktionen ein zentrales Element der Theorie der - strategischen - Spiele sind. Im Gegensatz dazu sind reine Glücksspiele, deren Spielausgang ausschließlich vom Zufall abhängt, nicht Gegenstand der Spieltheorie. Dies schließt nicht aus, daß auch strategische Spiele stochastische Abhängigkeiten enthalten können. Die Spieltheorie wurde 1928 von J. VON NEUMANN begründet, der zusammen mit O. MORGENSTERN 1944 die erste Auflage der bekannten "Theory of Games and Economic Behavior" veröffentlichte (NEUMANN/MORGENSTERN [1961]).

In der Spieltheorie spricht man von Strategiemengen statt von Alternativenmengen, Zielfunktionen heißen dort Auszahlungsfunktionen und die Entscheidungsträger werden dort Spieler genannt (vgl. u.a. BURGER [1959], S. 26). Hier wird zunächst ein Spiel mit den bisherigen Bezeichnungen und aufbauend auf dem Basismodell (DEM) (vgl. 1.5.1) eingeführt.

Zu einem K-Personen-Spiel gehören K nichtleere Alternativenmengen X_k, wobei der k-te Entscheidungsträger eine Alternative $x_k \in X_k$ zu wählen hat $(k = 1,\ldots,K)$. Im folgenden werden die Elemente $x_k \in X_k$ als die individuellen Alternativen des k-ten Entscheidungsträgers bezeichnet $(k = 1,\ldots,K)$, während der Vektor $x := (x_1,\ldots,x_K)$ gemeinsame Alternative heißt. Der k-te Entscheidungsträger möchte seine - im allgemeinen in Nutzen- oder Geldeinheiten gemessene - Zielfunktion $z_k(x_1,\ldots,x_k,\ldots,x_K)$, die nicht nur von seinen eigenen Entscheidungen, sondern auch von denen der übrigen Entscheidungsträger abhängt, maximieren; die Zielfunktionen $z_k(x_1,\ldots,x_K)$ sind auf dem kartesischen Produkt $X := X_1 \times \ldots \times X_K$ definiert, d.h., es ist $x_k \in X_k$ $(k = 1,\ldots,K)$. Damit kann ein K-Personen-Spiel als ein Vektoroptimierungsmodell aufgefaßt werden (vgl. KPS). Gegenüber dem Vektoroptimierungsmodell (VEM) (vgl. 3.1.2) ist die Alternativenmenge X von (KPS) in ein karte-

(KPS)	$max \{z(x) \mid x \in X\}$
mit	$X := X_1 \times \ldots \times X_K$ $x := (x_1,\ldots,x_K)$ $z(x) := (z_1(x),\ldots,z_K(x))^T$
K-Personen-Spiel	

sisches Produkt aufspaltbar. Ein Entscheidungsträger kontrolliert zwar seine individuelle Alternativenmenge, er hat jedoch keine vollständige Kontrolle über die Werte seiner Zielfunktion, da diese auch von den Entscheidungen der übrigen Entscheidungsträger abhängen. Er entscheidet somit in einem ganz bestimmten Sinne unter unvollkommener Information, was zu einem Zusammenhang mit Entscheidungen unter Unsicherheit führt (vgl. 2.2.5).

Ausgangspunkt zahlreicher spieltheoretischer Lösungsbemühungen ist das Gleichgewichtskonzept, wobei ein Gleichgewichtspunkt wie folgt definiert wird: Eine gemeinsame Alternative $\hat{x} = (\hat{x}_1,\ldots,\hat{x}_k,\ldots,\hat{x}_K) \in X = X_1 \times \ldots \times X_K$ heißt Gleichgewichtspunkt von (KPS), wenn für alle k = 1,...,K gilt:

$$z_k(\hat{x}_1,\ldots,\hat{x}_{k-1},x_k,\hat{x}_{k+1},\ldots,\hat{x}_K) \leqq z_k(\hat{x}_1,\ldots,\hat{x}_k,\ldots,\hat{x}_K) \quad (x_k \in X_K).$$

Die individuelle Alternative $\hat{x}_k$ heißt Gleichgewichtsstrategie (Gleichgewichtsalternative) (vgl. u.a. BURGER [1959], S. 30). M.a.W.: Weicht ein Entscheidungsträger von seiner Gleichgewichtsalternative ab, während alle übrigen an ihrer jeweiligen Gleichgewichtsalternative festhalten, dann kann sich dieser eine Entscheidungsträger bezüglich seiner Zielfunktion höchstens verschlechtern, jedoch niemals verbessern.

An dieser Stelle ist auf die Einteilung in kooperative und nichtkooperative Spiele einzugehen. Bei einem nichtkooperativen Spiel wählen die K Entscheidungsträger (Spieler) ihre individuellen Alternativen (Strategien) $x_k \in X_k$ ohne irgendwelche vorhergehenden Absprachen, d.h. unabhängig voneinander (k = 1,...,K). Bei kooperativen Spielen sind hingegen vorherige Absprachen gleich welcher Art erlaubt (vgl. u.a. LUCE/RAIFFA [1957], S. 89; BORCH [1969], S. 204). So können die Entscheidungsträger sich beispielsweise auf eine gemeinsame Alternative $x \in X$ einigen, wenn sie der Auffassung sind, daß sie sich in diesem Fall "besser" stehen als ohne Absprache. Kooperationen sind insbesondere dann bei Mehrpersonen-Spielen ein zentraler Gegenstand der Überlegungen, wenn sich mehrere Spieler zu Koalitionen zusammenschließen können (vgl. u.a. LUCE/RAIFFA [1957], Chap. 7-12; BURGER [1959], Kap. IV; VOROB'EV [1977], Chap. 4). Auf Koalitionsprobleme wird im folgenden nicht eingegangen.

Das Gleichgewichtskonzept auf der einen Seite ist durch das rigorose Streben jedes Entscheidungsträgers nach dem Maximum seiner eigenen Zielfunktion ohne Rücksichtnahme auf Konsequenzen für die restlichen Entscheidungsträger gekennzeichnet und bietet sich damit insbesondere zur Lösung nichtkooperativer Spiele an. "Fast alle Spieltheoretiker sind sich darüber einig, daß eine Lösung eines nichtkooperativen Spiels ein Gleichgewichtspunkt sein muß" (SELTEN [1980], S. 149). Auf der anderen Seite ist zu überlegen, inwieweit zur Lösung von (KPS) Alternativen in Frage kommen, die bezüglich (KPS) effizient sind (zur Definition der Effizienz vgl. 3.1.2). Da es sich aber bei bezüglich (KPS) effizienten Alternativen nur um gemeinsame Alternativen handeln kann, setzt die Betrachtung effizienter Alternativen eine mehr oder weniger intensive Kooperation voraus. Demzufolge ist die kooperative Theorie der Spiele insbesondere durch die Analyse effizienter Alternativen gekennzeichnet. "If the players decide to 'cooperate' in making their individual decisions, they can do so by adopting a joint decision as suggested by Pareto" (LEITMANN [1975], S. 8 f.).

Die Aufgabe dieses Abschnitts besteht nicht darin, einen Abriß der Spieltheorie zu geben. Vielmehr werden einige Zusammenhänge zwischen der Spieltheorie und den übrigen entscheidungstheoretischen Modellen, insbesondere mit dem vektoriellen Entscheidungsmodell (VEM), anhand des Zweipersonen-Spiels (ZPS) aufgezeigt. Im folgenden wird der erste Entscheidungsträger mit EINS und der zweite Entscheidungsträger mit ZWEI bezeichnet. Unter $E(X_1,X_2;z_1,z_2)$ wird die Menge der bezüglich (ZPS) effizienten - gemeinsamen - Alternativen verstanden.

(ZPS)	$max\ \{z(x) \mid x \in X\}$
mit	$X := X_1 \times X_2$ $x := (x_1, x_2)$ $z(x) := \begin{pmatrix} z_1(x_1,x_2) \\ z_2(x_1,x_2) \end{pmatrix}$
Zweipersonen-Spiel	

<u>Beispiel J:</u>
Die in 1.2.10 beschriebene Duopolsituation kann nunmehr als ein Zweipersonen-Spiel interpretiert werden. Die beiden Zielfunktionen lauten (in GE):

$$z_1(x_1,x_2) := x_1(45-x_1-x_2) - 9x_1 - 10 = 36x_1 - x_1^2 - x_1x_2 - 10,$$
$$z_2(x_1,x_2) := x_2(45-x_1-x_2) - 3x_2 - 96 = 42x_2 - x_2^2 - x_1x_2 - 96.$$

In (J) ist das Beispiel J vollständig wiedergegeben. Bevor in 3.5.3 das Beispiel J spieltheoretisch analysiert wird, soll hier zunächst die sogenannte COURNOT-Lösung hergeleitet werden (vgl. u.a. RICHTER [1963],

(J)	$max \left\{ \begin{pmatrix} z_1(x_1,x_2) \\ z_2(x_1,x_2) \end{pmatrix} \middle| (x_1,x_2) \in X_{J,1} \times X_{J,2} \right\}$
mit	$X_{J,k} := \{x_k \in \mathbb{R} \mid 0 \leq x_k \leq 45\}$ (k=1,2) $z_1(x_1,x_2) := 36x_1 - x_1^2 - x_1x_2 - 10$ $z_2(x_1,x_2) := 42x_2 - x_2^2 - x_1x_2 - 96$

S. 176 ff.; SCHUMANN [1971], S. 256 ff.; GUTENBERG [1976], S. 277 ff.). Danach bestimmt jeder Anbieter seine gewinnmaximale Angebotsmenge in Abhängigkeit der Angebotsmenge des anderen Anbieters im Sinne einer Sensitivitätsanalyse (vgl. 1.6.1). Die so definierten gewinnmaximalen Angebotsmengen x_1^* und x_2^* werden wie folgt ermittelt:

Aus $\partial z_1/\partial x_1 = 36 - 2x_1 - x_2 = 0$ folgt $x_1^* = x_1^*(x_2) = 18 - x_2/2$,

aus $\partial z_2/\partial x_2 = 42 - x_1 - 2x_2 = 0$ folgt $x_2^* = x_2^*(x_1) = 21 - x_1/2$.

Die Funktionen $x_1^*(x_2)$ und $x_2^*(x_1)$ heißen Reaktionslinien (-kurven oder -geraden). Unter den formulierten Annahmen ergibt sich die gesuchte COURNOT-Lösung $(\hat{x}_1,\hat{x}_2)$ bekanntlich aus dem Schnittpunkt der Reaktionslinien. Es ist $\hat{x}_1 = 10$ und $\hat{x}_2 = 16$. Offensichtlich gilt:

$$z_1(x_1,16) = 20x_1 - x_1^2 - 10 \leqq 90 = z_1(10,16) \qquad (x_1 \in X_{J,1}),$$

$$z_2(10,x_2) = 32x_2 - x_2^2 - 96 \leqq 160 = z_2(10,16) \qquad (x_2 \in X_{J,2}),$$

so daß es sich bei der COURNOT-Lösung um einen Gleichgewichtspunkt handelt.

In 3.5.3 wird dieses seit langem bekannte und diskutierte Ergebnis wieder aufgegriffen. Insbesondere werden dort Konsequenzen aus der Tatsache gezogen, daß $(\hat{x}_1,\hat{x}_2) = (10,16)$ - interpretiert als Tupel zweier individueller Alternativen - zwar Gleichgewichtspunkt ist, aber gleichzeitig von anderen - gemeinsamen - Alternativen dominiert wird. Es gilt etwa

$$z_1(8,14) = 102 > 90 = z_1(10,16),$$

$$z_2(8,14) = 184 > 160 = z_2(10,16),$$

so daß der gefundene Gleichgewichtspunkt dominiert wird und damit nicht effizient bezüglich (J) ist (vgl. u.a. FRIEDMAN [1977], S. 25). Festzuhalten ist daher, daß nicht jeder Gleichgewichtspunkt effizient ist und umgekehrt effiziente gemeinsame Alternativen nicht notwendig einen Gleichgewichtspunkt darstellen.

3.5.2 Endliche Zweipersonen-Nullsummen-Spiele (Matrix-Spiele)

Sind die Alternativenmengen X_1 und X_2 des Zweipersonen-Spiels (ZPS) endlich, dann lassen sich ihre Elemente numerieren. Es sei $X_1 := \{a_1,\ldots,a_M\}$ und $X_2 := \{b_1,\ldots,b_N\}$. Die Werte der Zielfunktionen können dann zu Matrizen

$$A_k := \begin{pmatrix} z_k(a_1,b_1) & \dots & z_k(a_1,b_N) \\ \vdots & & \vdots \\ z_k(a_M,b_1) & \dots & z_k(a_M,b_N) \end{pmatrix} \quad (k = 1,2)$$

zusammengefaßt werden, so daß ein endliches Zweipersonen-Spiel durch die Angabe zweier (Auszahlungs-)Matrizen vollständig beschrieben ist. Ein solches Spiel heißt auch endliches Spiel in Normalform.

Bei einem Zweipersonen-Nullsummen-Spiel, das im folgenden mit (ZPS_0) bezeichnet wird, finden sämtliche Zahlungen ausschließlich zwischen EINS und ZWEI statt, und zwar ist der Gewinn des einen stets gleich dem Verlust des anderen und umgekehrt. Für alle $(x_1,x_2) \in X_1 \times X_2$ gilt $z_1(x_1,x_2) = -z_2(x_1,x_2)$. Da damit weiterhin $A_1 = -A_2$ ist, genügt die Angabe einer einzigen Matrix $A := A_1$ zur Beschreibung eines endlichen Zweipersonen-Nullsummen-Spiels. Ein solches Spiel nennt man auch Matrix-Spiel.

Bei dem in (3.6) zusammengefaßten Beispiel stehen für EINS und ZWEI je zwei individuelle Alternativen zur Auswahl. Mit je zwei individuellen Alternativen existieren vier gemeinsame Alternativen

(3.6)	$max \left\{ \begin{pmatrix} z_1(x_1,x_2) \\ z_2(x_1,x_2) \end{pmatrix} \middle\vert (x_1,x_2) \in X_1 \times X_2 \right\}$
mit	$X_k := \{0,1\} \quad (k = 1,2)$ $z_1(x_1,x_2) := (1-x_1,x_1)A(1-x_2,x_2)^T$ $z_2(x_1,x_2) := -z_1(x_1,x_2)$
wobei	$A := \begin{pmatrix} 3 & -3 \\ -1 & 2 \end{pmatrix}$

$$(x_1,x_2) \in X_1 \times X_2 = \{(0,0), (0,1), (1,0), (1,1)\}.$$

Entscheidet sich beispielsweise EINS für seine erste individuelle Alternative $x_1 = 0$ und ZWEI für seine zweite individuelle Alternative $x_2 = 1$, dann führt das für EINS zu einem Gewinn von

$$z_1(0,1) = (1,0)\begin{pmatrix} 3 & -3 \\ -1 & 2 \end{pmatrix}\begin{pmatrix} 0 \\ 1 \end{pmatrix} = -3.$$

Für ZWEI ist in diesem Fall $z_2(0,1) = 3$. Ausmultipliziert gilt

$$z_1(x_1,x_2) = 3(1-x_1)(1-x_2) - 3(1-x_1)x_2 - 1x_1(1-x_2) + 2x_1x_2$$
$$= 3 - 4x_1 - 6x_2 + 9x_1x_2.$$

In der Spieltheorie werden Zweipersonen-Nullsummen-Spiele meist tabellarisch angegeben (vgl. Tab. 3.5.1). In Abb. 3.5.1 sind sowohl die Alternativenmenge $X_1 \times X_2$ als auch die entsprechende Zielmenge, die in der Spieltheorie Aus-

X_1 \ X_2	$x_2 = 0$	$x_2 = 1$
$x_1 = 0$	3	-3
$x_1 = 1$	-1	2

Tab. 3.5.1

zahlungsdiagramm heißt, wiedergegeben. Diese Abbildung verdeutlicht die unmittelbare Implikation der Nullsummen-Bedingung: Bei einem Zweipersonen-Nullsummen-Spiel (ZPS_0) sind alle gemeinsamen Alternativen $(x_1,x_2) \in X_1 \times X_2$ effizient bezüglich (ZPS_0), es gilt somit $E(X_1,X_2;z_1,z_2) = X_1 \times X_2$. Damit ist allerdings für den Prozeß der endgültigen Entscheidungsfindung noch nichts gewonnen.

Um zu einer Lösung von (ZPS_0) zu kommen, kann sich EINS überlegen, ob es einen Wert seiner Zielfunktion gibt, den er unabhängig davon, wie sich ZWEI entscheidet, auf jeden Fall mindestens erreichen kann. In der Tat kann EINS für jede seiner individuellen Alternativen $x_1 \in X_1$ das bezüglich der individuellen Alternativen $x_2 \in X_2$ schlechteste Ergebnis ermitteln und von diesen das Maximum bestimmen (vgl. Maximinmodell in 2.2.5). EINS berechnet demnach

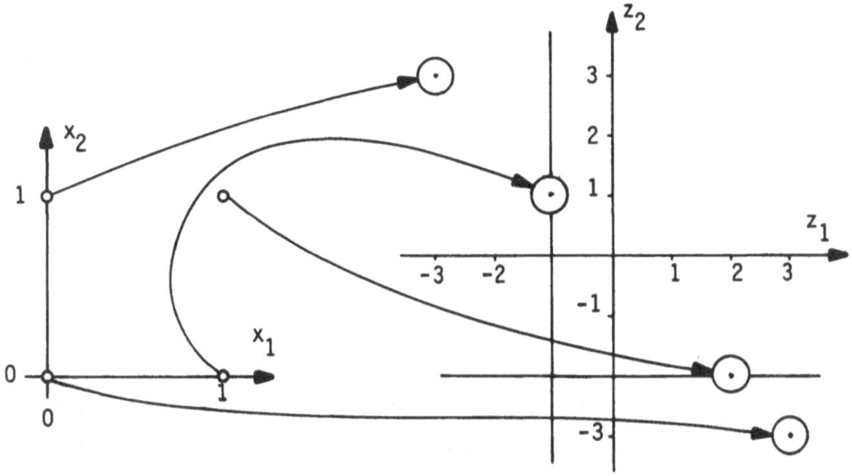

Abb. 3.5.1a Abb. 3.5.1.b

$$\begin{aligned} v_1 &:= \max \{\min \{z_1(x_1,x_2) \mid x_2 \in X_2\} \mid x_1 \in X_1\} \\ &= \max \{\min \{z_1(a_m,b_n) \mid n \in \{1,\ldots,N\}\} \mid m \in \{1,\ldots,M\}\} \\ &= \max_m \min_n z_1(a_m,b_n). \end{aligned}$$

v_1 heißt unterer Spielwert oder Maximinwert, er stellt eine untere Grenze für die Zielfunktion des EINS im Hinblick auf eine noch zu findende Lösung dar. Für den unteren Spielwert oder Maximinwert v_2 von ZWEI gilt analog

$$v_2 := \max_n \min_m z_2(a_m,b_n) = - \min_n \max_m z_1(a_m,b_n).$$

In der Spieltheorie heißt $-v_2$ auch oberer Spielwert, der den Höchstverlust für ZWEI angibt; v_1 entspricht dem Mindestgewinn für EINS. Diejenigen individuellen Alternativen $x_1 \in X_1$ bzw. $x_2 \in X_2$, mit denen sich EINS bzw. ZWEI die Zielfunktionswerte v_1 bzw. v_2 sichern können, nennt man in der Spieltheorie Minimax- oder Maximin-Strategien.

Mit Hilfe der unteren Spielwerte kann die Menge der effizienten Alternativen im allgemeinen eingeschränkt werden. Es sei

$$E_M(X_1,X_2;z_1,z_2) := \left\{(x_1,x_2) \in E(X_1,X_2;z_1,z_2) \;\middle|\; \begin{matrix} z_1(x_1,x_2) \geqq v_1 \\ z_2(x_1,x_2) \geqq v_2 \end{matrix}\right\}.$$

Die Elemente aus $E_M(X_1,X_2;z_1,z_2)$ werden hier mit maximin-effizient bezeichnet, da sie mit Hilfe der Maximinwerte v_1 und v_2 definiert werden. Als endgültige Lösung von (ZPS_0) kommen nunmehr nur noch maximin-effiziente Alternativen in Frage.

Für das Beispiel (3.6) gilt im einzelnen

$$v_1 = \max \{\min \{ 3,-3\}, \ \min \{-1, 2\}\} = -1,$$

$$v_2 = \max \{\min \{-3, 1\}, \ \min \{ 3,-2\}\} = -2.$$

Die beiden Geraden $z_1 = -1$ und $z_2 = -2$ sind in Abb. 3.5.1 eingezeichnet. Damit steht für EINS fest, daß er keine Lösung akzeptiert, die ihm weniger als $z_1(x_1,x_2) = -1$ einbringt. Entsprechend wird ZWEI nur Lösungen mit $z_2(x_1,x_2) \geqq -2$ anzunehmen bereit sein. Angesichts dieser Informationen fragen sich beide Entscheidungsträger, ob individuelle Alternativen existieren, die zu höheren Zielfunktionswerten als zu den Mindestauszahlungen führen. Geht EINS davon aus, daß ZWEI die Alternative $x_2 = 1$ zur Erreichung seines Maximinwertes wählt, dann muß er sich für $x_1 = 1$ entscheiden und erhält $z_1(1,1) = 2$. Dieses für ZWEI relativ schlechte Ergebnis wird dieser nicht akzeptieren und statt dessen auf $x_2 = 0$ ausweichen, was für ihn zu $z_2(1,0) = 1$ führt. Auch EINS wird diese Überlegungen nachvollziehen und zu dem Ergebnis kommen, dann lieber $x_1 = 0$ mit $z_1(0,0) = 3$ zu wählen. Das ist aber ein Alarmzeichen für ZWEI, der dann auf $x_2 = 1$ mit $z_2(0,1) = 3$ zurückkommt. Das wird EINS veranlassen, wieder auf seine Alternative $x_1 = 1$ auszuweichen. Damit ist erneut der Ausgangspunkt dieser Überlegungen erreicht. Offensichtlich kann auf diese nichtkooperative Weise keine Lösung des Entscheidungsproblems gefunden werden. Auch ein kooperativer Versuch schlägt fehl. Die gemeinsamen Alternativen (0,1) und (0,0) erfüllen die Mindestbedingungen nicht. Es verbleiben die maximin-effizienten Alternativen (1,1) und (1,0). EINS wird (1,0) nicht ohne weiteres akzeptieren, da er glaubt, mehr bekommen zu können. Analog wird ZWEI (1,1) nicht anzunehmen bereit sein, da auch er glaubt, einen höheren Wert seiner Zielfunktion zu erreichen. Unter den bisherigen Voraussetzungen ist offensichtlich keine Lösung von (3.6) möglich, die von beiden Entscheidungsträgern als zufriedenstellend akzeptiert werden kann.

Für analoge Situationen wurden im Bereich der Vektoroptimierung Kompromißmodelle (vgl. 3.2) und interaktive Verfahren (vgl. 3.3) entwickelt. Die Suche nach einem geeigneten Kompromißmodell bzw. interaktiven Verfahren zur

Lösung von (ZPS) setzt eine gewisse Kooperationsbereitschaft voraus, die zumindest so weit reichen muß, daß sich die Entscheidungsträger einig sind, in jedem Fall zu einer (Kompromiß-)Lösung zu kommen. Stimmen EINS und ZWEI etwa darin überein, daß die Position von EINS 1,5-fach so gewichtig ist wie die von ZWEI, dann würde eine Zielgewichtung (vgl. 3.2.2) mit $t_1 = 3/5$ und $t_2 = 2/5$ zu der gemeinsamen Alternative (1,1) als Kompromiß führen, sofern nur maximin-effiziente Alternativen als zulässig betrachtet werden. Würden EINS und ZWEI den euklidischen Abstand von $\bar{\bar{z}}_1 = 3$ und $\bar{\bar{z}}_2 = 3$ minimieren wollen (vgl. 3.2.4), wäre die gemeinsame Alternative (1,0) eine Kompromißlösung. Die Kompromißfindungsansätze der Vektoroptimierung sind in der Spieltheorie unbekannt, da diese bei Nullsummen-Spielen grundsätzlich keine Kooperation zuläßt.

Das Lösungskonzept der Spieltheorie für die hier betrachteten Zweipersonen-Nullsummen-Spiele besteht darin, die Alternativenmengen X_1 und X_2 so zu erweitern, daß EINS und ZWEI nicht nur die individuellen, sogenannten reinen Alternativen 0 und 1, sondern jeden Wert x_1 bzw. x_2 aus dem abgeschlossenen Intervall [0,1] wählen können, wobei x_1 wie folgt zu interpretieren ist: EINS entscheidet sich mit einer Wahrscheinlichkeit von x_1 für die zweite und mit einer Wahrscheinlichkeit von $1-x_1$ für die erste individuelle Alternative. Entsprechend ist x_2 zu interpretieren. In der Spieltheorie spricht man von der gemischten Erweiterung eines Spiels. Bei einer gemischten Erweiterung von (KPS) werden die Alternativenmengen $X_1,\dots,X_K$ durch Wahrscheinlichkeitsverteilungen über $X_1,\dots,X_K$ und die Zielfunktionen durch ihre Erwartungswerte ersetzt. Zur Erläuterung wird die gemischte Erweiterung des Beispiels 3.6 betrachtet.

Die Art der Formulierung des Beispiels 3.6 erlaubt es, die gemischte Erweiterung in (3.7) in ähnlicher Weise angeben zu können. Das Beispiel 3.6 ist im Beispiel 3.7 voll enthalten. Die individuellen Alternativenmengen bestehen bei (3.7) aus allen Punkten des abgeschlossenen Intervalls [0,1] und bei (3.6) lediglich aus den Endpunkten dieses Intervalls. Diese Verallgemeinerung verdeutlicht insbesondere die Abb. 3.5.2. Alle gemeinsamen Alternativen sind bezüglich (3.7) effizient.

(3.7)	$\max \left\{ \begin{pmatrix} z_1(x_1,x_2) \\ z_2(x_1,x_2) \end{pmatrix} \middle| (x_1,x_2) \in X_1 \times X_2 \right\}$
mit	$X_k := \{x_k \in \mathbb{R} \mid 0 \leqq x \leqq 1\} \quad (k=1,2)$ $z_1(x_1,x_2) := (1-x_1,x_1)A(1-x_2,x_2)^T$ $z_2(x_1,x_2) := -z_1(x_1,x_2)$
wobei	$A := \begin{pmatrix} 3 & -3 \\ -1 & 2 \end{pmatrix}$

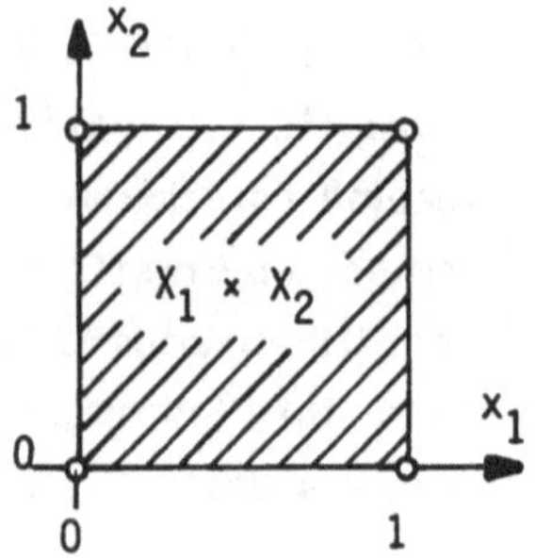

Abb. 3.5.2a

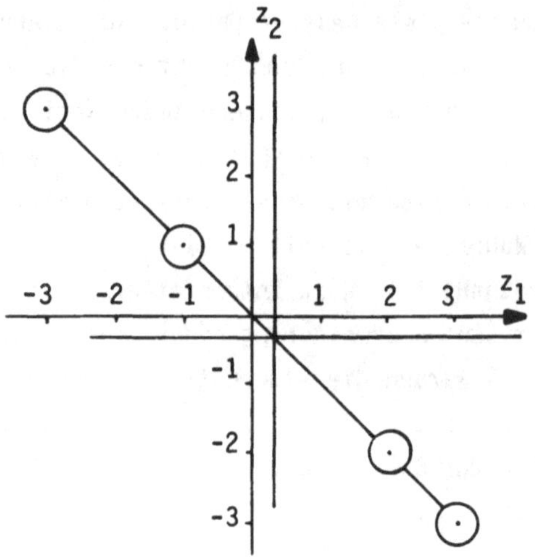

Abb. 3.5.2b

Die Berechnung der unteren Spielwerte für (3.7) führt zu folgendem Ergebnis:

$$v_1 = \max \{\min \{(1-x_1,x_1)A(1-x_2,x_2)^T \mid 0 \leqq x_2 \leqq 1\} \mid 0 \leqq x_1 \leqq 1\}$$

$$= \max \{\min \{(1-x_1,x_1)A(1,0)^T, (1-x_1,x_1)A(0,1)^T\} \mid 0 \leqq x_1 \leqq 1\}$$

$$= \max \{\min \{3(1-x_1)-1x_1, -3(1-x_1)+2x_1\} \mid 0 \leqq x_1 \leqq 1\}$$

$$= 1/3.$$

Die zeichnerische Bestimmung von v_1 ist in Abb. 3.5.3 wiedergegeben (vgl. u.a. LUCE/RAIFFA [1957], S. 394 ff.; VOROB'EV [1977], S. 30 ff.; RAUHUT/SCHMITZ/ZACHOW [1979], S. 196 ff.). Analog ergibt sich $v_2 = -1/3$. Die bei-

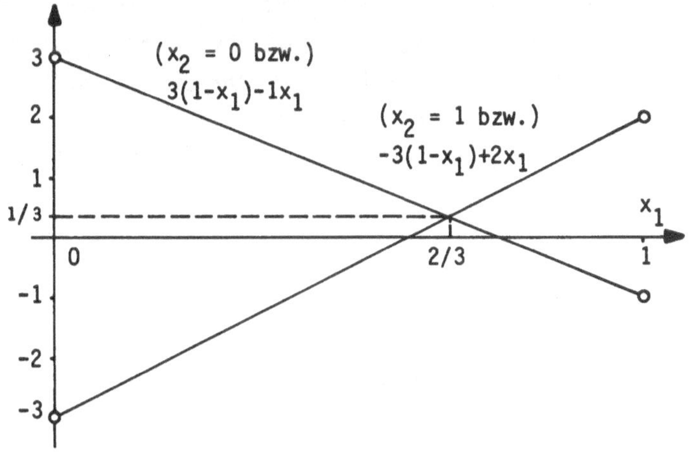

Abb. 3.5.3

den Geraden $z_1 = 1/3$ und $z_2 = -1/3$ sind in Abb. 3.5.2b eingezeichnet. Die zugehörigen Alternativen lauten $x_1^* = 2/3$ und $x_2^* = 4/9$. Gegenüber der Abb. 3.5.1b fällt auf, daß der Schnittpunkt der Geraden $z_1 = 1/3$ und $z_2 = -1/3$ nunmehr mit einem effizienten Punkt in der Zielmenge zusammenfällt, so daß (x_1^*,x_2^*) die einzige maximin-effiziente Alternative ist. Dann aber ist (x_1^*,x_2^*) perfekte Lösung des Vektoroptimierungsmodells (3.7). Bei Vorliegen einer perfekten Lösung erübrigen sich bekanntlich sämtliche Überlegungen zur Findung einer "optimalen" Kompromißlösung, da die Alternativenmengen sämtlicher Kompromißmodelle nur aus einem Element bestehen.

Die Vermutung, daß das obige Ergebnis, das ohne Anwendung des Gleichgewichtskonzeptes gefunden wurde, kein Zufall ist, wird durch den sogenannten Hauptsatz für Matrixspiele bestätigt (vgl. u.a. BURGER [1959], S. 64):

Satz 3.5.1:

Die gemischte Erweiterung jedes endlichen Zweipersonen-Nullsummen-Spiels besitzt einen Wert v mit $v = v_1 = -v_2$ und optimale Strategien für beide Spieler.

Da die Spieltheorie mit Hilfe der gemischten Erweiterung erreichen konnte, daß jeweils nur ein maximin-effizienter Zielpunkt existiert bzw. daß der Kegel $\{(z_1,z_2)^T \in \mathbb{R}^2 \mid z_1(x_1,x_2) \geqq v_1, z_2(x_1,x_2) \geqq v_2\}$ mit allen effizienten Punkten in der Zielmenge nur den Punkt $(z_1^*,z_2^*) = (v_1,v_2)$ gemeinsam hat (vgl. Abb. 3.5.2b), war die Frage nach Kompromißlösungen zumindest für endliche Zweipersonen-Nullsummen-Spiele ohne Interesse. Auf weitere spieltheoretische Einzelheiten wird hier nicht eingegangen (vgl. hierzu u.a. LUCE/RAIFFA [1957]; BURGER [1959]; VOROB'EV [1977]; RAUHUT/SCHMITZ/ZACHOW [1979]).

Für die in sich geschlossene Theorie der endlichen Zweipersonen-Nullsummen-Spiele mußte die Spieltheorie aus der Sicht der Anwendung einen hohen Preis bezahlen, und zwar den Ersatz der - reinen - Alternativen durch gemischte Alternativen. Wiederholt sich eine Entscheidungssituation häufig, kann der Einsatz gemischter Alternativen durchaus sinnvoll sein. Wie sollen sich aber die Entscheidungsträger bei einmaligen Entscheidungen verhalten? Auf diese Frage gibt die Spieltheorie keine Antwort, wenn man von dem Fall absieht, daß für die gemischte Erweiterung eines Zweipersonen-Nullsummen-Spiels die optimale Lösung zufällig aus reinen Alternativen besteht. Dagegen versucht die Vektoroptimierung zumindest Kompromißmodelle anzubieten und damit den Entscheidungsträgern eine gewisse Hilfe zu geben. Es liegt in der Natur der Sache, daß bei konkurrierenden Zielfunktionen keine allgemein verbindliche Lösung existieren kann. "Vermutlich wird jegliche Theorie, die sich zum Ziel gesetzt hat, Konfliktsituationen zu analysieren und ihnen Lösungen zuzuordnen, kritischen Einwänden ausgesetzt sein" (BAMBERG/COENENBERG [1977], S. 175). Dennoch sind Kompromißmodelle, die zu möglicherweise umstrittenen, aber doch mehr oder weniger akzeptablen Kompromißlösungen führen, eine größere Hilfe für den oder die Entscheidungsträger als keine Antwort.

3.5.3 Endliche Zweipersonen-Nichtnullsummen-Spiele (Bimatrix-Spiele) – Beispiele J1 und J2

Unter einem endlichen Zweipersonen-Nichtnullsummen-Spiel versteht man ein Zweipersonen-Spiel (ZPS) (vgl. 3.5.1), bei dem die Alternativenmengen X_1 und X_2 endlich sind und die Nullsummen-Bedingung nicht vorausgesetzt wird. Die zwei Zielfunktionen lassen sich in diesem Fall durch zwei Matrizen beschreiben, daher ist auch die Bezeichnung Bimatrix-Spiel üblich. Um die spezifische Problematik dieser Spiele zu verdeutlichen, wird zunächst die Variante (J1) des Beispiels J vorgestellt.

Beispiel J1:

In Beispiel J (vgl. 1.2.10 und 3.5.1) können die Angebotsmengen von EINS und ZWEI im Intervall [0,45] variieren. Zu einem endlichen Zweipersonen-Spiel gelangt man, wenn davon ausgegangen wird, daß die beiden Anbieter beispielsweise nur 5 bzw. 6 Angebotsmengen, so wie in (J1) angegeben, anbieten können. Um die Aussagen der Spieltheorie anschaulich zeigen zu

(J1)	$max \left\{ \begin{pmatrix} z_1(x_1,x_2) \\ z_2(x_1,x_2) \end{pmatrix} \middle| (x_1,x_2) \in X_{J1,1} \times X_{J1,2} \right\}$
mit	$X_{J1,1} := \{4,6,8,10,12\}$ $X_{J1,2} := \{8,10,12,14,16,18\}$ $z_1(x_1,x_2) := 36x_1 - x_1^2 - x_1x_2 - 10$ $z_2(x_1,x_2) := 42x_2 - x_2^2 - x_1x_2 - 96$

können, sind sämtliche Zielfunktionswerte des Beispiels J1 in Tab. 3.5.2 zusammengefaßt, in der die Tupel $(z_1(x_1,x_2),\ z_2(x_1,x_2))$ jeweils untereinander geschrieben sind. Zunächst ist festzuhalten, daß keine Zeile von einer anderen Zeile dominiert wird, da kein $x_1' \in X_{J,1}$ existiert mit

$$\begin{pmatrix} z_1(x_1',x_2) \\ z_2(x_1',x_2) \end{pmatrix} \geq \begin{pmatrix} z_1(x_1,x_2) \\ z_2(x_1,x_2) \end{pmatrix} \quad ((x_1,x_2) \in X_{J1,1} \times X_{J1,2},\ x_1 \neq x_1').$$

$x_{J1,1}$ \ $x_{J1,2}$	8	10	12	14	16	18
4	86 144	78 184	70 216	62 240	54 256	46 264
6	122 128	110 164	98 192	86 212	74 224	62 228
8	150 112	134 144	118 168	102 184	86 192	70 192
10	170 96	150 124	130 144	110 156	90 160	70 156
12	182 80	158 104	134 120	110 128	86 128	62 120

Tab. 3.5.2

Entsprechend existiert keine dominierte Spalte. Es kann demnach weder eine Zeile noch eine Spalte von vornherein gestrichen werden, was hingegen nicht bedeutet, daß alle gemeinsamen Alternativen effizient bezüglich (J1) sind.

Der bereits in 3.5.1 gefundene Gleichgewichtspunkt $(\hat{x}_1,\hat{x}_2) = (10,16)$ ist, wie man leicht nachprüfen kann, auch für (J1) ein Gleichgewichtspunkt. Darüber hinaus sind (8,18) und (12,14) Gleichgewichtspunkte. Bei einer Diskussion, ob und gegebenenfalls welche dieser Gleichgewichtspunkte eine "optimale" Lösung für die Anbieter EINS und ZWEI sein können, ist zu bedenken, daß erstens diese Gleichgewichtspunkte zu unterschiedlichen Zielfunktionswerten führen und daß zweitens alle drei Gleichgewichtspunkte durch andere gemeinsame Alternativen, die man jeweils durch Reduktion beider Angebotsmengen um 2 erhält, dominiert werden. Da möglicherweise noch weitere Dominanzbeziehungen vorliegen, ist es naheliegend, diese aufzudecken. Alle gemeinsamen Alternativen, deren Zielfunktionswerte in der oberen linken und in der unteren rechten Ecke der Tab. 3.5.2 eingerahmt sind, werden von wenigstens einer der übrigen gemeinsamen Alternativen ("jointly") dominiert (vgl. LUCE/RAIFFA [1957], S. 107 und S. 117). Mit der Bestimmung von Gleichgewichtspunkten kann offensichtlich keine befriedigende Lösung des Entscheidungsproblems gefunden werden.

Untere Spielwerte, die in 3.5.2 für Zweipersonen-Nullsummen-Spiele eingeführt wurden, lassen sich auch für Zweipersonen-Nichtnullsummen-Spiele berechnen. So gilt für (J1):

$$v_1 := \max \{\min \{z_1(x_1,x_2) \mid x_2 \in X_{J1,2}\} \mid x_1 \in X_{J1,1}\} = 70$$

$$v_2 := \max \{\min \{z_2(x_1,x_2) \mid x_1 \in X_{J1,1}\} \mid x_2 \in X_{J1,2}\} = 128$$

Die unteren Spielwerte stellen, da sie von jedem Anbieter unabhängig von den Entscheidungen des jeweils anderen Anbieters erzielt werden können, zumindest bei einer nichtkooperativen Analyse untere Grenzen für eine noch zu suchende Lösung des Entscheidungsproblems dar. Lediglich die in der Mitte der Tab. 3.5.2 eingerahmten Zielfunktionswerte genügen den Untergrenzen v_1 und v_2, sie sind maximin-effizient (vgl. 3.5.2).

Wollen in einem Zweipersonen-Nichtnullsummen-Spiel beide Entscheidungsträger (Spieler) nicht kooperieren, dann muß jeder von ihnen jeweils in bezug auf den anderen mit allem rechnen, so daß es sinnvoll sein kann, sich für Gleichgewichtsalternativen zu entscheiden. Dies ist jedoch, wie das Beispiel J1 gezeigt hat, in zweierlei Hinsicht problematisch, weil einerseits Gleichgewichtspunkte möglicherweise dominiert werden und andererseits mehrere unterschiedliche Gleichgewichtspunkte existieren können. Die nichtkooperative Theorie der Zweipersonen-Nichtnullsummen-Spiele wird aus diesen Gründen hier nicht weiter verfolgt (vgl. hierzu u.a. LUCE/RAIFFA [1957], Chap. 5; VOROB'EV [1977], Chap. 3).

Aufgrund der bisherigen Ausführungen kann es bei einem Zweipersonen-Nichtnullsummen-Spiel für beide Entscheidungsträger durchaus erwägenswert sein, sich für maximin-effiziente Alternativen zu interessieren, d.h. für solche, die die unteren Spielwerte bzw. Maximinwerte für beide mindestens erreichen. Sind sich die Entscheidungsträger einig, als endgültige Lösung von (ZPS) nur eine maximin-effiziente Alternative zuzulassen, dann stellt dies einen ersten Schritt zur Kooperation dar. Die Absprache besteht darin, daß die Entscheidungsträger verabreden, im weiteren Verlauf nur maximin-effiziente Alternativen zu betrachten. Damit ist das Entscheidungsproblem keineswegs gelöst, da die Menge der maximin-effizienten Alternativen im allgmeinen mehrelementig ist. Der zweite Schritt zur Kooperation muß dann eine Antwort auf die Frage geben, auf welche gemeinsame Alternative sich beide Entscheidungsträger einigen und wie sie gegebenenfalls den durch Kooperation gewonnenen Vorteil untereinander aufteilen. Die Analogien zum vektoriellen Entscheidungsmodell (VEM) werden damit offenkundig: Ein Weg zur Ermittlung einer kompromiß-optimalen Lösung von (VEM) besteht darin, daß der Entscheidungsträger subjektiv ein seinen Präferenzvorstellungen entsprechendes Kompromißmodell auswählt; der analoge Weg zur Ermittlung einer kompromiß-optimalen Lösung von (ZPS) ist in der Einigung der Entscheidungsträger auf ein ihren Präferenzvorstellungen entsprechendes Kompromißmodell zu sehen, wobei auf die in 3.2 erörterten Möglichkeiten zurückgegriffen werden kann. In der Spieltheorie heißen Kompromißmodelle auch "arbitration schemes" (vgl. u.a. LUCE/RAIFFA [1957], S. 121; LUCAS [1971/72], S. P-12). Ein zweiter Weg zur Bestimmung eines besten Kompromisses von (VEM) oder (ZPS) kann mit Hilfe von interaktiven Verfahren beschritten werden, zu denen in 3.3 einige Ausführungen gemacht wurden.

Zur Lösung von kooperativen Zweipersonen-Nichtnullsummen-Spielen bietet die Spieltheorie die viel zitierte NASH-Lösung an (vgl. u.a. NASH [1953]; LUCE/RAIFFA [1957], S. 124 ff.; BORCH [1969], S. 215 ff.; BAMBERG/COENENBERG [1977], S. 163 ff.; FRIEDMAN [1977], S. 236 ff.). Es handelt sich dabei um das Kompromißmodell (NASH). Da die Zielfunktionswerte v_1 und v_2

(NASH)	$\max \{\psi(x_1,x_2) \mid (x_1,x_2) \in \mathbf{X}_1 \times \mathbf{X}_2\}$
mit	$\mathbf{X}_1 \times \mathbf{X}_2 := \left\{ (x_1,x_2) \in X_1 \times X_2 \;\middle|\; \begin{array}{l} z_1(x_1,x_2) \geqq v_1 \\ z_2(x_1,x_2) \geqq v_2 \end{array} \right\}$ $\psi(x_1,x_2) := (z_1(x_1,x_2)-v_1)(z_2(x_1,x_2)-v_2)$
wobei	$v_1 := \max \{\min \{z_1(x_1,x_2) \mid x_2 \in X_2\} \mid x_1 \in X_1\}$ $v_2 := \max \{\min \{z_2(x_1,x_2) \mid x_1 \in X_1\} \mid x_2 \in X_2\}$

(untere Spielwerte, Maximinwerte) auch ohne Kooperation erzielt werden können, wird durch die Kompromißzielfunktion von (NASH) das Produkt der Zielfunktionszuwächse maximiert, die sich aufgrund der Kooperation ergeben.

Die NASH-Lösung weist einige Eigenschaften auf, die häufig in Form von Axiomen diskutiert werden. Sie ist u.a. maximin-effizient (vgl. 3.1.6 (Satz 3.1.8) und 3.2.5).

Beispiel J2:

Für das Beispiel J1 werden nunmehr einige kooperative Lösungsmöglichkeiten diskutiert. Die sechs maximin-effizienten Alternativen, die sich zunächst einmal als Kompromißlösungen anbieten, und die zugehörigen Zielfunktionswerte sind in den ersten beiden Spalten der Tab. 3.5.3 aufgelistet. Weiterhin enthält diese Tabelle die Werte

$$\psi_1(x_1,x_2) := (z_1(x_1,x_2)-70)(z_2(x_1,x_2)-128)$$

der Kompromißzielfunktion aus (NASH). Offensichtlich ist (8,12) die NASH-Lösung. Der Wert $\psi_1(8,12) = 1920$ ist ein Maß für den kooperativen Erfolg;

(x_1,x_2)	(z_1,z_2)	$\psi_1(x_1,x_2)$	$\psi_2(x_1,x_2)$	$\psi_3(x_1,x_2)$	$\psi_4(x_1,x_2)$	$\psi_5(x_1,x_2)$
(6,12)	(98,192)	1792	290	2320*	36*	20
(6,14)	(86,212)	1344	298*	2448	48	52
(6,16)	(74,224)	384	298*	3600	60	76
(8,10)	(134,144)	1024	278	6400	80	64
(8,12)	(118,168)	1920*	286	3392	56	24
(8,14)	(102,184)	1792	286	2624	40	8*

Tab. 3.5.3

die Gewinne belaufen sich für EINS auf 118 GE und für ZWEI auf 168 GE.- Bei der Betrachtung dieses Ergebnisses ist nicht auszuschließen, daß die beiden Anbieter einen weiteren Schritt in Richtung Kooperation tätigen und vereinbaren, daß der durch Kooperation gemeinsam erzielte Gewinn gleichmäßig untereinander aufgeteilt wird. Bei der gefundenen NASH-Lösung erhält unter dieser Annahme jeder (118+168)/2 = 143 GE. Damit stellt sich aber die Frage, ob dies bereits die maximal erreichbare Summe ist. Zur Beantwortung dieser Frage betrachtet man die Werte von $\psi_2(x_1,x_2) := z_1(x_1,x_2) + z_2(x_1,x_2)$.

Bezüglich dieser Kompromißzielfunktion ("joint profit maximization" (vgl. u.a. RICHTER [1954], S. 39 ff. und 86 ff.; BURGER [1959], S. 143; SCHUMANN [1971], S. 265 f.)) sind die Alternativen (6,14) und (6,16) kompromiß-optimal. Jeder Anbieter erhält bei gleichmäßiger Aufteilung des Gesamtgewinns 149 GE, also 6 GE mehr als bei der NASH-Lösung. Wird nur der Gewinn, den beide gemeinsam über v_1 und v_2 hinaus erzielen, gleichmäßig aufgeteilt, erhalten EINS 70+0,5(298-70-128)=120 GE und ZWEI 128+0,5(298-70-128)=178 GE. Diese Aufteilung entspricht dem SHAPLEY-Modell (vgl. u.a. LUCE/RAIFFA [1957], S. 245 ff.; BURGER [1959], S. 157 f.; FRIEDMAN [1977], S. 248 ff.).

In 3.2 wurden noch weitere Kompromißmodelle diskutiert. Warum sollten die Anbieter sich nicht absprechen, Abstände mit p = 2 oder p = ∞ (vgl. 3.2.4) von dem lediglich auf die maximin-effizienten Alternativen bezogenen Idealzielpunkt $(\bar{\bar{z}}_{m1},\bar{\bar{z}}_{m2})=(134,224)$ zu minimieren (vgl. $\psi_3(x_1,x_2)$ und $\psi_4(x_1,x_2)$)? Warum sollten die Anbieter nicht auf das Goal Programming zurückgreifen? Setzt sich jeder der Anbieter die "Mitte" zwischen unterem Spielwert und individuellem Maximum zum Ziel und einigt man sich, die absoluten Differenzen zu minimieren, dann lautet die zu minimierende Kompromißzielfunktion

$$\psi_5(x_1,x_2) = \left|z_1(x_1,x_2) - \frac{70+134}{2}\right| + \left|z_2(x_1,x_2) - \frac{128+224}{2}\right|,$$

die zu (8,14) als optimalen Kompromiß führt (vgl. Tab. 3.5.3). In Abb. 3.5.4 sind sämtliche Zielfunktionswerte der Tab. 3.5.2 eingezeichnet, wobei die jeweils zu einem festen $x_1 \in X_1$ gehörenden Werte zur Verdeutlichung durch Strecken miteinander verbunden sind. Durch diese Abbildung werden die Zusammenhänge zwischen Vektoroptimierung auf der einen und Spieltheorie auf der anderen Seite nochmals besonders anschaulich verdeutlicht.

Die Beschränkung auf maximin-effiziente Alternativen bei der Bestimmung von Kompromißlösungen basiert auf dem spieltheoretischen Konkurrenzdenken und dient zur Absicherung gegen bewußte Abweichungen des "Gegenspielers". Kooperieren jedoch die zwei Entscheidungsträger, dann sollte diese Kooperation eigentlich so vertrauensvoll sein, daß diese Beschränkung überflüssig ist. Wie man der Tab. 3.5.2 entnehmen kann, könnte dann der bezüglich aller effizienten Alternativen maximale gemeinsame Gewinn auf 310 GE bei (4,16) oder (4,18) erhöht werden. Dies ist eine Steigerung von 12 GE für jeden Anbieter gegenüber der NASH-Lösung bei gleichmäßiger Aufteilung des Gesamtgewinns. Ein Übergang zu gemischten Alternativen (Strategien) bzw. eine Rückkehr zu

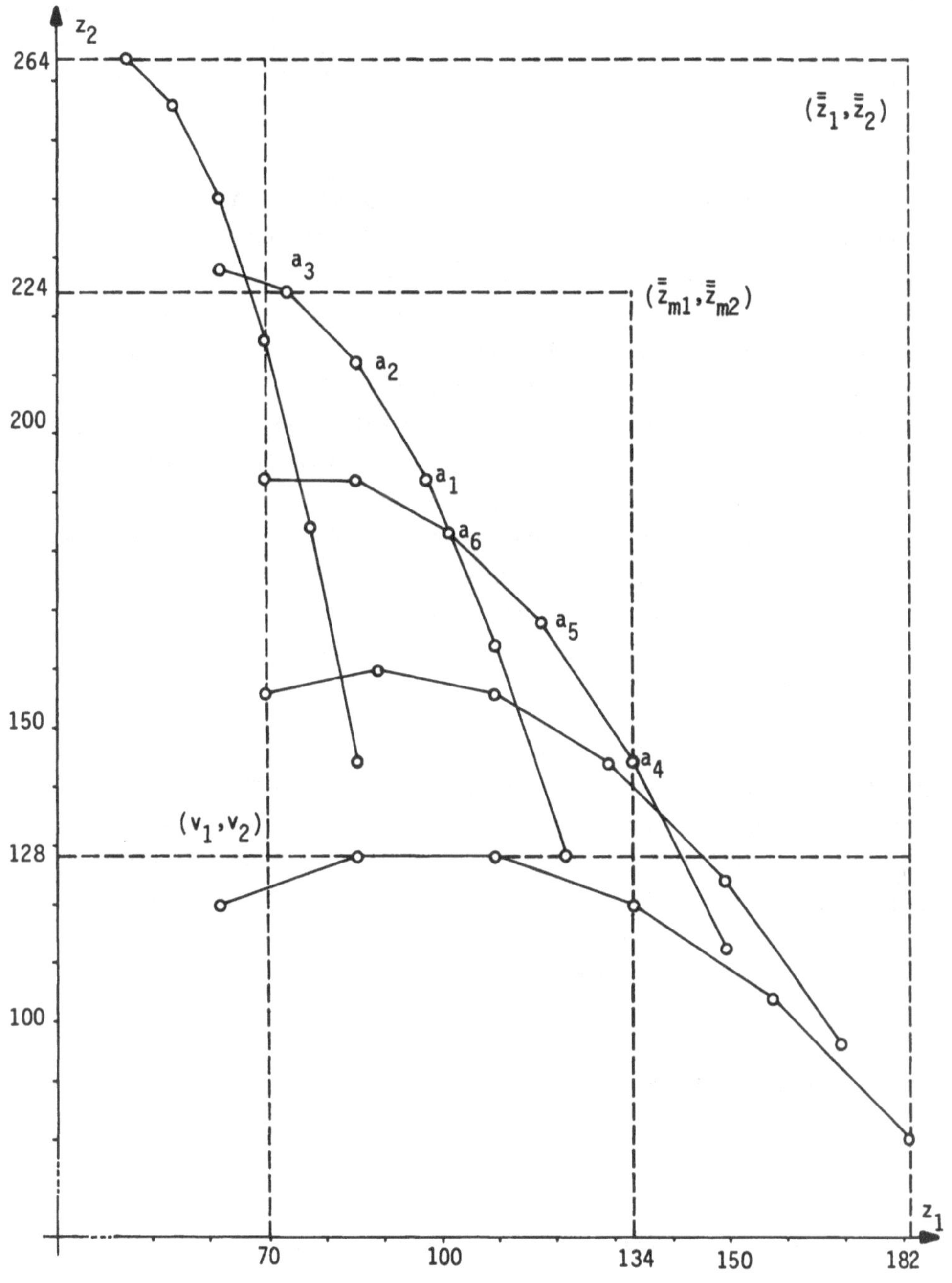

z_2
264
224
200
150
128
100
$(\bar{\bar{z}}_1, \bar{\bar{z}}_2)$
$(\bar{\bar{z}}_{m1}, \bar{\bar{z}}_{m2})$
a_3
a_2
a_1
a_6
a_5
a_4
(v_1, v_2)
z_1
70
100
134
150
182

Abb. 3.5.4

der stetigen Version des Beispiels J1 würde die Alternativenmengen der Anbieter vergrößern und damit möglicherweise auch die Zielfunktionswerte weiter verbessern.

"Die kooperative Spieltheorie hat eine verwirrende Vielfalt von sehr unterschiedlichen Lösungskonzepten hervorgebracht" (SELTEN [1980], S. 148). "Indeed, the different solution concepts have very little theoretical connection with one another and even less can they be interpreted as special cases of one general theory" (HARSANYI [1979], S. 9). Diese Aussagen konnten durch das Beispiel J2 als kooperative Version des Beispiels J1 in besonderer Weise veranschaulicht werden. Darüber hinaus hat das Beispiel J2 mit seinen verschiedenen Lösungskonzepten auch gezeigt, daß eine Kooperation nicht die Absprache über einen Gleichgewichtspunkt zum Thema hat, sondern die Einigung über eine effiziente gemeinsame Alternative einschließlich eventueller Ausgleichszahlungen. Kann man jedoch von einer kooperativen Theorie mehr verlangen als das Aufzeigen und Analysieren von Einigungsmöglichkeiten mit all ihren Konsequenzen? Muß demnach nicht die Wahl eines bestimmten Lösungskonzeptes den Entscheidungsträgern vorbehalten bleiben?

Zur Lösung von Nichtnullsummen-Spielen wurden auch ähnlich wie in der Vektoroptimierung interaktive Verfahren entwickelt, die in diesem Zusammenhang Aushandlungsmodelle (Verhandlungsmodelle, bargaining models) heißen (vgl. u.a. KRELLE [1968], S. 283 ff. und S. 371 ff.; HARSANYI/SELTEN [1971/72]; FANDEL [1979], S. 78 ff.; ROTH [1979]). Die Beziehungen dieser Modelle oder Verfahren zu den interaktiven Verfahren der Vektoroptimierung näher zu untersuchen, würde den Rahmen dieser Schrift übersteigen.

3.6 Übungsaufgaben

<u>Aufgabe 3.1:</u>

a) Das Entscheidungsproblem der Aufgabe 1.2 aus 1.7 formuliere man als Vektormaximierungsmodell. Man zeichne die Zielmenge.

b) Welche Investitionsobjekte sind effizient?

c) Welche Investitionsobjekte sind wesentlich effizient?

Aufgabe 3.2:

a) Das Entscheidungsproblem der Aufgabe 1.4 aus 1.7 interpretiere man als Vektorminimierungsmodell, bei dem sowohl der (mengenmäßige) Verbrauch des ersten als auch der des zweiten Produktionsfaktors minimiert werden soll.

b) Wie lauten die individuell optimalen Lösungen?

c) Man bilde zeichnerisch die Elemente 10,15,20,25 und 30 der Alternativenmenge in den Zielraum ab.

d) Man bestimme E(X,z).

e) Welchem Kompromißmodell entspricht die Bestimmung einer "optimalen" Intensität?

f) Ist die in Aufgabe 1.4 aus 1.7 unter b gefundene Lösung effizient?

Aufgabe 3.3:

Welche Eigenschaften (komplementär, konkurrierend oder indifferent) haben die den folgenden Vektormaximierungsmodellen zugrundeliegenden Ziele? Welche Alternativen sind jeweils effizient?

a) $X := \{(x_1,x_2)^T \in \mathbb{R}_+^2 \mid x_1 \leqq 2,\ x_2 \leqq 3\}$,

$$z(x_1,x_2) := \begin{pmatrix} 3x_1 - 4 \\ 2x_2 + 1 \end{pmatrix};$$

b) $X := \mathbb{R}$,

$$z(x) := \begin{pmatrix} -x^2 + 4x \\ (-5x^2 + 50x - 80)/9 \end{pmatrix};$$

c) $X := X_F$ (vgl. 1.3.1),

$$z(x_1,x_2) := \begin{pmatrix} 2{,}0x_1 + 2{,}5x_2 \\ 2{,}0x_1 + 3{,}5x_2 \end{pmatrix}$$

(vgl. Aufgabe 2.1 aus 2.7).

Aufgabe 3.4:

Für die Beispiele 3.1, 3.2 aus 3.1.5 gebe man jeweils E(X,z) sowie E(Z) an.

Aufgabe 3.5:

Mit Hilfe von (TEST) (vgl. 3.1.5) überprüfe man, ob der Punkt $x^{\square} = (5,5)^T$ effizient bezüglich (G) ist (vgl. (G) in 3.1.4 und insbesondere (G1) in (3.2.3).

Aufgabe 3.6:

Ein Investor möchte sein gesamtes Vermögen in Höhe von 100 GE für eine Periode möglichst ertragreich und zugleich möglichst risikolos anlegen, wobei sich ihm zwei Finanzanlagen I und II anbieten. x bzw. 100-x seien die Anteile des Vermögens, die in I bzw. II angelegt werden sollen. Die Dividendenzahlungen in GE - einschließlich eventueller Kursgewinne oder -verluste - für die Finanzanlagen I und II nach einer Periode seien zwei Zufallsvariablen γ_1 und γ_2, die gemeinsam zweidimensional normal-verteilt sind mit folgenden Eigenschaften: Die Randverteilung für γ_1 ist $N(\mu_1;\sigma_1^2) = N(20;16)$, die für γ_2 ist $N(\mu_2,\sigma_2^2) = N(30;100)$; der Korrelationskoeffizient beträgt $\rho = 0,5$.

Im Rahmen der Portfolio Analyse wird im allgemeinen der Ertrag durch den Erwartungswert und das Risiko durch die Varianz der zufälligen Dividendenzahlungen gemessen. Der Investor ist somit bestrebt, den Erwartungwert $E[\gamma_1 x + \gamma_2(100-x)]$ seiner Erträge zu maximieren und gleichzeitig die Varianz $V[\gamma_1 x + \gamma_2(100-x)]$ seiner Erträge zu minimieren.

a) Man stelle das Entscheidungsproblem des Investors als ein Vektormaximierungsmodell dar.

b) Man bestimme die individuell optimalen Lösungen.

c) Man analysiere die Menge der effizienten Alternativen unter Zuhilfenahme des Kompromißmodells $\omega(x) := t_1E[\ldots] - t_2V[\ldots]$ mit $t_1 = 1$ und $t_2 > 0$ (vgl. 2.2.2).

d) Wie lautet die optimale Lösung, wenn der Investor seine Entscheidung anhand folgender Nutzenfunktion ausrichtet

$$u(E,V) = 840E - V?$$

Aufgabe 3.7:

Für das Beispiel F5 aus 3.1.4 bestimme man optimale Lösungen bezüglich

a) (KM_{ZG}) mit $t_1 = 0{,}6$ und $t_2 = 0{,}4$ (vgl. 3.2.2),

b) (KM_{AB}) mit $p = 2$ und $t_1 = t_2 = 1$ (vgl. 3.2.4) und

c) (KM_{PR}) mit $\beta_1 = \beta_2 = 1$ (vgl. 3.2.5).

Hinweis: Man maximiere bzw. minimiere gleich über $E(X_{F5}, z_{F5})$.

Aufgabe 3.8:

Für das Beispiel B aus 3.1.3 bestimme man optimale Lösungen bezüglich

a) (KM_{AB}) mit $p = 1$ und $t_k = (\bar{\bar{z}}_k - \bar{z}_k)^{-1}$ $(k = 1,2,3)$,

b) (KM_{AB}) mit $p = 2$ und $t_k = 1$ $(k = 1,2,3)$ und

c) (KM_{AB}) mit $p = \infty$ und $t_k = 1$ $(k = 1,2,3)$ (vgl. 3.2.4).

Aufgabe 3.9:

Wie lautet für das Beispiel F8 aus 3.4.1 eine Kompromißlösung bezüglich (KM_{ZG}) mit $t_1 = 0{,}88$ und $t_2 = 0{,}12$ (vgl. 3.2.2)? Hinweis: Man nutze die Tatsache, daß nur Punkte zwischen D und G der Abb. 3.4.1 in 3.4.1 als Kompromißlösungen in Frage kommen.

Aufgabe 3.10:

In dem Beispiel 3.5 aus 3.4.4 ersetze man die dort angegebene zweite Zielfunktion durch die Zielfunktion $z_2(x_1,x_2) := \min\{0,\ x_1 - 40\}$, die ein Satisfizierungsziel im Sinne von (MEM_{S2}) mit $g_2(x_1,x_2) := x_1$ und $\tilde{g}_2 := 40$ repräsentiert (vgl. 3.4.2).

a) Für das modifizierte Vektoroptimierungsmodell bestimme man zeichnerisch die Menge der effizienten Alternativen.

b) Wie lautet eine optimale Kompromißlösung bezüglich (KM_{AB}) mit $p = 2$ und $t_1 = t_2 = 1$ (vgl. 3.2.4)?

Aufgabe 3.11:

Gegeben sei ein Zweipersonen-Nullsummen-Spiel mit folgender Auszahlungsmatrix

$$A = \begin{pmatrix} 2 & -3 \\ -4 & 6 \end{pmatrix}.$$

Man bestimme zeichnerisch v_1, v_2, x_1^* und x_2^* (vgl. 3.5.2).

Aufgabe 3.12:

Gegeben sei ein endliches Zweipersonen-Nichtnullsummen-Spiel mit

$$X_1 := X_2 := \{0,\ 2/10,\ 4/10,\ 6/10,\ 8/10,\ 1\},$$

$$z_1(x_1,x_2) := 9x_1x_2 - 4x_1 - 6x_2 + 7 \quad (x_1 \in X_1,\ x_2 \in X_2),$$

$$z_2(x_1,x_2) := -9x_1x_2 + 2x_1 + 5x_2 + 3 \quad (x_1 \in X_1,\ x_2 \in X_2).$$

a) Man bestimme die unteren Spielwerte v_1 und v_2.

b) Welche gemeinsamen Alternativen sind effizient?

c) Welche gemeinsamen Alternativen sind maximin-effizient?

d) Wie lauten die optimalen Lösungen bezüglich der in Tab. 3.5.3 in 3.5.3 benutzten Kompromißzielfunktionen, bei denen nur maximin-effiziente gemeinsame Alternativen als zulässig betrachtet werden.

Anhang

Lösungshinweise zu den Übungsaufgaben

Aufgabe 1.1:

a) $X := \{x \in \mathbb{R} \mid 0 \leqq x \leqq 30\}$,

$z(x)$:= Beschaffungskosten + Lagerhaltungskosten

= Preis × Menge + bestellfixe Kosten × Anzahl der Bestellungen + Lagerhaltungskostensatz × durchschnittlicher Lagerbestand × Lagerdauer

$$= b \cdot S + a \cdot \frac{S}{x} + e \cdot \frac{x}{2} \cdot T \qquad (\text{min!});$$

b) $x^* = \left(\frac{2aS}{eT}\right)^{1/2} = \left(\frac{2 \cdot 14 \cdot 30}{0{,}168 \cdot 50}\right)^{1/2} = 10;$

c) Keinen.

Aufgabe 1.2:

$X := \{n \in \mathbb{N} \mid n \leqq 6\}$,

Kapitalwert := $z_1(n) := E_{n0} + 1{,}1^{-1}E_{n1} + 1{,}21^{-2}E_{n2}$;

aus $E_{n0} + (1+z_2(n))^{-1}E_{n1} + (1+z_2(n))^{-2}E_{n2} = 0$ folgt

Interner Zinsfuß := $z_2(n) := -(E_{n1} + (E_{n1}^2 - 4E_{n0}E_{n2})^{1/2})/2E_{n0} - 1$;

$z_{1,2}$ \ n	1	2	3	4	5	6
$z_1(n)$	1,82	3,67*	3,14	3,14	2,95	1,82
$z_2(n)$	0,11	0,12	0,125	0,12	0,13*	0,12

a_1) $x^* = n^* = 2$, a_2) $x^* = n^* = 5$.

Aufgabe 1.3:

a,b)

$$x_n := \begin{cases} 1 \begin{cases} \text{wenn der n-te Gegenstand mitzunehmen ist bzw.} \\ \text{wenn das n-te Investitionsobjekt durchzuführen ist} \end{cases} \\ 0 \quad \text{sonst} \end{cases} \qquad (n = 1,\ldots,N),$$

$$X := \left\{ (x_1,\ldots,x_N)^T \in \mathbb{N}_0^N \;\middle|\; \begin{array}{l} x_n \leqq 1 \qquad (n=1,\ldots,N) \\ a_1x_1 +\ldots+ a_Nx_N \leqq a_o \end{array} \right\},$$

$$z(x_1,\ldots,x_N) := c_1x_1 +\ldots+ c_Nx_N.$$

Aufgabe 1.4:

a) $X := \{d \in \mathbb{R} \mid 10 \leqq d \leqq 30\}$,

$\psi(d) := 4a_1(d) + 12a_2(d) = 0{,}08d^2 - 4d + 136$ (min!);

b) $d^* = 25$ ME/ZE.

Aufgabe 1.5:

a) Z.B.: $z(x) := \begin{cases} 1 & \text{für } z_A(x) \geqq 1.820 \\ 0 & \text{sonst;} \end{cases}$

b) $X^* = \{8,9,10,11\}$ (vgl. Tab. 1.4.1 in 1.4.1).

Aufgabe 1.6:

a) Z.B.: $z(x_1,x_2) := (140 - 2x_1 - 3x_2)^2$ (min!);

b) $X^* := \{(x_1,x_2)^T \in X_F \mid 2x_1 + 3x_2 = 140\}$

(das sind alle Punkte der Strecke $\overline{GH}$ in Abb. 1.4.4 in 1.4.2).

Aufgabe 1.7:

$X := \{20,30,40,50,60\}$,

a) $z_a(x) := g(x) = 100\sqrt{x}$ (max!), $x_a^* = 60$;

b) $z_b(x) := \begin{cases} 1 & \text{für } g(x) \geqq 575 \\ 0 & \text{sonst} \end{cases}$ (max!), $X_b^* = \{40,50,60\}$;

c) $z_c(x) := (575 - g(x))^2$ (min!), $x_c^* = 30$.

Aufgabe 1.8:

$0 \leqq A_o \leqq 7.916$ (vgl. Tab. 1.4.1 in 1.4.1).

Aufgabe 1.9:

Eine "Drehung" der Zielfunktion um den Punkt (40,30) ergibt (vgl. Abb. 1.6.2 in 1.6.2): Für $a_{02} < a'_{02} = 2$ ist auf die Produktion der 2-kg-Dosen und für $a_{02} > a''_{02} = 4$ auf die Produktion der 1-kg-Dosen zu verzichten.

Aufgabe 1.10:

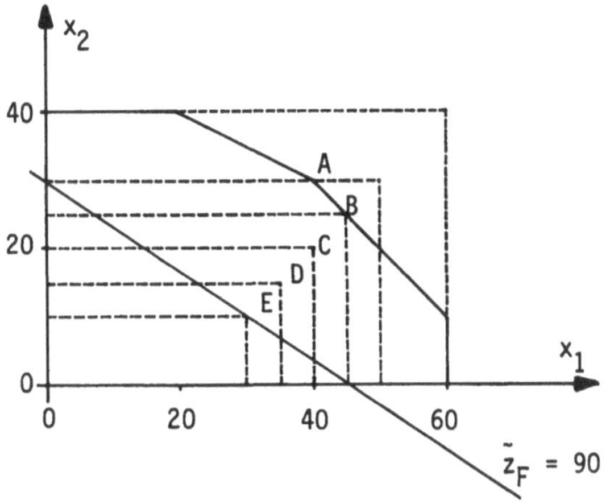

Abb. 1.7.1

In den ersten 10 Wochen bleibt der Punkt A optimale Lösung. Nach 15 Wochen ist B optimal. Dann geht die optimale Produktion über C und D nach 30 Wochen auf E zurück. Nach dieser Zeit ist die Produktion einzustellen, da dann der Gesamtdeckungsbeitrag von $\tilde{z}_F = 90$ unterschritten würde.

Aufgabe 2.1:

Eine zeichnerische Analyse zeigt, daß für alle $a_{02} \in [5/2,\ 7/2]$ die Alternative $x^* = (40,30)^T$ optimal ist und somit kein Ersatzmodell erforderlich ist (vgl. Aufgabe 1.9 aus 1.7).

Aufgabe 2.2:

(V1):

$$F_{z(a_1;\gamma)}(t) = \begin{cases} 0 & \text{für } -\infty < t < 0 \\ t^2/36 & \text{für } 0 \leq t < 6 \\ 1 & \text{für } 6 \leq t < \infty; \end{cases}$$

$$F_{z(a_2;\gamma)}(t) = \begin{cases} 0 & \text{für } -\infty < t < 2 \\ (-t^2+16t-28)/36 & \text{für } 2 \leq t < 8 \\ 1 & \text{für } 8 \leq t < \infty; \end{cases}$$

(V2):

$$F_{z^*(\gamma)}(t) = \begin{cases} 0 & \text{für } -\infty < t < 4 \\ (16t-64)/36 & \text{für } 4 \leq t < 6 \\ (-t^2+16t-28)/36 & \text{für } 6 \leq t < 8 \\ 1 & \text{für } 8 \leq t < \infty; \end{cases}$$

(V3):

$$P\{x^*(\gamma)=t\} = \begin{cases} 4/9 & \text{für } t = a_2 \\ 5/9 & \text{für } t = a_1. \end{cases}$$

Aufgabe 2.3:

Diese Aufgabe läßt sich als Grundmodell der Entscheidungstheorie (vgl. 1.2.4 und 2.1.1) darstellen und analysieren. Es ist $X := \{a_1,\ldots,a_6\}$ mit $a_n := 70 + 10n \quad (n = 1,\ldots,6)$. Es gilt

$$z_{n\ell} := z(a_n;\gamma_\ell) := \begin{cases} 9(\gamma_\ell - a_n) & \text{für } a_n < \gamma_\ell \\ 0 & \text{für } a_n = \gamma_\ell \\ 1(a_n - \gamma_\ell) & \text{für } a_n > \gamma_\ell \end{cases}$$

$(n = 1,\ldots,6;\ \ell = 1,\ldots,5)$;

a) $X^* = \{a_4,a_5\}$. Man beachte: $V[z(a_5;\gamma_\ell)] < V[z(a_4;\gamma_\ell)]$;

b) Wenn c_ℓ sinkt (genauer: für $0 < c_\ell < 1$), ist nur noch a_5 optimal bezüglich des Erwartungswertmodells; wenn c_ℓ dagegen steigt (genauer: für $1 < c_\ell < 27/7$), ist es a_4;

c) $x^* = a_4$ mit $\omega^* = 20$ (Minimierungsproblem!);

d) $x^* = a_4$ mit $\omega^* = 8/10$ (Minimierungsproblem!).

Aufgabe 2.4:

a) $x^* \simeq 113{,}41$; b) $x^* \simeq 110{,}36$.

Aufgabe 2.5:

a) $X^* = \{a_1, a_2\}$; b) $X^* = \{a_1, a_2\}$.

Aufgabe 2.6:

1. Maximinmodell: $(x_1^*, x_2^*) = (0,\ 18)$,
2. Maximaxmodell: $(x_1^*, x_2^*) = (12,\ 0)$,
3. HURWICZ-Modell ($\lambda = 0{,}5$): $(x_1^*, x_2^*) = (0,\ 18)$,
4. LAPLACE-Modell: $(x_1^*, x_2^*) = (0,\ 18)$,
5. SAVAGE-NIEHANS-Modell: $(x_1^*, x_2^*) = (3,\ 27/2)$.

Aufgabe 2.7:

a) $x^* = 10$;

b) $x^* = 8$;

c_1) $x^* = 10$, c_2) $x^* = 9$;

d_1) $x^* = 9$, d_2) $x^* = 8$.

Aufgabe 2.8:

a) $(x_1^*, x_2^*) = (6,9)$; b) $(x_1^*, x_2^*) = (6,9)$.

Aufgabe 2.9:

a) EWVI = 20 (Minimierungsproblem!);

b) EWVI $\simeq$ 9.211 (Minimierungsproblem!)

(vgl. (V2) in 2.1.2 und Beispiel E1 in 2.2.1);

c) EWVI $\simeq$ 1,185 (vgl. (V2) in Aufgabe 2.2).

<u>Aufgabe 2.10:</u>

$x_1^* = 1,\ y_2^* = 0,\ x_2^* = 0,\ z^* = 13{,}5.$

<u>Aufgabe 2.11:</u>

a) $X^* = \{a_1,a_2\}$ mit $E[u(a_1)] = E[u(a_2)] = 18$;

b) $X^* = \{a_2\}$ mit $E[u(a_2)] \approx 1{,}5658$.

<u>Aufgabe 2.12:</u>

a) Eine stochastische Dominanz 0., 1. und 2. Grades läßt sich nicht nachweisen; wohl aber gilt $FFF_2(t) \leqq FFF_1(t)$ für $t \in \mathbb{R}$, so daß die Alternative a_2 die Alternative a_1 stochastisch im 3. Grad dominiert;

b) $u(z) = z^2 \in U_1$, $u(z) = z^{1/3} \in U_3$.

<u>Aufgabe 3.1:</u>

a) $X := \{n \in \mathbb{N} \mid n \leqq 6\}$,

$$z(n) := \begin{pmatrix} z_1(n) \\ z_2(n) \end{pmatrix} = \begin{pmatrix} E_{n0} + 1{,}1^{-1}E_{n1} + 1{,}21^{-2}E_{n2} \\ -(E_{n1} + (E_{n1}^2 - 4E_{n0}E_{n2})^{1/2})/2E_{n0} - 1 \end{pmatrix},$$

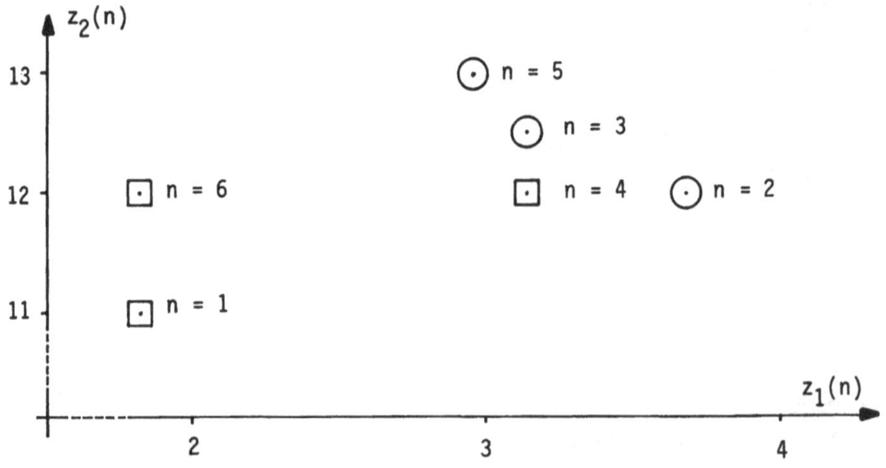

Abb. 3.6.1

b) 2, 3 und 5;

c) 2 und 5.

Aufgabe 3.2:

a) $X := \{d \in \mathbb{R} \mid 10 \leqq d \leqq 30\}$,

$$z(d) := \begin{pmatrix} a_1(d) \\ a_2(d) \end{pmatrix} = \begin{pmatrix} d^2/30 - d + 10 \\ -d^2/225 + 8 \end{pmatrix} \quad (\text{min!});$$

b) $\bar{\bar{d}}^1 = 15$, $\bar{\bar{d}}^2 = 30$;

c)

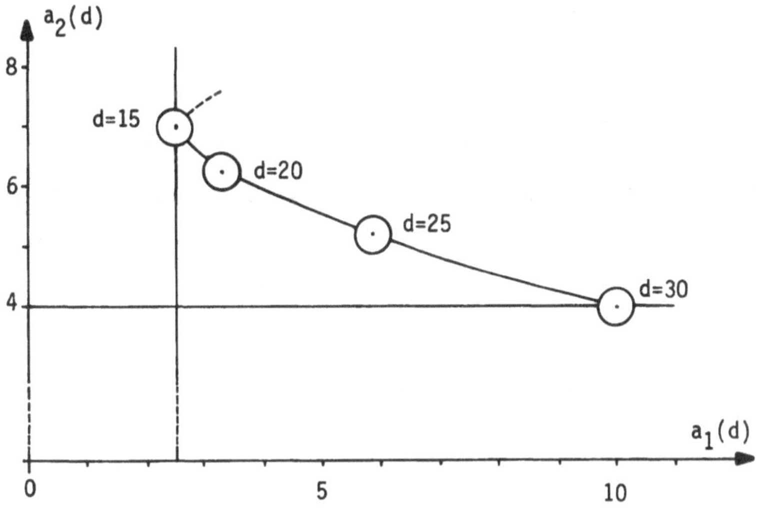

Abb. 3.6.2

d) $E(X,z) = \{d \in \mathbb{R} \mid 15 \leqq d \leqq 30\}$;

e) Zielgewichtung (vgl. 3.2.2);

f) ja (vgl. Satz 3.1.4 in 3.1.6).

Aufgabe 3.3:

a) Indifferent, $E(X,z) = P(X,z) = \{(2,3)^T\}$;

b) Konkurrierend, $E(X,z) = \{x \in \mathbb{R} \mid 2 \leqq x \leqq 5\}$;

c) Komplementär, $E(X,z) = P(X,z) = \{(40,30)^T\}$.

Aufgabe 3.4:

Beispiel 3.1: $E(X,z) = E(Z) = \emptyset$;

Beispiel 3.2: $E(X,z) = X$, $E(Z) = Z$;

Beispiel 3.3: $E(X,z) = P(X,z) = E(Z) = \{(1,1)^T\}$.

Aufgabe 3.5:

(TEST)	$\max \{z_{TEST}(x) \mid x \in X_{TEST}\}$
mit	$X_{TEST} := \left\{ \begin{pmatrix} x_1 \\ x_2 \end{pmatrix} \in X_G \;\middle|\; \begin{matrix} z_1(x_1,x_2) \geqq z_1(5,5) = 385 \\ z_2(x_1,x_2) \geqq z_2(5,5) = -55 \end{matrix} \right\}$ $z_{TEST}(x) := z_1(x_1,x_2) + z_2(x_1,x_2)$

Ein Vergleich von (TEST) mit (G1) in 3.2.3 ergibt: Die optimale Lösung von (G1) ist bezüglich (TEST) zulässig und dominiert $x^{\square} = (5,5)^T$ wegen

$$z_1(5,5) = 385 < 392 = z_1(6,625;6,5625),$$

$$z_2(5,5) = -55 < -34 = z_2(6,625;6,5625).$$

Folglich ist $x^{\square}$ nicht effizient bezüglich (G).

Aufgabe 3.6:

a) $X := \{x \in \mathbb{R} \mid 0 \leqq x \leqq 100\}$,

$z_1(x) := 20x + 30(100-x) = 3000 - 10x$,

$z_2(x) := -[16x^2 + 100(100-x)^2 + 40x(100-x)]$;

b) $\bar{\bar{x}}^1 = 0$, $z_1(0) = 3000$,

$\bar{\bar{x}}^2 = 100$, $z_2(100) = -160000$;

c) $\omega(x) = 3000 - 10x - t_2(76x^2 - 16000x + 1000000)$;

aus $\partial\omega(x)/\partial x = -10 - t_2(152x - 16000) = 0$ folgt

$$x^*(t_2) = (16000t_2 - 10)/(152t_2),$$

für $0 \leqq t_2 \leqq 0{,}000625$ gilt: $x^* = 0$,

für $0{,}000625 < t_2 < 0{,}0125$ gilt: $0 < x^* < 100$,

für $0{,}0125 \leqq t_2 < \infty$ gilt: $x^* = 100$,

$E(X,z) = X$;

d) Aus $u(E,V) = 840E - V = 840(E-(1/840)V)$ und Teil c folgt $x^* = 50$.

Aufgabe 3.7:

a) $x^* = (60,10)^T$; b) $x^* = (50,20)^T$; c) $x^* = (50,20)^T$.

Aufgabe 3.8:

a) $x^* = a_6$; b) $x^* = a_5$; c) $x^* = a_5$.

Aufgabe 3.9:

$x^* = (42,28)^T$.

Aufgabe 3.10:

a) $E(X,z) = \{(x_1,x_2)^T \in X \mid x_1 + x_2 = 60;\ 20 \leqq x_1 \leqq 40\}$;

b) $x^* = (30,30)^T$.

Aufgabe 3.11:

$v_1 = v_2 = 0$, $x_1^* = 1/3$, $x_2^* = 2/5$.

Aufgabe 3.12:

a) $v_1 = v_2 = 4$;

b) (0, 0), (0, 2/10), (0, 4/10), (0, 6/10), (0, 8/10), (0, 1), (2/10, 0), (2/10, 2/10), (2/10, 6/10), (4/10, 2/10);

c) (0, 2/10), (0, 4/10), (2/10, 2/10), (4/10, 2/10);

d) Die Ergebnisse sind in der nachfolgenden Tabelle 3.6.1 zusammengefaßt, in der die jeweils optimalen Werte durch * gekennzeichnet sind.

(x_1,x_2)	(z_1,z_2)	$\psi_1(x_1,x_2)$	$\psi_2(x_1,x_2)$	$\psi_3(x_1,x_2)$	$\psi_4(x_1,x_2)$	$\psi_5(x_1,x_2)$
$(0,\frac{2}{10})$	(5,80;4,00)	0,0000	9,8*	1,0000*	1,00	1,40
$(0,\frac{4}{10})$	(4,60;5,00)	0,6000*	9,6	1,4400	1,20	0,80
$(\frac{2}{10},\frac{2}{10})$	(5,36;4,04)	0,0544	9,4	1,1152	0,96	0,92
$(\frac{4}{10},\frac{2}{10})$	(4,92;4,08)	0,0736	9,0	1,6208	0,92*	0,44*

Tab. 3.6.1

(vgl. Tab. 3.5.3 in 3.5.3).

Literaturverzeichnis

Abkürzungen

HWB	E. GROCHLA und W. WITTMANN (Hrsg.): Handwörterbuch der Betriebswirtschaft, 4. Aufl. Stuttgart: Poeschel 1974 - 1976.
Ec	Econometrica
JOTA	Journal of Optimization Theory and Applications
MP	Mathematical Programming
MS	Management Science
OR	Operations Research
ZfB	Zeitschrift für Betriebswirtschaft
ZfbF	Zeitschrift für betriebswirtschaftliche Forschung
ZOR	Zeitschrift für Operations Research

ADAM, D.: Produktionspolitik, 2. Aufl. Wiesbaden: Gabler 1977.

ADAM, D. und Th. WITTE: Betriebswirtschaftliche Modelle: Aufgabe, Aufbau, Eignung. Wisu-Das Wirtschaftsstudium 4 (1975) 369 - 371 und 419 - 423.

ALBACH, H.: Wirtschaftlichkeitsrechnung bei unsicheren Erwartungen. Köln: Westdeutscher Verlag 1959.

ALBACH, H.: Informationswert. E. GROCHLA (Hrsg.): Handwörterbuch der Organisation. Stuttgart: Poeschel 1969, 720 - 727.

ALBACH, H.: Zielkonflikte zwischen einzelwirtschaftlichen Entscheidungen und gesamtwirtschaftlichen (-gesellschaftlichen) Erfordernissen im Bildungssystem. B. KÜLP und H.-D. HAAS (Hrsg.): Soziale Probleme der modernen Industriegesellschaft. Berlin: Duncker & Humblot 1977, 731 - 757.

ARROW, K.J., and L. HURWICZ: An optimality criterion for decision-making under ignorance. K.J. ARROW and L. HURWICZ (eds.): Studies in resource allocation processes. Cambridge, Mass.: Cambridge University Press 1977, 463 - 471.

AVRIEL, M., and A.C. WILLIAMS: The value of information and stochastic programming. OR 18 (1970) 947 - 954.

BAETGE, J.: Betriebswirtschaftliche Systemtheorie. Opladen: Westdeutscher Verlag 1974.

BAKER, K.R.: Introduction to sequencing and scheduling. New York: Wiley 1974.

BAMBERG, G.: Statistische Entscheidungstheorie. Würzburg: Physica 1972.

BAMBERG, G.: Wieviel dürfen Informationen kosten? G. BAMBERG und O. Opitz (Hrsg.): Information und Prognose. Meisenheim/Glan: Hain 1975, 200 - 219.

BAMBERG, G. und A.G. COENENBERG: Betriebswirtschaftliche Entscheidungslehre, 2. Aufl. München: Vahlen 1977.

BAMBERG, G., A.G. COENENBERG und R. KLEINE-DOEPKE: Zur entscheidungsorientierten Bewertung von Informationen. ZfbF 28 (1976) 30 - 42.

BAUER, H.: Wahrscheinlichkeitstheorie und Grundzüge der Maßtheorie. Berlin: de Gruyter 1968.

BAWA, V.S.: Optimal rules for ordering uncertain prospects. Journal of Financial Economics 2 (1975) 95 - 121.

BEHRINGER, F.A.: Lexicographic quasiconcave multiobjective programming. ZOR 21 (1977) 103 - 116.

BELLACH, J., P. FRANKEN, E. WARMUTH und W. WARMUTH: Maß, Integral und bedingter Erwartungswert. Braunschweig: Vieweg 1978.

BELLMAN, R.E., and L.A. ZADEH: Decision-making in a fuzzy environment. MS 17 (1970/71) B-141 - B-164.

BENAYOUN, R., J. DE MONTGOLFIER, J. TERGNY, and O. LARITCHEV: Linear programming with multiple objective functions: Step method (STEM). MP 1 (1971) 366 - 375.

BIDLINGMAIER, J.: Unternehmerische Zielkonflikte und Ansätze zu ihrer Lösung. ZfB 38 (1968) 149 - 176.

BITRAN, G.R., and T.L. MAGNANTI: The structure of admissible points with respect to cone dominance. JOTA 29 (1979) 573 - 614.

BITZ, M.: Modelle zur Informationsbewertung. ZfB 45 (1975) 521 - 546.

BITZ, M.: Die Strukturierung ökonomischer Entscheidungsmodelle. Wiesbaden: Gabler 1977.

BITZ, M. und M. ROGUSCH: Risiko-Nutzen, Geldnutzen und Risikoeinstellung - Zur Diskussion um das Bernoulli-Prinzip. ZfB 46 (1976) 853 - 868.

BLOECH, J.: Lineare Optimierung für Wirtschaftswissenschaftler. Opladen: Westdeutscher Verlag 1974.

BLOHM, H. und K. LÜDER: Investition, 4. Aufl. München: Vahlen 1978.

BOD, P.: Lineáris programozás több, egyidejüleg adott célfüggvény szerint. Publications of the Mathematical Institute of the Hungarian Academy of Sciences 8 (1963), Series B, 541 - 556.

BÖSSMANN, E.: Information. W. ALBERS et al. (Hrsg): Handwörterbuch der Wirtschaftswissenschaft, 4. Band. Stuttgart et al.: Fischer et al. 1978, 184 - 200.

BORCH, K.H.: Wirtschaftliches Verhalten bei Unsicherheit. Wien: Oldenbourg 1969 (Originalausgabe: Princeton, N.J. 1968).

BOURIER, G.: Zum Problem der Reihenfolgeplanung im einstufigen Fertigungsprozeß bei vorgegebenen Fertigstellungsterminen. Thun: Deutsch 1978.

BRETZKE, W.-R.: Der Problembezug von Entscheidungsmodellen. Tübingen: Mohr (Siebeck) 1980.

BROCKHOFF, K.: Unternehmensforschung. Berlin: de Gruyter 1973.

BRUCKER, P.: Diskrete parametrische Optimierungsprobleme und wesentlich effiziente Punkte. ZOR 16 (1972) 189 - 197.

BÜHLER, W.: Characterization of the extreme points of a class of special polyhedra. A comment to Kofler's paper "Entscheidungen bei teilweise bekannter Verteilung der Zustände". ZOR 19 (1975) 131 - 137.

BÜHLER, W., and H. GEHRING: Short-term financial planning with uncertain receipts and disbursements. European Journal of Operational Research 2 (1978) 313 - 326.

BÜHLMANN, H., H. LOEFFEL und E. NIEVERGELT: Entscheidungs- und Spieltheorie. Berlin: Springer 1975.

BURGER, E.: Einführung in die Theorie der Spiele. Berlin: de Gruyter 1959.

BUSSE von COLBE, W.: Die Planung der Betriebsgröße. Wiesbaden: Gabler 1964.

CHANKONG, V., and Y.Y. HAIMES: The interactive surrogate worth trade-off (ISWT) method for multiobjective decision-making. S. ZIONTS (ed.): Multiple criteria problem solving, Buffalo 1977. Berlin: Springer 1978, 42 - 67.

CHARNES, A., and W.W. COOPER: Chance-constrained programming. MS 6 (1959/60) 73 - 79.

CHARNES, A., and W.W. COOPER: Management models and industrial applications of linear programming, Vol. I. New York: Wiley 1961.

CHERNOFF, H., and L.E. MOSES: Elementary decision theory. New York: Wiley 1959.

CHMIELEWICZ, K.: Die Formalstruktur der Entscheidung. ZfB 40 (1970) 239 - 268.

COHON, J.L.: Multiobjective programming and planning. New York: Academic Press 1978.

COLLATZ, L. und W. WETTERLING: Optimierungsaufgaben, 2. Aufl. Berlin: Springer 1971.

COLSON, G., and M. ZELENY: Uncertain prospects ranking and portfolio analysis under the conditions of partial information. Königstein: Hain Meisenheim 1980.

CONTINI, B.: A decision model under uncertainty with multiple payoffs. A. MENSCH (ed.): Theory of games. London: English Universities Press 1966, 50 - 63.

DANTZIG, G.B.: Linear programming under uncertainty. MS 1 (1954/55) 197 - 206.

DEBREU, G.: Representation of a preference ordering by a numerical function. R.M. THRALL, C.H. COOMBS, and R.L. DAVIS (eds.): Decision processes. New York: Wiley 1954, 159 - 165.

DELFT, A. van, and P. NIJKAMP: Multi-criteria analysis and regional decision-making. Leiden: Nijhoff 1977.

DIEDERICH, H.: Allgemeine Betriebswirtschaftslehre I. Stuttgart: Kohlhammer 1974.

DINKELBACH, W.: Unternehmerische Entscheidungen bei mehrfacher Zielsetzung. ZfB 32 (1962) 739 - 747.

DINKELBACH, W.: Sensitivitätsanalysen und parametrische Programmierung. Berlin: Springer 1969.

DINKELBACH, W.: Über einen Lösungsansatz zum Vektormaximumproblem. M. BECKMANN (Hrsg.): Unternehmensforschung - Heute. Berlin: Springer 1971, 1 - 13.

DINKELBACH, W.: Modell - ein isomorphes Abbild der Wirklichkeit? E. GROCHLA und N. SZYPERSKI (Hrsg.): Modell- und computer-gestützte Unternehmungsplanung. Wiesbaden: Gabler 1973, 151 - 162.

DINKELBACH, W., and H. ISERMANN: On decision making under multiple criteria and under incomplete information. J.L. COCHRANE and M. ZELENY (eds.): Multiple criteria decision making. Columbia, S.C.: University of South Carolina Press 1973, 302 - 312.

DRAGOMIRESCU, M.: An algorithm for the minimum-risk problem of stochastic programming. OR 20 (1972) 154 - 164.

DREYER, A.: Scoring-Modelle bei Mehrfachzielsetzungen. ZfB 44 (1974) 255 - 274.

DRUKARCZYK, J. und L. MÜLLER-HAGEDORN: Das Grundmodell der Entscheidungstheorie als Rahmen für die Behandlung ökonomischer Probleme. J. DRUKARCZYK und L. MÜLLER-HAGEDORN (Hrsg.): Betriebswirtschaftslehre, Band 1. Wiesbaden: Gabler 1978, 13 - 44.

DÜCK, W.: Optimierung unter mehreren Zielen. Braunschweig: Vieweg 1979.

DÜRR, W.: Modelle der stochastischen Programmierung. Diss. Regensburg 1973.

DYER, J.S.: Interactive goal programming. MS 19 (1972/73) 62 - 70(a).

DYER, J.S.: A time-sharing computer program for the solution of the multiple criteria problem. MS 19 (1972/73) 1379 - 1383(b).

EBEL, J.: Portefeuilleanalyse: Entscheidungskriterien und Gleichgewichtsprobleme. Köln: Heymanns 1971.

ECKER, J.G., and I.A. KOUADA: Finding efficient points for linear multiple objective programs. MP 8 (1975) 375 - 377.

EGGESIECKER, F.: Betriebliches Zielstreben und seine Darstellung in mathematischen Entscheidungsmodellen. Bonn: Hanstein (1971).

EGLE, K.: Entscheidungstheorie. Basel: Birkhäuser 1975.

EICHHORN, W.: Die Begriffe Modell und Theorie in der Wirtschaftswissenschaft. WiSt-Wirtschaftswissenschaftliches Studium 1 (1972) 281 - 288 und 335 - 344.

EICHHORN, W.: Functional equations in economics. Reading, Mass.: Addison-Wesley 1978.

EISENFÜHR, F.: Die Wissenschaft vom vernünftigen Handeln. Die Betriebswirtschaft 38 (1978) 435 - 448.

ENGELKAMP, P.: Entscheidungsverhalten unter Risikobedingungen: Die Erwartungsnutzentheorie. Freiburg i. Brsg.: Haufe 1980.

ENGELS, W.: Betriebswirtschaftliche Bewertungslehre im Licht der Entscheidungstheorie. Köln: Westdeutscher Verlag 1962.

EVANS, J.P., and R.E. STEUER: A revised simplex method for linear multiple objective programs. MP 5 (1973) 54 - 72.

FABER, M.M.: Stochastisches Programmieren. Würzburg: Physica 1970.

FANDEL, G.: Optimale Entscheidung bei mehrfacher Zielsetzung. Berlin: Springer 1972.

FANDEL, G.: Optimale Entscheidungen in Organisationen. Berlin: Springer 1979.

FEICHTINGER, G.: Zur BAYES-Analyse statistischer Entscheidungsprobleme. ZfB 42 (1972) 449 - 470.

FELLER, W.: An introduction to probability theory and its applications, Vol. II. New York: Wiley 1966.

FERSCHL, F.: Nutzen- und Entscheidungstheorie. Einführung in die Logik der Entscheidungen. Opladen: Westdeutscher Verlag 1975.

FERSCHL, F.: Wahrscheinlichkeitstheorie. HWB, Band 3, 1976, 4318 - 4328.

FIRCHAU, V.: Bounds for the expected value of information. OR Spektrum 2 (1980) 65 - 73.

FISHBURN, P.C.: Decision and value theory. New York: Wiley 1964.

FISHBURN, P.C.: Utility theory. MS 14 (1967/68) 335 - 378.

FISHBURN, P.C.: Utility theory for decision making. New York: Wiley 1970.

FISHBURN, P.C., and R.G. VICKSON: Theoretical foundations of stochastic dominance. G.A. WHITMORE and M.C. FINDLAY (eds.): Stochastic dominance. Lexington: Heath 1978, 39 - 113.

FOCKE, J.: Vektormaximumproblem und parametrische Optimierung. Mathematische Operationsforschung und Statistik 4 (1973) 365 - 369.

FRANCIS, J.C., and S.H. ARCHER: Portfolio analysis. Englewood Cliffs, N.J.: Prentice-Hall 1971.

FRANKE, G.: Expected utility with ambiguous probabilities and 'irrational' parameters. Theory and Decision 9 (1978) 267 - 283.

FRESE, E.: Grundlagen der Organisation. Wiesbaden: Gabler 1980.

FREUND, R.J.: The introduction of risk into a programming model. Ec 24 (1956) 253 - 263.

FRIEDMAN, J.W.: Oligopoly and the theory of games. Amsterdam: North-Holland 1977.

GÄFGEN, G.: Theorie der wirtschaftlichen Entscheidung, 2. Aufl. Tübingen: Mohr (Siebeck) 1968.

GAL, T.: Postoptimal analyses, parametric programming, and related topics New York: McGraw-Hill 1979(a) (Originalausgabe: Berlin 1973).

GAL, T.: Postoptimale Analyse und parametrische Programmierung als Mittel zur Vergrößerung der Informationsmenge bei linearer Programmierung. IHS-Journal 3 (1979) 13 - 27(b).

GALE, D.: The theory of linear economic models. New York: McGraw-Hill 1960.

GEOFFRION, A.M.: A parametric programming solution to the vector maximum problem, with applications to decisions under uncertainty. Stanford, Cal.: Graduate School of Business, Tech. Report No. 11, 1965.

GEOFFRION, A.M.: Stochastic programming with aspiration or fractile criteria. MS 13 (1966/67) 672 - 679.

GEOFFRION, A.M.: Solving bicriterion mathematical programs. OR 15 (1967) 39 - 54.

GEOFFRION, A.M., J.S. DYER, and A. FEINBERG: An interactive approach for multi-criterion optimization, with an application to the operation of an academic department. MS 19 (1972/73) 357 - 368.

GESSNER, P. und H. WACKER: Dynamische Optimierung. München: Hanser 1972.

GIERSCH, H.: Konjunktur- und Wachstumspolitik in der offenen Wirtschaft. Wiesbaden: Gabler 1977.

GONEDES, N.J.: Accounting for managerial control: An application of chance-constrained programming. Journal of Accounting Research 8 (1970) 1 - 20.

GOTTINGER, H.-W.: Grundlagen der Entscheidungstheorie. Stuttgart: Fischer 1974.

GOTTINGER, H.-W.: Nutzentheorie. R. SELTEN (Hrsg.): Handwörterbuch der Mathematischen Wirtschaftswissenschaften, Band 1: Wirtschaftstheorie. Wiesbaden: Gabler 1979, 255 - 270.

GROCHLA, E.: Modelle als Instrumente der Unternehmungsführung. ZfbF 21 (1969) 382 - 397.

GUDDAT, J.: Parametrische Optimierung und Vektoroptimierung. K. LOMMATZSCH (Hrsg.): Anwendungen der linearen parametrischen Optimierung. Basel: Birkhäuser 1979, 54 - 75.

GÖHRS, E.: Planungsmodelle für sozialethische Zielsetzungen. Diss. Hamburg 1972.

GUTENBERG, E.: Unternehmensführung - Organisation und Entscheidungen. Wiesbaden: Gabler 1962.

GUTENBERG, E.: Grundlagen der Betriebswirtschaftslehre, Zweiter Band: Der Absatz, 6. Aufl. Berlin: Springer 1963.

GUTENBERG, E.: Über einige Fragen der neueren Betriebswirtschaftslehre. ZfB 36 (1966) Ergänzungsheft 1, 1- 17.

GUTENBERG, E.: Grundlagen der Betriebswirtschaftslehre, Erster Band: Die Produktion, 18. Aufl. Berlin: Springer 1971.

GUTENBERG, E.: Grundlagen der Betriebswirtschaftslehre, Zweiter Band: Der Absatz, 15. Aufl. Berlin: Springer 1976.

HAAS, Ch.: Unsicherheit und Risiko in der Preisbildung. Köln: Heymanns 1965.

HADI, F.A.: Entscheidungskriterien und Nutzenfunktionen. Frankfurt: Haag + Herchen 1979.

HADLEY, G.: Linear Programming. Reading: Addison-Wesley 1962.

HAEGERT, L.: Die Aussagefähigkeit der Dualvariablen und die wirtschaftliche Deutung der Optimalitätsbedingungen beim Chance-Constrained Programming. H. HAX (Hrsg.): Entscheidung bei unsicheren Erwartungen. Köln: Westdeutscher Verlag 1970, 101 - 128.

HÄSSIG, K.: Stochastische lineare Programmierung und ihre Anwendungsmöglichkeiten in der Wirtschaft. Diss. St. Gallen 1971.

HAMEL, W.: Zieländerungen im Entscheidungsprozeß. Tübingen: Mohr (Siebeck) 1974.

HAMMANN, P.: Entscheidungsmodelle in der betriebswirtschaftlichen Theorie. ZfbF 21 (1969) 457 - 467.

HANSSMANN, F.: Probability of survival as an investment criterion. MS 15 (1968/69) 33 - 48.

HARSANYI, J.C.: A new general solution concept for both cooperative and noncooperative games. Vorträge N 287 der Rheinisch-Westfälischen Akademie der Wissenschaften, Klasse für Natur-, Ingenieur- und Wirtschaftswissenschaften, herausgegeben von der Rheinisch-Westfälischen Akademie der Wissenschaften, Opladen: Westdeutscher Verlag 1979, 7 - 40.

HARSANYI, J.C., and R. SELTEN: A generalized Nash solution for two-person bargaining games with incomplete information. MS 18 (1971/72) P-80 - P-106.

HARTUNG, J.: Über Ersatzprogramme bei der Vektoroptimierung. Operations Research-Verfahren XVIII (1974) 129 - 133.

HAUSCHILDT, J.: Entscheidungsziele. Tübingen: Mohr (Siebeck) 1977.

HAUSCHILDT, J.: Negativ-Kataloge in Entscheidungszielen. Zeitschrift für die gesamte Staatswissenschaft 134 (1978) 595 - 627.

HAX, H. (Hrsg.): Entscheidung bei unsicheren Erwartungen. Köln: Westdeutscher Verlag 1970.

HAX, H.: Entscheidungsprozesse. HWB, Band 1, 1974, 1281 - 1290.

HEINEN, E.: Das Zielsystem der Unternehmung. Wiesbaden: Gabler 1966.

HEMMING, T.: Multiobjective decision making under certainty. Stockholm: The Economic Research Institute 1978.

HENN, R. und O. OPITZ: Konsum- und Produktionstheorie I. Berlin: Springer 1970.

HENNIES, M.O.E.: Das nicht so magische Polygon der Wirtschaftspolitik. Berlin: Berlin Verlag 1971.

HEUBERGER, N.: Der computerunterstützte Aufbau von Nutzenfunktionen in Risikoentscheidungsproblemen mit mehrfacher Zielsetzung. Diss. St. Gallen 1977.

HIERONIMUS, A.: Einbeziehung subjektiver Risikoeinstellungen in Entscheidungsmodelle. Thun: Deutsch 1979.

HILDENBRAND, K. und W. HILDENBRAND: Lineare ökonomische Modelle. Berlin: Springer 1975.

HILLIER, F.S.: The derivation of probabilistic information for the evaluation of risky investments. MS 9 (1962/63) 443 - 457.

HUBER, O.: Zur Logik multidimensionaler Präferenzen in der Entscheidungstheorie. Berlin: Duncker & Humblot 1977.

HWANG, C.L., and A.S.M. MASUD: Multiple objective decision making - methods and applications. Berlin: Springer 1979.

IGNIZIO, J.P.: Goal programming and extensions. Lexington, Mass.: Lexington Books (Heath) 1976.

IJIRI, Y.: Management goals and accounting for control. Amsterdam: North-Holland 1965.

ISERMANN, H.: Proper efficiency and the linear vector maximum problem. OR 22 (1974) 189 - 191(a).

ISERMANN, H.: Lineare Vektoroptimierung. Diss. Regensburg 1974(b).

ISERMANN, H.: Strukturierung von Entscheidungsprozessen bei mehrfacher Zielsetzung. OR Spektrum 1 (1979) 3 - 26.

JACOB, H.: Unsicherheit und Flexibilität. ZfB 44 (1974) 299 - 326, 403 - 448 und 505 - 526.

JACOB, H. und W. LEBER: Bernoulli-Prinzip und rationale Entscheidung bei Unsicherheit. ZfB 46 (1976) 177 - 204.

JAEGER, A.: Beziehungen zwischen Mathematik und Wirklichkeit in mathematischen Modellen von empirischen Strukturen. Proceedings in Operations Research. Würzburg: Physica 1972, 15 - 33.

JAHN, J.: Sequentieller Innerer-Punkt-Algorithmus zur Lösung nichtlinearer Optimierungsprobleme. Diss. Darmstadt 1978.

JAHNKE, W.: Weitere Bemerkungen zur Frage der Bewertung von wirtschaftspolitischen Zielkombinationen. Zeitschrift für die gesamte Staatswissenschaft 128 (1972) 331 - 343.

JOHNSEN, E.: Studies in multiobjective decision models. Lund: Studentlitteratur 1968.

KALL, P.: Stochastic linear programming. Berlin: Springer 1976.

KARLIN, S.: Mathematical methods and theory in games, programming, and economics, Vol. I. Reading, Mass.: Addison-Wesley 1959.

KATAOKA, S.: A stochastic programming model. Ec 31 (1963) 181 - 196.

KERN, W.: Investitionsrechnung. Stuttgart: Poeschel 1974.

KERN, W. und H.-H. SCHRÖDER: Forschung und Entwicklung in der Unternehmung. Reinbek: Rowohlt 1977.

KILGER, W.: Optimale Produktions- und Absatzplanung. Opladen: Westdeutscher Verlag 1973.

KIRSCH, W.: Einführung in die Theorie der Entscheidungsprozesse, 2. durchgesehene und ergänzte Auflage der Bände I-III. Wiesbaden: Gabler 1977.

KLAUSMANN, H.-S.: Stochastische Entscheidungsbäume. Meisenheim: Hain 1976.

KLOOCK, J.: Kurzfristige Produktionsplanungsmodelle auf der Basis von Entscheidungsfeldern mit den Alternativen Fremd- und Eigenfertigung (mit variablen Produktionstiefen). ZfbF 26 (1974) 671 - 682.

KOCH, H.: Die Problematik der Bernoulli-Nutzentheorie. Jahrbücher für Nationalökonomie und Statistik 188 (1974) 193 - 223.

KOCH, H.: Die Betriebswirtschaftslehre als Wissenschaft vom Handeln. Tübingen: Mohr (Siebeck) 1975.

KOCH, H.: Die Problematik der Bernoulli-Nutzentheorie. ZfbF 29 (1977) 415 - 426.

KÖHLER, R.: Modelle. HWB, Band 2, 1975, 2701 - 2716.

KÖRTH, H.: Zur Berücksichtigung mehrerer Zielfunktionen bei der Optimierung von Produktionsplänen. Mathematik und Wirtschaft, Band 6. Berlin: Die Wirtschaft 1969, 184 - 201.

KOFLER, E. und G. MENGES: Entscheidungen bei unvollständiger Information. Berlin: Springer 1976.

KOLBIN, V.V.: Stochastic programming. Dordrecht: Reidel 1977.

KOOPMANS, T.C.: Analysis of production as an efficient combination of activities. T.C. KOOPMANS (ed.): Activity analysis of production and allocation. New York: Wiley 1951, 33 - 97.

KORNBLUTH, J.S.H.: A survey on goal programming. Omega 1 (1973) 193 - 205.

KOSMOL, P.: Zur vektorwertigen Optimierung. Operations Research-Verfahren XV (1973) 77 - 84.

KRABS, W.: Einführung in die Kontrolltheorie. Darmstadt: Wiss. Buchgesellschaft 1978.

KRAMER, G.: Entscheidungsproblem, Entscheidungskriterien bei völliger Ungewißheit und Chernoffsches Axiomensystem. Metrika 11 (1966) 15 - 38.

KRAMM, R.: Sequentielles Chance-Constrained Programming als Instrument der flexiblen Planung. Meisenheim: Hain 1977.

KRELLE, W.: Replik zur Erwiderung von Jacob und Leber auf meine Bemerkungen zu ihrem Artikel "Rationale Entscheidungen bei Unsicherheit". ZfB 48 (1978) 490 - 498.

KRELLE, W. mit D. COENEN: Präferenz- und Entscheidungstheorie. Tübingen: Mohr (Siebeck) 1968.

KROMPHARDT, W., R. HENN und K. FÖRSTNER: Lineare Entscheidungsmodelle. Berlin: Springer 1962.

KRUSCHWITZ, L.: Investitionsrechnung. Berlin: de Gruyter 1978.

KÜPPER, W. und P. KNOOP: Investitionsplanung. W. MÜLLER und J. KRINK (Hrsg.): Rationelle Betriebswirtschaft. Neuwied: Luchterhand 1974, Kap. X.

KUHN, H.W., and A.W. TUCKER: Nonlinear programming. J. NEYMAN (ed.): Proceedings of the second Berkeley symposium on mathematical statistics and probability. Berkeley, California: University of California Press 1951, 481 - 492.

KUPSCH, P.: Unternehmungsziele. Stuttgart: Fischer 1979.

LAAGER, F.: Die Bildung problemangepaßter Entscheidungsmodelle. Zürich: Industrielle Organisation 1974.

LAUX, H.: Flexible Investitionsplanung. Opladen: Westdeutscher Verlag 1971.

LAUX, H.: Zur Entscheidung bei Fehlen objektiver Wahrscheinlichkeiten. ZfB 46 (1976) 59 - 68.

LEE, S.M.: Goal programming for decision analysis. Philadelphia: Auerbach 1972.

LEITMANN, G.: Cooperative and non-cooperative differential games. G. LEITMANN and A. MARZOLLO (eds.): Multicriteria decision making. Wien: Springer 1975, 7 - 31.

LINDLEY, D.: Einführung in die Entscheidungstheorie. Frankfurt: Herder & Herder 1974 (Originalausgabe: Chichester 1971).

LOEFFEL, H.: Neuere Entwicklungen in der Entscheidungstheorie bei Unsicherheit. R. HENN, B. SCHIPS und P. STÄHLY (Hrsg.): Quantitative Wirtschafts- und Unternehmensforschung. Berlin: Springer 1980, 80 - 91.

LUCAS, W.F.: An overview of the mathematical theory of games. MS 18 (1971/72) P-3 - P-19.

LUCE, R.D., and H. RAIFFA: Games and decisions. New York: Wiley 1957.

LUCE, R.D., and P. SUPPES: Preference, utility, and subjective probability. R.D. LUCE, R.R. BUSH, and E. GALANTER (eds.): Handbook of mathematical psychology, Vol. III. New York: Wiley 1965, 249 - 410.

MADANSKY, A.: Methods of solution of linear programs under uncertainty. OR 10 (1962) 463 - 471.

MAG, W.: Entscheidung und Information. München: Vahlen 1977.

MARETTEK, A.: Entscheidungsmodell der betrieblichen Steuerbilanzpolitik - unter Berücksichtigung ihrer Stellung im System der Unternehmenspolitik. Betriebswirtschaftliche Forschung und Praxis 22 (1970) 7 - 31.

MARETTEK, A.: Arbeitsschritte zur Durchführung der Risikoanalyse. Angewandte Planung 2 (1978) 141 - 151.

MARKOWITZ, H.M.: Portfolio selection. New York: Wiley 1959.

MARSCHAK, J.: Towards an economic theory of organization and information. R.M. THRALL, C.H. COOMBS, and R.L. DAVIS (eds.): Decision processes. New York: Wiley 1954, 187 - 220.

MARTOS, B.: Nonlinear programming theory and methods. Amsterdam: North-Holland 1975.

MAYBERRY, J.P., J.F. NASH, and M. SHUBIK: A comparison of treatments of a duopoly situation. Ec 21 (1953) 141 - 154.

MENGES, G.: Statistische Entscheidungstheorie. G. MENGES (Hrsg.): Beiträge zur Unternehmensforschung. Würzburg: Physica 1969, 61 - 101.

MENGES, G.: Grundmodelle wirtschaftlicher Entscheidungen, 2. Aufl. Düsseldorf: Westdeutscher Verlag 1974.

MILNOR, J.: Games against nature. R.M. THRALL, C.H. COOMBS, and R.L. DAVIS (eds.): Decision processes. New York: Wiley 1954, 49 - 59.

MÜLLER-KRÖNCKE, G.A.: Entscheidungsmodelle für die Steuerbilanzpolitik. Berlin: Schmidt 1974.

MÜLLER-MERBACH, H.: Operations Research, 2. Aufl. München: Vahlen 1971.

NADDOR, E.: Lagerhaltungssysteme. Frankfurt: Deutsch 1971 (Originalausgabe: New York 1966).

NÄSLUND, B.: Decisions under risk. Stockholm: The Economic Research Institute 1967.

NASH, J.: Two-person cooperative games. Ec 21 (1953) 128 - 140.

NEUMANN, J. von und O. MORGENSTERN: Spieltheorie und wirtschaftliches Verhalten. Würzburg: Physica 1961.

NEUMANN, K.: Operations Research Verfahren, Band II. München: Hanser 1977.

NIEDEREICHHOLZ, H.-J.: Sektorielle Input-Output-Formierung im makroökonomischen Entscheidungsmodell. Diss. Mannheim 1967.

NIEVERGELT, E.: Ein Beitrag zur Lösung von Entscheidungsproblemen mit mehrfacher Zielsetzung. Die Unternehmung 25 (1971) 101 - 126.

NOLTEMEIER, H.: Einführung in computergestützte Planungssysteme. H. NOLTEMEIER (Hrsg.): Computergestützte Planungssysteme. Würzburg: Physica 1976, 13 - 27.

NOWAKOWSKA, M.: Eine formale Theorie der Handlungen. H. LENK (Hrsg.): Handlungstheorien - interdisziplinär I. München: Fink 1980, 167 - 221.

OTT, A.E.: Magische Vielecke. A.E. OTT (Hrsg.): Fragen der wirtschaftlichen Stabilisierung. Tübingen: Mohr (Siebeck) 1967, 93 - 114.

PACK, L.: Optimale Bestellmenge und optimale Losgröße. ZfB 33 (1963) 465 - 492 und 573 - 594.

PASCUAL, L.D., and A. BEN-ISRAEL: Vector-valued criteria in geometric programming. OR 19 (1971) 98 - 104.

PESCHEL, M. und C. RIEDEL: Polyoptimierung. Berlin: VEB Verlag Technik 1976.

PFANZAGL, J.: Theory of measurement. Würzburg: Physica 1971.

PFOHL, H.Ch.: Zur Problematik von Entscheidungsregeln. ZfB 42 (1972) 305 - 336.

RABENSTEIN, H.-U.: Dezentrale Planung. Königstein: Hain Meisenheim 1979.

RADZIKOWSKI, W.: Die Berücksichtigung mehrerer Zielfunktionen bei Aufgaben der linearen Optimierung. Wirtschaftswissenschaft 15 (1967) 797 - 806.

RAIFFA, H.: Einführung in die Entscheidungstheorie. München: Oldenbourg 1973 (Originalausgabe: Reading, Mass. 1968).

RAPPAPORT, A.: Sensitivity analysis - validating link between information systems and decision systems (Abstract). MS 12 (1965/66) C 271.

RAUHUT, B., N. SCHMITZ und E.-W. ZACHOW: Spieltheorie. Stuttgart: Teubner 1979.

REMBOLD, J.Th.: Stochastische lineare Optimierung. Meisenheim: Hain 1977.

RICHTER, R.: Das Konkurrenzproblem im Oligopol. Berlin: Duncker & Humblot 1954.

RICHTER, R.: Preistheorie. Wiesbaden: Gabler 1963.

RINZA, P. und H. SCHMITZ: Nutzwert-Kosten-Analyse. Düsseldorf: VDI-Verlag 1977.

RÖDDER, W. und H.J. ZIMMERMANN: Analyse, Beschreibung und Optimierung von unscharf formulierten Problemen. ZOR 21 (1977) 1 - 18.

ROSENBERG, O.: Investitionsplanung im Rahmen einer simultanen Gesamtplanung. Köln: Heymanns 1975.

ROTH, A.E.: Axiomatic models of bargaining. Berlin: Springer 1979.

ROY, A.D.: Safety first and the holding of assets. Ec 20 (1952) 431 - 449.

ROY, B.: Problems and methods with multiple objective functions. MP 1 (1971) 239 - 266.

RYAN, T.M.: Theory of portfolio selection. London: Macmillan 1978.

SABEL, H.: Entscheidungsmodelle zur Auswahl von Produktideen. G. v. KORTZ-FLEISCH (Hrsg.): Die Betriebswirtschaftslehre in der zweiten industriellen Evolution. Berlin: Duncker & Humblot 1969, 55 - 79.

SABEL, H.: Dynamische Theorie. HWB, Band 1, 1974, 1208 - 1222.

SASKA, J.: Lineární multiprogramování. Ekonomicko-Matematický Obzor 4 (1968) 359 - 373.

SCHAIBLE, S.: Beiträge zur quasikonvexen Programmierung. Diss. Köln 1971.

SCHAICH, E., D. KÖHLE, W. SCHWEITZER und F. WEGNER: Statistik I für Volkswirte, Betriebswirte und Soziologen, 2. Aufl. München: Vahlen 1979.

SCHEER, A.-W.: Wirtschafts- und Betriebsinformatik. München: Moderne Industrie 1978.

SCHINDEL, V.: Risikoanalyse. München: Florentz 1977.

SCHLAIFER, R.: Probability and statistics for business decisions. New York: McGraw-Hill 1959.

SCHMIDT, R.-B.: Wirtschaftslehre der Unternehmung, Band 2: Zielerreichung. Stuttgart: Poeschel 1973.

SCHNEEWEISS, Ch.: Dynamisches Programmieren. Würzburg: Physica 1974.

SCHNEEWEISS, H.: Nutzenaxiomatik und Theorie des Messens. Statistische Hefte 4 (1963) 178 - 220.

SCHNEEWEISS, H.: Das Grundmodell der Entscheidungstheorie. Statistische Hefte 7 (1966) 125 - 137.

SCHNEEWEISS, H.: Entscheidungskriterien bei Risiko. Berlin: Springer 1967.

SCHNEIDER, D.: Investition und Finanzierung, 3. Aufl. Opladen: Westdeutscher Verlag 1974.

SCHÖNFELD, K.P.: Effizienz und Dualität in der Aktivitätsanalyse. Diss. Berlin 1964.

SCHUMANN, J.: Grundzüge der mikroökonomischen Theorie. Berlin: Springer 1971.

SCHWARZE, J.: Stochastische Ansätze in der Theorie der Unternehmung. Meisenheim: Hain 1967.

SCHWEITZER, M. und H.-U. KOPPER: Produktions- und Kostentheorie der Unternehmung. Reinbek: Rowohlt 1974.

SEELBACH, H.: Ablaufplanung. HWB, Band 1, 1974, 9 - 22.

SEELBACH, H.: Investitionsplanung. W. ALBERS et al. (Hrsg.): Handwörterbuch der Wirtschaftswissenschaft, 4. Band. Stuttgart et al.: Fischer et al. 1978, 293 - 309.

SELTEN, R.: Was ist eigentlich aus der Spieltheorie geworden? IHS-Journal 4 (1980) 147 - 161.

SIEBEN, G. und Th. SCHILDBACH: Betriebswirtschaftliche Entscheidungstheorie. Tübingen: Mohr (Siebeck) und Düsseldorf: Werner 1975.

SOLAND, R.M.: Multicriteria optimization: A general characterization of efficient solutions. Decision Sciences 10 (1979) 26 - 38.

STARR, M.K., and M. ZELENY (eds.): Multiple criteria decision making. Amsterdam: North Holland 1977.

STEINMANN, H.: Planungsmodelle zur optimalen Lösung von Zielkonflikten. M. LAYER, H. STREBEL (Hrsg.): Rechnungswesen und Betriebswirtschaftspolitik (Festschrift für Gerhard Krüger). Berlin: Erich Schmidt Verlag 1969, 95 - 108.

STEPAN, A.: Die Anwendung der Kontrolltheorie auf betriebswirtschaftliche Problemstellungen. Meisenheim: Hain 1977.

STEUER, R.E., and A.T. SCHULER: An interactive multiple-objective linear programming approach to a problem in forest management. OR 26 (1978) 254 - 269.

STONE, B.K.: A general class of three-parameter risk measures. Journal of Finance XXVIII (1973) 675 - 685.

STREBEL, H.: Zur Gewichtung von Urteilskriterien bei mehrdimensionalen Zielsystemen. ZfB 42 (1972) 89 - 128.

STREITFERDT, L.: Grundlagen und Probleme der betriebswirtschaftlichen Risikotheorie. Wiesbaden: Gabler 1973.

STÖTZEL, W.: Entscheidungstheoretische Elementarkategorien als Grundlage einer Begegnung von Wirtschaftswissenschaft und Rechtswissenschaft. ZfB 36 (1966) 769 - 789.

SWOBODA, P.: Investition und Finanzierung, 2. Aufl. Göttingen: Vandenhoeck & Ruprecht 1977.

SZANIAWSKI, K.: The value of perfect information. Synthese 17 (1967) 408 - 424.

SZYPERSKI, N. und U. WINAND: Entscheidungstheorie. Stuttgart: Poeschel 1974.

TAKAYAMA, A.: Mathematical Economics. Hinsdale, Ill.: Dryden Press 1974.

THEODORESCU, R.: Random programs. Mathematische Operationsforschung und Statistik 3 (1972) 19 - 47.

THOLE, U., H.-J. ZIMMERMANN,and P. ZYSNO: On the suitability of minimum and product operators for the intersection of fuzzy sets. Fuzzy Sets and Systems 2 (1979) 167 - 180.

TIETZ, B.: Grundlagen der Handelsforschung, Marketing-Theorie, Band 1: Die Methoden. Rüschlikon: gdi-Verlag 1969.

VAJDA, S.: Probabilistic programming. New York: Academic Press 1972.

VOGEL, W.: Vektoroptimierung in Produkträumen. Meisenheim: Hain 1977.

VÖLCKER, H.: Axiomensysteme der Entscheidungstheorie. Thun: Deutsch 1979.

VOROB'EV, N.N.: Game theory. New York: Springer 1977 (Originalausgabe: Leningrad 1974).

WALKER, J.: An interactive method as an aid in solving multi-objective mathematical programming. European Journal of Operational Research 2 (1978) 341 - 349.

WALLENIUS, J.: Comparative evaluation of some interactive approaches to multicriterion optimization. MS 21 (1974/75) 1387 - 1396.

WALLENIUS, J.: Interactive multiple criteria decision methods: An investigation and an approach. Helsinki: The Helsinki School of Economics 1975.

WEBER, K.: Entscheidungsprozesse unter Verwendung des Theorems von Bayes. H. HAX (Hrsg.): Entscheidung bei unsicheren Erwartungen. Köln: Westdeutscher Verlag 1970, 69 - 99.

WEIBEL, B.: Bayes'sche Entscheidungstheorie. Bern: Haupt 1978.

WENDELL, R.E., and D.N. LEE: Efficiency in multiple objective optimization problems. MP 12 (1977) 406 - 414.

WENZEL, F.: Entscheidungsorientierte Informationsbewertung. Opladen: Westdeutscher Verlag 1975.

WERNER, M.: Stochastische lineare Optimierungsmodelle. Frankfurt: Akademische Verlagsgesellschaft 1973.

WHITE, D.J.: Fundamentals of decision theory. New York: North-Holland 1976.

WIEDEY, G., and H.-J. ZIMMERMANN: Media selection and fuzzy linear programming. Journal of the Operational Research Society 29 (1978) 1071 - 1084.

WINKELS, H.-M.: Interaktive Lösungsverfahren für lineare Probleme mit mehrfacher Zielsetzung. R. HENN, B. SCHIPS und P. STÄHLY (Hrsg.): Quantitative Wirtschafts- und Unternehmensforschung. Berlin: Springer 1980, 560 - 585.

WITTE, E. und A.L. THIMM (Hrsg.): Entscheidungstheorie. Wiesbaden: Gabler 1977.

WITTMANN, W.: Unternehmung und unvollkommene Information. Köln: Westdeutscher Verlag 1959.

WITTMANN, W.: Produktionstheorie. Berlin: Springer 1968.

WÖHE, G.: Einführung in die Allgemeine Betriebswirtschaftslehre, 13. Aufl. München: Vahlen 1978.

YU, P.L.: Cone convexity, cone extreme points, and nondominated solutions in decision problems with multiobjectives. JOTA 14 (1974) 319 - 377.

YU, P.L., and G. LEITMANN: Compromise solutions, domination structures, and Salukvadze's solution. JOTA 13 (1974) 362 - 378.

ZADEH, L.A.: Fuzzy sets. Information and Control 8 (1965) 338 - 353.

ZANGEMEISTER, Ch.: Nutzwertanalyse in der Systemtechnik, 4. Aufl. München: Wittemannsche Buchhandlung 1976.

ZELENY, M.: Linear multiobjective programming. Berlin: Springer 1974.

ZENTES, J.: Die Optimalkomplexion von Entscheidungsmodellen. Köln: Heymanns 1976.

ZIEGELSCHMIDT, H.: Die Beurteilung öffentlicher Investitionen unter Unsicherheit. Berlin: Duncker & Humblot 1977.

ZIMMERMANN, H.-J.: Entscheidungstheorie. Management Enzyklopädie (Ergänzungsband). München: Moderne Industrie 1973, 292 - 298.

ZIMMERMANN, H.-J.: Optimale Entscheidungen bei unscharfen Problembeschreibungen. ZfbF 27 (1975) 785 - 795.

ZIONTS, S., and J. WALLENIUS: An interactive programming method for solving the multiple criteria problem. MS 22 (1975/76) 652 - 663.

ZSCHOCKE, D.: Die Behandlung von Entscheidungsproblemen mit Hilfe des Dynamischen Programmierens. Unternehmensforschung 8 (1964) 101 - 127.

Sachverzeichnis

MIX
Papier | Fördert gute Waldnutzung
FSC® C083411

Kolibri 360 GmbH
Ferdinand-Jühlke-Straße 7
99095 Erfurt, Deutschland
produktsicherheit@kolibri360.de